화엄경소론찬요
華嚴經疏論纂要

7

화엄경소론찬요 ⑦
華嚴經疏論纂要

◉ 일러두기 ◉

1. 이 책의 원서는 명말청초 때의 승려인 도패 스님※이 약술 편저한 《화엄경소론찬요》이다. 《대방광불화엄경》 80권본을 기초로 하여, 경문에 청량 스님의 소초(疏鈔)와 이통현 장자의 논(論)을 붙여 상세하게 풀이하였다.

2. 경(經), 소(疏), 논(論)은 원문에 토를 붙여서 그 뜻을 이해하기 편하도록 했으며, 원문 바로 아래 번역문을 넣었다.

3. 원문을 살려 그대로 옮겨 놓음을 원칙으로 하다 보니 본문의 제목 번호에 있어서 다소 혼동이 올 수 있다. 그럴 경우 목차를 참고하기 바란다.

4. 산스크리트어 표기는 〈표준국어대사전〉과 〈불광 사전〉 등에 등재된 음역어를 사용하였으며, 불교 용어에 대한 설명은 주로 〈불광 사전〉을 참고하였다.

5. 내용을 좀 더 쉽게 풀기 위하여 중간에 체계가 약간 바뀌었음을 밝힌다.

※ 위림도패(爲霖道霈, 1615~1702) 스님은 명말청초 때의 조동종 승려이다. 14세 때 백운사(白雲寺)에서 출가하여 경교(經敎)를 공부했다. 영각원현을 모시며 법을 이었고, 천동산(天童山) 밀운원오(密雲圓悟)에게 배워 크게 깨달았다. 그 후 백장산(百丈山)에 암자를 짓고 5년 동안 정업(淨業)을 닦았다. 나중에 고산(鼓山)으로 옮겨 20여 년 동안 살았는데 귀의하는 사람이 매우 많았다. 저술로는 《인왕반야경합소(仁王般若經合疏)》 3권을 비롯하여 《화엄경소론찬요(華嚴經疏論纂要)》 120권, 《법화경문구찬요(法華經文句纂要)》 7권, 《불조삼경지남(佛祖三經指南)》 3권, 《위림도패선사병불어록(爲霖道霈禪師秉拂語錄)》 2권, 《여박암고(旅泊庵稿)》 4권, 《선해십진(禪海十珍)》 1권, 《사십이장경지남(四十二章經指南)》, 《불유교경지남(佛遺教經指南)》, 《고산록(鼓山錄)》 6권, 《반야심경청익설(般若心經請益說)》, 《팔십팔불참(八十八佛懺)》, 《준제참(準提懺)》, 《발원문주(發願文註)》 등이 있다.

◉ 간행사 ◉

《화엄경소론찬요》 번역서를 간행하면서

《화엄경》은 비로자나 세존께서 보리도량에서 처음 정각을 성취하신 후, 일곱 도량 아홉 차례의 법문에서 일진(一眞)의 법계(法界)와 제불의 과원(果願)을 보여주시어 미묘한 현지(玄旨)와 그지없는 종취(宗趣)를 밝혀주신 최상의 경전이다. 이처럼 《화엄경》은 법계와 우주가 둘이 아닌 하나로 그 광대함을 말하면 포괄하지 않음이 없고, 그 심오함을 말하면 갖춰 있지 않음이 없어 공간으로는 법계에 다하고 시간으로는 삼세에 통하고 있다.

이러한 이유에서 《화엄경》은 근본 법륜으로 중국은 물론 동양 각국에서 높이 받들며 수많은 주석서가 간행되어 왔다. 그러나 세상에 널리 알려진 것은 청량 국사의 《대방광불화엄경소초(大方廣佛華嚴經疏鈔)》와 통현 장자의 《대방광불화엄경론(大方廣佛華嚴經論)》이다. 소초(疏鈔)는 철저한 장구(章句)의 분석으로 본말을 지극히 밝혀주었고, 논(論)은 부처님의 논지를 널리 논변하여 자심(自心)으로 회귀하고 있는 것이 특징이다. 이처럼 청량소초와 통현론은 양대 명저(名著)로 모두 수증(修證)하는 데에 지극한 궤범(軌範)이었다.

탄허 대종사께서는 이러한 점을 토대로 통현론을 주(主)로 하고 청량소초를 보(補)로 하여 번역하심으로써 《화엄경》이 동양에 전해진 이후 동양 최초의 《화엄경》 번역이라는 쾌거를 이룩하셨다. 일찍이 한국불교에 침체된 화엄사상은 대종사의 번역에 힘입어 다시 온 누리에 화엄의 꽃비가 내려 화엄의 향기로 불국정토를 성취하여 더할 수 없는, 지극한 법륜을 설하셨다.

그러나 대종사께서 열반하신 이후, 불법은 날로 쇠퇴하고 중생의 근기는 날로 용렬하여 방대한 소초와 논을 열람하기에는 역부족이었다. 이에 대종사의 《화엄경》을 다시 한 번 밝히기 위해서는 또 다른 모색을 필요로 할 시점에 이르렀다. 보다 쉽게 볼 수 있고 간명한 데에서 심오한 데로, 물줄기에서 본원을 찾아갈 수 있는 진량(津梁)을 찾지 않는다면 대종사의 평생 정력을 저버리게 된다는 절박한 마음이 없지 않았다.

청대(淸代) 도패(道霈) 대사는 청량의 소초와 통현의 논 가운데 그 정요(精要)만을 뽑아 《화엄경소론찬요(華嚴經疏論纂要)》를 편집하였다. 이는 매우 방대한 소초와 논을 축약하여, 가까이는 청량 국사와 통현 장자의 심법을 전수하였고 멀리는 비로자나불의 묘체(妙諦)를 밝혀주는 오늘날 최고의 《화엄경》 주석서이다.

이에 《화엄경소론찬요》를 대본으로 하여, 다시 대종사의 번역서를 참고하면서 현대인이 보다 쉽게 이해할 수 있는 번역서를 간행하기에 이르렀다.

이제 돌이켜 생각하면 무상한 세월 속에 감회가 적지 않다. 내지난날 출가 입산하여 겨우 이레가 되던 날, 처음 접한 경전이 《화엄경》이었다. 행자 생활을 시작한 영은사는 대종사께서 오대산 수도원이 해산된 후, 이의 연장선상에서 3년 결사(結社)를 선포하시고 《화엄경》 번역이라는 대작불사를 시작하여 강의하셨던, 한국불교사에 한 획을 그려준 역사의 도량이었다.

그 당시 대종사께서는 행자인 나에게 《화엄경》을 청강하라 하시면서 "설령 알아듣지 못할지라도 들어두면 글눈이 생겨 안 들은 것보다 낫다."고 권면하셨다. 이제 생각해보면 행자 출가 즉시 《화엄경》 공부 자리에 참여했다는 것은 전생의 숙연(宿緣)이 아니었으면 어떻게 그 당시 그 법회에 참석이나 할 수 있었겠는가. 이는 행운 중 행운으로 다겁의 선근공덕이 아닐까 생각되며, 아울러 늦게나마 대종사의 영전에 하나의 향을 올리는 바이다.

처음 《화엄경》 설법을 듣는 순간, 끝없는 우주법계의 장엄세계가 황홀하고 법계를 밝혀주고 무진 보배를 담고 있는 바다의 불가사의한 공덕이라는 대종사의 사자후가 머릿속에 쟁쟁하게 울려왔을 뿐, 그 도리를 이해한다는 것은 나의 근기로써는 도저히 불가능한 일이었다. "쭉정이만도 못하다."고 꾸지람을 하시던 대종사의 방할(棒喝)을 맞으며 영은사에서의 결사가 끝난 후, 나는 단 한 번도 《화엄경》을 펼쳐 볼 엄두를 내지 못했다.

그러던 몇 해 전, 무비 스님께서 범어사에서 《화엄경》을 강좌하시면서 서울에서도 《화엄경》 강좌를 열어보라고 권할 적만 하더라도 언감생심 《화엄경》을 강의하겠다는 생각을 하지 못하였다. 그러나 씨앗을 뿌려놓으면 새싹이 돋아나듯, 반드시 인연법은 사라지지 않는 모양이다. 영은사에서의 《화엄경》 인연이 자곡동 탄허기념박물관에 화엄각건립불사를 발원하게 되었고, 화엄각건립불사를 위하여 《화엄경》 강좌를 열기에 이를 줄은 꿈에도 생각지 못하였다.

미력한 소견으로 강좌를 열면서 정리된 강의 자료를 여러 뜻있는 이들과 다시 한 번 토론하고 강마하면서 우선 〈세주묘엄품〉 출간을 시작으로 계속 연차적으로 간행하고 있다.

이 책이 나오도록 기꺼이 설판제자가 되어주신 승해(勝解) 스님과 능과(能果) 스님, 유봉환 · 심정자 불자님, 오정순 · 김철관 불자님, 조민자 · 이황원 불자님, 무량심 불자님, 김장배 · 임명숙 · 김종훈 불자님, 박혜정 불자님, 한대지행 불자님, 비로행 불자님 등의 깊은 신심과 끊임없이 무주상으로 동참해주신 여러분께 깊은 감사의 말씀을 드린다.

이 책이 간행되어 그동안 추진되어온 화엄각 창건 불사 또한 원만히 성취되길 기원한다. 이 귀한 인연공덕으로 다시 한 번 화엄사상이 꽃피어 온 누리에 탄허 대종사의 공덕이 빛나고, 아울러 화엄정토가 구현되어 남북의 통일과 세계의 평화가 이루어지길 진심으로 축원하는 바이다.

2019년 2월

五臺山 後學 慧炬 合掌 再拜

◉ 목차 ◉

화엄경소론찬요 제32권 ◉ 십주품 제15-2

화엄경소론찬요 제33권 ◉ 범행품 제16

화엄경소론찬요 제34권 ◉ 초발심공덕품 제17-1

화엄경소론찬요 제35권 ◉ 초발심공덕품 제17-2

화엄경소론찬요 제36권 ◉ 명법품 제18

화엄경소론찬요 제31권
華嚴經疏論纂要 卷第三十一

◉

십주품 제15-1
十住品 第十五之一

釋此品에 四門分別이라

初는 來意라

이 품의 해석은 4분야(**來意·釋名·宗趣·釋文**)로 구분된다.

1. 유래한 뜻

◉ 疏 ◉

來意者는 上由致旣彰에 正宗宜顯일세 故次來也니라 又前辨所依佛德이오 今辨能依十住일세 故次來也니라

유래한 뜻이란 위의 수미정상게찬품에서 이를 쓰게 된 연유를 이미 밝혔으므로 그에 대한 바른 종지를 나타내고자 이를 다음으로 쓰게 된 것이다.

또한 앞의 수미정상게찬품에서는 의지의 객관 대상으로 부처님의 공덕을 말하였고, 여기에서는 의지해야 할 주체인 十住를 말한 까닭에 다음에 쓰게 된 것이다.

二釋名

2. 품명을 해석하다

◉ 疏 ◉

釋名者는 慧住於理하야 得位不退라 故名爲住니 本業下卷에 云始入

空界하야 住空性位일세 故名爲住니라' 然住義多種이로되 寄圓說十이니 總言十住는 帶數釋也니 下諸品有十도 準此可知니라【鈔_ 二釋名이나 然住有二義하니 一은 約能所合釋이라 故言慧住於理라하니 則理是所住오 慧是能住니라 二는 唯約慧釋이니 信未終極에 慧未安住라가 得入正位라야 位不動搖라 故云得位不退라하니라 然位不退에 復有二義니 一은 約三乘인댄 至第七住라야 位方不退오 二는 約終教인댄 入初住位에 卽云不退는 異輕毛故니라 今依後義면 則通十住오 位皆不退는 從初受名이니 本業云'始入空界'는 卽證初義오 '住空性位'는 卽證後義니라】

명제 해석이란 지혜가 진리에 안주하여 뒤로 물러서지 않는 지위를 얻었기에 이의 이름을 '住'라고 한다. 本業經 하권에 이르기를 "처음 空界에 들어가 空性의 지위에 안주하였기에 그 이름을 '住'라 한다."고 하였다.

그러나 '住'에 대한 의의는 여러 가지이지만 하나의 圓에 붙여 10을 말한 것이다. 이를 모두 '十住'라 말한 것은 '수효를 가지고 해석[帶數釋]'한 것이다. 아래의 여러 품에 '十'의 수효를 붙인 의의는 이를 준하여 살펴보면 말하지 않아도 알 수 있다.【초_ 제2는 품명을 해석한 것이다. 그러나 '住'에는 2가지의 의의가 있다.

첫째는 주체와 대상을 종합하여 해석한 것이다. 이 때문에 "지혜가 진리에 안주해야 한다."고 하였다. 이는 진리란 안주의 대상이며, 지혜란 안주의 주체임을 말한다.

둘째는 오직 지혜만을 들어 해석하였다. 十信을 끝까지 다하지 못하여 지혜가 안주하지 못하다가 바른 지위에 들어가야만 지위가 흔들리지 않는다. 이 때문에 "물러서지 않는 지위를 얻었다."고 하였다.

그러나 물러서지 않는 지위에는 또다시 2가지의 의의가 있다.

첫째는 三乘으로 말하면 제7 不退住에 이르러야 비로소 물러서지 않는 지위이다.

둘째는 終教로 말하면 제1 發心住에서 이미 不退를 말한 것은 쉽게 날리는 가벼운 털과 다르기 때문이다. 여기에서 終教로 말한 의의를 따르면 이는 十住에 통하고, 모든 지위에 不退라 하는 것은 제1 發心住에서 받은 명제가 된다. 본업경에서 말한 "처음 空界에 들어갔다."는 것은 곧 첫째 三乘으로 말한 뜻을 증명함이며, "空性의 지위에 안주하였다."는 것은 곧 둘째 終教로 말한 뜻을 증명함이다.】

三 宗趣

3. 종취

◉ 疏 ◉

宗趣者는 以十住行法으로 爲宗하고 攝位得果로 爲趣니라

종취란 십주의 수행법으로써 宗을 삼고, 해당 지위를 가지고 그에 대한 결과를 얻는 것으로 趣를 삼는다.

◉ 論 ◉

將釋此品에 約作五門分別호리니 一은 釋品名目이오 二는 釋品來意오 三은 明品之宗趣오 四는 都會斷惑次第오 五는 隨文釋義라

장차 본 품을 해석함에 있어 간단하게 5단락으로 분별하고자 한다.

제1단락은 품의 명제를 해석함이며,

제2단락은 품의 유래한 뜻을 해석함이며,

제3단락은 품의 宗趣를 밝힘이며,

제4단락은 모든 의혹을 끊어가는 단계를 회통함이며,

제5단락은 경문을 따라 그 의의를 해석함이다.

一 釋品名目者는 此品에 說十種住門일새 名爲十住品이라

제1단락, 품의 명제를 해석한다는 것은 이 품에서 10가지의 안주하는 법문을 말한 까닭에 그 이름을 十住品이라 한다.

二 明品來意者는 爲前品은 是偈讚勸修之門이어니와 此品은 明正擧修行十住之行일새 是故로 此品이 須來라 十住者는 生諸佛大智慧中住니 入此位에 永不退還故로 名之爲住라

제2단락, 품의 유래한 뜻을 밝힌다는 것은, 앞의 수미정상게찬품에서는 게송으로 찬탄하여 수행을 권면한 법문이었으나, 이 품에서는 바로 십주의 行을 수행한다는 점을 들어 밝힌 까닭에 이 품을 여기에 쓰게 된 것이다. 십주란 여러 부처님의 큰 지혜에서 나와 머문 자리이다. 이처럼 머물 수 있는 자리에 들어가면 영원히 뒤로 물러서거나 뒤돌아가지 않기 때문에 그 이름을 住라 한다.

三 明品宗趣者는 明此品엔 說十種住의 二十種進修因果하야 爲正宗이오 又住佛所住로 以爲正宗이니 明此十住位中에 各有兩種因果어든 各各當位之中에 初擧十法은 是忻趣增上之緣이오 後擧十法은 是當位之內修學之果니 如文具明이라

제3단락, 품의 종취를 밝힌다는 것은 이 품에서는 10가지의 머문 자리에 20가지의 닦아나가는 인과를 말하여 이를 正宗으로 삼고, 또한 부처님이 머무셨던 곳에 머무는 것으로 정종을 삼음을 밝힌 것이다. 이 십주위에는 각각 2가지의 인과가 있는데, 각각 해당 지위에서 앞서 10가지의 법을 들어 말한 것은 기쁜 마음으로 한 걸음 더 높이 나가는 인연이며, 뒤에 10가지의 법을 들어 말한 것은 해당 지위의 내에서 닦아가고 배워간 결과임을 밝힌 것이다. 경문에서 말한 바와 같이 구체적으로 밝히고 있다.

四 會當十住位中斷惑次第者는 如初發心住와 治地住와 修行住의 此三種住中엔 明總修出世間心하야 破諸世間煩惱纏縛이라

제4단락, 십주위에 해당되는 모든 의혹을 끊어가는 단계를 회통한다는 것은, 예컨대 제1 發心住, 제2 治地住, 제3 修行住 3가지는 모두 출세간의 마음을 닦아 모든 세간의 번뇌 속박을 타파함을 밝힌 것이다.

一時頓成根本智慧니 卽如善財 於妙峰山上에 見德雲比丘하사 得諸佛智慧光明門하고 卽除已上世間諸煩惱障하야 以成佛智慧光明故라 如善財 妙峰山上에 信眼明淨하고 智光照曜하사 普觀境界하야 離一切障은 此是初發心住오

제1. 일시에 근본지혜를 한꺼번에 이룸이다. 이는 선재동자가 묘봉산상에서 덕운비구를 친견하여, 여러 부처님의 지혜 광명 법문을 얻으면서 곧바로 그 이전의 세간 모든 煩惱障을 없애고 부처님의 지혜 광명을 성취한 것과 같기 때문이다. 선재동자가 묘봉산 정상에서 믿음의 눈이 밝고 맑아져 지혜 광명이 빛나 널리 경계를 관하여 모든 장애를 여읜 것이 제1 발심주이다.

第二는 海門國에 見海雲比丘하사 除心境迷眞하고 作十二緣生觀하야 令無障故로 卽見海中에 有佛出現하사 說普眼經은 明見自他十二緣生하야 成大智海 是佛義故로 心境이 總是經故니 明前得佛智慧하야 觀十二緣生에 成大智海일세 心境이 普周하야 自在徧故니 此是治地住에 以十二緣生으로 治令成如來智地故오

제2. 선재동자가 해문국에서 해운비구를 친견하자, 진여를 깨닫지 못하여 혼미했던 마음과 경계를 없애고 十二緣生觀(**無明, 行, 識, 名色, 六處, 觸, 受, 愛, 取, 有, 生, 老死**)을 마련하여 장애를 없애주기 위해, 바다 속에서 부처님이 나오시어 普眼經을 설하였다. 이는 自他가 모두 12가지의 인연이 생겨나는 것을 분명하게 보고서 큰 지혜바다를 성취하도록 하는 부처님의 뜻이다. 이 때문에 마음과 경계가 모두 부처님의 경전임을 밝힌 것이다. 앞서 말한 부처님의 지혜를 얻어 12가지의 인연이 생겨나는 것을 보고서 큰 지혜바다를 성취한 까닭에 마음과 경계를 널리 두루 자유자재하여 어느 곳 하나 빠뜨림이 없음을 밝히기 위함이다. 이는 治地住에서 12가지의 인연이 생겨나는 것으로 다스려, 부처님의 지혜를 성취하도록 하

기 위함이다.

第三은 海岸國에 見善住比丘하사 除心境不明淨障하고 得菩薩無礙解脫門하야 能見一切衆生의 根器業行으로 死此生彼하야 悉皆明見은 此是修行住니 於此三種住中에 明得出纏心自在故라 總以十信心에 自信一切三界分別無明이 是根本不動智佛하야 於初發心住中에 以自在決定解力으로 信眼淸淨하고 智光照曜일세 普觀境界에 離一切障하야 契會悟入十住初心이니 以隨位進修中에 安立五十個佛果次第한 法門方便이 皆不動智로 以爲根本이라 已上初發心住와 治地住와 修行住는 明得十住中出纏心勝일세 是故로 善財의 初二三善知識이 皆是比丘니 明離纏解脫로 表此三住位中行相故라

제3. 선재동자가 해안국에서 선주비구를 친견하여 마음과 경계가 밝고 청정하지 못한 장애를 없애고 보살의 걸림 없는 해탈법문을 얻어, 선천적인 근기와 후천적인 업행으로 여기에서 죽으면 저기에서 태어나는 일체중생의 생사윤회를 보되 모두 명철하게 보는 것이 修行住이다. 이는 발심주, 치지주, 수행주 三住의 가운데서, 속박에서 벗어나 자재한 마음을 얻을 수 있음을 밝혀주는 것이다.

총체적으로 十信의 마음을 통해서 일체 삼계의 분별무명이 근본부동지 부처임을 스스로 믿고서, 첫 발심주에서 자재하게 결정하는 이해력으로 믿음의 눈이 청정하고 지혜 광명이 빛나 널리 경계를 보게 되면 일체 장애를 벗어나 십주의 첫 발심에 부합하여 깨달아 들어갈 수 있다. 그처럼 지위에 따라 닦아나가는 가운데 50가

지의 佛果 단계를 정립한 법문의 방편이 모두 근본부동지로 근본을 삼는다.

이상에서 말한 발심주, 치지주, 수행주는 십주 가운데 속박을 벗어나는 마음이 훌륭함을 밝힌 까닭에 선재동자의 제1, 제2, 제3 선지식이 모두 비구이다. 이처럼 출세간의 비구란 속박을 벗어난 해탈로서 발심주, 치지주, 수행주 중의 行相을 상징한 자임을 밝힌 것이다.

第四 生貴住는 明對治世間法則과 及生死煩鬧不自在障하야 令自在故니 卽如善財 於市肆之上에 見彌伽長者의 說輪字經은 卽表生死市鄽의 鬧處常寂이오

제4. 생귀주는 세간의 법칙과 생사의 번뇌에 자재하지 못한 장애를 다스려서 자재하도록 함을 밝혀주기 위함이다.

선재동자가 이처럼 저자거리에서 輪字經을 설법하는 미가장자를 친견한 것은 곧 생사의 시끄러운 저자거리가 언제나 고요함을 나타낸 것이다.

第五 具足方便住는 對治眞俗身邊二見하야 令大智境界로 得自在하야 破不自在障故니 如善財見解脫長者에 卽入三昧하시니 名普攝一切佛刹無邊陀羅尼라 十方各現十佛刹微塵數佛國土海 淸淨莊嚴하야 總在身中은 卽明一切衆生身이 總含無邊佛刹하야 體相無礙니라

제5. 구족방편주는 眞俗과 身邊 2가지의 견해를 다스려서 큰 지혜 경계로 하여금 자재함을 얻어 자재하지 못한 장애를 타파하려는 것이다.

이는 선재동자가 해탈장자를 친견하고서 곧바로 삼매에 들어간 것과 같다. 이를 '일체 불찰을 널리 거두어들인 끝없는 다라니[普攝一切佛刹無邊陀羅尼]'라 이름한다. 시방으로 각각 십불찰 미진수 불국토 바다의 청정한 장엄을 나타내어 모두 몸속에 두는 것은 바로 일체중생의 몸이 모두 끝없는 불찰을 포괄하여 體相에 걸림이 없음을 밝힌 것이다.

第六 正心住는 對治智慧寂用不自在障이니 卽如善財 見海幢比丘한대 於經行地側에 結跏趺坐하사 離出入息하야 無別思覺하고 於其身上에 各隨身分하야 皆出化身호되 如雲廣覆하야 周徧十方하사 隨應所見하시니 此는 明寂用無礙故라 此已上은 總明世間出世間和會하야 皆解脫故오 如是已後의 四波羅密은 入俗行悲하야 令自在故라

제6. 정심주는 지혜가 空寂과 작용에 자재하지 못한 장애를 다스리는 것이다.

이는 선재동자가 해당비구를 친견할 때 지나다니는 땅 곁에서 결가부좌한 채, 들이쉬고 내쉬는 숨을 여의고 별다른 생각도 없이 그 몸에 각각 그 신체의 부분에 따라 모두 化身을 출현하는데, 마치 하늘을 뒤덮은 구름처럼 널리 시방세계에 모두 나타나 보는 곳에 따라서 있지 않은 곳이 없었다. 이는 空寂과 작용에 걸림 없음을 밝힌 것이다.

이상은 세간과 출세간의 회통을 총괄하여 모두 해탈함을 밝히고 있으며, 이후의 4바라밀은 세속에 들어가 자비를 행하는 데에 자재하도록 함이다.

第七 不退住는 對治大慈大悲로 同行攝生에 不圓滿自在障하야 令圓滿故니 卽如善財 於普莊嚴園에 見休捨優婆夷한대 謂善財言하사대 '我有八萬四千那由他同行眷屬이 常居此園이라'하니 明大悲位中에 行方便波羅密하야 同於八萬四千不可說一切衆生煩惱호되 總共同事하야 敎化利益이라 經에 云其餘衆生도 住此園者는 亦皆普得不退轉位라하시니 明能行悲智行者는 悉同此也라

제7. 불퇴주는 대자대비로 수많은 행을 함께하면서 중생을 이끌어 들이는 데 원만자재하지 못한 장애를 다스려서 원만하도록 하는 것이다.

이는 선재동자가 보장엄원에서 휴사 우바이를 친견하자, 그는 선재동자에게 말하였다.

"나에게는 8만 4천 나유타의 행을 함께하는 권속이 항상 이 보장엄원에서 살고 있다."

이는 大悲의 지위에서 방편바라밀을 행하여, 8만 4천 가지의 말할 수 없는 일체중생의 번뇌와 함께하면서도 모두 그들이 하는 일을 함께하는 가운데 그들을 교화하고 이익을 베푸는 것임을 밝힌다.

이어 경문에 이르기를 "그 나머지 중생도 이 보장엄원에 머무는 자는 모두가 널리 물러서지 않는 지위를 얻었다."고 한다. 이는 자비와 지혜의 행을 행한 자라면 모두가 이와 똑같음을 밝힌 것이다.

第八 童眞住는 對治處纏同事에 世間餘習으로 智不淸淨障하야 令淸

淨故라 卽如善財 見毘目瞿沙仙人은 表大智淸潔하야 無所染故라 休捨優婆夷와 與仙人住處 同名하야 俱是海潮處者는 明此悲智一體라 無染而不淨이어니와 若隨悲修智하면 猶有習氣染境之心이니 卽此第七第八兩位和會一終이 是也오 若也隨智行慈하면 無有染習이니 卽師子幢王女인 慈行童女 是니 可以思之하야 得見其意라

제8. 동진주는 세간의 속박 속에서 중생들과 일을 함께함으로써 세간의 남은 습기로 지혜가 청정하지 못한 장애를 다스려서 청정하도록 하는 것이다.

이처럼 선재동자가 비목구사 선인을 친견한 것은 큰 지혜가 청정하여 오염된 바 없음을 나타내는 것이다.

휴사 우바이와 비목구사 선인이 거주하는 곳의 이름은 똑같이 海潮處이다. 이는 자비와 지혜가 일체라 물들어도 더럽혀지지 않음을 밝힌 것이다. 그러나 만약 자비를 따라 지혜를 닦으면 오히려 습기가 경계에 의해 마음이 물들게 된다. 이는 곧 제7, 제8의 2지위를 합하여 단 한 번에 끝나는 것이 이에 해당된다. 만약 지혜를 따라 자비를 행하면 물드는 습기가 없다. 이는 사자당왕의 딸, 慈行童女가 이에 해당되니, 생각해보면 말하지 않아도 그 뜻을 알 수 있다.

第九法王子住는 對治說法不自在障하야 令自在故니 卽如善財 見勝熱婆羅門하고 以登刀山入火聚하야 行苦行時에 隨天龍神人과 及非人來者하야 無不獲益而已라

제9. 法王子住는 설법에 자재하지 못한 장애를 다스려서 자재

하게 만드는 것이다.

선재동자가 승열 바라문을 친견하고서 칼산에 올라 불구덩이에 들어가 고행의 수행을 할 때, 그를 찾아온 하늘과 용과 신과 사람과 사람이 아닌 이들을 따라서 모두가 이익을 얻지 못한 바가 없었다.

十에 灌頂住는 對治悲智不自在淸淨障하야 令得淸淨이니 卽如善財見師子幢王女慈行童女라 王者는 智自在故오 女者는 表隨悲同事에 無染習故니 明智滿從悲하야 處世間故로 卽同事而無習氣故라

제10. 관정주는 자비와 지혜가 자재하고 청정하지 못한 장애를 다스려서 청정하도록 하는 것이다.

이는 선재동자가 사자당왕의 딸, 자행동녀를 친견한 일이다. '왕'이란 지혜가 자재함을 나타낸 것이며, '여인'이란 자비의 마음을 따라 중생들의 일을 함께하면서도 오염의 습기가 없음을 나타낸 것이다.

이는 지혜가 원만하면 자비의 마음을 따라 세간에 살기 때문에 중생들과 그 일을 함께하면서도 습기가 없음을 밝힌 때문이다.

已上十種對治는 皆一念心上과 初發心時와 一行之中과 一時之內에 無前後際일세 對治此十種障法하야 成一法一心一智慧호되 一行之中에 十十無盡法門이 皆以自心不動智佛로 爲體니 以法事之中에 合具此十種無盡法門하야 同別一多이 自在故라 以此十種對治이 一時에 令慣習自在故로 不同三乘權敎에 約劣解衆生하야 存世間三世之性하야 說佛果이 在三僧祇之外니 以自心根本無明分別之種으

로 便成不動智佛하고 以法界體用으로 以爲信進悟入之門일세 從信及入位進修와 乃至經十住·十行·十廻向·十地·十一地히 總不離本不動智佛하야 不離一時一念一法一行上코 而有無邊無量不可說不可說法界虛空界微塵數法門이니 何以故오 爲從法界及根本不動智上하야 爲信進悟入故로 法合如然故라 如龍女의 刹那成佛과 善財一生에 以取佛果는 法界의 無性無生이 爲一生이오 非延促生故니 爲法界體이 無情量延促長短去來今故니 諸有信者는 應如是知라 如今成佛이 與過去未來一切諸佛로 一時成佛이니 以法界智體이 無別時故로 如一滴之水이 入大海中에 便同大海하야 無新舊水故라 故로 去情方見이오 非識心知니라

이상의 10가지 다스림은 모두 한 생각이 일어나는 마음, 처음 발심할 때, 하나의 행 가운데, 一時의 내에 전후의 사이가 없다. 이 10가지 장애가 되는 법을 다스려서 하나의 법, 하나의 마음, 하나의 지혜를 이루면서도 하나의 行에서 백 가지의 다함이 없는 법문이 모두 자기 마음의 근본부동지불로 본체를 삼는다. 이는 法事의 가운데 10가지의 다함이 없는 법문을 갖추어 똑같거나 차별이 있는 것, 하나와 많음에 자재하기 때문이다.

이러한 10가지의 다스림이 일시에 관습을 자재하게 만들어주기 때문에 3승의 權敎에서 이해력이 낮은 중생을 들어 "세간 삼세의 성품을 간직함으로써 불과가 3아승기 밖에 있다."고 말한 것과는 다르다. 자기 마음의 근본무명분별의 종자로 문득 근본부동지불을 이루고 법계의 체용으로 인하여, 신심에서 한 걸음 더 나아가

깨달아 들어가는 법문을 삼기 때문에, 신심으로부터의 출발 및 지위에 들어가 닦아나가는 것으로부터 내지 10주·10행·10회향·10지·11지를 거치기까지 총체로 근본부동지불을 여의지 않고, 一時·一念·一法·一行까지 여의지 않고서도 가없고 한량없고 말로 형용할 수 없는, 도저히 말로 형용할 수 없는 법계와 허공계의 미진수 법문이 있다.

무엇 때문일까? 법계와 근본부동지로부터 믿음으로 나아가 깨달아 들어가기 때문에 법이 마땅히 그렇게 되는 것이다.

용녀가 찰나에 성불한 것과 선재동자가 일생에 걸쳐 불과를 얻은 것은 법계의 자성이 없고 생겨남이 없는[無性無生] 것으로 일생을 삼은 것이지, 늦고 빠른 시간으로 말하는 삶이 아니다. 법계의 본체에 情識과 思量 분별에 의한 늦고 빠름, 길고 짧음, 과거·현재·미래가 없기 때문이다.

신심이 있는 자는 반드시 이와 같이 알아야 한다. 바로 오늘날의 성불이 과거와 미래의 일체 모든 부처님과 일시에 성불한 것이다. 法界智의 본체에는 시간의 차별이 없기 때문이다. 마치 한 방울의 물이 큰 바다에 들어가면, 곧바로 큰 바다와 하나가 되어 새로운 물과 옛적의 물에 구별이 없음과 같기 때문이다. 그러므로 情識을 버려야 비로소 볼 수 있는 것이지, 사량 분별의 識心으로 알 수 있는 게 아니다.

以爲根本無明住地煩惱로 便爲一切諸佛不動智니 一切衆生이 皆自有之언마는 只爲智體이 無性無依하야 不能自了오 會緣方了니 云何

爲會緣고 會緣이 有三種하니 一은 會苦緣이니 遇苦에 方能發心이오 二는 會樂緣이니 久處人天하야 內心明慧호되 達世樂果이 生死無常하야 方始求眞이오 三은 見佛及一乘菩薩하고 而能發心하야 求佛種智니 以會三緣에 近正善知友하야 而能自覺無明이 本是佛智라 三乘이 同然이로되 爲意樂淺深이 各別이니 以因本智上而生信心하고 約本智而爲悟入하야 以不離本智故로 於初發心住에 卽五位齊周하야 雖列十住·十行·十廻向·十地·十一地의 行位法門과 進修軌度나 如王寶印이 一印無差하야 以一心大智之印으로 印無始三世 總在一時하고 無邊諸法을 智印咸徧이니 以智等諸佛故며 以智等衆生心故며 以智等諸法故며 以智無中邊表裏三世長短遠近故며 爲智過虛空量故니라 如世虛空은 無所了知어니와 如無分別智一念은 而能分別過虛空等法門하나니 是故로 經에 言 '一切虛空은 猶可量이어니와 諸佛說法은 不可量이라'하시니 以是義故로 以自心根本無明體用으로 而見不動智이 與一切諸佛과 及以一切衆生으로 同一體性이며 同一境界며 同一智海라 以是로 發心之初에 住佛種智家일세 故纔發心時에 卽於十方에 現身成佛이니 如初發心功德品에 自明이니라

根本無明住地의 번뇌로 문득 일체 모든 부처님의 근본부동지를 삼는다. 일체중생이 모두 근본부동지를 스스로 갖추고 있지만 단 부동지의 본체에 체성이 없고 의지함이 없어 스스로 알지 못하고, 반연을 만나야 비로소 알 수 있다.

무엇을 만나는 반연이라 하는가? 만남에는 3가지 반연이 있다.

(1) 고통스러운 반연을 만남이다. 고통스러운 만남으로 비로소

발심하는 것이며,

⑵ 즐거운 반연의 만남이다. 오랜 기간 人天에 살면서 마음의 지혜가 밝아서 세간의 즐거운 과보가 생사의 무상한 삶임을 깨달아 진여를 추구하는 것이며,

⑶ 부처님과 일승 보살을 보고서 발심하여 부처님의 종자지혜를 구하는 것이다.

이러한 3가지의 반연을 만나 바르고 착한 지기의 벗을 가까이 함으로써 무명이 본래 부처님의 지혜임을 깨닫는 것이다. 삼승이 똑같이 한가지이지만 의식과 즐거움에 깊고 얕은 차이가 있어 제각기 다른 것이다.

이와 같이 근본부동지의 위에서 신심을 내고 근본부동지를 통하여 깨달아 들어감으로써 근본부동지를 여의지 않기 때문에 초발심주에서 곧바로 5위가 모두 두루 하는 것이다. 비록 10주·10행·10회향·10지·11지의 行位 법문과 닦아나가는 軌度를 열거했지만, 이는 마치 왕의 寶印이 한 번 찍히면 차별이 없는 것처럼 한마음 대지혜의 도장으로 시작을 찾아볼 수 없는 아득한 삼세가 모두 일시에 있는 듯이 도장이 찍히고 끝없는 모든 법을 지혜의 도장으로 모두 두루 하는 것이다.

이는 지혜가 모든 부처님과 같기 때문이며, 지혜가 중생의 마음과 같기 때문이며, 지혜가 모든 법과 같기 때문이며, 지혜가 중심과 변두리, 안과 밖, 삼세, 길고 짧음, 가깝고 먼 차별이 없기 때문이며, 지혜가 허공의 크기보다 더 크기 때문이다. 세간의 허공이

얼마나 되는지 알 수 없지만, 분별심이 없는 지혜의 허공처럼 광활한 한 생각은 허공보다도 더 큰 법문임을 분별하는 것이다. 이 때문에 경에서 이르기를 "일체의 허공은 그래도 가늠할 수 있지만 모든 부처님의 설법은 헤아릴 수 없다."고 하였다.

이런 뜻이 있기 때문에 자기 마음의 근본무명의 체용으로써 부동지가 일체 모든 부처님 및 일체중생과 똑같은 體性이고, 똑같은 경계이며, 똑같은 지혜바다임을 볼 수 있다. 이 때문에 발심한 시초로부터 부처님의 종자지혜의 집안에 머물기 때문에 겨우 발심할 때 곧바로 시방세계에 몸을 나타내어 성불하는 것이다. 이는 제17 초발심공덕품에서 밝힘과 같다.

以是義故로 於此十住位中에 入初發心住者는 住一切諸佛智慧大悲海境界中住하야 卽五位通修하야 以初住及十地 不離一佛智慧境界故로 但明生熟慣習勝劣하야 安立住地之名이니 爲智體之中엔 非三世情攝故라 如龍女 一刹那之際에 已具三生하야 普賢行滿하고 佛果亦就니 如文殊師利菩薩頌에 云一念普觀無量劫하니 無去無來亦無住라 如是了知三世事하사 超諸方便成十力이라하시니 明知三乘三祇에 出世成佛은 是權方便教오 此教는 約實法일세 不說以願力成佛等事니 設以願力成行이라도 還以約實成佛일세 不說以願力暫成故라 是故當知하라 從十住中初入位菩薩이 卽五位通修니 爲十住行相이 通有十行·十迴向·十地等法門故로 如十住中에 七八兩住엔 還修悲智오 九住中엔 是法師位오 十住中엔 悲智圓滿이라 如是五位行相이 相似故니 如善財十住中善知識이 一一智慧境界이 皆悉無

極이로되 但爲約法身大智大悲之上에 法具無盡하야 須當安立五位行門일세 總是一心一智一時의 智等偏滿한 所行之道라 是故로 起信進修行者는 於大智境界에 莫作三世近遠延促之見이니 違智境界故며 失本大智之境하야 逐情識故며 隨相轉故로 此는 會第四斷惑次第竟이니 如此五位斷惑次第이 如空無時하며 如圓鏡頓照하며 如摩尼寶이 能同衆色하며 如一滴之水이 入大海中에 等同無二니 以大智慧之圓鏡으로 普印諸作하야 莫不皆成無作之大用故며 無三世之一時故라

이러한 의의가 있기 때문에 십주의 지위 가운데 초발심주에 들어간 자는 일체 모든 부처님의 '지혜와 대자비의 바다' 경계에 머물면서 곧바로 다섯 지위**(발심주 · 치지주 · 수행주 · 생귀주 · 방편구족주)**를 모두 닦음으로써 초발심주 및 十地가 하나의 부처님 지혜의 경계를 여의지 않는다. 이 때문에 단지 설거나 숙련된 관습의 우열을 밝혀 십주와 십지의 명칭을 세운 것이다. 지혜의 본체에는 삼세의 情識으로 받아들이지 못하기 때문이다. 이는 마치 용녀가 한 찰나의 즈음에 이미 전생, 현생, 후생을 모두 갖춰 보현행이 원만하고 불과 또한 성취한 것과 같다.

문수사리보살의 게송에 이르기를 "한 생각으로 널리 한량없는 겁을 살펴보니 가는 것도 없고 오는 것도 없고 또한 머무는 것도 없다. 이처럼 삼세의 일을 알아 모든 방편을 초월해 10가지의 힘을 성취했다."고 하였다.

이를 통하여 분명히 알 수 있다. 삼승이 3아승기겁에 세간을

벗어나 성불한다는 것은 방편의 가르침일 뿐이며, 이 가르침은 실상의 법을 들어 말한 까닭에 원력으로 성불한다는 등의 일은 말하지 않았다. 설령 원력으로 행을 성취했을지라도 또한 실상으로 성불한 까닭에 원력으로 잠시 성취한 부분을 말할 수 없기 때문이다.

그러므로 반드시 알아야 한다. 10주로부터 처음 지위에 들어가는 보살은 곧바로 다섯 지위를 전부 닦는다. 10주의 行相에 10행·10회향·10지 등의 법문이 모두 들어 있기 때문이다. 따라서 10주 가운데 제7 불퇴주·제8 동진주에서는 자비와 지혜를 닦고, 제9 법왕자주는 법사의 지위이며, 제10 관정주는 자비와 지혜가 원만하다. 이처럼 다섯 지위의 행상이 서로 닮았기 때문이다.

선재동자의 십주 가운데 선지식이 하나하나의 지혜 경계가 모두 다함이 없지만 단 법신의 대지혜, 대자비 위에서 다함없는 법이 갖추어진 것으로 반드시 다섯 지위의 행문을 세우는 것이다. 때문에 총체로 하나의 마음[一心]·하나의 지혜[一智]·하나의 때[一時]의 지혜가 평등하여 두루 원만하게 행할 수 있는 도라 말한 것이다.

그러므로 신심에서 한 걸음 더 나아가 수행을 일으키는 자는 대지혜의 경계에 과거·현재·미래, 멀고 가깝고, 늦고 빠름이라는 차별의 견해를 가져서는 안 된다. 이는 대지혜의 경계에 어긋나는 일이기 때문이며, 근본 대지혜의 경계를 잃고 情識을 따른 일이기 때문이며, 相을 따라 전변한 때문이다.

이는 제4단락 '미혹을 끊어가는 단계'를 모두 종합하여 끝마치는 부분이다. 이와 같은 다섯 지위의 '미혹을 끊어가는 단계'는 마치 허공에 시간[時]의 차이가 없음과 같고, 둥근 거울이 한꺼번에 비치는 것과 같고, 마니 구슬이 온갖 색깔과 함께하는 것과 같고, 한 방울의 물이 큰 바다 속에 들어가는 것과 똑같으므로 둘의 차별이 없는 것과 같다. 대지혜의 거울로 널리 현상의 모든 작위를 도장 찍되 작위가 없는 큰 작용을 모두 성취하기 때문이며, 삼세의 차별이 없는 一時이기 때문이다.

四釋文者는 四品分二니 前三은 當位行德이오 後一은 勝進趣後라 前會 無勝進者는 但是趣位方便으로 未成位故로 回向是位오 無進趣者는 三賢位滿이란 總爲趣地之方便故로 亦顯趣無分別이니 離趣相故일세니라

今初는 分三이니 初品은 辨位오 次品은 辨行이오 後品은 明德이니 初亦名解니라

文分七分이니 一 三昧分이오 二 加分이오 三 起分이오 四 本分이오 五 說分이오 六 證成分이오 七 重頌分이라 今은 初라

4. 경문의 해석

4품을 2부분으로 구분한다. 앞의 3품은 해당 지위에서 행하는 공덕이며, 뒤의 1품은 훌륭하게 한 걸음 더 뒤의 단계로 나아간 것이다.

앞의 3품에서 훌륭하게 한 걸음 더 나아감이 없는 것은 단 해당 지위에 나아가는 방편으로, 아직은 그 지위를 성취하지 못했

기 때문에 회향하는 것이 해당 지위이다. 한 걸음 더 앞으로 나아감이 없다는 것은 三賢의 지위가 원만한 것이란 모두 해당 지위에 나아가는 일시의 방편일 뿐이기에 또한 나아가는 단계에 차별이 없음을 밝힌 것이다. 이는 앞으로 나아가는 모습을 여의었기 때문이다.

앞의 3품은 다시 3부분으로 나뉜다.

첫 품은 지위를 논변하고,

다음 품은 행을 논변하며,

뒤의 품은 덕을 밝히고 있다.

지위를 논변한 첫 품은 '解'라고도 한다.

첫 품의 경문은 또다시 7부분으로 구분된다.

제1 三昧分, 제2 加分, 제3 起分, 제4 本分, 제5 說分, 제6 證成分, 제7 重頌分이다.

이는 제1. 삼매 부분이다.

經

爾時에 **法慧菩薩**이 **承佛威力**하사 **入菩薩無量方便三昧**하시니라

그때 법혜보살이 부처님의 위신력을 받들어 보살의 한량없는 방편삼매에 들었다.

◉ 疏 ◉

何故入定고 畧辨六意니 一은 此三昧是法體故오 二는 非證不說故오 三은 顯此法非思量境故오 四는 觀機審法故오 五는 爲受佛加故오 六은 成軌儀故니 餘如玄說이라

무엇 때문에 선정삼매에 들어가는가? 이에 대해 간단하게 6가지의 뜻으로 말하겠다.

(1) 삼매는 法體이기 때문이다.

(2) 증득하지 않으면 설법할 수 없기 때문이다.

(3) 이 법은 분별과 思量으로 할 수 있는 경계가 아님을 밝히기 위함이다.

(4) 근기를 살펴보고 법을 살피기 때문이다.

(5) 부처님의 가피를 받을 수 있기 때문이다.

(6) 궤범과 위의를 성취한 때문이다.

나머지는 경문에서 말한 바와 같다.

文有三別이니 一은 入定人이니 法慧入者는 是衆首故오 餘入則亂이니 亂起則不調伏故며 顯十住法은 慧能說故오 二는 入定依니 謂承佛力은 推功化主하야 表無慢故오 三은 入定名이니 爲揀果定이라 故云菩薩이며 任性能知하야 觀解善巧일세 故名方便이며 十住 各攝多門善巧일세 故云無量心이 詣於法이라 故云入也니라 又一切三昧 皆有三相하니 謂入·住·出이니 卽照之寂일세 故名爲入이오 卽寂之照일세 故名爲出이오 入已未起일세 故名爲住라 餘三昧等은 竝如前釋하다【鈔_ 是衆首者는 此有二意니 一은 約教相하야 云是衆首니라 言餘入

則亂'者는 此卽論意라 謂有問言호되 '豈此海會에 無如法慧아' 故應答云'衆雖德齊나 衆人爭入에 衆則亂故라'하니 次應問言호되 '何不亂起오' 答云'衆調伏故라' 故今疏에 云'亂起則不調伏이라'하니라 初三昧分 竟하다】

경문은 3부분으로 구별된다.

(1) 선정에 들어간 사람이다. 법혜보살이 선정에 들어간 것은 대중의 上首 보살이기 때문이다. 나머지 대중들은 선정에 들어가면 산란하다. 산란함이 일어남은 조복하지 못한 때문이며, 십주법은 지혜만이 설법할 수 있음을 밝힌 것이다.

(2) 선정에 들어가 의지한 것이다. "부처님의 위신력을 받들었다."고 말한 것은 化主에게 그 공로를 미루어 교만심이 없음을 나타낸 때문이다.

(3) 선정에 들어간 명칭이다. 이는 부처님의 선정[果定]과는 다르다. 이 때문에 '보살'이라 하며, 성품의 지각의 주체에 맡겨 살펴보는 이해가 훌륭하기에 그 이름을 '방편'이라 하며, 십주가 각각 여러 법문의 훌륭함을 모두 받아들이고 있기에 이를 '무량'이라 하며, 마음이 법에 나아가기 때문에 '入'이라 말한다.

또한 일체 삼매에는 모두 3가지의 양상이 있다. 선정에 들어가고[入]·머물고[住]·나옴[出]을 말한다. 觀照와 하나가 된 寂靜이기에 '들어감'이라 말하고, 적정과 하나가 된 관조이기에 '나옴'이라 말하고, 入定을 끝마치고 아직 일어나지 않은 것을 '머문다'고 말한다.

나머지 삼매는 모두 앞의 해석과 같다. 【초_ '대중의 上首 보살'에는 2가지의 뜻이 있다.

첫째는 교화의 양상으로 '대중의 上首 보살'이라 말한다.

다음 "나머지 대중들은 선정에 들어가면 산란하다."고 말한 것은 논술한 자의 뜻이다.

어떤 사람이 물었다.

"어찌 수많은 법회에 법혜보살만 한 이들이 또 없을까?"

이에 대해 답하였다.

"대중이 아무리 덕이 똑같다고 하지만 그들이 다투어 들어감에 곧 산란한 때문이다."

이어 다시 물었다.

"어떻게 해서 산란함이 일어나지 않는가?"

"대중을 조복한 때문이다."

이 때문에 이의 청량소에서 이르기를 "산란함이 일어난 것은 조복하지 못한 때문이다."고 하였다.】

二는 加分이니 於中三이니 初는 總辨因緣이오 二는 明加所爲오 三은 別顯加相이라 今은 初라

제2. 가피 부분

여기에는 3부분이 있다.

1) 인연을 총체로 논변함이며,

2) 가피의 목적을 밝힘이며,

3) 가피의 모습을 개별로 나타냄이다.

이는 1) 인연을 총체로 논변함이다.

經

以三昧力으로 十方各千佛刹微塵數世界之外에 有千佛刹微塵數諸佛하사대 皆同一號하야 名曰法慧라 普現其前하사 告法慧菩薩言하사대

善哉善哉라 善男子야 汝能入是菩薩無量方便三昧하니 善男子야 十方各千佛刹微塵數諸佛이 悉以神力으로 共加於汝하시며 又是毘盧遮那如來의 往昔願力威神之力과 及汝所修善根力故로 入此三昧하야 令汝說法이니라

삼매의 힘으로써 시방 각각 1천 부처님 세계의 미진수와 같은 세계 밖에 1천 부처님 세계의 미진수와 같은 수많은 부처님이 계시는데, 모두가 똑같은 이름으로 법혜불이라 한다.

그처럼 수많은 법혜보살의 앞에 널리 몸을 나타내어 말씀하셨다.

"훌륭하다, 훌륭하다. 선남자여, 그대가 보살의 한량없는 방편삼매에 들었다. 선남자여, 시방의 각각 1천 부처님 세계의 미진수와 같은 수많은 부처님이 모두 위신력으로 똑같이 그대에게 가피를 내리시며, 또한 비로자나여래의 지난 옛적 원력, 위신력, 그리고 그대가 닦은 선근의 힘이 있기 때문에 이런 삼매에 들어 그대로 하여금 설법을 하도록 하였다.

◉ 疏 ◉

文三이니 一은 標加所因이오 二는 加緣顯現이오 三은 讚說因緣이라 今初加所因者는 謂以三昧力故니 論云所以偏加金剛藏者는 得此定故니라 前由佛力能入이오 今由定力佛現이니 互爲增上이라 力相云何오 謂無作三昧로 顯自覺智하야 寂不失照하야 冥同佛心이라 故感佛現三業加也니라【鈔_ '互爲增上'者는 前則佛力爲入定緣이오 今則入定이 爲佛現緣이라】

경문은 3부분이다.

(1) 가피의 원인이 되는 바를 밝혀주었고,

(2) 가피의 반연들이 몸을 나타냄이며,

(3) 설법의 인연을 찬탄하였다.

(1) 가피의 원인이 되는 바라는 것은 삼매의 힘으로 이뤄짐을 말한다. 이 때문에 논에 이르기를 "유독 금강장보살에게만 가피를 내린 것은 이런 선정을 얻었기 때문이다."고 하였다. 앞에서는 부처님의 힘에 의해서 선정에 들어갔고, 여기에서는 선정의 힘에 의해서 부처님이 나타난 것이다. 이는 서로가 한 단계씩 향상된 것이다.

'삼매의 힘'의 모습은 어떤 것일까? 작위가 없는 삼매로 自覺의 지혜를 나타내어 고요하되 관조를 잃지 아니하여 부처님의 마음과 보이지 않게 똑같은 까닭에 부처님이 삼업의 가피를 내려줌을 얻게 된 것이다.【초_ "서로가 한 단계씩 향상된 것이다."는 것은 앞에서는 곧 부처님의 힘이 선정에 들게 된 인연이었다면, 여

기에서는 곧 선정에 든 것이 부처님의 현신 가피의 인연이 된 것이다.】

二'十方'下는 加緣顯現이라 來處佛數 皆云千者는 望行猶劣故니라 多佛加者는 顯於法及法師에 增敬心故며 又顯諸佛同說故니라 加佛同名法慧者는 得法不異故니라 論云'此菩薩이 聞同已名하고 增踊躍故라'하니 但諸佛이 於此住門中現호되 皆名法慧는 以法力故며 法應爾故니라 '普現其前'者는 不來而至故니라【鈔_ 言'望行猶劣'者는 行一萬故니라 行·向有前일세 望前辨過어니와 今前未有라 故望後言劣이니라 餘義는 多同十地니 雖賢聖位殊나 儀軌相似하며 又圓教十住는 似十地故니라】

(2) '시방' 이하는 가피의 반연들이 몸을 나타냄이다. 시방에서 찾아온 부처님의 수효를 모두 1천이라 말한 것은 십행과 대조해보면 십주는 오히려 낮기 때문이다.

수많은 부처님이 가피를 내린 것은 법 및 법사에게 공경심을 더했음을 나타내기 위한 것이며, 또한 여러 부처님이 다 함께 말한 것임을 나타내기 위함이다.

가피를 내린 부처님이 똑같은 이름으로 '법혜'라 한 것은 법을 얻은 바가 똑같아 다르지 않기 때문이다. 논에 이르기를 "이 보살이 자신의 명호와 똑같음을 듣고서 뛸 듯이 기쁜 마음을 더한 때문이다."고 하였다. 단 여러 부처님이 십주 법문 중에 몸을 나타낼 때에 모두 그 명호를 '법혜'라 함은 법력을 따르고, 법이 그러한 때문이다.

"수많은 법혜보살의 앞에 널리 몸을 나타냈다."는 것은 몸소 찾아오지 않으면서도 여기에 화신이 찾아온 때문이다. 【초_ "십행과 대조해보면 십주는 오히려 낮다."는 것은 십행에서는 1만으로 말했기 때문이다. 십행과 십회향은 그 이전 단계가 있기 때문에 앞의 단계와 대조해보면 그보다 더 훌륭하다고 말할 수 있지만, 이의 십주는 그 이전의 단계가 없는 까닭에 뒤의 단계에 대조해보면 오히려 낮다고 말한 것이다. 나머지 의의는 대부분 十地와 같다. 물론 현자와 성자의 지위가 다르지만 그 의의와 궤범은 서로 닮았으며, 또한 圓敎의 十住는 십지와 같기 때문이다.】

三'告法慧'下는 讚說因緣이라 於中二니 一은 讚有加因이니 能入定故니라 言'汝能'者는 希越之辭니 此定難得이어늘 汝今乃能入故니라 擧定名者는 向來默入에 衆未知名이라 故擧歎之하야 令衆仰故니라

二'善男子十方'下는 雙說加定因緣이니 於中에 先別顯四因이니 一은 伴佛神力이니 '諸佛自說'者는 令衆敬仰故오 二는 主佛宿願이오 三은 主佛現威오 四는 法慧善根이니 署無大衆機感이라

後'入此三昧 令汝說法'二句는 結因所屬이니 謂由上四事니 前三爲緣이오 第四是因이니 因緣合故로 入此三昧니 故前四는 定因이오 '令汝說法'은 卽是加因이라 故論云'何故加오 爲說此法故'라하니 故十行十向之中에 皆云'令汝入是三昧而演說法故'라하니라 又此令汝說法은 亦是後文之總이라

⑶ '告法慧' 이하는 설법의 인연을 찬탄함이다.

이는 다시 2부분으로 나뉜다.

① 가피를 받을 수 있는 인연을 찬탄함이다. 선정에 잘 들었기 때문이다.

'그대는 능히 … 했다[汝能].'고 말한 것은 바람보다 더 잘했다는 말이다. 이런 선정은 얻기 어려운 경지인데 그대가 지금 이런 선정에 잘 들어간 때문이다. 선정의 이름을 들어 말한 것은 지난날 말없이 선정에 들어감으로써 대중들이 그 선정의 이름을 알 수 없었기에 이를 들추어 찬탄하여, 대중으로 하여금 우러러보도록 하기 위함이다.

② '선남자여, 시방' 이하는 가피와 선정의 인연을 모두 들어 말하였다. 그 가운데 먼저 4가지의 인연을 다음과 같이 개별로 밝히고 있다.

㉠ 부처님의 위신력을 반연함이다. 여러 부처님이 스스로 말한 것은 대중으로 하여금 그를 우러러 존경하도록 하기 위함이며,

㉡ 主佛의 숙원이며,

㉢ 주불의 위신력이 나타남이며,

㉣ 법혜보살의 善根이다.

대중의 근기에 따라 감응하여 얻은 부분은 생략하여 언급하지 않았다.

뒤의 "이런 삼매에 들어 그대로 하여금 설법을 하도록 하였다."는 2구절은 인연의 속한 바를 끝맺음이다. 위에서 말한 '4가지의 인연'에서 유래한 것임을 말한다. 앞의 3가지 보조의 반연이 되고, '㉣ 법혜보살의 선근'은 주체의 因이다. 이처럼 주체와 보조의

因·緣을 종합한 까닭에 이런 삼매에 든 것이다. 이 때문에 앞의 '4가지의 인연'은 선정의 원인[定因]이며, "그대로 하여금 설법을 하도록 하였다."는 것은 곧 가피의 원인[加因]이다.

이 때문에 논에 이르기를 "무엇 때문에 가피를 내리는 것일까? 이런 법을 말하기 위함이다."고 하였다. 그러므로 십행과 십회향의 가운데 모두 "그대로 하여금 이런 삼매에 들어가 법을 연설하도록 하기 위함이다."고 하였다. 또한 "그대로 하여금 설법을 하도록 하였다."는 것은 뒤 문장의 총체이다.

問호되 '加之與定은 何先後耶아' 若先定後加인댄 則不應云汝能入此三昧니 此是十方諸佛이 共加於汝며 乃至云及汝善根力故로 入此三昧라하고 若先加後定인댄 則不應在三昧分後라야 方說加分이니라

又十地論에 云'何故加오 爲說此法故라'하고 不言爲入三昧故며 又云'唯加金剛藏이오 不加餘者는 以是菩薩 得此定故라'하니 旣俱文證인댄 如何會通가 古人答云'加·定 同時니 謂若未定而加면 則散心不能勝受오 若未加而定이면 則自力不堪入此深定이라 是故로 同時라'하니 此解도 亦違敎理니라

現言入三昧竟에 諸佛方現身하사 稱讚得定이라하고 及說加所爲竟에 方與三業之加라하니 而云同時 豈不違文가 若言同時인댄 爲因不成이니 斯則違理니라 若正釋者인댄 加有二種하니 若約內外 善根威神과 願力冥資로 令其得定인댄 則在定前이어니와 若約與智讚述과 摩頂勸說과 三業顯加인댄 則居定後니라 二文昭著어늘 何其惑哉아

"가피와 선정, 그 무엇이 앞이고 뒤일까?"

만일 선정이 앞이고 가피가 뒤라면 "그대가 이런 삼매에 들었으니 시방세계 여러 부처님이 모두 그대에게 가피를 내릴 것이다." 내지 "그대는 선근의 힘이 있기 때문에 이런 삼매에 들었다."고 말하지 않았을 것이다.

만일 가피가 앞이고 선정이 뒤라면 오로지 三昧 부분의 뒤에서만 가피 부분을 말할 수 있다고 하지 않았을 것이다.

또한 십지론에 이르기를 "무엇 때문에 가피를 내리는 것일까? 이런 법을 말하기 위한 때문이다."고 하였을 뿐, 삼매에 들어가기 위함이라고 말하지 않았을 것이며, "오직 금강장보살에게만 가피를 내리고 나머지 대중들에게 가피를 내리지 않은 것은 이 보살이 이런 선정을 얻은 때문이다."고 하였다.

이처럼 모두 경문의 증거가 있다면 이를 어떻게 회통해야 할까?

옛사람이 이에 답하였다.

"가피와 선정은 동시이다. 만일 선정에 들지 않았는데 가피를 내린다면 산란한 마음으로 가피를 잘 받아들일 수 없고, 가피를 내리지 않았는데 선정에 든다면 그것은 자신의 힘으로 깊은 선정에 들어가는 것을 감당할 수 없다. 이 때문에 동시라고 말한다."

그러나 이런 해석은 교리에 어긋나는 말이다. 분명히 말하기를 "삼매에 깊이 들어감을 말한 후에야 여러 부처님이 바야흐로 몸을 나타내어 선정 얻음을 칭찬했다."고 하며, "가피의 목적을 모두 말한 뒤에야 삼업의 가피를 내려주었다."고 하였다. 그렇다면 "가피와 선정은 동시이다."는 말은 어찌 경문에 어긋나는 것이 아니겠는가. 만일 동시라 말한다면 因의 성립이라는 전제가 없는 것이다. 이는 곧 이치에 어긋나는 말이다.

바르게 해석한다면 가피에는 2가지가 있다. 내외의 선근과 위신력, 그리고 원력과 보이지 않는 도움으로 선정에 들 수 있도록 했다고 말한다면 이는 곧 선정이 앞에 있는 것이지만, 만일 지혜를 내려주면서 찬탄함과 이마를 어루만지면서 설법을 권함과 삼업으로 뚜렷하게 가피를 내린 것으로 말하면 모두 선정의 뒤에 있다. 이처럼 두 문장에서 뚜렷이 밝히고 있음에도 불구하고 어찌하여 그처럼 미혹되는지!

第二는 辨加所爲라

2) 가피의 목적을 논변하다

經

爲增長佛智故며 深入法界故며 善了衆生界故며 所入無礙故며 所行無障故며 得無等方便故며 入一切智性故며 覺一切法故며 知一切根故며 能持說一切法故니 所謂發起諸菩薩十種住라

부처님의 지혜를 더욱 키워나가기 위함이며,

법계에 깊이 들어가게 하기 위함이며,

중생의 세계를 잘 알기 위함이며,

들어가는 바에 걸림이 없도록 하기 위함이며,

행하는 바가 걸림이 없도록 하기 위함이며,

똑같을 자 없는 방편을 얻도록 하기 위함이며,

일체 지혜의 성품에 들어가도록 하기 위함이며,

모든 법을 깨닫도록 하기 위함이며,

모든 근기를 알도록 하기 위함이며,

모든 법을 잘 말하도록 하기 위함이다.

이른바 모든 보살의 열 가지 머물 곳을 일으키려는 것이다.

◉ 疏 ◉

且對加因하야 名加所爲라 然加所爲는 正在說法이니 此十도 亦卽說法所爲로 展轉相成이라【鈔_ 言'展轉相成'者는 擧佛願等 爲得加故니 所以加者는 爲說法故니라 若更進釋이면 則有四重하니 一 諸佛願等은 爲入三昧故오 二 入三昧者는 爲得加故오 三 所以加者는 爲說法故오 四 說法爲何오 爲令菩薩 增長佛智等故니라】

또 가피의 원인을 상대로 하여 '가피의 목적[加所爲]'이라 명명하였다. 그러나 가피의 목적은 바로 설법에 있다. 이 10구절 또한 곧 설법의 목적으로 전전하여 서로 이뤄진 것이다.【초_ "전전하여 서로 이뤄졌다."고 말한 것은 부처님의 숙세 서원 등이 가피를 얻게 된 이유임을 말한 것이다. 가피를 내린 것은 설법하기 위함이다. 만일 다시 한 걸음 더 나아가 해석한다면 여기에는 4가지의 이유가 있다.

① 여러 부처님의 서원 등은 삼매에 들어가기 위함이며,

② 삼매에 들어간 것은 가피를 얻기 위함이며,

③ 가피를 내린 바는 설법을 위함이며,

④ 설법은 무엇을 위함인가? 보살로 하여금 부처님의 지혜를 더욱 키워나가는 등을 위함이다.】

文分二別이니 初十句는 別明이며 後一은 結說이라

於十句中에 初總餘別이니 總爲說十住法하야 令信解諸菩薩로 修行增長性習二性하야 生菩提智故니라 又此因智 卽同佛智일세 亦得言增이니 增智何用고 深入法界等故니라

九句五對니 初二證眞了俗對니 謂入無入相이라 故云深入이며 了相了性이라 故云善了니라

次二는 無障無礙對니 由入法界하야 離煩惱礙하고 由了衆生하야 離所知障이니라

次二는 圓因趣果對니 謂巧安眞俗하야 無等故로 因圓이오 入薩婆若일세 故云果滿이니라

次二는 識法知根對라

後一句는 雖非文對나 而是義對니 謂內持諸法하고 外說利他니라

所謂下는 總結所說이니 謂若說十住인댄 則前所爲 皆得成就니라

경문은 2가지 부분으로 나뉜다. 첫 10구는 개별로 밝힘이며, 뒤의 1구는 끝맺는 말이다.

10구 가운데 첫 구절은 총체로 밝힘이며, 나머지는 개별로 말하였다. 이는 모두 십주법을 설하여 신심과 이해를 지닌 모든 보살

로 하여금 수행하여 성품과 습성 2가지 자성을 더욱 키워 보리지혜를 내도록 하기 위함이다. 또한 원인의 지혜[因智]가 곧 부처님의 지혜와 같기 때문에 더욱 키워나가야 한다고 말한 것이다. 지혜를 더욱 키워나가는 것은 무엇 때문일까? 법계에 깊이 들어가는 등이 있기 때문이다.

9구는 5가지 상대로 구성되어 있다.

제1, 2구는 진여의 증득과 俗諦의 이해가 상대이다. 법계에 들어가되 들어간 모습이 없다. 이 때문에 "깊이 들어갔다[深入]."고 말하며, 현상에서의 모습도 알고 내면의 자성도 알기 때문에 이를 "잘 알고 있다[善了]."고 말한다.

다음 제3, 4구는 無障과 無礙가 상대이다. 법계에 깊이 들어감에 따라 煩惱障을 여의고, 중생의 세계를 잘 앎에 따라서 所知障을 여읜 것이다.

다음 제5, 6구는 원만한 원인과 결과로 나아가는 상대이다. 眞諦와 俗諦를 잘 안배하여 차등이 없기 때문에 원인이 원만하고, 薩婆若(一切智: 佛果에서 일체 법을 증득하는 지혜)에 들어간 까닭에 '결과가 원만하다[果滿].'고 말한다.

다음 제7, 8구는 일체의 법을 아는 것과 일체의 근기를 아는 것이 相對이다.

뒤의 제9구는 비록 문장으로 상대를 이루지 못하고 있으나 뜻으로 상대가 된다. 안으로는 모든 법을 지니고 밖으로 중생의 이익을 위해 설법하는 것이다.

'所謂發起' 이하는 위에서 말한 바를 총체로 끝맺고 있다. 十住를 말한다면 곧 앞에서 행한 바를 모두 성취한 것이다.

第三은 正辨加相이라

3) 바로 가피의 모습을 논변하다

經

善男子야 汝當承佛威神之力하야 而演此法이니라

是時에 諸佛이 卽與法慧菩薩에 無礙智와 無著智와 無斷智와 無癡智와 無異智와 無失智와 無量智와 無勝智와 無懈智와 無奪智하시니 何以故오 此三昧力이 法如是故니라

是時에 諸佛이 各伸右手하사 摩法慧菩薩頂하신대

선남자여, 그대는 부처님의 위신력을 받들어 이 법을 연설해야 한다."

이때 모든 부처님이 곧바로 법혜보살에게 걸림 없는 지혜, 집착 없는 지혜, 끊어짐이 없는 지혜, 어리석음이 없는 지혜, 다름이 없는 지혜, 잃어버림이 없는 지혜, 한량없는 지혜, 이길 수 없는 지혜, 게으름이 없는 지혜, 빼앗을 수 없는 지혜를 주셨다.

이는 무슨 까닭인가? 이런 삼매의 힘에 의한 법이 이와 같기 때문이다.

이때 모든 부처님이 제각기 오른손을 뻗어 법혜보살의 이마를

어루만져주었다.

◉ 疏 ◉

分三이니 先은 口加니 勸說以增辯이며 二는 意加니 冥被以益智며 三은 身加니 摩頂以增威니라

이는 3부분으로 나뉜다.

(1) 口加, 설법을 권함으로써 변재를 더해줌이며,

(2) 意加, 보이지 않는 가피로써 지혜를 더해줌이며,

(3) 身加, 이마를 어루만져줌으로써 위엄을 더해줌이다.

二 是時下는 意加中에 先加後釋이니 前中에 與十種智라

初는 總이니 謂四無礙解智 是說法所依故오 餘는 皆樂說無礙니라

一 無著者는 論名不著辯才니 於所說法에 無住著故니라 卽七辯中 捷辯이니 須言卽言일세 故無著也니라

二 無斷智는 卽無斷辯이니 謂相續連環하야 終無竭故니라

三 無癡者는 卽是迅辯이니 明於事理하야 心無癡暗이면 言則迅疾이 如懸河故니라

四 無異者는 卽應辯也니 應時應根하야 無差異故니라

五 無失者는 卽無錯謬辯이니 凡說契理하야 無差失故니라

六 無量者는 卽豐義味辯이니 名數事理 皆無量故니라

七 無勝者는 卽一切世間最上妙辯이니 此有五德하니 一은 甚深如雷오 二는 淸徹遠聞이오 三은 其聲哀雅 如迦陵頻伽오 四는 能令衆生으로 入心敬愛오 五는 其有聞者 歡喜無厭이니 具斯五義일세 故云無勝이니

上卽七辯이라

八 無懈者는 通策前七하야 無疲倦故니라

九 無奪者는 具前總別일세 無能制伏하야 令退屈故니라

(2) '是時' 이하는 意加를 말한 가운데, 앞에서는 가피를, 뒤에서는 해석을 말하고 있다.

앞의 가피에는 10가지의 지혜를 내려주었다.

처음 '걸림 없는 지혜[無礙智]'는 총체이다. '4가지의 걸림 없이 자재한 지혜[四無礙解智]'[1]가 설법의 의지 대상이기 때문이며, 나머지는 모두 '중생의 근기에 따라 듣기 좋도록 말하는 데 걸림 없이 자재[樂說無礙]함'을 말한다.

① '집착 없는 지혜[無著智]'는 논에서 '집착이 없는 말재주[不著辯才]'라 명명하였다. 설법의 대상이 되는 법에 주된 집착이 없기 때문이다. 이는 7가지의 말재주[七辯][2] 가운데 걸림 없이 말하는 捷辯이다. 말을 필요로 할 때에 곧 말하기에 집착이 없다.

1 四無礙解智: catasraḥ pratiṣamvidaḥ. 四無礙智라고도 함. 마음의 측면에서는 智, 또는 解라 말하고, 입의 방면으로는 辯이라 한다. 불보살의 4가지의 걸림 없이 자재한 이해를 표현하는 능력이다. ① 法無礙. 모든 법을 통달한 것, ② 義無礙. 모든 법의 要義를 아는 것, ③ 辭無礙. 여러 가지 언어를 통달하여 못하는 말이 없는 것, ④ 樂說無礙. 모든 법을 알아 중생의 근기에 따라 듣기 좋도록 말하는 데 자재함을 말한다.

2 七辯: 불보살의 뛰어난 7가지의 말솜씨. ① 捷疾辨. 일체 법에 걸림이 없고, 말을 더듬지 않는 것, ② 利辨. 사리에 깊이 통달하도록 유창하게 대답해주는 것, ③ 不盡辨. 모든 법의 실상을 무궁무진하게 설법하는 것, ④ 不可斷辨. 아무리 어려운 질문을 해도 모두 대답하는 것, ⑤ 隨應辨. 중생의 근기에 맞추어 설법하는 것, ⑥ 義辨. 열반과 깨달음의 이익을 설법하는 것, ⑦ 一切世間最上辨. 최상의 법인 대승법을 말한다.

② '끊어짐이 없는 지혜[無斷智]'는 '아무리 어려운 질문에도 모두 대답하는 말재주[無斷辯]'이다. 끊임없이 이어 돌려가면서 마침내 다함이 없기 때문이다.

③ '어리석음이 없는 지혜[無癡智]'는 '거침없는 말재주[迅辯]'이다. 사리에 밝아 마음에 어리석음과 혼미함이 없으면 거침없이 대처하는 말솜씨가 마치 폭포수에서 쏟아지는 물결과 같기 때문이다.

④ '다름이 없는 지혜[無異智]'는 '중생의 근기에 맞추어 말하는 말재주[應辯]'이다. 시기에 부응하고 근기에 부응하여 차이가 없기 때문이다.

⑤ '잃어버림이 없는 지혜[無失智]'는 '착오가 없는 말재주[無錯謬辯]'이다. 모든 말들이 이치에 부합하여 집착이나 잘못이 없기 때문이다.

⑥ '한량없는 지혜[無量智]'는 '의미가 풍부한 말재주[豊義味辯]'이다. 名數와 事理가 모두 한량없기 때문이다.

⑦ '이길 수 없는 지혜[無勝智]'는 '일체 세간의 최상의 법을 말하는 말재주[一切世間最上妙辯]'이다. 여기에는 5가지의 덕이 있다.

㉠ 지극히 심오하여 우렛소리와 같고,

㉡ 맑은 목소리가 멀리 들리며,

㉢ 음성의 고상함이 아름다운 가릉빈가의 울음소리와 같고,

㉣ 중생으로 하여금 마음속 깊이 공경하고 사랑하게 하며,

㉤ 그의 말을 들은 자는 환희심에 싫어하거나 게으름이 없다.

이런 5가지의 의의를 갖췄기에 '이길 수 없는 지혜'라고 말한다.

위는 곧 '7가지의 말재주[七辯]'이다.

⑧ '게으름이 없는 지혜[無懈智]'는 전체로 앞의 '7가지의 말재주'를 경책, 분발하여 피곤하거나 게으름이 없기 때문이다.

⑨ '빼앗을 수 없는 지혜[無奪智]'는 앞서 말한 총체와 개별의 말재주가 모두 구족한 까닭에 남들을 제재, 굴복시키기에, 그를 굴복시킬 자가 없기 때문이다.

'何以故'下는 徵釋이니 先徵意云'諸佛 有力能與하고 有慈能普인댄 何故로 十智를 唯與法慧오' 下釋云'法慧는 得此三昧라 法合如是 得諸佛加니라'

'何以故' 이하는 묻고 해석함이다. 앞에서 물은 뜻에 이르기를 "여러 부처님이 위신력이 있어 가피를 내려주고 자비가 있어 널리 베푸신다면, 무슨 까닭에 10가지의 지혜를 오직 법혜보살에게만 주었을까?"라고 하였다. 해석은 다음과 같다.

"법혜보살이 이런 삼매를 얻은 까닭에 법에 의해 마땅히 이와 같이 모든 부처님의 가피를 얻은 것이다."

三'是時'下는 身加니 一 令增威오 二 令起故니라 然三加同時로되 隨義爲次니 承前說便일세 故先語加하고 爲令起定일세 身最居後니라

⑶ '是時' 이하는 身加이다.

① 위엄을 더욱 키워주는 것이다.

② 보살을 선정에서 일어나도록 하기 위함이다.

그러나 삼업의 가피가 동시에 이뤄지지만 그 의의에 따라 차례를 정한 것이다. 앞의 문장을 이어서 편의로 말한 까닭에 언어의

가피를 가장 먼저 말하였고, 그를 위해 선정에서 일어나도록 하기 위한 까닭에 몸의 가피가 가장 뒤에 나온다.

準地論經컨대 有諸佛不離本處는 則去住無礙며 手又不延은 則延促無礙여 同時觸頂은 一多無礙라 故是奇特이니라 要摩頂者는 楞伽云 '若有不爲如來二種神力之所建立이오 而能說法은 無有是處니라 一者는 身面言說神力이니' 卽前語加오 '二者는 灌頂神力'이니 卽智灌心頂하고 手摩身頂이라 頂受摩者는 上稟尊力故며 右手者는 法慧所說이 順理機故로 諸佛이 隨順法慧說故니라 第二 加分을 竟하다

지론경을 준해보면, 여러 부처님이 본래 자리[本處]를 여의지 않음은 곧 오고 감에 걸림이 없음이며, 손이 또한 느리지 않음은 곧 느림과 빠름에 걸림이 없음이며, 동시에 이마를 어루만져줌은 하나와 많음에 걸림이 없음이다. 이 때문에 이를 '기특'하다고 말하였다.

이마를 어루만져줌을 필요로 한 것은 능가경에 이르기를 "만일 여래께서 2가지의 신통력으로 세우지 않은 일이 있다면 설법에 옳은 곳이 없을 것이다. 첫째는 모든 몸을 나타내고 얼굴을 마주해 말하는 신통력[身面言說神力]이다."고 하니 이는 앞서 말한 언어의 가피이며, "둘째는 손으로 이마를 어루만져주는 신통력[灌頂神力]이다."고 하니 이는 곧 지혜로 마음의 정수리에 물을 부어주고 손으로 몸의 이마를 어루만져주는 것이다. 이마를 어루만져주는 가피를 받은 것은 위로 높은 이의 힘을 받은 때문이며, 오른손으로 만져주는 것은 법혜보살의 설법해야 할 이치와 근기에 따른 것이기

에 모든 부처님이 법혜보살의 설법을 따르기 때문이다.

제2. 가피 부분을 끝마치다.

第三은 起分이라

제3. 선정에서 일어나는 부분

經

法慧菩薩이 卽從定起하야

법혜보살이 선정에서 일어나

◉ **疏** ◉

畧由四意 一三昧事訖故오 二는 已得勝力故 三說時至故오 四는 定無言說故니 此四는 後後로 以釋前前이라【鈔_ '此四後後'者는 亦展轉通難이니 謂有難云云何事訖고 入定은 爲受佛加어늘 今已得勝力이라 故爲事訖이니라 復應問曰 雖得勝力이나 何不且定고 答云說法時至故니라 次又問호되 云何不定中說고 答云定無言說故니라】第三 起分 竟하다

간단하게 말하면 4가지의 뜻을 따르고 있다.

(1) 삼매의 일을 끝마쳤기 때문이며,

(2) 이미 수승한 힘을 얻었기 때문이며,

(3) 설법할 때가 이르렀기 때문이며,

(4) 선정에는 말이 없기 때문이다.

이 4가지는 뒤로 가면 갈수록 앞의 앞부분을 해석하였다. 【초_ "이 4가지는 뒤로 가면 갈수록"이란 것은 또한 전전하여 모두 묻고 답한 것이다. 어떤 사람이 물었다.

"어떻게 삼매의 일을 끝마쳤는가?"

"선정삼매에 들어간 것은 부처님의 가피를 받기 위함인데, 이제는 수승한 힘을 얻었기에 삼매의 일을 끝마쳤다고 말한다."

"비록 수승한 힘을 얻었을지라도 어떻게 또다시 선정에 들지 않을 수가 있겠는가?"

"설법할 때가 이르렀기 때문이다."

또다시 물었다.

"어찌하여 선정 속에서는 설법하지 않는가?"

"선정삼매에는 말이 없기 때문이다."】

제3. 선정에서 일어나는 부분을 끝마치다.

第四는 本分이라 文分爲三이니 初는 總顯體相이오 次는 標以許說이오 後는 別陳其名이라 今은 初라

제4. 본론 부분

본론 부분은 다시 3부분으로 나뉜다.

1) 體相을 총체로 나타냄이며,

2) 본지를 내세워 설법을 허락함이며,

3) 십주의 명제를 개별로 말함이다.

이는 1) 體相을 총체로 나타냄이다.

經

告諸菩薩言하사대 **佛子**여 **菩薩住處**가 **廣大**하야 **與法界虛空等**이니라 **佛子**여 **菩薩**이 **住三世諸佛家**하나니

여러 보살들에게 말하였다.

"불자여, 보살의 머문 자리가 드넓고 커서 법계와 허공과 같다.

불자여, 보살이 삼세의 모든 부처님의 집에 머무신다.

◉ 疏 ◉

然이나 十住體에 畧有三種하니 一은 約所依니 卽前三昧라 依此說於十住法故니 論云'三昧卽法體故'니라 二者는 約本이니 卽下所辨이라 三은 剋性體니 若約所緣인댄 卽眞俗二境이어니와 若約能緣인댄 卽悲智二行이니 二境旣融하고 悲智不別이라 境智冥契하야 同一法界也니라

그러나 十住의 체상에는 간단하게 3가지가 있다.

(1) 의지처의 대상으로 말한다. 곧 앞서 말한 삼매이다. 이 삼매에 의거하여 십주법을 말하기 때문이다. 논에 이르기를 "삼매가 곧 법체이기 때문이다."고 하였다.

(2) 본체로 말한다. 이는 아래에서 말한 바와 같다.

(3) 剋性[3]의 체제로 말한다. 만일 반연의 대상으로 말한다면 眞諦와 俗諦 두 경계이지만, 반연의 주체로 말하면 그것은 곧 大悲行·大智行이다. 두 경계가 이미 원융하고 悲·智가 다르지 않기에 객관의 경계와 주체의 悲·智가 은연중 하나가 되어 똑같은 법계이다.

今約本體니 若直觀經文이면 則住處二字는 總示其體며 '廣大'以下는 畧顯其相이며 住三世佛家는 結示住處어니와 今依地論하야 類例以解면 則住處爲總이오 餘皆是別이니 總卽示體라 此云住處며 十行은 名行業이오 十向은 名願이오 十地는 名願善決定이니 皆當位體也어늘 而得名不同者는 何耶오

然三賢十聖이 皆以菩提心而爲其體로되 菩提心有三하니 一者는 直心이니 正念眞如法故며 二者는 深心이니 樂修一切諸善行故며 三者는 大悲心이니 救護一切苦衆生故니라

所念眞如는 亦卽本智니 本覺智故며 後二는 顯是恒沙性德이라 然此三心은 有一必兼餘二어니와 而三賢은 互有增微니 十住는 直心增故라 故名爲解니 解爲行願本이라 故首而明之며 十行은 深心增이라 故名爲行이니 依於前解하야 以起行故며 十向은 大悲增이라 故名爲願이니 迴前解行하야 願諸衆生離苦得樂故며 十地는 三心等證이라 故名決定이며 而大悲爲首라 故擧其願이라

3 剋性: 이는 상반된 성질의 양상을 말한다[剋性出體]. 본문의 경우, 眞諦와 俗諦의 상호 대립의 각도에서 말한 것이다.

是以로 論云願善決定者는 如初地中 發菩提心이라하니 卽此本分中願이라 十信은 通信此三이며 等覺은 此三等佛이니라 故知菩提心은 是諸位通依니라

今此住位를 名住處者는 若從增勝이면 則以深般若로 住於眞如하고 卽復由此而爲行願之所住處어니와 若從通說이면 俱住上三菩提心家故니라

住處는 梵本에 名爲俱羅어늘 此云家也라 家는 卽家族이라 是以로 舊譯에 名爲種姓이라하니 卽四種姓中에 習種姓也니라 良以此家 菩薩所居故로 翻名住處라하고 下文은 還就佛家以結이라【鈔_ '直心增名解者는 正念眞如 是智解故오 三心等證을 名善決定者는 證理無差故오 '而大悲爲首'下는 通妨이니 妨云若總三心인댄 何以地體 名願善決定고' 通意可知니라 '大悲爲首'는 卽下經文이라】

여기에서는 본체를 들어 말하였다. 바로 경문을 살펴보면 '住處' 2글자는 그 본체를 총체로 보여줌이며, '廣大' 이하는 본체의 모습을 간단하게 밝혀줌이며, '住三世佛家'는 머문 곳을 끝맺어 보여준 것이지만, 여기에서 지도론을 근거하여 비슷한 예로 해석한다면 곧 住處는 총체이고 나머지는 모두 개별이다. 총체는 본체를 보여준 자리여서 여기에서 '住處'라 하고, 십행은 行業, 십회향은 願, 십지는 願善決定이라 명명한다. 이는 모두 해당 지위에 따른 본체인데 그 이름이 똑같지 않음은 무엇 때문일까?

三賢과 十聖이 모두 보리심으로 그 본체를 삼으나 보리심에는 3가지가 있다.

⑴ 直心, 진여의 법을 바르게 생각하기 때문이며,

⑵ 深心. 일체 모든 선행을 기쁜 마음으로 닦기 때문이며,

⑶ 大悲心, 일체 고통받는 중생을 구제하기 때문이다.

'⑴ 直心'에서 말한, 생각의 대상이 되는 진여는 또한 根本智이다. 이는 本覺智이기 때문이다. 뒤의 2가지는 항하사처럼 셀 수 없는 성품의 덕을 밝힌 것이다. 그러나 3가지의 보리심은 '⑴의 直心'이 있으면 반드시 나머지 2가지를 겸할 수 있지만, 三賢에 있어서는 서로에게 더욱 미묘한 부분이 있다.

십주는 直心이 더한 까닭에 그 이름을 '解'라 한다. 解는 行·願의 근본이 되기에 가장 먼저 밝힌 것이며,

십행은 深心이 더한 까닭에 그 이름을 '行'이라 한다. 십주의 解를 토대로 십행을 일으키기 때문이며,

십회향은 大悲가 더한 까닭에 그 이름을 '願'이라 한다. 앞의 解·行으로 회향하여 모든 중생이 고통에서 벗어나 즐거움을 얻기를 서원하기 때문이며,

십지는 3가지의 마음을 똑같이 증득한 까닭에 그 이름을 '決定'이라 하고, 大悲로 으뜸을 삼기에 그 서원을 들어 말하였다.

이 때문에 논에 이르기를 "願·善·決定이란 初地에서 보리심을 일으킴과 같다."고 하였다. 이는 곧 本分에서의 서원이다. 십신은 모두 이 3가지의 마음을 믿음이며, 等覺은 이 3가지의 마음이 부처님과 똑같다. 그러므로 보리심이 이처럼 모든 지위에 통하는 의지처임을 알아야 한다.

여기에서 십주의 자리[位]를 '住處'라 말한 것은 만일 한 걸음 더 나아가 더욱 수승함을 따른다면 곧 심오한 반야로써 진여에 머물고 곧 다시 이를 통하여 行·願의 머물 대상의 자리로 삼지만, 만일 통설을 따른다면 모두 위에서 말한 3가지 보리심의 집에 머물기 때문이다.

'住處'는 범본에서는 이를 '俱羅'라 말하였다. 중국 말로는 '집[家]'이라는 뜻이다. '집'이란 곧 가족이다. 이 때문에 옛 번역서에서는 이를 '種姓'이라 말하였다. 이는 4가지의 種姓 가운데 習種姓이다. 참으로 이 집이 바로 보살이 거처해야 할 곳이기 때문에 이를 다시 번역하여 '住處'라 명명하였고, 아래의 경문 또한 '佛家'의 입장에서 이를 끝맺었다. 【초_ 直心의 증득을 '解'라 명명한 것은 진여를 바르게 생각하는 것이 智解이기 때문이며, '3가지의 마음을 똑같이 증득[三心等證]'한 것을 '善決定'이라 명명한 것은 증득한 이치가 잘못의 오차가 없기 때문이다.

'而大悲爲首' 이하는 물음의 논란을 통함이다. 묻기를 "만일 3가지의 마음을 총괄했다면 어찌하여 그 지위에 따른 체성을 '願善決定'이라 명명했는가?"라고 하였다. 답한 뜻은 다시 설명하지 않아도 알 수 있다.

'大悲爲首'는 아래의 경문이다.】

別中에 句乃有二오 義乃有三이니 一 廣大與法界等은 是勝住處라 此中廣大는 卽是勝義며 其法界言은 含於四義라

一은 正念眞如니 同理法界하야 深無際限하야 勝諸凡夫며 亦勝二乘

偏眞理故오

二는 普該菩薩無邊行相이니 大悲深心이 同事法界하야 無有邊量하야 勝二乘故오

三者는 三心無礙니 同無礙法界하야 事理融故오

四는 同圓融法界하야 一一塵中에 無不具故니 此與第三은 勝權菩薩이라

뒤의 개별로 밝힌 가운데, 구절로는 2부분으로 나뉘고 뜻으로는 3가지가 있다.

(1) 廣大함과 법계 등은 수승하게 머문 곳이다. 여기에서 말한 '광대'는 곧 수승하다의 뜻이며, 법계라는 말에는 4가지 의의를 함축하고 있는 바 다음과 같다.

① 진여를 바르게 생각함이다. 理法界와 같아서 끝없이 심오하여 여느 범부보다 훌륭하며, 또한 二乘의 부분적인 진리보다 훌륭한 때문이다.

② 보살의 끝없는 行相을 널리 갖추고 있다. 大悲의 깊은 마음이 事法界와 같아 끝이 없어 이승보다 훌륭한 때문이다.

③ 3가지의 마음이 걸림 없다. 걸림 없는 법계와 같아 사법계와 이법계가 원융한 때문이다.

④ 원융한 법계와 같아서 하나하나의 티끌 속에도 모두 갖추지 않음이 없기 때문이다. 이처럼 원융한 법계와 '③ 3가지의 마음이 걸림 없음'은 방편보살[權菩薩]보다 훌륭한 때문이다.

二'虛空'等者는 是因住處라 因有二種하니 一은 無常愛果因이니 是因

如虛空하야 依是生色에 色不盡故오 二는 常果因이니 今是地前이라 故闕此也니라 古德이 又云'一一位中에 如空包含無邊行海하고 又如空周徧하야 非至非不至며 又如空無礙故일세니라'【鈔_ '今是地前'者는 且依行布인댄 未證眞如故로 無常果因이 盡未來際니라 '如空包含'者는 此三義中에 一事오 次理며 三은 卽無障礙法界니라】

⑵ '虛空' 등이란 因住處이다. 因에는 2가지가 있다.

① 無常愛果因이다. 이 因은 허공과 같아 이에 의해 색을 내는데, 그 색은 그지없기 때문이다.

② 常果因이다. 이는 地前이기에 이에 대해서는 언급하지 않았다. 옛 스님이 또한 이르기를 "하나하나의 지위 가운데에는 허공처럼 끝이 없는 行海를 포함하며, 또한 허공처럼 두루 하여 이르는 것도 아니요, 이르지 않은 것도 아니며, 또한 허공처럼 걸림이 없기 때문이다."고 하였다. 【초_ '地前'이란 수행하는 단계[行布]에 의하면 아직은 진여를 증득하지 못한 때문에 無常果因이 未來際를 다한 것이다. "허공처럼 끝이 없는 行海를 포함한다."는 것은 3가지의 의의 가운데 첫째 '허공처럼 끝이 없는 行海'는 사법계이며, 둘째 '허공처럼 두루 하다.'는 것은 이법계이며, 셋째 '허공처럼 걸림이 없다.'는 것은 곧 걸림이 없는 법계이다.】

三'住三世諸佛家'는 準論컨대 此名不怯弱住處니 謂菩薩所住가 卽佛所住일세 故名佛家라하니 進住佛家 是不怯弱이라 若直釋經文인댄 卽結示也니 謂向言住處은 何所住耶아 謂住佛家니라 佛家는 卽是大菩提心이니 諸佛住此하야 生菩薩故며 眞如悲願究竟에 唯佛方能住

故니라 言'三世'者는 是讚勝也니라

(3) '住三世諸佛家'는 논에 준해보면, '겁내거나 나약하지 않게 머무는 곳[不怯弱住處]'을 말한다. 보살이 머문 바가 곧 부처님이 머문 자리이기에 '佛家'라 명명한 것이다. 나아가 '불가'에 머무는 것이 '겁내거나 나약하지 않게 머무는 곳'이다.

만일 경문을 곧이곧대로 해석한다면 끝맺음이다. 앞에서 말한 '住處'는 어디에 머물러야 할 곳일까? '불가'에 머묾을 말한다. '불가'는 곧 대보리심이다. 모든 부처님이 여기에 머물면서 보살을 내기 때문이며, 眞如悲願의 究竟의 자리는 오직 부처님만이 바야흐로 머물 수 있기 때문이다.

'삼세'라 말한 것은 수승함을 찬탄함이다.

二는 牒以許說이라

2) 본지를 내세워 설법을 허락하다

經

彼菩薩住를 **我今當說**호리라

저 보살의 머무는 자리를 내, 이제 말해주리라.

◉ **疏** ◉

可知라

이는 말하지 않아도 알 수 있다.

◉ 論 ◉

五隨文釋義者는 長科六段이라 第一은 從爾時法慧菩薩已下로 至菩薩住我今當說히 此一段에 有十九行半經은 明法慧菩薩이 入定에 諸佛이 加持分이라 於中에 大意 有十하니 一은 釋菩薩名이오 二는 明入三昧之意오 三은 明三昧之力이오 四는 明十方佛이 來現其前에 與法慧同號오 五는 明十方佛이 與力共加오 六은 明毘羅盧遮那如來의 往昔願力使然이오 七은 明法慧菩薩의 自善根力으로 能入三昧오 八은 明入定因緣이오 九는 明十方諸佛이 與十智오 十은 明法慧出定하사 演說十種住門이라

제5단락의 경문을 따라 그 의의를 해석함에 있어 큰 과목으로 6단락이다.

제1. '爾時 法慧菩薩' 이하로 '菩薩住我今當說'에 이르기까지 1단락의 19항 반의 경문은 법혜보살이 선정에 들어감에 따라 여러 부처님이 가피를 내린 부분을 밝히고 있다. 이에 대한 대의는 10가지가 있다.

(1) 보살의 명호를 해석하였으며,

(2) 삼매에 들어간 의의를 밝혔으며,

(3) 삼매의 힘을 밝혔으며,

(4) 시방세계의 부처님이 법혜보살의 앞에 찾아와 몸을 나타냈는데, 법혜보살과 그 명호가 똑같음을 밝혔으며,

⑸ 시방세계의 부처님이 힘을 주어 똑같이 가피를 내려줌을 밝혔으며,

⑹ 비로자나여래의 숙세 원력에 따라 법혜보살로 하여금 그처럼 하도록 함을 밝혔으며,

⑺ 법혜보살이 자신의 선근에 의한 힘으로 삼매에 들어갔음을 밝혔으며,

⑻ 선정에 든 인연을 밝혔으며,

⑼ 시방세계의 부처님이 10가지의 지혜를 가피로 내려줌을 밝혔으며,

⑽ 법혜보살이 선정에서 나와 십주 법문 연설함을 밝혀주었다.

一은 釋菩薩名者는 如十信位中菩薩이 下名悉同하야 名之爲首는 爲明信心이 以信爲首오 此十住位中엔 已生諸佛智慧家故로 下名이 悉同하야 名之爲慧니 爲明入聖法流中에 得佛智慧하며 同佛知見하야 善簡正邪하야 契會正法일세 名之法慧어니와 若也自己不能同諸佛智慧知見者인댄 自邪未明어니와 焉能簡邪見也리오 是故로 此位에 能同一切諸佛知見일세 故得一切同名法慧佛이 而現其前하사 以爲印信하야 定其詮表也니 以與十方諸佛智慧로 同故라

(1) 보살의 명호를 해석함에 있어 十信位의 보살에 대한 아래의 명호가 모두 똑같아 그 이름을 '首'라 한 것은 信心이 信으로써 으뜸[首]이 됨을 밝힘이며, 이의 十住位 가운데 이미 제불의 智慧家에 태어난 까닭에 아래의 명호가 모두 똑같이 그 이름을 '慧'라 하였다. 성인의 法流 속에 들어가 부처님의 지혜를 얻었으며, 부처님의

知見과 같아서 正邪를 잘 가려 바른 법에 하나가 된 까닭에 '법혜'라 명명하게 됨을 밝혔다. 만일 자신이 여러 부처님의 지혜 지견과 같지 못하다면 자신의 삿됨도 밝히지 못했는데 어떻게 삿된 견해를 가려낼 수 있겠는가.

이 때문에 이 지위에서 일체 제불의 지견과 같기 때문에 일체 똑같은 명호를 지닌 수많은 법혜불이 법혜보살 앞에 몸을 나타내어 믿음의 인장[印信]을 삼아 그들의 뜻을 나타내어[詮表] 결정지어 주었다. 이는 시방세계 모든 부처님의 지혜와 똑같기 때문이다.

二는 明入三昧之意者는 如十信位中엔 且以生滅心으로 信自心所有無始無明의 能分別心하야 便卽信爲自心根本不動智佛과 未有方便三昧로 合其體用故라 是故로 十信位中에 十個世界皆名爲色은 爲十信엔 未入法性之流하야 以生滅心으로 而信解故라 故로 十個世界를 名之爲色이어니와 如此十住位中엔 以方便三昧의 無沈掉心으로 能現自體無生滅智慧故라 是故로 一切修道者初以聞解로 信入하고 次以無思로 契同하야 依本無作用之本智慧故니 故로 須入三昧오 以淨攀緣染習力故로 無作眞智方明現故니 以是義故로 須入三昧라 三者는 云正이오 味者는 云定이니 總言正定이라 正定者는 無沈掉也며 無思所緣境也며 亦無攝持伏滅心也니 無欣無厭에 任性無思하며 任理不作하야 智自明矣일세 是名方便이며 是名無量이니 以淨無量妄想故로 不可以情量思度所知故라 故名無量方便三昧니 三者는 正也며 味之云定은 明情識이 味에 正智自明이라 如色界無色界三昧는 皆以息想慮而得之오 聲聞緣覺三昧는 修厭患觀而對治하며 樂觀空而

滅悲智하야 以寂滅爲樂이오 權教菩薩은 樂觀空而行六度하며 離苦本而生淨國하나니 設有住此界者라도 言留惑而化衆生일세 皆非法爾合然하야 無出沒故라

以此義故로 此方便三昧者는 爲一切衆生이 迷法界體用하야 五欲情生일세 以不造作心으로 現本智故로 便將根本定體하야 淨所妄情이 名爲方便이오 非是別於眞外에 別有假安立之定이 名爲方便이니 譬如以水清寶로 能清濁水에 爲珠淨緣으로 現本淨水오 非是珠能作得淨水인달하야 方便三昧도 亦復如是하야 爲以萬法無作本自淨緣으로 現得本自無作智慧力故니 故名方便이라 但天人外道三乘의 所有因果는 皆有所作일세 以此所生이 皆有處所하며 皆有果報의 廣狹淨穢差別等事어니와 於此佛華嚴一乘法門은 以無住無作任性法門으로 所有其生이 任無依智幻生身하야 稱眞法界일세 於一切衆生前에 對現色身호되 然其體相은 無去來라 然亦不作神通變化之事하며 雖然普現三世一切業果在刹那之中이나 然亦不住三世遠近과 及刹那之見하나니 於此經所作三昧智慧와 一切願行은 總是任理智之運爲오 非有作有修欣厭之法也라

(2) 삼매에 들어간 의의를 밝힌다는 것은 十信의 지위에서는 아직 생겨나고 사라지는 마음이 자신의 마음에 있어 시작을 알 수 없는 그 옛날의 無明에 의한 分別心을 믿고 있기에, 곧 자신의 마음이 근본 不動智佛임을 믿으면서도 정작 방편삼매로 그 體用에 부합한 바 없기 때문이다.

이 때문에 十信의 지위에서는 10개 세계의 이름을 모두 '色'이

라 한 것은, 十信이란 아직은 法性의 흐름 속에 들어가지 못하여 생겨나고 사라지는 마음으로 믿고 이해하기 때문이다. 그러므로 10개 세계의 이름을 '色'이라 말했지만, 이 십주의 지위에서는 방편삼매에 의하여 혼미하게 잠기거나[昏沈] 망상으로 날뜀[掉擧]이 없는 마음으로 그 자체 생겨나거나 사라짐이 없는 지혜가 나타나기 때문이다.

이 때문에 도를 닦는 모든 사람들은 처음엔 듣고 이해하는 것으로 신심을 가지고, 그다음엔 아무런 생각이 없는 자리에 하나가 되어 본래 작용이 없는 근본지혜를 의지해야 한다. 그러므로 반드시 삼매에 들어가고 반연과 染習을 청정하게 하는 데 힘을 써야 한다. 이 때문에 조작 없는 참 지혜[眞智]가 바야흐로 밝게 나타나게 된다. 이러한 의의에 따라 반드시 삼매에 들어야 한다.

삼매(samadhi)의 '三'이란 '正'을, '昧'란 '定'을 말한다. 이를 종합하면 바른 선정[正定]을 말한다. '바른 선정'이란 '혼미하게 잠기거나 망상으로 날뛰는 마음'이 없고, 생각에 반연하는 경계가 없으며, 어떤 것을 잡아 지니거나 굴복시키고 없애려는 마음도 없다. 기쁨도 없고 싫어함도 없기에 아무런 생각이 없는 성품에 맡기고, 작위가 없는 진리에 맡김으로써 지혜가 절로 밝아지기에 그 이름을 '방편'이라 하며, 그 이름을 '한량없다'고 한다. 이는 한량없는 망상을 청정하게 한 까닭에 情識으로 헤아리거나 생각으로 헤아려서 알 수 있는 대상이 아니기 때문이다. 이 때문에 그 이름을 '한량없는 방편삼매'라 한다.

삼매의 '三'이란 正이며 '昧'는 定이라고 함은 情識이 定[昧]함에 바른 지혜가 절로 밝아진다는 뜻을 밝힌 것이다. 색계와 무색계의 삼매는 모두 생각[想慮]이 사라진 데서 얻을 수 있고, 성문과 연각의 삼매는 '싫어하고 걱정하는 관[厭患觀]'을 닦아 다스리며, 空을 관하는 것을 좋아하고 悲智의 마음이 없어 적멸로 즐거움을 삼으며, 權敎菩薩은 空을 관하는 것을 좋아하고 6바라밀을 행하며 고통의 근본을 여의고 청정의 나라에 태어나게 된다. 설령 이 세계에 머무는 자가 있을지라도 "미혹 속에 머물면서 중생을 교화한다."고 말한다. 이는 모두 법이 그러하기에 마땅히 그처럼 세상에 나온다거나 사라짐이 없는, 그런 경지가 아니기 때문이다.

이런 의의 때문에 방편삼매란, 일체중생이 법계의 본체와 작용을 알지 못하여 五欲의 정이 일어나게 되는데, 조작이 없는 마음으로 근본부동지가 나타나는 까닭에 문득 근본부동지의 본체를 가지고서 허망한 정을 청정하게 함을 '방편'이라 명명한다. 이는 별도로 진여 밖에 또 다른 '일시적으로 안립된[假安立]' 선정을 '방편'이라고 이름 지을 수 없다.

비유하면 '물을 맑혀주는 보배 구슬[水淸寶珠]'로 흐린 물을 맑힐 적에 구슬이 청정한 반연으로 본래 청정한 물이 다시 나타나게 된 것이지, 그 구슬이 청정한 물을 만들어낸 것은 아니다. 방편삼매 또한 이처럼 모든 법의 조작이 없는, 본래 청정한 반연으로 본래 조작이 없는 지혜의 힘을 나타내기 때문에 그 이름을 '방편'이라 한다.

단 天人, 外道, 三乘이 지닌 인과는 모두 억지로 행하는 바가 있기 때문에 이로써 태어나는 바가 모두 일정한 곳이 있으며, 모두 과보의 많고 적음과 청정과 오염의 차별 등의 일이 있다. 하지만 부처님의 華嚴一乘 법문은 머무는 곳도 없고 작위도 없는 성품에 맡긴 법문으로 받아 태어난 삶이 '의존함이 없는 지혜[無依智]'의 幻生身[4]에 맡겨 참다운 법계에 하나로 부합한 까닭에 일체중생 앞에 색신을 나타내되 그의 몸은 오고 감이 없다. 그러나 또한 신통변화의 일도 짓지 않으며, 비록 그처럼 삼세의 모든 業果가 찰나 속에 널리 보여주지만, 삼세의 遠近 및 찰나의 견해에 집착하지 않는다. 이 화엄경에서 말한 삼매지혜와 일체 원행은 모두 理智의 하는 대로 맡기는 것이지, 작위가 있다든지 수행이 남아 있는, 좋아하거나 싫어하는 법이 아니다.

三은 明三昧之力者는 其力이 有五하니 一은 定體淨欲徧周力이오 二는 定能顯智慧同佛力이오 三은 定能同佛身相名號現前力이오 四는 定能契佛所知見하야 得諸佛共所加持力이오 五는 定能生在如來家하야 爲眞佛子하야 住佛智慧力이라

(3) 삼매의 힘을 밝힌다는 것은 삼매의 힘에 5가지가 있음을 말한다.

① 선정은 탐욕을 없애어 법계를 두루 청정하게 하는 힘이다.

4 幻生身: 생명체가 죽어 형상을 바꾸어 다시 태어남을 말한 것으로, 意生身의 반대 술어. 三乘은 意生身, 一乘은 智生身이다.

② 선정은 지혜를 나타내어 부처님과 같은 힘이다.

③ 선정은 부처님의 몸과 명호가 앞에 나타난 것과 같은 힘이다.

④ 선정은 부처님의 知見과 하나가 되어 모든 부처님이 똑같이 가피를 내려주는 바를 얻은 힘이다.

⑤ 선정은 여래의 집안에 태어나 부처님의 참 아들이 되어 부처님의 지혜에 머무는 힘이다.

一은 定體而能淨欲徧周力者는 爲以此無作定體로 而能淨諸欲妄하야 身心이 同於虛空無表裏하야 徧周虛空法界故라

① 선정의 본체가 탐욕을 없애어 법계를 두루 청정하게 하는 힘이란, '작위 없는 선정의 본체[無作定體]'로 모든 탐욕을 청정케 하여 몸과 마음을 허공처럼 안팎의 차별이 없어 허공과 법계에 두루하기 때문이다.

二는 定能顯智慧同佛力者는 爲無作用定으로 能現無作用自然慧故니 爲一切衆生이 皆具足如來自然智慧로되 爲迷境情起하야 緣五欲心障故로 以修無作定爲方便하면 佛智自然智便現故라

② 선정은 지혜를 나타내어 부처님과 같은 힘이란, 작용이 없는 선정으로 작용이 없는 자연스러운 지혜가 나타나기 때문이다. 일체중생이 모두 여래의 자연스러운 지혜를 넉넉히 갖추고 있지만 경계에 혼미하여 정욕이 일어나 五欲에 반연하는 마음이 장애가 되기 때문에, 이를 다스리고자 작위 없는 선정을 닦아 방편을 삼으면 부처님의 지혜와 자연스러운 지혜가 곧바로 나타나기 때문이다.

三은 定能同佛身相名號現前力者는 爲以無作定으로 顯得自法身智身의 無作白淨無垢하야 與一切諸佛法身智慧로 合故라 是故로 十方各千佛刹微塵數諸佛의 同名法慧而現其前이니 以智慧契會하야 同佛知見故라 是故로 皆佛號與自己로 同名하야 名爲法慧며 云十方各千佛刹微塵으로 爲數量者는 爲明隨位進修의 智慧徧周한 升降之數라 十行之中엔 云萬佛刹微塵하고 十回向位中엔 云百萬佛刹微塵은 以彰智慧升進이니 爲對迷時하얀 刹塵煩惱어니와 爲對悟時하얀 卽不可說刹塵佛國과 及佛智慧也라

③ 선정은 부처님의 몸과 명호가 앞에 나타난 것과 같은 힘이란, 작위가 없는 선정으로 자기의 법신과 智身에 조작이 없고 한 점의 때가 없는 결백과 청정함이 나타나 일체 제불의 법신 지혜와 하나가 되기 때문이다. 이러한 연유로 시방에 각각 1천 佛刹 미진수와도 같은 헤아릴 수 없는 부처님이 법혜와 똑같은 명호를 가지고서 법혜보살 앞에 몸을 나타낸 것이다. 이는 법혜보살이 지혜로써 모두 깨달아 이해하여 부처님의 지견과 똑같기 때문이다. 이 때문에 그 부처님의 명호가 모두 법혜보살의 명호처럼 똑같이 그 이름을 법혜라 하였다.

시방에 각각 1천 불찰 미진수와도 같은 헤아릴 수 없는 부처님의 수효가 있다고 말한 것은 지위에 따라 닦아나가면서 지혜가 그 지위에 두루 원만한 정도의 차에 의해 오르내리는 수효가 있음을 밝힌 것이다. 십행의 지위에서는 '1만 불찰 미진수'라 말하였고 십회향의 지위에서는 '1백만 불찰 미진수'라 말한 것은 지혜가 한 단

계 더 올라감을 밝힌 것이다. 혼미한 시절에 대해서는 곧 말로 형용할 수 없는 찰토의 미진수와도 같은 헤아릴 수 없는 번뇌가 있겠지만, 깨달음을 얻은 시절에 대해서는 곧 말로 형용할 수 없는 찰토의 미진수와도 같은 헤아릴 수 없는 불국토 및 부처님의 지혜가 있다.

四는 定能契佛所知見하야 得諸佛加持力者는 諸佛加持有七하니 一은 同名號加持니 令不疑故오 二는 言讚加持니 令入位者로 心安穩故오 三은 毘盧遮那師弟加持니 彰本願故오 四는 神力加持니 與本師로 會同本神力智慧故오 五는 自善根力加持니 以自修方便定으로 顯本智慧故오 六은 得十方同號佛이 皆與十種智力加持니 以說法이 同諸如來하야 辯無礙故오 七은 得十方同號諸佛이 手摩其頂加持니 明至佛知見之頂에 許可不謬故니 有是七種加持也라

④ 선정은 부처님의 지견과 하나가 되어 모든 부처님이 똑같이 가피를 내려주는 바를 얻은 힘이란, 모든 부처님의 가피에는 7가지가 있음을 말한다.

㉠ 명호가 똑같은 가피이다. 보살로 하여금 의심하지 않도록 한 때문이다.

㉡ 말로 찬탄하는 가피이다. 지위에 들어간 자로 하여금 마음이 편안하고 평온하게 한 때문이다.

㉢ 비로자나 師弟의 가피이다. 본원을 밝힌 때문이다.

㉣ 신통력의 가피이다. 本師와 더불어 본래 신통력과 지혜를 함께한 때문이다.

㉤ 자신의 선근에 의한 힘의 가피이다. 스스로 닦아온 방편선정으로써 근본지혜를 나타낸 때문이다.

㉥ 시방에 명호가 같은 부처님들이 모두 10가지 지혜의 힘을 내려줌에 이를 받은 가피이다. 이는 설법이 모든 여래와 같아 말하는 데 걸림이 없기 때문이다.

㉦ 시방에 명호가 같은 부처님들이 손으로 그 이마를 어루만져줌을 얻은 가피이다. 부처님의 지견이 정상 수준에 이르러 착오가 없음을 인가함을 밝혀준 때문이다.

위와 같은 7가지의 가피가 있다.

五는 定能生在如來家하야 爲眞佛子하야 住佛智慧力者는 爲以無作定體로 顯本智慧하야 同諸如來의 解脫智慧故니라 餘如論具明일세 不煩更引하노라

⑤ 선정은 여래의 집안에 태어나 부처님의 참 아들이 되어 부처님의 지혜에 머무는 힘이라 함은 작위가 없는 선정삼매의 본체로 근본지혜를 밝혀 모든 여래의 해탈지혜와 같기 때문이다. 나머지는 논에서 구체적으로 밝혔기에 번거롭게 다시 인용하지 않는다.

三은 別陳其名이라

3) 십주의 명제를 개별로 말하다

經

諸佛子여 **菩薩住**가 **有十種**하니 **過去·未來·現在 諸佛**이 **已說·當說·今說**이시니라

何者가 **爲十**고 **所謂初發心住**와 **治地住**와 **修行住**와 **生貴住**와 **具足方便住**와 **正心住**와 **不退住**와 **童眞住**와 **法王子住**와 **灌頂住**라 **是名菩薩十住**니 **去·來·現在 諸佛**의 **所說**이시니라

모든 불자여, 보살이 머무는 것이 열 가지가 있다. 과거와 미래와 현재의 모든 부처님이 이미 말씀하셨고, 앞으로 말씀하실 것이며, 지금 말씀하였느니라.

무엇이 열 가지인가? 이른바 초발심주, 치지주, 수행주, 생귀주, 구족방편주, 정심주, 불퇴주, 동진주, 법왕자주, 관정주이다.

이를 보살의 열 가지 머물 곳이라 말하니 과거·미래·현재의 모든 부처님들이 말씀하신 바이다.

◉ **疏** ◉

文有三別하니 初는 標數引證이며 謂三世佛果가 無不由此十住因成이 如大王路라 法爾常規일세 故同說也니라

경문은 3부분으로 구별된다.

첫째는 수효를 밝혀 인증함이며, 삼세 佛果가 이 십주의 원인에 의해 성취되지 않음이 없다. 이는 마치 대왕이 다니는 길처럼 법의 常規이기에 과거, 미래, 현재의 부처님들이 똑같이 말씀하신

것이다.

二'何者'下는 依數列名이라

初發心住者는 瓔珞에 云'是上進分善根人이 若一劫二劫의 一恒二恒佛所에 行十信心호되 信三寶常住와 八萬四千般若波羅密하야 修一切行과 一切法門하며 乃至 始入空界하야 住空性位일세 故名爲住라'하니라 依仁王·起信컨대 卽十千劫來에 修信行滿에 入位不退하야 創起大心하나니 發心卽住일세 名發心住니 三種發心中에 卽信成就發心也니라

二 治地者는 謂常隨空心하야 淨八萬四千法門淸淨潔白故니 謂練治心地하야 使悲智增明을 名治地住니라

三은 巧觀空有하야 增修正行故오

四는 生佛法家하야 種姓尊貴故오

五는 帶眞隨俗하야 習無量善巧하야 化無住故오

六은 成就般若라 故聞讚毁에 眞正其心하야 念不動故오

七은 入於無生畢竟空性하야 心心이 常行空無相願하야 止觀雙運에 緣不能壞故오

八은 心不生倒하야 不起邪魔破菩提心故오

九는 從法王教生解하야 當紹佛位故오

十은 從上九住觀空하야 得無生心이 最爲上故니라 諸佛法水로 灌心頂故니라

然此十住는 得名有三이니 謂四·八·九·十은 從喻爲名이며 第七은 離過受稱이며 餘約功德이니 從其所喻면 皆持業釋이며 若從能喻면 或

依士(主)釋이라【鈔_ '然此十住'下는 謂於釋名文中에 有總名·別名하고 各有得名·釋名하니 今皆具足이라

'從其所喻'下는 卽是釋名이라 會六釋故니 謂發心卽住는 爲持業釋이라

'若從能喻'等者는 喻劣法故니 此一은 卽依主釋中開出이라 然六釋義 上下多有하니 今當畧出이라 謂西方釋名에 有其六種하니 一 依主, 二 持業, 三 有財, 四 相違, 五 帶數, 六 鄰近이라 以此六種에 有離合故로 一一具二어니와 若單一字名이면 卽非六釋이니 以不得成離合相故일세니라

初依主者는 謂所依爲主니 如說眼識에 識依眼起라 卽眼之識일세 故名眼識이니 擧眼之主하야 以表於識이라 亦名依士釋이니 此卽分取他名이니 如名色識이라 如子取父名은 名爲依主오 父取子名은 卽名依士니 所依劣故니라 言離合相者는 離는 謂眼者是根이며 識者了別이며 合은 謂此二合이니 名眼識이니 餘五離合도 準此應知니라

言持業者는 如說藏識에 識者는 是體이며 藏은 是業用이니 用能顯體하고 體能持業이니 藏卽識故로 名爲藏識일세 故言持業이니라 亦名同依釋이니 藏은 取含藏用이오 識은 取了別用이니 此二 同一所依일세 故云同依也니라

言有財者는 謂從所有하야 以得其名이니 一은 如佛陀는 此云覺者니 卽有覺之者를 名爲覺者니 此卽分取他名이며 二는 如俱舍는 非對法藏이니 對法藏者는 是本論名이어늘 爲依根本對法藏造일세 故此亦名對法藏論이니 此는 全取他名이오 亦名有財釋이니라

言相違者는 如說眼及耳等에 各別所詮이라 皆自爲主하야 不相隨順일세 故曰相違니 爲有'及與'二言은 非前二釋이로되 義通帶數·有財니라 言帶數者는 以數顯義니 通於三釋이라 如五蘊·二諦等은 五卽是蘊이며 二卽是諦니 此用自爲名이니 卽持業帶數 如眼等六識은 取自他爲名이니 卽依主帶數며 如說五逆하야 謂五無間은 無間이란 是果니 卽因談果라 此는 全取他名이니 卽有財帶數니라

言鄰近者는 從近爲名이니 如四念住는 以慧爲體어든 以慧近念이라 故名念住니 旣是鄰近인댄 不同自爲名일세 無持業義이오 通餘二釋이라 一은 依主鄰近이니 如有人近長安住이어늘 有人問言호되 爲何處住오 答云長安住라하면 此人非長安이나 以近長安이라 故云長安住라하니 以分取他名이며 復是依主鄰近이오 二는 有財鄰近이니 如問何處人고 答云長安이라하면 以全取他處하야 以標人名이니 卽是有財며 以近長安일세 復名鄰近이니라 頌曰'用自及用他와 自他用俱非와 通二通三種의 如是六種釋이라' 然下諸品에 多用本名하야 但云依主持業等이라하니 可以意得이라】

둘째 '何者' 이하는 수효를 따라 십주의 이름을 열거함이다.

⑴ 發心住: 영락경에 이르기를 "이는 위로 닦아나가는 부분에 선근을 지닌 사람이 만일 1겁 2겁을 거치면서 하나의 항하의 모래알처럼[恒河沙], 둘의 항하의 모래알처럼 수많은 부처님이 계신 도량에서 十信의 마음을 수행하되 삼보의 常住와 8만 4천 반야바라밀을 믿고서 일체의 행과 일체의 법문을 닦으며, 내지 비로소 허공계에 들어가 空性의 지위에 머물기에 그 이름을 '住'라 한다."고 하

였다.

인왕경과 기신론에 의하면 곧 10천겁 이래로 신심을 닦는 행이 원만함에 뒤로 물러서지 않는 不退位에 들어가 비로소 큰마음을 일으킨다. 이로 보면 발심이 곧 '住'이기에 '발심주'라 명명한다고 하였다. 3가지의 발심 가운데 곧 '信成就發心'이다.

⑵ 治地住: 항상 空心을 따라서 8만 4천 법문을 맑게 지녀 청정하고 결백한 때문이다. 이는 마음의 터전을 단련하고 다스려서 대비와 대지를 더욱 밝게 하는 것을 '治地住'라고 명명함을 말한다.

⑶ 修行住: 空과 有를 잘 살펴서 더욱 바른 행을 닦기 때문이다.

⑷ 生貴住: 불법이 있는 집안에 태어나 종족과 성씨가 존귀한 때문이다.

⑸ 具足方便住: 眞諦를 지니고서 俗諦를 따라서 한량없는 훌륭함을 익혀 교화가 멈춤이 없기 때문이다.

⑹ 正心住: 반야를 성취한 까닭에 찬탄과 훼담을 듣고서도 그 마음이 참답고 올바르기에 생각이 흔들리지 않기 때문이다.

⑺ 不退住: 無生이 필경 空性에 들어가 모든 마음이 언제나 空, 無相, 無願을 행하여 止·觀을 모두 운용함에 있어 반연이 이를 무너뜨리지 못하기 때문이다.

⑻ 童眞住: 마음이 전도되지 않은 까닭에 삿된 마군이 그의 보리심을 타파하려는 생각조차 일으키지 않기 때문이다.

⑼ 法王子住: 법왕의 가르침을 따라 이해함으로써 마땅히 부처

님의 지위를 계승할 수 있기 때문이다.

⑽ 灌頂住: 위의 九住로부터 空을 관하여 무생의 마음을 얻음이 가장 으뜸이기에 모든 부처님이 法水로 그 마음의 정상[心頂]에 부어주기 때문이다.

그러나 십주의 명칭이 얻어지기까지는 '⑶ 修行住'에 있다. '⑷ 生貴住'·'⑻ 童眞住'·'⑼ 法王子住'·'⑽ 灌頂住'는 비유로 그 이름을 붙인 것이며, '⑺ 不退住'는 잘못을 여읜 것으로 그 명칭을 얻은 것이며, 나머지는 공덕으로 말한 것이다. 그 비유의 객관 대상으로 말하면 모두 업용으로 해석[持業釋]함이지만, 비유의 주체로 말하면 더러는 주를 따라 해석[依主釋]한 것이다. 【초_ '然此十住' 이하는 명제를 해석한 경문 가운데 總名과 別名이 있고, 각각 그 명제를 얻게 된 점과 그 명제에 대한 해석이 있다. 여기에 모두 구체적으로 밝히고 있다.

'從其所喩' 이하는 곧 명제에 대한 해석이다. 6가지의 해석을 모두 모아놓은 때문이다. '發心이 곧 住'라는 명제는 업보를 가지고 해석한 것이다.

'若從能喩' 등은 비유의 말이 바른 법으로 말한 것보다 못하기 때문이다. 이 하나는 주를 따라 해석한 가운데서 나온 말이다. 그러나 6가지 해석의 의의가 위아래 문장에 많이 있기에 여기에서는 간단하게 말하고자 한다.

서축에서 명제를 해석하는 데에 6가지[5]가 있다.

① 依主, ② 持業, ③ 有財, ④ 相違, ⑤ 帶數, ⑥ 隣近이다.

위의 6가지에는 이들 복합적인 합성어를 분리하고 종합하는 부분이 있기 때문에 하나하나가 모두 2가지의 의의를 갖추고 있지만, 만일 단 한 글자의 명제라면 그것은 6가지의 해석이 아니다. 분리하고 종합하는 양상을 갖추고 있지 못한 때문이다.

① 依主(Tatpurusa)란 의지의 대상으로 주를 삼음을 말한다. 예컨대 眼識이라 말하면 識이 눈에 의해 일어난 것이다. 이는 곧 눈의 識이기에 그 이름을 眼識이라 한다. 앞서 말한 눈의 주체를 들어 뒤이어 쓴 識을 밝힌 것이다. 또한 依士釋이라고도 말한다. 이는 곧 分으로 다른 이름을 취한 것으로 色識이라 명명함과 같다. 그 분자가 모체의 명사를 취한 것은 依主라 하고, 모체가 분자의 이름을 취한 것은 依士라 한다. 의지의 대상이 보다 용렬한 때문이다. '복합적인 합성어를 분리하고 종합하는 양상[離合相]'이라 말한 것은, 합성어를 분리하여 眼이라 말한 것은 근본이며, 識이란 了別이며, 종합하면 이 2가지를 합하여 그 이름을 眼識이라 한다. 나머지 5가지의 명제 해석에 대한 분리하고 종합하는 양상도 이에 준하여 살펴보면 말하지 않아도 알 수 있다.

② 持業(Karmadhāraya)이란 藏識의 경우, 識이란 본체이며, 藏

....

5 명제를 해석하는 데에 6가지: 이는 六釋을 말한다. 六離合釋·六釋이라고도 함. a-samāsa 殺三麼娑라 음역. 범어의 복합사를 해석하는 6종의 방식.

은 業用이다. 외적 현상의 업용이 내면의 본체를 나타내고 본체가 업용을 견지함이다. 藏이 識이기 때문에 그 이름을 藏識이라 한 까닭에 업용을 들어 해석[持業釋]함이라 말한다. 또한 이를 同依釋이라 명명하기도 한다. 藏은 含藏의 작용을 취하고, 識은 了別의 작용을 취함이다. 이 2가지가 똑같이 서로 의지하는 대상이기 때문에 同依라고도 말한다.

③ 有財(bahu-vrīhi)는 소유한 물건에서 그 이름을 얻은 것이다. ㉠ 佛陀는 중국에서는 '깨달은 자[覺者]'라는 뜻이다. 곧 깨달음이 있는 자를 '覺者'라고 명명한다. 이는 일부분만으로 다른 이름을 취한 것이다. ㉡ 예컨대 구사론은 對法藏이 아니다. 對法藏이란 본론의 명칭인데 근본대법장에 의하여 만들어지기에 이를 對法藏論이라고도 말한다. 이는 전혀 다른 이름을 취하며, 有財釋이라고도 한다.

④ 相違(dvandva)란 예컨대 눈·귀 등을 말할 때 말한 바가 전혀 다르다. 모두 그 나름 주가 되어 서로 따르지 못한 까닭에 이를 相違라 말한다. '및[及]'과 '과[與]'라는 2글자는 앞의 2가지 해석은 아니지만 그 의의는 '帶數'와 '有財'에 통한다.

⑤ 帶數(dvigu)란 숫자로써 그 의의를 밝힌 것으로 3가지의 해석에 통한다. ㉠ 저 五蘊과 二諦 등은 5가 곧 蘊이며, 2가 곧 諦이다. 이는 작용이 스스로 명제가 된 것으로 곧 업용을 가지고 숫자를 띤 것[持業帶數]이며, ㉡ 眼 등 六識은 自他를 취하여 이름을 삼은 것으로 곧 주를 따라 숫자를 띤 것[依主帶數]이며, ㉢ 五逆을 말하여

五無間이라 이름 붙인 것은 그 결과이다. 원인에서 나아가 결과를 말함이다. 이는 전혀 다른 이름을 취한 것으로 곧 소유한 물건으로써 숫자를 띤 것[有財帶數]이다.

⑥ 隣近(avyayībhāva)이란 가까운 것을 따라 이름 붙인 것이다. 예컨대 四念住는 지혜로써 본체를 삼는데, 지혜가 생각에 가까운 까닭에 그 이름을 '念住'라 한다. 이처럼 가까운 것이라면 본래 자기 이름과는 똑같지 않기에 업용으로 말하는 의의가 없고 나머지 2가지의 해석에 통한다.

㉠ 주에 따르는 가까운 것[依主隣近]이다. 예를 들면 한 사람이 장안에 가까운 곳에 살고 있는데, 어떤 사람이 "어느 곳에 사느냐?"고 물었을 때, 그가 "장안에 산다."고 말한다. 그 사람이 직접 장안에 사는 것은 아니지만 장안 부근에 살고 있기에 "장안에 산다."고 말한다. 일부분 다른 이름을 취함이며, 또한 주에 따르는 가까운 것[依主隣近]이다.

㉡ 소유한 물건으로 가까운 것[有財鄰近]이다. 예를 들면 "어느 곳에 사느냐?"고 물었을 때 그가 "장안에 산다."고 말하면 전혀 다른 곳을 취하여 사람의 이름을 나타낸 것이다. 이것은 곧 소유한 물건이며, 장안에 가까운 곳이기에 이를 '隣近'이라고 말하였다.

게송에 이르기를 "자기의 것을 사용함 및 남의 것을 사용함, 나와 남의 것을 사용함과 모두가 아닌 것, 2가지를 통하는 것과 3가지를 통하는, 6가지의 해석이다."고 하였다. 그러나 아래의 많은 품에서 대부분 본명을 사용하여 단 '依主'와 '持業' 등이라 말했을

뿐이니 이를 생각하면 알 수 있다.】

三'是名'下는 總結이니 可知니라 若定位者인댄 此經說四十二位에 無別資糧加行等名이나 然所說位는 依法性立하야 行布圓融하야 二俱無礙니 如玄文辨이라 十信開合은 已見賢首品하다【鈔_ '十信開合'者는 指前開成五十二니 合唯四十二하야 開合無礙니라】第四 本分竟하다

셋째 '是名' 이하는 총체로 끝맺음이다. 이는 설명하지 않아도 알 수 있다.

만약 定位로 말한다면 이 경에서 말한 42位에 별개로 資糧位·加行位 등의 명제는 없으나 말한 지위는 법성에 의해 성립되어 行布가 원융하여 2가지 모두 걸림이 없다. 이는 경문에서 논변한 바와 같다. 十信을 분리하고 종합한 것은 이미 賢首品에 보인다.【초_ "十信을 분리하고 종합한다."는 것은 앞에서 52위로 분리하여 형성함을 말한다. 42위를 종합하여 분리하고 종합하는 데 걸림이 없다.】

제4. 본론 부분을 끝마치다.

第五는 說分이니 卽是行相이라 釋此十住 卽爲十段이니 一一段中에 皆先徵後釋이라

釋中에 皆先明自分하고 後明勝進이라 又前是住位며 後是起行이라

今初는 發心住라

제5. 설법 부분

이는 곧 行相이다. 이 십주를 해석함에 있어 곧 10단락이다. 하나하나의 단락 가운데 모두 앞에서는 묻고 뒤에서는 해석하고 있다.

해석한 부분은 모두 먼저 자신의 해당 부분을 밝히고, 뒤이어서 수승하게 앞으로 나아감을 밝혔다.

또한 앞은 머문 지위[住位]이며, 뒤는 일어나 행함이다.

제1 발심주

經

佛子여 **云何爲菩薩發心住**오 **此菩薩**이 **見佛世尊**의 **形貌端嚴**과 **色相圓滿**과 **人所樂見**과 **難可値遇**와 **有大威力**하며 **或見神足**하며 **或聞記別**하며 **或聽教誡**하며 **或見衆生**의 **受諸劇苦**하며 **或聞如來**의 **廣大佛法**하고 **發菩提心**하야 **求一切智**니라

불자여, 어떤 것이 보살의 발심주인가?

이 보살이 부처님 세존의

형상이 단정하고

상호가 원만하여

사람들이 보기를 즐겨하며

만나뵙기 어렵고

큰 위신력이 있음을 보며

혹은 신통력[神足輪]을 보고

혹은 수기를 들으며

혹은 가르침을 듣고

혹은 중생들이 온갖 고통 받는 것을 보며

혹은 여래의 넓고 큰 불법을 듣고

보리심을 내어 온갖 지혜를 구하는 것이다.

◉ **疏** ◉

先徵은 可知라 釋自分中에 二니 先은 明發心之緣이오 後는 正明緣境發心이라 今初는 文列十緣이나 義含四因이니 謂信·悲·智와 及種性也라 見佛世尊은 是初總相이며 '發菩提'下는 結前生後며 中間十句는 別顯不同이니

一은 形貌容儀오

二는 顯色大相이오

三은 具隨好라 故人所樂見이니 上三은 觀外相也라

四는 時乃一出하며 出便利益이라 故爲難遇니 此通內外니라

五는 十力·無畏로 降魔制外니 此明內德이라

六은 神變難思 卽神足輪이니 此唯外用이라 於上六中에 隨見一事하야 發生淨信하야 欣心上求니 此若可修면 我定當取니라

七은 聞授記는 含於二義니 一은 聞授記作佛하고 希預其數며 二는 聞記當事하고 希得此知니 皆記心輪이라

八은 聽敎誡하고 知惡可斷이오 善可進修이니 卽敎誡輪이니 上皆信智爲因이라

九는 見受苦起悲오 未必聞敎니 以種性內具하야 法爾慈恕니 卽悲因也니라

十은 聞廣大法은 謂佛功德이니 義兼法滅에 或傳或護니 因通悲智며 種性之因은 義通前十이니 此之十緣이 與賢首品所引瑜伽四緣으로 但開合之異耳니라 謂前六은 見佛緣이며 次二는 聞法緣이며 次一은 見生受苦緣이며 後는 卽見法滅也라

'後結前生後'者는 唯證菩提라야 方成前事니 結前也오 求一切智는 生後니 緣難得法而發心也니라

앞서 물음은 설명하지 않아도 알 수 있다. 해당 부분을 해석한 가운데 2단락이 있다. 앞 단락에서는 발심의 반연을 밝혔고, 뒤 단락에서는 바로 경계에 반연한 발심을 밝혔다.

이의 첫 단락 경문에는 10가지의 반연을 열거했으나 그 의의는 4가지의 원인을 포함하고 있는데 信·悲·智·種性을 말한다.

'見佛世尊'은 첫 부분으로 總相이며, '發菩提' 이하는 앞의 경문을 끝맺으면서 뒤 문장을 일으킴이며, 중간 10구는 다른 면모를 개별로 밝히고 있다.

(1) 形貌端嚴은 형체와 용모와 거동과 위의이며,

(2) 色相圓滿은 상호의 모습[色大相]을 밝힘이며,

(3) 人所樂見은 중생들이 좋아하는 모습을 갖춘 까닭에 사람들이 친견하기를 좋아하는 것이다. 위의 3가지는 외모의 모습을 살

펴본 것이다.

⑷ 難可値遇는 때로 어쩌다 한번 몸을 나타내면 세간 중생에게 이익을 안겨준 까닭에 만나기 어렵다고 말한다. 이는 내외에 통한다.

⑸ 有大威力은 십력과 無畏로 마군을 항복하게 하고 외도를 제어함이다. 이는 내면의 공덕을 밝힘이다.

⑹ 或見神足은 신통변화가 불가사의함이 곧 神足輪이다. 이는 오직 외적인 작용이다. 위의 6가지 가운데 하나의 사안을 봄에 따라서 청정한 신심을 내어 기쁜 마음에 위를 추구하니, 이처럼 닦아나가면 반드시 이를 얻을 수 있다.

⑺ 或聞記別은 授記를 들은 데에는 2가지의 의의를 포괄하고 있다.

① 부처님이 된다는 수기를 듣고서 그 수에 참예하기 바람이며,

② 해당 일에 수기를 듣고서 이런 지혜를 얻기 바람이니 모두 記心輪이다.

⑻ 或聽敎誡는 가르침을 듣고서 악을 끊고 선을 닦아나갈 줄을 앎이니 곧 敎誡輪이다. 위는 모두 신심과 지혜로 원인을 삼았다.

⑼ 或見衆生受諸劇苦는 중생이 고통받는 것을 보고서 자비의 마음을 일으킴이다. 이는 반드시 부처님의 가르침을 들은 것은 아니다. 이는 種姓이 내면에 갖춰져 있어 법이 그처럼 자비의 마음으로 너그럽다. 이는 곧 悲因이다.

⑽ 或聞如來廣大佛法은 광대한 불법을 듣고서 부처님의 공덕

이 성취됨을 말한다. 그 의의는 불법이 사라지려는 즈음에 혹은 전하기도 하고 혹은 보호하기도 함을 겸하고 있다. 因이 대자비와 대지혜에 통하며, 종성의 원인은 그 의의가 앞의 10가지에 모두 통한다. 이 10가지 인연이 현수품에서 인용한 것인데 유가론의 4가지 반연과는 단 분리하고 종합하는 데 차이가 있다.

앞의 6가지는 부처님을 친견한 인연이며, 다음 2가지는 불법을 듣고서 그러함이며, 그다음은 고통받는 중생을 본 인연이며, 맨 끝은 법이 사라지려는 것을 본 것이다.

"發菩提 이하는 앞의 경문을 끝맺으면서 뒤 문장을 일으킴이다." 함은, 보리지혜를 증득해야만 비로소 앞의 일을 성취할 수 있음이다. 이는 앞의 경문을 끝맺음이며, '일체지를 구하는 것'은 뒤 문장을 일으킴이다. 얻기 어려운 불법을 반연하여 발심한 것이다.

經

此菩薩이 **緣十種難得法**하야 **而發於心**하나니 **何者**가 **爲十**고 **所謂是處非處智**와 **善惡業報智**와 **諸根勝劣智**와 **種種解差別智**와 **種種界差別智**와 **一切至處道智**와 **諸禪解脫三昧智**와 **宿命無礙智**와 **天眼無礙智**와 **三世漏普盡智**니 **是爲十**이니라

이처럼 닦아가는 보살이 열 가지 얻기 어려운 법을 인연하여 마음을 일으키는데, 무엇이 열 가지의 지혜인가?

이른바 옳은 곳과 그른 곳을 아는 지혜,

선업과 악업으로 받는 과보를 아는 지혜,

모든 근기가 수승하고 용렬함을 아는 지혜,

가지가지 이해의 차별을 아는 지혜,

가지가지 경계의 차별을 아는 지혜,

모든 곳에 이르러 갈 곳을 아는 지혜,

모든 선정과 해탈과 삼매를 아는 지혜,

걸림 없이 숙명을 아는 지혜,

천안으로 걸림 없는 지혜,

삼세의 번뇌가 모두 다한 지혜이다.

이것이 열 가지의 지혜이다.

◉ 疏 ◉

第二는 正明緣境發心이니 前言求一切智는 十種智力이 卽一切智라 文有標·徵·列名·結數이오 而義見初品이니 大同初地爲得十力故等이라 又此十力이 於一實智에 而開爲十이니 化生事足에 義含悲智라 故畧擧之언정 非不緣佛餘之功德이라

뒤의 단락은 바로 경계에 반연하여 마음을 일으키는 바를 밝힌 것이다.

앞의 경문에서 "일체지를 구한다."고 말한 것은 10가지 지혜의 힘이 곧 '일체지'임을 뜻한다.

경문에는 수효를 밝힘과 물음과 지혜의 명제 나열과 수효를 끝맺음이 있으며, 그 의의는 첫 세주묘엄품에 나타나 있다. 초지에서 "10가지의 힘을 얻기 위한 때문이다."는 등과 크게는 같은 뜻이다.

또한 이러한 10가지의 힘이 하나의 實智에 따라 구분되면서 10가지가 된 것이다. 중생 교화의 일이 만족스러우면 그 의의는 대자비와 대지혜를 포함한 것이기에 이를 간단하게 들어 말할 뿐이지, 부처님의 나머지 공덕에는 반연하지 않는다는 게 아니다.

經

佛子여 **此菩薩**이 **應勸學十法**이니

何者가 **爲十**고

所謂勸供養佛과 **樂住生死**와 **主導世間**하야 **令除惡業**과 **以勝妙法**으로 **常行敎誨**와 **歎無上法**과 **學佛功德**과 **生諸佛前**하야 **恒蒙攝受**와 **方便演說寂靜三昧**와 **讚歎遠離生死輪廻**와 **爲苦衆生**하야 **作歸依處**니라

何以故오 **欲令菩薩**로 **於佛法中**에 **心轉增廣**하고 **有所聞法**에 **卽自開解**하야 **不由他敎故**니라

불자여, 이 지위에 머문 보살이 마땅히 중생에게 열 가지의 법을 배우도록 권해야 할 것이다.

무엇이 열 가지의 법인가?

이른바 부지런히 부처님께 공양하고,

생사에 머무는 것을 좋아하며,

세간을 주도하여 악업을 버리게 하고,

수승하고 미묘한 법으로 항상 가르침을 행하며,

위없는 법을 찬탄하고,

부처님의 공덕을 배우며,

모든 부처님 앞에 태어나 항상 받아들임을 입고,

방편으로 적정삼매를 연설하며,

생사윤회에서 멀리 떠남을 찬탄하고,

고통 많은 중생을 위해 귀의할 곳이 되는 것이다.

무슨 까닭인가? 보살로 하여금 부처님의 법 가운데서 마음을 더욱 드넓게 하며, 들었던 법을 스스로 이해하여 더 이상 다른 이의 가르침을 따르지 않도록 하기 위함이다.

◉ 疏 ◉

第二는 勝進이라 文分爲三이니 初는 總標오 次는 徵列이오 後는 徵釋이라

今은 初니 謂欲求勝位인댄 應自勸勵오 亦勸他學이라

列中에 有十하니 不出悲智라 供佛爲總이니 通財及法이오 下九爲別이니 行下九事 眞供養故니라

一은 樂住生死는 大悲爲首故니 智了其空하야 無所懼故오

二는 住爲主導除惡이며

三은 卽能導理教之法이며

四는 示果令欣이니 卽教之所至며

五는 學佛德行하야 以爲能至며

六은 成德依緣이라 故生佛前이며

七은 寂前上求下化之紛動이며

八은 寂必遠離生死輪廻며

九는 不失悲故로 常爲物依오 亦是總結前義니 諸所施爲 皆爲衆生하야 大悲增上故니라

다음은 수승하게 앞으로 닦아 나아감이다.

이 경문은 3부분으로 나뉜다.

첫째, 총체로 밝힘이며,

둘째, 묻고 나열함이며,

셋째, 묻고 해석함이다.

이는 첫째, 총체로 밝힘이다. 수승한 지위를 구하고자 한다면 마땅히 스스로 권면하고 힘쓰며, 또한 남을 권하여 배우도록 함이다.

둘째, 나열한 가운데 10가지의 법이 있지만 대자비와 대지혜에서 벗어나지 않는다.

부처님께 공양을 올리는 것은 총체이다. 공양은 재물과 법에 모두 통하고, 아래의 9가지는 개별 공양이다. 아래의 9가지 공양을 행함이 참다운 공양이기 때문이다.

(1) 생사에 머무는 것을 좋아하는 것은 대자비의 마음이 으뜸이기 때문이다. 이는 지혜로 공의 도리를 깨달아 두려운 바가 없기 때문이고,

(2) 주도자가 되어 악을 없애기 때문이며,

(3) 理敎의 법을 인도함이며,

(4) 결과를 보여 그로 하여금 마음이 기쁘도록 함이니 곧 가르침이 이른 바이며,

(5) 부처님의 덕행을 배워 그런 경지에 다다름이며,

(6) 덕을 성취함에 반연을 의지한 까닭에 부처님 이전에 태어남이며,

(7) 예전에 위로 깨달음을 구하고 아래로 중생을 교화하는 데 분분하게 움직였던 것을 고요하게 함이며,

(8) 고요함에 반드시 생사윤회를 멀리 여읨이며,

(9) 자비의 마음을 잃지 않았기에 언제나 중생의 의지가 되고, 또한 앞의 의의를 총체로 끝맺음이다. 모든 일들이 모두 중생을 위하여 대자비의 마음이 한 단계 위로 올라간 때문이다.

問호되 '八遠離生死와 初令樂住를 此云何通가' 畧有三意니 一은 勸物遠離나 自處無厭이며 二는 要自無縛이라야 方能攝物이며 三은 卽智之悲라 故樂住生死하고 卽悲之智로 遠離輪迴니라 故瑜伽云'菩薩 厭離生死 過於二乘百千萬倍라'하니 非不厭也라 斯則不斷生死而入涅槃이며 不動眞際코 常隨流轉하야 成不住道니라

"(8)의 생사윤회를 멀리 여읨과 (1)의 생사에 머무는 것을 좋아함은 어떻게 통하는가?"

이에 대해서는 간단하게 3가지의 뜻이 있다.

① 중생에게 권하여 생사윤회를 멀리 여의게 하지만, 스스로 생사에 머무는 것을 싫어하지 않는다.

② 반드시 스스로 속박이 없어야 비로소 중생을 받아들일 수 있다.

③ 지혜와 하나가 된 자비이기에 생사에 머무는 것을 좋아하

고, 자비와 하나가 된 지혜로 생사윤회를 멀리 여읨이다.

이 때문에 유가경에서 "보살이 생사를 싫어하여 여읨이 이승보다 백천만 곱절이나 더한다."고 말하니, 생사를 싫어하지 않은 게 아니다. 이는 곧 생사를 끊지 않고서도 열반에 들며, 眞際에서 움직이지 않고서도 언제나 생사의 윤회를 따라 머물지 않는 도를 성취함이다.

又初旣樂住生死인댄 六復云何生諸佛前고 亦有三義하니 一은 爲誘物故오 二는 求攝物之方故오 三은 悲智無礙故니라 又十藏에 約實智契捨일세 聞諸佛土코 不願往生이어니와 此約權不壞事라 故生諸佛土니라【鈔_ 更有一問에 答亦具三意라 一은 自不要生은 爲引衆生하야 令修淨土因故오 二는 如人不善於水어늘 見子墮水하고 若便入者는 自他俱沒이라 應求船筏而濟渡之니라 三은 悲故樂住오 智故往生이라 下通十藏難은 約權實智說이라】

"또한 (1)에서 생사에 머무는 것을 좋아한다면 (6)에서 어찌하여 부처님 이전에 태어났는가?"

이 또한 3가지의 뜻이 있다.

① 중생을 달래기 위한 때문이며,

② 중생을 받아들일 방편을 구한 때문이며,

③ 자비와 지혜가 끝이 없기 때문이다.

또 十藏엔 眞實智에 계합하여 모두 내려놓은 것으로 말한 까닭에 모든 불국토를 듣고서도 그곳에서 태어나는 것을 원치 않지만, 여기에서는 方便智[權智]로 세간의 일을 버리지 않는 것으로 말한 까닭에 모든 불국토에 태어난 것이다.【초_ '又初' 이하는 또 다른 하나의 문답으로, 이 또한 3가지의 뜻이 있다.

① 스스로 불국토에 태어나는 것을 원치 않음은 중생을 인도하여 그들로 하여금 정토의 원인을 닦도록 하기 위함이다.

② 세간의 사람들은 수영을 잘하지 못하면서도 자식이 물에 빠진 것을 보고서 갑자기 물길 속으로 뛰어 들어가면 모두가 함께 익사하게 된다. 이는 마땅히 배나 뗏목을 구하여 구제해야 한다.

③ 자비의 마음 때문에 생사에 기꺼이 머물고, 지혜를 갖췄기 때문에 왕생하는 것이다.

아래의 '十藏'에 대한 모든 논란은 방편과 진실의 지혜[權實智]로 말하였다.】

三'何以'下는 徵釋이니 何須學此오 令得通別二種益故니라 別은 謂增勝廣大니 此之別益은 皆希後位니 準下頌文컨대 亦令不退니라

'有所聞'下는 諸位通益이니 以解從內發이라 故不由他니라 他有三種이니 一은 他人이오 二者는 心外오 三者는 性外니라 自解亦三이니 一者는 熏習成性이라 故能自解오 二는 了唯心이오 三은 了唯性이라 故下云'知一切法이 卽心自性이라'하니라

若爾인댄 云何復言有所聞耶아 謂汎爾聞故며 或自披尋이니 聞乃約法이며 開悟約義니 不必假人委曲指授라 故不由他오 究竟則是佛無師智니 下諸位中에 竝同此釋이라

有云'從自種生일세 云不由他'라하니 但是初意어니 何足可尚가 又引下文에 雖知諸法 悟不由師로되 然求善知識하야 無有厭足이니 亦非此

意니 彼據雙行이며 此約自悟故니라【鈔 '自解亦三'者는 次第對上이니 謂一은 由內性成故로 不隨他人이며 二는 了唯心故로 不心外取法이며 三은 由了性故로 如性外一法 亦無니라】

셋째 '何以' 이하는 묻고 해석함이다. 무엇 때문에 반드시 이를 배워야 하는가? 通別의 2가지 이익을 얻도록 하기 위함이다.

개별로는 더욱 수승한 넓고 큰 것[增勝廣大]을 말한다. 이와 같은 개별의 이익은 모두 뒤의 지위를 바라는 것으로, 아래의 게송에 준하면 또한 그들로 하여금 뒤로 물러서지 않도록 한다고 하였다.

'有所聞' 이하는 모든 지위에 공통으로 얻어지는 이익이다. 깨달음의 이해가 자신의 내면에서 일어나기에 굳이 다른 이들의 가르침을 필요로 하지 않는다.

'다른 이들[他]'이란 3가지 부류가 있다.

(1) 타인, (2) 心外, (3) 性外이다.

'자신의 이해[自解]' 또한 3가지이다.

(1) 훈습으로 자성을 성취한 까닭에 스스로 이해하는 것이고,

(2) 일체가 오직 마음뿐임을 안 것이며,

(3) 일체가 오직 성품뿐임을 안 것이다.

이 때문에 아래의 경문에서 "일체 법이 곧 마음의 자성인 줄 안다."고 하였다.

"그렇다면 무엇 때문에 다시 들은 바가 있다고 말하는가?"

그럭저럭 귀담아듣지 않기 때문이며, 혹은 스스로 찾아가기 때문이다. '듣는다[聞]'는 것은 이에 법으로 말함이며, '깨달음[開悟]'이

란 이치[義]로 말한 것이다. 굳이 남의 간곡한 가르침을 빌리지 않아도 되기에 남의 힘을 필요로 하지 않는다. 결국은 곧 부처님의 스승 없이 얻은 지혜[無師智]이다. 아래의 모든 지위에서 말한 바 또한 이의 해석과 같다.

어떤 사람이 말하였다.

“자신의 種性으로부터 나온 것이기에 남의 힘을 필요로 하지 않는다고 말하였다.”

그러나 이는 첫 단계로 말한 뜻인데 어떻게 이를 숭상할 수 있겠는가. 또한 아래의 경문에 “비록 모든 법을 아는 깨달음이 스승으로부터 연유하지 않으나, 그러나 선지식을 구하여 싫어함이 없다.”는 부분을 인용하여 이를 증명하고 있다. 하지만 이 또한 이를 말한 뜻도 아니다. 그 경문에서는 나와 남을 모두 들어 근거를 삼은 것이지만, 여기에서는 자신의 깨달음으로 말한 때문이다. 【초_ ‘자신의 이해[自解]’ 또한 3가지라는 것은 차례로 위의 문장에 대비한 것이다.

① 내면의 자성으로 이뤄진 데에서 연유한 까닭에 굳이 타인을 따르지 않으며,

② 일체가 모두 오직 마음임을 깨달은 까닭에 마음 밖의 법을 취하지 않으며,

③ 오직 자성임을 깨달은 까닭에 자성 밖에 그 어떤 법 또한 없다.】

第二 治地住

제2 치지주

經

佛子여 **云何爲菩薩治地住**오 **此菩薩**이 **於諸衆生**에 **發十種心**하나니 **何者**가 **爲十**고

所謂利益心과 **大悲心**과 **安樂心**과 **安住心**과 **憐愍心**과 **攝受心**과 **守護心**과 **同己心**과 **師心**과 **導師心**이니 **是爲十**이니라

불자여, 어떤 것이 보살의 치지주인가? 보살이 중생에 대하여 열 가지의 마음을 일으키는 것이다.

무엇이 열 가지의 마음인가?

이른바 이익을 주려는 마음,

크게 불쌍히 여기는 마음,

안락케 하려는 마음,

편안히 머물게 하려는 마음,

가엾이 여기는 마음,

거두어 주려는 마음,

지켜주려는 마음,

내 몸처럼 여기는 마음,

스승처럼 여기는 마음,

도사(導師)처럼 여기는 마음,

이것이 열 가지의 마음이다.

◉ 疏 ◉

文中에 亦二니 先徵은 可知라

二釋中自分內에 文有四別하니 一標, 二徵, 三列, 四結이라 下諸自分도 皆倣此知니라

列中十心은 有其二義니 一은 於 一一衆生에 各起十心이며 二는 爲辨差別하야 對八種衆生이니

一은 於怨衆生에 非直不念加報라 亦乃授與利益이며

二는 於貧苦衆生에 欲令遠離라 故起悲心이며

三은 於危懼無樂衆生에 令得樂具不盡이며

四는 於惡行衆生에 令安住善行이며

五는 於得樂衆生에 以矜愍心으로 不令放逸이며

六은 於外道未發心者에 攝令正信發心이며

七은 已發心同行者에 守令不退며

八은 於一切攝菩提願衆生에 取如己身이니

於此開二니 謂於乘大道에 集進趣者를 推之如師하고 集具足功德者를 敬之如佛이니 此十은 大同第二地集義中釋이라 以斯十心으로 治自心地니라

이 또한 2부분으로 나뉜다. 앞서 물음은 설명하지 않아도 알 수 있다.

뒤의 해석 가운데 自分 내의 경문은 다시 4부분으로 구별된다.

(1) 수효를 밝힘이며, (2) 물음이며, (3) 나열이며, (4) 끝맺음이다.

아래의 모든 自分도 모두 이와 같음을 알 수 있다.

나열한 가운데 10가지의 마음에는 2가지의 의의가 있다.

(1) 하나하나의 중생에게 제각기 10가지의 마음을 일으킴이며,

(2) 차별을 분별하기 위하여 8가지의 중생으로 상대함이다.

① 원한 맺힌 중생에게 보복을 가할 생각을 하지 않을 뿐 아니라 그에게 이익을 주며,

② 가난하고 고통받는 중생으로 하여금 가난과 고통을 멀리 여의도록 하고자 한 까닭에 불쌍히 여기는 마음을 일으키며,

③ 위험과 두려움으로 즐거움이 없는 중생으로 하여금 즐거운 도구를 얻어 다함이 없도록 하며,

④ 악행의 중생으로 하여금 선행에 안주케 하며,

⑤ 즐거움을 얻은 중생에게 불쌍히 여기는 마음으로써 그로 하여금 방일하지 않도록 하며,

⑥ 발심하지 못한 외도를 이끌어 들여 그로 하여금 바른 신심을 일으키도록 하며,

⑦ 이미 발심하여 함께 수행하는 자를 수호하여 그로 하여금 물러서지 않도록 하며,

⑧ 일체 보리 서원을 지닌 중생에 대해 자기의 몸처럼 취함이다. 이는 다시 2부분으로 나뉜다.

⑨ 一乘 大道를 모으고 앞으로 닦아나가는 자를 스승처럼 추대하고,

⑩ 구족한 공덕을 모은 자를 부처님처럼 존경하는 것이다.

이 열 가지의 마음은 크게는 第二地 集義에서의 해석과 같다. 이 열 가지의 마음으로 자기의 마음을 다스리는 것이다.

經

佛子여 此菩薩이 應勸學十法이니
何者가 爲十고
所謂誦習多聞과 虛閑寂靜과 近善知識과 發言和悅과 語必知時와 心無怯怖와 了達於義와 如法修行과 遠離愚迷와 安住不動이니라
何以故오 欲令菩薩로 於諸衆生에 增長大悲하고 有所聞法에 卽自開解하야 不由他敎故니라

불자여, 이 지위에 머문 보살이 마땅히 중생에게 열 가지의 법을 배우도록 권해야 할 것이다.

무엇이 열 가지의 법인가?

이른바 외우고 익혀 많이 듣는 것,

한가하고 고요한 것,

선지식을 가까이하는 것,

화평하고 즐겁게 말하는 것,

말할 시기를 아는 것,

두려운 마음이 없는 것,

이치를 잘 아는 것,

법대로 행하는 것,

어리석음을 멀리 여의는 것,

편안히 안주하여 흔들리지 않는 것이다.

무슨 까닭인가? 보살로 하여금 중생에 대하여 크게 불쌍히 여기는 마음을 더욱 키워나가도록 하며, 들었던 법을 스스로 이해하여 더 이상 다른 이의 가르침을 따르지 않도록 하기 위함이다.

◉ 疏 ◉

二勝進도 亦三이라 列中十法은 有通有別이니 通相은 可知오 別依展轉이라

一은 總求多聞하야 爲二利行依며

二는 聞已에 閑靜思修며

三은 聞必依友며

四는 於友求請호되 言必和悅이며

五는 問不非時며

六은 不怖深法而不能受오 不怯行法而不能行이며

七은 以思慧力으로 解達深義니 非但多聞코 於義不了며

八은 如說修行이니 涅槃經說호되 '親近善知識하야 聽聞正法하고 繫念思惟하야 如說修行이 是大涅槃近因緣故'라하니 今展爲十이며

九는 成行伏惑일세 故離愚迷며

十은 觀智照理하야 決定究竟일세 故安住不動이니라【鈔_ '非但多聞'者는 卽涅槃經 高貴德王品에 云'寧願少聞코 多解義理언정 不願多

聞코 於義不了라하니라】

다음의 수승하게 나아감 또한 3가지이다. 나열한 10가지 법에는 총체도 있고 개별도 있다. 총체의 양상은 설명하지 않아도 알 수 있고, 개별은 전전함을 따른다.

⑴ 총체로 많이 들음을 추구하여 자리이타행의 의지가 되며,

⑵ 들은 후에는 한가하고 고요히 생각하고 닦아가며,

⑶ 듣는 것은 반드시 착한 벗을 의지하며,

⑷ 착한 벗에게 청하되 반드시 평화롭고 기쁘게 말하며,

⑸ 시기에 맞지 않는 물음을 던지지 않으며,

⑹ 심오한 법을 겁내어 이를 받아들이지 못하는 일이 없고, 행하는 법에 겁내고 나약하여 행하지 못하는 일이 없으며,

⑺ 생각과 지혜의 힘으로써 심오한 이치를 이해하고 통달한 것이다. 단 많이 듣고서 이치를 이해하고 통달하지 못한 데 그쳐서는 안 된다.

⑻ 말처럼 수행하는 것이다. 열반경에서 말하기를 "선지식을 가까이하여 바른 법을 듣고 생각하고 생각하여 말처럼 수행함이 대열반에 가까운 인연이기 때문이다."고 하니 여기에서 전전하여 10가지가 되었다.

⑼ 행을 성취하여 미혹을 조복하기에 어리석음과 혼미함을 여의며,

⑽ 觀智로 이치를 관조하여 결정된 구경의 자리이기에 그곳에 안주하여 다시는 흔들림이 없다. 【초_ "단 많이 듣고서 이치를 이

해하고 통달하지 못한 데 그쳐서는 안 된다."는 것은 열반경 高貴德王品에 이르기를 "차라리 적게 듣고 많은 이치를 알기를 원할지언정 많은 것을 듣고서도 이치를 이해하지 못하는 것을 원치 않는다."고 하였다.】

三'何以故'下는 徵釋이라 所以修者는 上十은 多約智니 以智導悲하야 令轉增也라 通益은 可知니라

셋째 '何以故' 이하는 묻고 해석함이다. 닦아야 할 바에 관하여 위에서 말한 10가지의 법은 대부분 지혜로 말하였다. 지혜로 大悲의 마음을 유도하여 더하도록 하고자 함이다. 총체의 이익은 설명하지 않아도 알 수 있다.

십주품 제15-1 十住品 第十五之一

화엄경소론찬요 제31권 華嚴經疏論纂要 卷第三十一

화엄경소론찬요 제32권
華嚴經疏論纂要 卷第三十二

◉

십주품 제15-2
十住品 第十五之二

第三 修行住

제3 수행주

經

佛子여 **云何爲菩薩修行住**오 **此菩薩**이 **以十種行**으로 **觀一切法**하나니

何等이 **爲十**고 **所謂觀一切法無常**과 **一切法苦**와 **一切法空**과 **一切法無我**와 **一切法無作**과 **一切法無味**와 **一切法不如名**과 **一切法無處所**와 **一切法離分別**과 **一切法無堅實**이니 **是爲十**이니라

불자여, 어떤 것이 보살의 수행주인가?

이는 보살이 열 가지의 행으로 일체 법을 살펴보는 것이다.

무엇이 열 가지의 행인가?

이른바 일체 법이 무상하고,

일체 법이 괴롭고,

일체 법이 공하고,

일체 법이 내가 없고,

일체 법이 조작이 없고,

일체 법이 맛이 없고,

일체 법이 이름과 같지 않고,

일체 법이 처소가 없고,

일체 법이 분별을 여의고,

일체 법이 견실함이 없음을 관찰하는 것이다.

이것이 열 가지의 행이다.

◉ 疏 ◉

釋中에 先明自分이니 是護煩惱行이며 後明勝進이니 是護小乘行이라

前中에 然此十無常이 大同三地니 彼論具釋이라

引中邊釋은 已見問明이어니와 旣文義包含일세 畧擧一兩호리라 論云 '命行不住를 總名無常이라'하니 此總句也라 然復有二하니 一者는 念念無常이며 二者는 一期無常이라

於何無常고 依五盛陰하야 逼迫相故로 苦也니라 瑜伽三十四에 云'由無常行이 作意爲先하야 趣入苦行하고 由苦無所得하야 行趣入空行하나니 空故不自在오 由不自在하야 趣入無我하나니 此四는 卽苦下四行相也라

五無作者는 但緣有故니 由念念無常일세 故無造作하고 由皆苦故로 無有樂味어늘 但於下苦中에 橫生樂想이니 卽一切世間 不可樂想이라 以彼空故로 萬法無體하야 物無當名之實이오 以無我故로 無有處所하야 非在色中 乃至識中이라

無分別者는 觀能取也오 無堅實者는 觀所取也라

해석 가운데 앞부분은 해당 自分을 밝힌 것으로 번뇌를 막는 행이다. 뒷부분은 수승하게 닦아 나아감을 밝힌 것으로 소승을 막는 행이다.

앞부분의 해당 자분이나 10가지의 無常함이 크게는 三地와 같다. 이는 삼지에 관한 논에서 구체적으로 해석하였다.

中·邊에 관한 해석을 인용한 것은 앞의 보살문명품에 나타나 있지만 문장의 의의가 포괄적이기에, 여기에서는 간단하게 한두 가지만을 간추려 말하고자 한다. 논에 이르기를 "운명과 행상이 멈추지 않는 것을 총체로 무상이라 말한다."고 하니 이는 총체의 구절이다. 그러나 다시 2부분으로 나뉜다. 첫째는 한 생각 한 생각의 찰나가 덧없음[念念無常]이며, 둘째는 생로병사의 한 생애가 덧없음[一期無常]이다.

무엇이 무상인가? 色受想行識[五盛陰]에 의하여 '핍박당하는 양상[逼迫相]'이 있기 때문에 괴롭다. 유가론 34에 이르기를 "무상행이 뜻[意]을 조작하여 앞서기에 이를 따라서 괴로운 행으로 달려 들어가고, 괴로움의 얻은 바 없는 행을 따라서 空行에 달려 들어가니 공한 까닭에 자재하지 못하고, 자재하지 못함에 따라 무아에 달려 들어가니 이 4가지는 괴로움에 의한 4가지의 行相이다."고 한다.

다섯째에서 "일체 법이 조작이 없다."는 것은 다만 반연이 있기 때문이다. 한 생각 한 생각의 찰나가 덧없는 곳에서 유래한 까닭에 조작이 없고, 모두 괴로움이기 때문에 즐거운 맛이 없는데, 단 下苦의 가운데 종횡으로 즐거운 생각을 낸다. 이는 곧 '일체 세간은 즐거워할 것이 못 된다는 생각[一切世間 不可樂想]'이다. 그것이 空한 까닭에 모든 법이 체성이 없어 모든 존재는 이름에 해당되는 실상이 없고, 자아가 없기 때문에 일정한 처소가 없어 色中 내지

識中에 있는 게 아니다.

無分別이란 취하는 주체[能取]를 살펴봄이며, 無堅實이란 취할 대상[所取]을 살펴봄이다.

問호되 '涅槃比丘 作無常想한대 佛訶倒惑이어늘 云何入住하야 作無常觀고' 答이라 '彼但得名이오 不得其義니 以無常等으로 該涅槃故니라 故佛訶之어니와 今但說生死라 故無有失이니라'【鈔_ '問涅槃'下는 第二依涅槃常無常對解니 於中에 有二니 先은 問答生起니 哀歎品中에 三修比丘 讚無常等想中文也라

'比丘 白佛言하사대 世尊이시여 快說無常·苦·空·無我시니다 世尊이시여 一切衆跡中에 象跡爲上이니 是無常想도 亦復如是라 於諸想中에 最爲第一이니 若有精勤修習之者면 能除一切欲界欲愛等이며 又如秋耕爲勝等이니다'

又說無我한대 佛便讚其善修無我어늘 比丘 答言호되 '我等은 不但修無我想이라 亦更修習其餘諸想하나니 謂苦想·無常想·無我想이니다'하니 畧不說空일세 故云三修니라

又醉人喻는 下取意引호리라 譬如醉人이 見日月轉인달하야 衆生亦爾하야 無常計常이니라 佛言호되 '向引醉人은 但知其文이오 未知其義니 謂醉人이 見日月轉이나 日月은 實不曾轉이니 涅槃은 眞常이어늘 而謂無常等이나 涅槃等은 實不無常等이라'하니 謂依如來法門次第면 初因外道 橫計邪常이라 故說無常이 諸觀中最라하야늘 二乘不曉하고 謾該佛地일세 雙林極唱하니 則常等區分이라】

"열반비구가 無常의 생각을 가지자, 부처님께서 '전도망상의

미혹[倒惑]'을 가진 자라고 꾸짖었는데, 어떻게 修行住에 들어가 도리어 그와 같은 無常觀을 가졌는가?"

이에 답하였다.

"열반비구는 겉 명칭만을 얻었을 뿐, 그 의의는 알지 못하였다. 무상 등으로 열반을 갖추었기 때문이다. 그 때문에 부처님이 그를 꾸짖었지만, 여기에서는 생사만을 말한 까닭에 그와 같은 전도망상의 잘못이 없다."【초_ "열반비구가 無常의 생각" 이하는 제2 '열반의 常·無常'에 의한 상대적 해석이다. 그중에는 2가지의 뜻이 있다. 첫째, 앞의 것은 문답체로 구성하였다. 哀歎品 중에 '苦想·無常想·無我想 3가지를 닦은 비구[三修比丘]'가 무상 등의 생각을 찬탄한 부분의 문장이다.

비구가 부처님께 아뢰었다.

"세존께서 無常·苦·空·無我를 명쾌히 말씀하셨습니다. 세존이시여, 일체 수많은 발자국 가운데 코끼리의 발자국이 으뜸입니다. 無常하다는 생각도 이와 같아서 수많은 생각 가운데 가장 으뜸입니다. 만일 정밀하고 부지런히 닦아 익히는 자가 있으면 일체 욕계의 애욕 등을 없애며, 추수가 수승함이 되는 등과 같습니다."

또 무아를 말하자, 부처님이 곧 그가 무아를 잘 닦음에 대해 찬탄하였는데, 이에 비구가 답하였다.

"저희들은 단 無我의 생각을 닦았을 뿐 아니라, 그 나머지 모든 생각들을 닦고 익혔습니다. 苦想·無常想·無我想을 말합니다."

空은 생략한 채 말하지 않은 까닭에 이를 '三修'라 말하였다,

또 술 취한 사람의 비유를 인용했지만 아래에서는 그 뜻만을 간추려 인용하겠다.

"비유하자면 취한 사람이 해와 달이 빙빙 도는 것을 보듯이 중생도 그처럼 무상한 것을 영원한 것처럼 잘못 생각합니다."

부처님이 말씀하셨다.

"앞에서 취한 사람을 인용한 것은 그 겉 문장만을 알았을 뿐 그 뜻을 알지 못한 것이다. 취한 사람이 해와 달이 빙빙 도는 것처럼 생각하지만 해와 달은 실제로 빙빙 돌지 않는다. 그렇듯이 열반은 진리요 영원한 것임에도 무상하다 등으로 말하지만, 열반 등은 실로 무상한 것들이 아니다."

여래의 법문 차례에 의하면, 최초에 외도가 '잘못된 영원함[邪常]'을 부질없이 생각한 까닭에 무상이 모든 觀 가운데 가장 으뜸이라 말했는데, 二乘이 이런 사실을 알지 못하고서 부질없이 부처님의 지위에 해당시켜 雙林으로 극히 제창하니 곧 '常' 등의 구분이다.】

又無常者는 未會法身故며 苦者는 未得涅槃故며 空者는 無善有故며 無我者는 未得八自在故니 則前四句는 自說生死오 次'無作等'四는 自說涅槃이니 常故無作이며 樂故無味며 我故不如名이며 淨故無處所니라 然二理不偏이라 照與之符니 猶懸鏡高堂에 萬像斯鑑이라

【鈔_ '無常'下는 二依經正解니 躡前問答일세 故致'又'言이라 上以無常으로 該於涅槃이라 今以未會涅槃으로 則不該矣니 由生死中에 有無常等하야 則顯法身是常과 涅槃是樂과 善有不空과 自在有我니라

八自在我者는 一은 能作小이며 二는 能作大며 三은 能作輕이며 四는 能作自在이며 五는 能做主며 六은 能遠到며 七者는 動地며 八은 隨意所欲하야 盡能作得이니 廣如大論과 及涅槃說이라

然以法身은 性出自古라 體無變易하야 偏語其常이오 涅槃寂滅이라 故爲眞樂이라 然空亦不淨이니 是有爲故니라 故涅槃에 云淨者는 諸佛菩薩正法이니 名爲善有오 如來者는 卽是我義라하니라 然別說則爾어니와 若如實言이면 涅槃卽具四德이라 故二十七經에 云所言空者는 不見空與不空이며 智者는 見空及與不空과 常與無常과 苦之與樂과 我與無我라 空者는 一切生死오 不空者는 謂大涅槃이며 乃至無我者는 所謂生死며 我者는 謂大涅槃이라하니라

釋曰 其乃至字 中間越二니 若具說이면 云無常者는 所謂生死며 常者는 謂大涅槃이며 苦者는 所謂生死며 樂者는 謂大涅槃이니라 故一經中에 廣說生死無常樂我淨이오 涅槃은 有常樂我淨이라 則知涅槃이 必具四德이라

則前四句下는 分判經文이니 上第一釋은 十句皆無常이며 今第二釋은 具常無常이라 常故無作者는 造作이 是無常因이니 以有所作爲일세 故名有爲니 有爲는 是無常이며 無所作爲일세 故名無爲니 無爲는 卽是常也니라

有味皆苦는 三界之樂이니 於下苦中에 橫生樂想일세 故無味 爲寂滅樂也니라 如於名字인댄 則不自在니 謂小如小名이면 不卽成大어니 安名自在아 若有處所면 則非淸淨이니 淨無淨相이라야 方眞淨故일세니라

然二理下 結歎前八이니 謂常·無常等이 總爲二理가 皆不偏也니 明

常·無常과 我·無我等이 皆不相離일세 此爲所證이오 照與之符는 卽是能證이라 然其此上은 本卽生公常住義中이니 彼云'夫泥洹本有라 不可爲無오 三界는 本無로되 今有며 已有로되 還無라 故不可爲有니라 泥洹은 以不生滅로 爲實諦오 三界는 以生滅로 爲眞諦니 二理不偏을 名中道義라

彼有問云'常與無常이 二理相反이어늘 云何而爲中道不偏之理耶아' 答이라 '二理雖殊나 理自相資니 何者오 因乖常故로 有三界無常이오 因解無常之實性이라 故成常智니라 所以로 經引二鳥 義旨在此니 二理不偏에 照與之符면 猶懸鏡高堂에 萬像斯鑒矣니라

釋曰 懸鏡高堂은 卽無心虛照며 萬像斯鑒은 則不揀姸媸라 故以絕常無常之淨心으로 照常無常之圓理니 若依此釋이면 則一切法言이 前四는 自屬有爲니라 故涅槃에 云'一切法者는 名爲生死오 非一切法者는 謂佛法僧과 及正解脫이라'하며 又云'我觀諸行컨대 悉皆無常이라 云何知耶아 以因緣故니 若一切法이 從緣生者면 則知無常이니 是諸外道는 無有一法 不從緣生이라 是故無常이어니와 如來의 虛空佛性은 不從因緣이라 是故爲常이니라 今後四句는 亦云一切法者는 性淨涅槃이 不離一切爲無爲故니 旣有區分이면 則翻八倒하야 成八行矣니라】

또한 무상이란 법신을 알지 못한 때문이며,

苦란 열반을 얻지 못한 때문이며,

空이란 善有가 없기 때문이며,

무아란 8가지의 자재함을 얻지 못한 때문이다.

곧 앞의 4구는 스스로 생사를 말함이다.

다음 無作 등 4가지는 스스로 열반을 말함이다.

常이기 때문에 작위가 없으며,

樂이기 때문에 맛이 없으며,

我이기 때문에 이름과 같지 않으며,

淨이기 때문에 처소가 없다.

그러나 2가지의 이치가 한쪽에 치우치지 않는다. 관조하여 그와 부합되는 것이다. 이는 마치 거울을 높다란 집에 걸어두면 모든 형상이 여기에 비치는 것과 같다. 【**초**_ "또한 무상이란 법신" 이하는 둘째, 경에 의해 바르게 해석함이다. 앞의 문답을 뒤이어서 말한 까닭에 '또[又]'라고 말하였다. 위에서는 무상으로 열반을 포괄하여 말했지만, 여기에서는 열반을 알지 못한 까닭에 해당되지 않는다. 생사 가운데 무상 등이 있기 때문에 곧 법신의 常, 열반의 樂, 善有의 不空, 자재의 我를 밝힌 것이다.

'8가지의 자재한 자아[八自在我]'란 ① 마음대로 작게 만들며, ② 마음대로 크게 만들며, ③ 마음대로 가볍게 만들며, ④ 마음대로 자재하게 만들며, ⑤ 마음대로 주인이 되며, ⑥ 마음대로 멀리 다다르며, ⑦ 땅을 진동시키며, ⑧ 마음에 하고 싶은 대로 모두 만들어내는 것이다. 이는 大論 및 열반경에서 자세히 말한 바와 같다.

그러나 법신은 성품이 예로부터 나온 터라 본체가 변함이 없기에 그 한쪽 부분을 가리켜 '영원하다[常]'고 말하며, 열반은 적멸이기에 참 즐거움[眞樂]이다. 그러나 空 또한 不淨이다. 이는 有爲이기 때문이다. 그러므로 열반경에 이르기를 "청정이란 제불보살의 바른 법이기에 그 이름을 善有라 한다. 如來란 곧 我의 의의이다." 고 하였다.

그러나 이를 개별로 말하면 그처럼 말할 수 있지만, 만일 여실하게 말하면 열반은 常·樂·我·淨 4가지의 공덕을 모두 갖추고 있다. 이 때문에 27경에 이르기를 "말한 바 空이란 空과 공이 아닌 것[不空]을 보지 못함이다. 지혜란 공과 공이 아닌 것, 영원한 것과 영원하지 못한 것, 괴로움과 즐거움, 자아와 자아가 없는 것을 보는 것이다. 空이란 일체 생사이며, 공이 아닌 것은 대열반을 말하며, 내지 無我란 이른바 생사이며, 我란 대열반을 말한다." 고 하였다.

이에 대해 해석하면 다음과 같다.

"위에서 말한 '乃至' 2글자는 그 중간에 2가지를 뛰어넘었기 때문이다. 만일 이를 구체적으로 말한다면, '무상이란 이른바 생사이며, 常이란 대열반을 말한다. 苦란 이른바 생사이며, 樂이란 대열반을 말한다.'고 했을 것이다. 이 때문에 경문에서 말한 생사에는 常·樂·我·淨이 없지만 열반에는 상·락·아·정이 있다. 이를 자세히 말하면, 반드시 알아야 한다. 열반이란 반드시 상·락·아·정 4가지의 공덕을 갖추었음을…."

"곧 앞의 4구[則前四句]" 이하는 경문을 구분하여 科判한 것이다. 위의 제1해석은 10구가 모두 무상이며, 이의 제2해석은 常과 무상을 모두 갖추고 있다.

"常이기 때문에 작위가 없다."는 것은 조작이 無常의 원인이기 때문이다. 作爲하는 바가 있는 까닭에 그 이름을 有爲라 한다. 유위는 무상한 것이다. 작위하는 바가 없기에 그 이름을 무위라 한다. 무위는 곧 영원한 것이다.

맛이 있는 것은 모두 괴로움이라는 것은 삼계의 즐거움이다. 가장 下等의 괴로움 속에서 부질없이 즐겁다는 생각을 낸 까닭에 맛이 없는 것이 寂滅의 즐거움이다.

名字와 같으면 곧 자재하지 못한다. 작은 것이 작다는 그 이름과 똑같으면 큰 것을 이루지 못한다. 어떻게 이를 자재하다고 말할 수 있겠는가.

만일 일정한 처소가 있다면 그것은 곧 청정이 아니다. 청정이란 청정하다는 相조차도 없어야 비로소 참다운 청정이기 때문이다.

"그러나 2가지의 이치[然二理]" 이하는 앞의 8가지를 끝맺으면서 찬탄한 부분이다. 常·無常 등이 모두 2가지의 이치로 대칭을 이루고 있는데, 이는 모두 그 어느 한쪽에 치우친 게 아니다. 상·무상과 아·무아 등이 모두 서로가 서로를 여의지 않기에 증득의 대상이 되고, 관조하여 더불어 부합함은 곧 증득의 주체임을 밝힌 것이다.

그러나 위 문장은 본래 生公의 常住義에서 인용한 부분이다. 그 문장은 다음과 같다.

"泥洹[6]은 본래 있는 터라 없다 말하지 못하고, 삼계는 본래 없

6 泥洹: 열반. 이는 산스크리트어 니르바나(nirvana)의 음역으로 泥洹 또는 涅槃那라고도 하며, 滅, 寂滅, 滅度 또는 寂이라고 번역한다.

지만 이제는 있으며, 이처럼 있지만 또한 없는 것이기에 이를 있다고도 말하지 못한다. 泥洹은 생멸이 없는 것으로 실제를 삼고, 삼계는 생멸로 眞諦를 삼는다. 이처럼 2가지의 이치가 그 어느 한쪽에 치우치지 않는 것을 中道의 의의라 말한다."

이 문장에 대해서 어떤 사람이 물었다.

"常과 무상, 2가지의 이치는 상반되는데 어떻게 중도로 어느 한쪽에 치우치지 않는 이치라고 말할 수 있는가?"

이에 대해 답하였다.

"2가지의 이치는 비록 다르지만 이치는 스스로 서로 힘입고 있다. 무엇 때문인가? 영원한 도리에 어긋남으로 인연하여 삼계의 무상함이 있고, 무상의 實性을 앎으로 인하여 영원한 지혜[常智]를 이루는 것이다. 이 때문에 경문에서 두 마리의 새를 인용한 뜻이 여기에 있다. 2가지의 이치가 어느 한쪽에 치우치지 않는 점을 관조하여 그런 경지에 부합하면, 마치 거울을 높다란 집에 걸어놓으면 모든 형상이 그 거울에 비치는 것과 같다."

이에 대한 해석은 다음과 같다.

"거울을 높다란 집에 걸어놓음은 곧 無心으로 비춰 봄이며, 모든 형상이 그 거울에 비치는 것은 곧 어여쁜 얼굴과 못생긴 얼굴을 가려서 비춰주지 않음이다. 이 때문에 常·無常이 모두 끊어진 청정한 마음으로 常·無常의 원만한 이치를 관조하는 것이다.

만일 이런 해석을 따른다면 '일체 법'이라는 말은 有爲에 속한 앞의 4가지이다. 그러므로 열반경에 이르기를 "일체 법이란 그 이름을 생사라 하고, 非一切法이란 佛·法·僧 및 바른 해탈을 명명한다."고 하며, 또 이르기를 "내가 모든 행을 살펴보건대 그 모두가 무상하다."고 하였다.

어떻게 이처럼 알 수 있는가? 因緣 때문이다. 일체 법이 인연으로부터 나왔다면 그것은 곧 무상한 존재임을 알아야 한다. 모든 외도는 그 어느 한 법도 인연으로부터 나오지 않은 게 없다. 이 때문에 무상하다고 말하지만, 여래의 허공과 같은 불성은 인연을 따라 생겨난 것이 아니기 때문에 영원하다고 말하였다.

경문의 뒤 4구 또한 '일체 법'이라 말한 것은 性淨涅槃이 일체 爲·無爲를 여의지 않기 때문이다. 이처럼 구분할 줄 안다면 곧 8가지의 전도된 잘못을 뒤집어 올바른 8가지의 행을 성취할 수 있다.】

又初四句는 則因緣生滅이 是無常義等이며 次四는 則不生不滅이 是無常義니 故云無作이라하니라 五受陰洞達하야 空無所起 是苦義니 因起有苦니 起卽無起일세 故無味也니라 諸法은 畢竟에 無所有가 是空義니 人法二空이 空亦空故니라 故不如名이라 於我無我而不二 是無我義니 諸佛이 或說我이며 或說於無我로되 諸法實相中에 無我無非我라 故無處所니라【鈔_ '初四卽因緣生滅等'者는 等取逼迫爲苦義와 不淨爲空義와 不自在爲無我義니라 '次四句'者는 此之一句가 言含總別이니 總은 卽該後四句오 別은 卽初句無作이 是無常義라 旣無造作이면 則無生滅이니 此는 卽淨名迦旃延章이라 迦旃延이 白佛言호되 '憶念건대 昔者에 世尊이 爲諸比丘하야 畧說法要어늘 我卽於後에 敷演其義니 謂無常義·苦義·空義·無我義·寂滅義라'한대 時에 維摩詰이

來謂我言호되 '唯라 迦旃延이여 無以生滅心行으로 說實相法하라 迦旃延이여 諸法이 畢竟에 不生不滅이 是無常義며 五受陰洞達하야 空無所起 是苦義며 諸法이 畢竟에 無所有 是空義며 於我無我而不二가 是無我義며 法本不生이라 今則無滅이 是寂滅義니라

釋曰 今疏文中에 全已用之호되 但觀所引컨대 自分主客이라 若華嚴宗인댄 一切法이 趣無常일세 無常이 攝法無遺하야 義理無盡이라야 方眞無常이 總收諸義하야 以爲一致니 皆是此宗이 一義所收니라 無常이 旣爾인댄 餘句도 例然이라】

또한 앞의 4구는 인연의 생멸이 곧 무상하다는 의의 등이며, 다음 4구는 불생불멸이 곧 무상하다는 뜻이다. 이 때문에 "작위가 없다."고 말하였다.

五受陰을 통달하여 공하여 일으킬 바가 없음이 괴로움에 대한 의의[苦義]이다. 일으키는 바가 있음으로 인하여 괴로움이 생겨나는 것이다. 일으킴이 곧 일으킴이 없는 까닭에 맛이 없는[無味] 것이다.

모든 법이 결국은 있는 게 없다는 것이 공하다는 의의[空義]이다. 人空·法空이 空마저도 또한 공한 때문이다. 이 때문에 그 이름과 같지 않다[不如名].

我와 무아에 둘이 없는 자리가 無我의 의의이다. 모든 부처님이 我를 말하거나 혹은 무아를 말하지만 모든 법의 實相에는 我도 없고 아가 아닌 것도 없다. 이 때문에 처소가 없는 것이다[無處所].

【초_ "앞의 4구는 인연의 생멸" 등이란 핍박이 괴로움이라는 의의, 不淨이 空이라는 의의, 자재하지 못함이 무아라는 의의를 똑같이

취한 것이다.

"다음 4구"에서 이의 1구는 총체와 개별을 모두 포괄하고 있다. 총체는 곧 뒤의 4구를 포괄하며, 개별은 곧 첫 구절의 "작위가 없다."는 것이 무상하다는 뜻이다. 이미 조작이 없으면 곧 생멸이 없다. 이는 유마경의 迦旃延章에서 인용한 부분이다.

迦旃延(釈尊 十大弟子의 한 분으로 論義 第一)이 부처님께 말씀드렸다.

"생각해보면 옛적에 세존께서 모든 비구를 위하여 간단하게 법의 요체를 말씀해주셨습니다. 제가 그 후에 그 뜻을 부연해보니 無常義·苦義·空義·無我義·寂滅義를 말씀하신 것입니다."

그때 유마힐이 나를 찾아와 말하였다.

"그렇다. 가전연이여, 생멸심행으로 實相法을 말하지 마라. 가전연이여, 모든 법이 필경에는 불생불멸이 無常義이며, 五受陰을 통달하여 공하여 일어나는 바가 없음이 苦義이며, 모든 법이 필경에 존재하는 바가 없음이 空義이며, 我와 무아에 둘이 없음이 無我義이며, 법이 본래 생겨남이 없는 터라 지금 사라짐도 없음이 寂滅義이다."

이에 대한 해석은 다음과 같다.

"위 청량소에서 모두 이 부분을 인용했지만 인용한 바를 살펴보면 이를 主客으로 구분했을 뿐이다. 만일 화엄종의 입장에서 말한다면 일체 법이 무상으로 귀결되기에 무상이 모든 법을 받아들여서 버림이 없어 그 이치가 그지없다. 바야흐로 참다운 무상이 모든 의의를 총체로 거둬들여 하나로 삼는다. 이는 모두 화엄종에서

하나의 의의로 거둬들이는 것이다. 무상이 이와 같다면 나머지 구절도 이런 예와 같다.】

經

佛子여 **此菩薩**이 **應勸學十法**이니
何者가 **爲十**고
所謂觀察衆生界와 **法界**와 **世界**며 **觀察地界**와 **水界**와 **火界**와 **風界**며 **觀察欲界**와 **色界**와 **無色界**니라
何以故오 **欲令菩薩**로 **智慧明了**하고 **有所聞法**에 **卽自開解**하야 **不由他敎故**니라

불자여, 이 지위에 머문 보살이 마땅히 중생에게 열 가지의 법을 배우도록 권해야 할 것이다.

무엇이 열 가지의 법인가?

이른바 중생계와 법계와 세계를 관찰하며,

지계·수계·화계·풍계를 관찰하며,

욕계·색계·무색계를 관찰함이다.

무슨 까닭인가? 보살로 하여금 지혜가 밝게 하며, 들었던 법을 스스로 이해하여 더 이상 다른 이의 가르침을 따르지 않도록 하기 위함이다.

◉ **疏** ◉

後勝進中에 是護小乘行이라 小乘은 不求種智일세 不欲廣知故로 十

中에 初三은 是作佛事處니 衆生은 是所度며 法界는 是能度며 世界는 是度處니라【鈔_ '二勝進'者는 此皆十地論立이니 下當廣釋이라 大意云'觀無常等하야 煩惱不生은 名護煩惱行이니 不同凡夫며 觀察諸界하야 破邪顯正하야 不墮小乘은 名護小乘行이라】

뒤의 수승하게 닦아나가는 가운데, 이는 소승의 행을 가리고 보호함이다. 소승은 일체종지를 구하지 않은 까닭에 널리 알고자 하지 않는다. 이 때문에 10가지의 법 가운데 앞의 3가지 법은 佛事를 짓는 공간이다. 중생은 제도할 대상이며, 법계는 제도할 주체이며, 세계는 제도할 곳이다.【초_ "뒤의 수승하게 닦아나가는" 것이란 모두 십지론에 근거를 두고 정립된 논지이다. 아래의 해당 부분에서 자세히 해석하겠다. 대의는 다음과 같다.

"무상 등을 관조하여 번뇌가 일어나지 않음은 번뇌행을 가리고 보호함이라 명명한다. 이는 범부와는 다른 것이다. 모든 세계를 관조하여 삿된 가르침을 타파하고 바른 도를 나타내어 소승에 떨어지지 않도록 함은 소승행을 가리고 보호함이라 명명한다."】

次四界는 是起見處니 外道는 計大하야 爲諸法本하고 小乘은 計大하야 爲諸色因하고 又成身之體니라【鈔_ '次四界'者는 總標也라 '外道計大爲諸法本'者는 外道는 有計地爲物本이니 依地生故며 或事於水니 水能淨故며 或事於火니 火能熟故며 或事於風이니 風成壞故니 廣如別說이라

小乘計者는 地水火風은 卽是能造며 色香味觸으로 以爲所造니 色香非一일세 已名爲諸온 況若形若顯과 五境五根에 諸色非一가 皆大所

造也라 如薩婆多宗하야 此說總造어니와 若楞伽第二에 '大慧여 說四大種이 云何造色가 謂津潤妄想大種은 生內外水界하고 堪能妄想大種은 生內外火界하고 飄動妄想大種은 生內外風界하고 斷截色妄想大種은 生內外地界라'하니라

彼疏에 解云謂見有津潤妄想大種이 熏成種子할세 從此種子而生內外水界니 餘三例然이라 但加經'見有'字耳라 然火能成熟이라 故曰堪能이며 地有形段과 及體堅住로되 而可斷截이라 故云斷截이라하니라

疏言'又成身之體'者는 淨名云'四大合故로 假名爲身이라 四大無主일세 身亦無我等이라하니라】

다음 地·水·火·風 四界는 견해가 일어나는 곳이다. 외도는 四大를 계교하여 모든 법의 근본을 삼고, 소승은 사대를 계교하여 모든 色因을 삼으며, 또한 몸을 형성해주는 본체라고 말한다.【초_ "다음 地·水·火·風 四界"는 총체로 밝힘이다.

"외도는 四大를 계교하여 모든 법의 근본을 삼는다."는 것은 외도는 땅이란 만물의 근본이 된다고 생각하고, 땅에 의지하여 견해를 일으키기 때문이다. 혹은 물을 섬기니 물이란 모든 것을 청정하게 만들어주기 때문이며, 혹은 불을 섬기니 불이란 모든 것을 익혀주기 때문이며, 혹은 바람을 섬기니 바람이란 이뤄주고 무너뜨리기 때문이다. 개별의 설명에서 자세히 말한 바와 같다.

"소승은 사대를 계교함"이란 지·수·화·풍은 곧 조화의 주체이며, 色·香·味·觸은 조화의 대상을 삼는다. 色·香 등이 하나가 아니기에 이처럼 '모든[諸]' 것이라고 말한 것인데, 하물며 이와 같은

형체, 이와 같은 현상, 五鏡[7]과 五根에 모든 色이 하나가 아닌 것이야! 이는 모두 四大에 의해 만들어진 것이다.

薩婆多宗[8]에서 말한 것처럼 이는 총체의 조성으로 말했지만, 능가경 제2에서는 다음과 같이 말하고 있다.

"大慧보살이여, 四大의 종자가 어떻게 色을 만들어내는가?"

"津潤妄想의 큰 종자는 내외의 水界를, 堪能妄想의 큰 종자는 내외의 火界를, 飄動妄想의 큰 종자는 내외의 風界를, 斷截妄想의 큰 종자는 내외의 地界와 色 및 허공을 만들어내는 것이다. 이런 종자들이 함께 삿된 진리[邪諦]를 헤아리고 집착함에 五陰이 모여들어 사대가 色身을 만들어내는 것이다."

그 주석의 해석에 의하면 "津潤妄想의 큰 종자가 종자를 훈습하여 성취시켜나가는 것을 볼 수 있다. 이런 종자로부터 내외의 水界가 만들어져 나오는 것이다. 나머지 3가지 또한 이런 예와 같다."고 하였다. 단 경문에 '… 있음을 볼 수 있다[見有].'는 글자를 더하였다. 그러나 불이란 모든 것을 성숙시키고 익혀주기에 이를 '堪能'이라 하며, 땅은 形段 및 본체가 견고하게 머물러 있으나 끊겨져 있기에 이를 '斷截'이라 한다.

註疏에서 "또한 몸을 형성해주는 본체[又成身之體]"라고 말한 것

....

7 五鏡: 5가지의 지혜를 비유하는 말. 동쪽에는 大圓鏡智, 남쪽에는 平等成智, 서방에는 妙觀察智, 북방에는 成所作智, 중간에는 方便究竟智이다.

8 薩婆多宗: 大番国 大德三藏法師沙門이 5가지의 법을 甘州 修多寺 道場에서 완성한 것으로, ① 色法, ② 心法, ③ 心所有法, ④ 心不相應行法, ⑤ 無爲法이다.

은 유마경에 이르기를 "사대가 합해진 까닭에 몸이 만들어진다. 假名이지만 사대는 주체가 없는 까닭에 몸 또한 無我 등이라 한다."고 하였다.】

後三界는 是繫縛處어늘 云何觀耶아 一은 觀其相하야 委細而知며 二는 觀其性이 甚深平等이라 三徵意에 云但總觀無常이언정 何用廣知아하니 釋意에 云觀空不礙하야 廣有知見하야 性相兼了하야 法智增明故니라

뒤의 욕계·색계·무색계는 구속하는 곳인데 이를 어떻게 살펴보는가?

(1) 그 모습을 살펴서 자세히 앎이며,

(2) 그 본성이 매우 심오하여 평등함을 살펴보는 것이다.

(3) 물음의 뜻으로 "단 총체로 無常을 볼지언정 어떻게 널리 알 수 있겠는가?"라고 하니, 이에 대한 해석의 뜻으로 "空을 관조하여 걸림이 없어 널리 지견을 가지고서 본체와 현상의 性相을 모두 깨달아 법의 지혜가 더욱 밝기 때문이다."라고 하였다.

第四 生貴住

제4 생귀주

經

佛子여 **云何爲菩薩生貴住**오 **此菩薩**이 **從聖教中生**하야 **成就十法**하나니

何者가 **爲十**고 **所謂永不退轉**과 **於諸佛所**에 **深生淨信**과 **善觀察法**과 **了知衆生**과 **國土**와 **世界**와 **業行**과 **果報**와 **生死**와 **涅槃**이니 **是爲十**이니라

불자여, 어떤 것을 보살의 생귀주라 하는가?

이 지위에 머문 보살이 성인의 교법으로부터 태어나 열 가지의 법을 성취한 것이다.

무엇이 열 가지의 법인가?

이른바 영원히 퇴전하지 아니하며,

모든 부처님이 계신 도량에 청정한 신심을 내며,

법을 잘 관찰하며,

중생과 국토와 세계와 업의 행[業行]과 과보와 생사와 열반을 잘 아는 것이다.

이것이 열 가지의 법이다.

◉ **疏** ◉

自分中에 有五니 謂釋名·標·徵·列·結也라

'從聖教生'者는 謂多聞熏習과 等流無漏教法이 生其智故니라 又下偈에 云'佛子여 於法如是觀하야 從佛親生名佛子'라하니 此는 約能說人也며 又偈云'了達諸有無所有면 超過彼法生法界'라하니 此는 約理也라 上三義는 皆能生이니 後一義는 兼顯所生之處라 又能說·所說과 能詮·所詮으로 成此三異니 從此三生이라 竝可尊貴니라【鈔_ '又能說'下는 辨三名所以니 三事 成於兩重能所라 佛爲能說이오 教及法

界는 皆是所說이며 教爲能詮이오 法界所詮이니 要具此三이라야 生義方足이라 故前後互出이라 '從此三生'下는 結成生貴之名이라】

해당 생귀주 부분에는 5가지가 있다.

명제의 해석, 총체로 밝힘, 물음, 10가지 법의 나열, 끝맺음을 말한다.

"성인의 교법으로부터 태어났다."는 것은 多聞의 훈습과 等流無漏의 教法이 그 지혜를 내어주기 때문이다. 또 아래의 게송에 이르기를 "불자여, 법을 이와 같이 보고서 부처님으로부터 몸소 태어남을 '佛子'라 말한다."고 하니 이는 설법의 주체가 되는 사람으로 말함이며, 또 다른 게송에 이르기를 "모든 존재는 진정 있는 게 없다는 것을 알면 그 법을 벗어나 법계에 태어난다."고 하니 이는 이치로 말한 것이다.

위에서 말한 3가지의 의의, 즉 다문의 훈습, 등류무루의 교법, 법을 이와 같이 봄이란 모두 태어나게 만들어주는 주체이다. 뒤의 "그 법을 벗어나 법계에 태어난다."는 것은 태어날 대상의 공간을 겸하여 밝힌 것이다. 또한 설법의 주체와 그 대상[能說所說], 그리고 진리의 주체와 그 대상[能詮所詮]으로 이와 같은 3가지 차이점을 만들어낸다. 이런 3가지의 일에 의해 태어나기에 아울러 존귀한 보살이 되는 것이다. 【초_ "또한 설법의 주체와 그 대상[能說所說]" 이하는 3가지의 명제가 이뤄진 그 까닭을 논변한 것이다. 3가지의 일이란 3가지의 일이 2중의 주체와 대상[能所]을 형성하였다. 부처님은 설법의 주체이고 教法 및 법계는 모두 설법의 대상이며, 교법은 진리의 주체이고 법계는 진리의 대상이다. 이 3가지를 갖추어야 태어나게 되는 의의가 비로소 구족한 까닭에 전후하여 서로 말한 것이다.

'從此三生' 이하는 生貴의 명제를 끝맺음이다.】

列中十事는 同四地十種法智로되 但有開合耳라 旣從聖教生이라 成就四智教化衆生하나니

一은 自住處智니 不退轉故며 亦所生也니라

二는 同敬智니 於佛淨信故며 亦能生也니라

三은 眞如智니 善觀察法故며 亦所生處也니 法은 卽法界니라

四는 分別所說智니 卽餘七句니 謂了衆生空有와 佛土權實과 世界染淨과 行業善惡과 果報苦樂과 二種生死와 四種涅槃이니 具如常釋이라【鈔_ '列中十事'者는 然三賢은 如次 似於十地로되 就中에 十住相似最多니 以入初賢에 如地修故니 初住는 似初地하고 二住는 似二地하고 乃至十住는 似十地라 故疏多引地文釋住니라】

10가지 일을 나열함은 제4 焰慧地에서 말한 10가지 법의 지혜[十種法智]와 같으나, 단 이를 나누고 종합하는 차이가 있다. 이미 성인의 가르침을 따라 생겨난 것이라, 4가지 지혜를 성취하여 중생을 교화하는 것이다.

(1) 自住處智, 뒤로 물러서거나 돌아가지 않기 때문이며, 또한 발생의 대상이다.

(2) 同敬智, 부처님에 대해 청정한 신심 때문이며, 또한 발생의 주체이다.

⑶ 眞如智, 법을 잘 관찰하기 때문이며, 또한 발생의 대상이 되는 곳이다. 법은 곧 법계이다.

⑷ 分別所說智, 나머지 7구를 말한다. 중생의 空과 有, 佛刹의 權과 實, 세계의 染과 淨, 행업의 선과 악, 과보의 苦와 樂, 2가지의 생사와 4가지의 열반을 깨달아 아는 것을 말한다. 구체적으로 일반적인 해석과 같다. 【초_ "10가지 일을 나열함"이란, 그러나 三賢은 그 차례가 십지와 같지만 그 가운데에는 십주와 서로 닮은 부분이 가장 많다. 십주 보살의 初賢 지위에 들어가면 十地와 같이 닮은 까닭이다. 따라서 初住는 初地와 같고 二住는 二地와 같으며, 내지 십주는 십지와 같다. 이런 이유로 청량소에서는 많은 부분에 십지의 문장을 인용하여 십주를 해석하였다.】

經

佛子여 **此菩薩**이 **應勸學十法**이니
何者가 **爲十**고
所謂了知過去와 **未來**와 **現在**의 **一切佛法**하며 **修集過去**와 **未來**와 **現在**의 **一切佛法**하며 **圓滿過去**와 **未來**와 **現在**의 **一切佛法**하며 **了知一切諸佛平等**이니라
何以故오 **欲令增進**하야 **於三世中**에 **心得平等**하고 **有所聞法**에 **卽自開解**하야 **不由他敎故**니라

불자여, 이 지위에 머문 보살이 마땅히 중생에게 열 가지의 법을 배우도록 권해야 할 것이다.

무엇이 열 가지의 법인가?

이른바 과거와 미래와 현재의 모든 부처님 법을 분명히 알며,

과거와 미래와 현재의 모든 부처님 법을 닦아 모으며,

과거와 미래와 현재의 모든 부처님 법을 원만하게 하며,

온갖 부처님들의 평등함을 분명하게 아는 것이다.

무슨 까닭인가? 그들로 하여금 더욱 나아가 삼세 가운데서 마음이 평등하게 하려 함이며, 들었던 법을 스스로 이해하여 더 이상 다른 이의 가르침을 따르지 않도록 하기 위함이다.

◉ 疏 ◉

後十勝進에 初三은 解了니 通於教理行果며 次三은 修集行法이며 次三은 誓當滿果며 後一은 別了理法이니라

後는 徵釋이니 意欲進後位하야 眞俗平等故니 徧觀三世不殊라야 方知平等故니라

뒤의 10가지를 수승하게 닦아나가도록 하는 데에 첫 부분의 과거, 현재, 미래 3가지는 삼세에 대해 이해하고 아는 것으로 教理와 行果에 통하는 말이며, 다음 삼세의 3가지는 행법을 닦고 모으는 것이며, 다음 3가지는 맹세코 果를 원만케 함이며, 뒤의 일체 제불과의 평등이란 이치와 법을 개별로 깨달음이다.

뒤 단락의 문장은 묻고 해석한 부분이다. 그 뜻은 뒤의 지위에 나아가 眞俗을 평등하게 하고자 하며, 삼세가 다르지 않음을 두루 살펴보아야만 비로소 평등함을 알기 때문이다.

第五 具足方便住

제5 구족방편주

經

佛子여 云何爲菩薩具足方便住오
此菩薩의 所修善根이
皆爲救護一切衆生하며
饒益一切衆生하며
安樂一切衆生하며
哀愍一切衆生하며
度脫一切衆生하며
令一切衆生으로 離諸災難하며
令一切衆生으로 出生死苦하며
令一切衆生으로 發生淨信하며
令一切衆生으로 悉得調伏하며
令一切衆生으로 咸證涅槃이니라

불자여, 어떤 것을 보살의 구족방편주라 하는가?
이 지위에 머문 보살이 닦는 선근은
모두 일체중생을 구호하며,
일체중생을 이롭게 하며,
일체중생을 안락케 하며,

일체중생을 가엾이 여기며,

일체중생을 제도하여 해탈케 하며,

일체중생을 모든 재난을 여의게 하며,

일체중생을 생사하는 고통에서 벗어나게 하며,

일체중생을 청정한 신심을 내게 하며,

일체중생을 조복하게 하며,

일체중생을 열반을 증득케 하고자 한 때문이다.

◉ 疏 ◉

自分十心은 亦是方便也며 勝進十心은 亦具足也라

今自分中에 卽第二住에 發起此心일세 今以所修善根으로 正向所爲니 例前解釋이면 文竝可見이어니와 今別爲一勢니 謂初是總句니 救苦護善故니라

云何護善고 一은 授與樂因이니 如經饒益故니라

二는 令得樂果니 謂安樂故오

三은 哀愍妄樂하야 不令著故오

四는 云何救苦오 度一切苦하야 得解脫故니라

何者是苦오 苦有二種하니 一은 三災八難이오 二는 二種生死니라

云何得離오 一은 教生淨信이오 二는 由淨信故로 授以三學하야 令諸根煩惱로 皆得調伏이니라

云何得樂고 謂咸證涅槃하야 究竟滅苦 是眞常樂이니 初句九字 流至於此니라【鈔_ '初句九字'等者는 謂句句에 皆有'此菩薩所修善根

皆爲字니라】

해당 방편구족주 부분의 10가지 마음도 이와 같은 방편이며, 수승하게 닦아나가는 마음 또한 구족이다.

해당 방편구족주의 부분은 곧 제2 治地住에서 이런 마음을 일으키기 때문에 여기에서는 닦아야 할 바의 선근으로 해야 할 바를 바로 향하는 것이다. 앞의 해석에 따르면 문장은 아울러 설명하지 않아도 알 수 있지만 여기에서는 별개로 하나의 문맥을 이루고 있다. 첫 구절(救護一切衆生)은 총체의 구절로서 괴로움을 구제하고 선을 보호해주기 때문이다.

어떻게 선을 보호해주는가?

⑴ 즐거움의 원인을 주는 것이다. 경문에서 말한 饒益과 같기 때문이다.

⑵ 일체중생으로 하여금 즐거움의 果를 얻도록 함이니 안락한 때문이다.

⑶ 허망한 쾌락을 불쌍히 여겨 그들로 하여금 집착하지 않도록 하기 때문이다.

⑷ 어떻게 괴로움에서 구제해주는가? 모든 고통을 제도하여 해탈을 얻도록 하기 때문이다.

어떤 것이 괴로움인가? 괴로움에는 2가지가 있다.

첫째⑸는 三災八難이며,

둘째⑹는 分段生死와 變易生死이다.

어떻게 이런 고통을 여읠 수 있는가?

첫째(7)는 일체중생으로 하여금 청정한 신심을 내도록 함이며,

둘째(8)는 청정한 신심에서 연유한 까닭에 戒定慧 三學으로 전수하여 육근의 번뇌를 모두 調伏 받은 때문이다.

어떻게 즐거움을 얻는가?

(9) 모두 열반을 증득하여 究竟에 괴로움을 없애는 것이 眞常의 즐거움이다.

첫 구절의 '9글자'가 여기에까지 줄곧 흘러내려오고 있다. 【초_ "첫 구절의 9글자" 등은 나머지 9구절 모두 '此菩薩所修善根皆爲' 글자가 있는 셈이다.】

經

佛子여 **此菩薩**이 **應勸學十法**이니

何者가 **爲十**고

所謂知衆生無邊과 **知衆生無量**과 **知衆生無數**와 **知衆生不思議**와 **知衆生無量色**과 **知衆生不可量**과 **知衆生空**과 **知衆生無所作**과 **知衆生無所有**와 **知衆生無自性**이니라

何以故오 **欲令其心**으로 **轉復增勝**하야 **無所染著**하고 **有所聞法**에 **即自開解**하야 **不由他教故**니라

불자여, 이 지위에 머문 보살이 마땅히 중생에게 열 가지의 법을 배우도록 권해야 할 것이다.

무엇이 열 가지의 법인가?

이른바 중생의 끝없음을 알며,

중생의 한량없음을 알며,

중생의 수가 없음을 알며,

중생의 불가사의함을 알며,

중생의 한량없는 몸을 알며,

중생의 헤아릴 수 없음을 알며,

중생의 공함을 알며,

중생의 작위가 없음을 알며,

중생의 있는 바 없음을 알며,

중생의 제 성품 없음을 아는 것이다.

무슨 까닭인가? 그 마음이 더욱더 수승하여 물들지 않도록 하며, 들었던 법을 스스로 이해하여 더 이상 다른 이의 가르침을 따르지 않도록 하기 위함이다.

◉ 疏 ◉

後勝進中에 前六은 義含深廣이며 後四는 唯顯甚深이라

云何廣耶아 一은 無涯畔이며 二는 無分限이며 三은 離算數며 四는 言思莫儔며 五는 色類非一이며 六은 非稱量盡이라

所言深者는 無邊이니 謂非有·非無와 非斷·非常故며

無量者는 常一刹那라 無長短故며

無數者는 非一非異라 不墮數故며

不思議者는 即妄即眞이라 言語道斷이오 心行處滅故며

無量色者는 頓現身器故며

不可量者는 出二量故니라

後四中에 七은 爲總句니 人法空故어늘 此云何空고

八은 約能成이니 非是自他 共所作故며

九는 約所成이니 內外推尋이라도 無所有故며

十無自性은 釋成上義니 無性故空이며 無性故로 誰能作고 無性故로 無所有니 非斷無也니라

又七·八·九는 是三脫門이라【鈔_ '頓現身器'者는 前約廣釋에 直語色類之多라 故云非一이어니와 今約深釋이면 藏識이 頓變根身器世間이라 故爲甚深이니라

出二量者는 現量·比量으로 不能量故며 又過'量·無量故니라

'非是自他'者는 中論苦品에 云'自作及他作과 共作無因作으로 如是說諸苦면 於果則不然이라'하니 自他等義는 下當廣說호리라】

다음의 수승하게 닦아나가는 가운데, 앞의 6가지는 그 의의가 심오하고도 광대함을 포함하였고, 뒤의 4가지는 오직 지극히 심오함을 밝혔을 뿐이다.

어떻게 광대한 것일까?

(1) 끝자락이 없으며,

(2) 구분과 한계가 없으며,

(3) 계산을 벗어나며,

(4) 언어와 생각으로 그 어디에 짝할 수 없으며,

(5) 색상의 유가 한 가지가 아니며,

(6) 稱量으로 다할 수 있는 게 아니다.

심오하다고 말한 것은 끝자락이 없음[無邊]이니 있는 것도, 없는 것도, 끊어진 것도, 영원한 것도 아님을 말한 때문이며,

구분과 한계가 없다[無量]는 것은 언제나 한 찰나의 순간이라, 길고 짧은 게 없기 때문이며,

계산을 벗어남[無數]이란 하나로 똑같은 것도 아니며 차이가 있는 것도 아니다. 숫자에 떨어지지 않기 때문이며,

언어와 생각으로 그 어디에 짝할 수 없다[不思議]는 것은 허망한 것과도 하나이고 진리와도 하나이다. 언어를 붙일 수 없는, 마음의 의식분별이 끊어졌기 때문이며,

색상의 유가 한 가지가 아니다[無量色]는 것은 根身과 器世間이 한꺼번에 나타났기 때문이며,

稱量으로 다할 수 없다[不可量]는 것은 現量과 比量을 벗어났기 때문이다.

뒤의 4가지 가운데, (7) 空이란 총체로 말한 구절이다. 人空·法空 때문인데, 여기에서 말한 것은 무슨 공일까?

(8) 無所作이란 성취의 주체로 말함이니 이는 나와 남이 함께할 수 있는 일이 아니기 때문이며,

(9) 無所有란 성취의 대상으로 말함이니 안팎으로 찾아봐도 있는 바가 없기 때문이며,

(10) 無自性이란 위의 의의를 해석하여 끝맺은 것이다. 이는 자성이 없기 때문에 空이며, 자성이 없기 때문에 그 누가 만들어내는 자가 있겠는가. 자성이 없기 때문에 있는 바가 없다는 것이지, 절

대 없다는 뜻은 아니다.

또한 (7) 空, (8) 無所作, (9) 無所有는 3가지의 해탈법문이다. 【초_ "根身과 器世間이 한꺼번에 나타났다."는 것은, 앞에서는 광대하다는 측면에서 해석한 까닭에 바로 색상의 유가 많은 것을 말하였기 때문에 "한 가지가 아니다."고 말했지만, 여기에서는 심오한 측면에서 해석한 까닭에 如來藏識이 根身과 器世間을 한꺼번에 나타나게 만든 까닭에 지극히 심오하다고 말한 것이다.

'出二量'이란 現量과 比量으로 이를 헤아리지 못한 때문이며, 또 限量과 無量에서 벗어난 때문이다.

'非是自他'란 中論 苦品에 이르기를 "自作 및 他作, 共作과 無因作으로 이와 같은 모든 고통을 말한다면 果엔 곧 그렇지 않다."고 하였다. 자타 등의 의의는 아래의 해당 부분에서 자세히 설명하겠다.】

二는 徵釋이라 意云雙明深廣하야 性相交徹이라 則轉復增勝이며 形奪兩亡에 皆無染著하야 成般若故니라

뒤의 둘째 단락은 묻고 해석함이다. 그 뜻은 "심오하고도 광대함을 모두 밝혀 근본 진리와 현상 세계를 모두 통하여 곧 전전하여 더욱 수승함이며, 전체의 모습을 빼앗아 모두 사라짐에 전혀 오염됨이 없어 반야를 성취하기 때문이다."고 한다.

第六 正心住

제6 정심주

經

佛子여 云何爲菩薩正心住오 此菩薩이 聞十種法하고 心定不動하나니

何者가 爲十고

所謂聞讚佛毁佛하고 於佛法中에 心定不動하며

聞讚法毁法하고 於佛法中에 心定不動하며

聞讚菩薩·毁菩薩하고 於佛法中에 心定不動하며

聞讚菩薩·毁菩薩所行法하고 於佛法中에 心定不動하며

聞說衆生의 有量·無量하고 於佛法中에 心定不動하며

聞說衆生의 有垢·無垢하고 於佛法中에 心定不動하며

聞說衆生의 易度·難度하고 於佛法中에 心定不動하며

聞說法界의 有量·無量하고 於佛法中에 心定不動하며

聞說法界의 有成·有壞하고 於佛法中에 心定不動하며

聞說法界의 若有·若無하고 於佛法中에 心定不動하니

是爲十이니라

불자여, 어떤 것을 보살의 정심주라 하는가?

이 지위에 머문 보살이 열 가지의 법을 듣고 믿음을 결정하여 흔들리지 않는 것이다.

무엇이 열 가지의 법인가?

이른바 부처님을 찬탄하거나 부처님을 훼방하는 말을 듣고서도 불법 가운데 마음이 결정되어 흔들리지 않으며,

법을 찬탄하거나 법을 훼방하는 말을 듣고서도 불법 가운데 마

음이 결정되어 흔들리지 않으며,

보살을 찬탄하거나 보살을 훼방하는 말을 듣고서도 불법 가운데 마음이 결정되어 흔들리지 않으며,

보살의 행하는 법을 찬탄하거나 훼방하는 말을 듣고서도 불법 가운데 마음이 결정되어 흔들리지 않으며,

중생이 한량 있다거나 한량없다는 말을 듣고서도 불법 가운데 마음이 결정되어 흔들리지 않으며,

중생이 때가 있다거나 때가 없다는 말을 듣고서도 불법 가운데 마음이 결정되어 흔들리지 않으며,

중생이 제도하기 쉽다거나 제도하기 어렵다는 말을 듣고서도 불법 가운데 마음이 결정되어 흔들리지 않으며,

법계가 한량 있다거나 한량없다는 말을 듣고서도 불법 가운데 마음이 결정되어 흔들리지 않으며,

법계가 이뤄지기도 하고 무너지기도 한다는 말을 듣고서도 불법 가운데 마음이 결정되어 흔들리지 않으며,

법계가 있다거나 없다는 말을 듣고서도 불법 가운데 마음이 결정되어 흔들리지 않는다.

이것이 열 가지의 법이다.

◉ **疏** ◉

初自分內에 由成就般若하야 了法性相이라 故皆不動을 名爲正心이라 初四는 約所敬三寶니 由了法平等하야 聲如谷響이라 故於讚毀에 不

生欣慼이며 又在執應毁오 就理應讚故니라 故商主天子經에 云'無有不毁語言而能至其解脫中故라'하니라【鈔_ '又在執應毁'者는 上約不取聲相이라 而毁爲非어니와 今明合毁니 毁卻順理라】

앞의 해당 정심주 부분 내에서 반야를 성취함으로 연유하여 법의 性相을 알기 때문에 모두 흔들림이 없는 그 이름을 '정심주'라 한다.

앞의 4가지는 존경의 대상이 되는 삼보로 말한 것이다. 법이 평등한 줄을 앎으로 연유하여 마치 산골짜기에 울려 나오는 소리와 같기 때문에 찬탄과 훼방하는 말에 기뻐하거나 슬퍼하는 마음을 일으키지 않는다.

또한 집착하는 마음이 있으면 당연히 훼방하는 말을 하고, 이치의 자리에서는 당연히 찬탄하기 때문이다. 그러므로 상주천자경에서 이르기를 "잘못된 말들을 잘못되었다고 훼방하지 않고서 그 해탈에 이른 자가 없기 때문이다."고 하였다. 【초_ "집착하는 마음이 있으면 당연히 훼방하는 말을 한다."는 것은, 위에서는 말소리의 양상을 취하지 않은 까닭에 훼방하는 말을 잘못되었다고 말했지만, 여기에서는 당연히 잘못되었다고 훼방하는 말을 해야 함을 밝힌 것이다. 이처럼 잘못을 훼방하는 것은 도리어 진리를 따른 것이기 때문이다.】

次三은 約所愍衆生이라 有量無量은 是斷常邊이니 菩薩不墮오 有垢無垢는 是增減邊이니 菩薩遠離오 易度難度는 是苦樂邊이니 菩薩不住니라 又有垢者難이오 無垢者易며 又亦反此하야 以不發心이면 不知

垢故로 名之爲無니라【鈔_ 有量無量者는 畧有二義니 一은 約竪論이니 衆生當盡하야 不有衆生이라 故名爲斷이오 若常爲衆生이면 卽墮於常이라 二者는 橫論이니 衆生無邊이면 卽墮於常이니 定有著常故며 若旁有邊涯면 卽墮於斷이니 旁更無故로 定無則斷이라 有垢則衆生界增이오 無垢則衆生界減이며 難度則菩薩勤苦오 易度則生安樂이라 又難度는 常受苦오 易度는 得安樂也라 以不發心者는 是不知垢者難度인댄 則顯已發心者는 則知有垢라 故易度也니 如暗室中塵을 若有隙光이면 則知有塵이어니와 無光之處엔 不見於塵이라】

다음 3가지는 가엾이 여길 대상으로서의 중생을 들어 말한 것이다.

중생이 한량 있다거나 한량없다는 것은 斷常邊이다. 보살은 여기에 떨어지지 않는다.

중생이 때가 있다거나 때가 없다는 것은 增減邊이다. 보살은 이를 멀리 여읜다.

중생이 제도하기 쉽다거나 제도하기 어렵다는 것은 苦樂邊이다. 보살은 여기에 머물지 않는다.

또한 때가 있는 자는 제도하기 어렵고 때가 없는 자는 제도하기 쉬우며, 또한 이와는 반대로 발심하지 않으면 때 그 자체를 알지 못한 까닭에 그 이름을 '無'라고도 말한다. 【초_ "중생이 한량 있다거나 한량없다."는 것은 간단하게 말하면 2가지의 뜻이 있다.

① 시간의 종적으로 말한 것이다. 중생이 마땅히 다하여 중생이 있지 않다고 말한 까닭에 그 이름을 斷이라 하고, 만일 영원히

중생이라고 말하면 그것은 常에 떨어진 것이다.

② 공간의 횡적으로 말한 것이다. 중생이 끝이 없다고 말하면 그것은 곧 常에 떨어진 것이다. 有를 결정적으로 인정하여 常에 집착한 때문이다. 만일 사방으로 끝자락이 있다고 말하면 그것은 곧 斷에 떨어진 것이다. 사방이란 다시없기 때문에 無를 결정적으로 인정하면 그것은 斷이기 때문이다.

오염의 때가 있으면 중생계가 더하고 때가 없으면 중생계가 줄어들며, 중생을 제도하기 어려우면 보살이 힘들고 제도하기 쉬우면 보살이 편안하다. 또 제도하기 어려우면 언제나 고통을 받고 제도하기 쉬우면 안락을 얻는다.

"반대로 발심하지 않으면"이란 오염의 때를 알지 못하는 자는 제도하기 어렵다면 그것은 곧 이미 발심한 자는 오염의 때가 있음을 알기 때문에 제도하기 쉬움을 밝힌 것이다. 어둠 속의 방 안에 가득한 먼지를 만일 틈새의 햇살이 비치게 되면 바로 먼지가 있는 줄을 알겠지만 햇살이 비치지 않는 곳에서는 먼지를 보지 못하는 것과 같다.】

後三은 約所知法界라 有量無量은 亦是斷常이며 餘二는 增減이니 已得正心이라 故皆不動이라【鈔_ '法界有量'者는 有量故斷이오 無量故常이며 有成은 卽增이오 有壞는 卽減이며 若有는 卽增이오 若無는 卽減이라】

뒤의 3가지는 알아야 할 대상으로서의 법계를 들어 말한 것이다. 법계가 한량 있다거나 한량없다는 것 또한 斷常邊이다. 나머지 2가지는 增減邊이다. 이미 正心을 얻었기에 모두 흔들리지 않는다. 【초_ "법계가 한량 있다."는 것은 한량 있기 때문에 斷이고, 한량없기 때문에 常이다. 법계가 이뤄짐이 있는 것은 增이고, 무너짐이 있는 것은 減이며, 법계가 있다는 것은 增이고, 없다는 것은 減이다.】

又約衆生인댄 大悲大願이 無限量故며 了法界性이 超量非量故며 知法界相이 緣成世界하야 說有成壞나 非成壞故며 體有相無와 體無相有에 皆自在故온 況竝音聲性離어니 何足動哉아 【鈔_ '又約衆生'者는 上量無量等은 皆悉是過니 但以般若로 正知不動이어니와 今明有量無量等이 各有所以라 故皆不動이니 悲願無限하야 成其無量耳라

了法界性은 雙成上二라 故下經에 云法界非有量이오 亦復非無量이라 牟尼悉超越 有量及無量이라하니 旣能超越이라 故心不動이니라

'知法界相'下는 釋有成壞니 緣成故有成이오 緣離故有壞며 緣成故無成이오 緣壞故無壞니라

'體有相無'下는 釋若有若無니 體有는 是圓成之有오 相無는 是緣成之無며 體無相有는 則圓成之體 無自性故며 緣成之相이 不壞相故니 則二體不同하야 實體則有나 妄體則無니라

若約眞俗二義하야 別說體有相無는 是眞如上二義며 體無相有는 是緣成上二義며 又體有體無는 皆是眞如上義며 相有相無는 皆緣起上二義니 思之可知니라

上皆出所以라 故不動이며 '況竝'下는 約觀心故不動이라】

또한 중생으로 말하면 대비대원이 한량없기 때문이며,

법계의 자성이 한량 있는 것과 한량할 수 없는 것을 초월했다

는 것을 알기 때문이며,

법계의 모습이 세계를 반연으로 이루어 이뤄짐과 무너짐이 있다고 말하지만 이뤄짐과 무너짐이 아님을 알기 때문이며,

본체가 있고 모습이 없음과 본체가 없고 모습이 있는 데 모두 자재하기 때문이다. 하물며 아울러 音聲 자체를 여읜 자리인데, 어찌 흔들림이 있겠는가. 【초_ "또한 중생으로 말하면"이란 한량이 있다와 한량이 없다는 등은 모두 잘못이다. 단 반야지혜로써 바른 지혜가 흔들리지 않도록 할 수 있지만, 여기에서는 한량이 있다, 한량이 없다는 등이 각각 그에 따른 이유가 있기 때문에 모두 흔들리지 않음을 밝힌 것이다. 이는 大悲大願이 한량없어 그 한량없음을 성취하였기 때문이다.

법계의 자성을 안다는 것은 위에서 말한 "한량 있는 것과 한량할 수 없는 것" 2가지를 모두 끝맺음이다. 이 때문에 아래의 경문에서 이르기를 "법계는 한량이 있는 것도 아니며, 또한 한량이 없는 것도 아니다. 석가모니불은 한량이 있는 것과 한량이 없는 것을 초월했다고 한다."고 하니 이처럼 초월한 까닭에 마음이 흔들리지 않는다.

"법계의 모습이 세계를" 이하는 이뤄지고 무너짐이 있음을 해석한 부분이다. 반연에 따라 이뤄진 까닭에 이뤄짐이 있고 반연이 떠난 까닭에 무너짐이 있으며, 반연으로 이뤄진 까닭에 이뤄짐이 없고 반연이 무너진 까닭에 무너짐이 없다.

"본체가 있고 모습이 없다." 이하는 법계가 있고 없음을 해석

한 부분이다. 본체가 있다는 것은 圓成實性의 有이며, 모습이 없다는 것은 반연으로 이뤄진 無이다. 본체가 없고 모습이 있다는 것은 원성실성의 본체란 그 자성 자체가 없기 때문이며, 반연으로 이뤄진 현상이 그 모습을 무너뜨리지 않기 때문이다. 곧 2가지의 본체가 똑같지 아니하여 實體는 有라 하지만 妄體는 곧 無이다.

만일 眞諦·俗諦 2가지의 의의를 가지고서 별개로 말한다면 "본체가 있고 모습이 없다."는 것은 眞如 측면의 2가지 의의이며, "본체가 없고 모습이 있다."는 것은 緣成 측면의 2가지 의의이다. 또한 '본체가 있다.' '본체가 없다.'는 모두 眞如 측면에서 말한 의의이며, '모습이 있다.' '모습이 없다.'는 모두 緣起 측면에서 말한 2가지의 의의이다. 이에 대해 생각해보면 설명하지 않아도 알 수 있다.

위에서는 그 이유를 모두 밝힌 까닭에 흔들림이 없다고 하였고, '況并' 이하는 觀心으로 말한 까닭에 흔들림이 없다.】

經

佛子여 **此菩薩**이 **應勸學十法**이니

何者가 **爲十**고

所謂一切法無相과 **一切法無體**와 **一切法不可修**와 **一切法無所有**와 **一切法無眞實**과 **一切法空**과 **一切法無性**과 **一切法如幻**과 **一切法如夢**과 **一切法無分別**이니라

何以故오 **欲令其心**으로 **轉復增進**하야 **得不退轉無生法忍**하고 **有所聞法**에 **卽自開解**하야 **不由他敎故**니라

불자여, 이 지위에 머문 보살이 마땅히 중생에게 열 가지의 법을 배우도록 권해야 할 것이다.

무엇이 열 가지의 법인가?

이른바 모든 법이 모양이 없고,

모든 법이 자체가 없고,

모든 법이 닦을 수 없고,

모든 법이 있는 게 없고,

모든 법이 진실하지 않고,

모든 법이 공하고,

모든 법이 성품이 없고,

모든 법이 요술과 같고,

모든 법이 꿈과 같고,

모든 법이 분별이 없다.

무엇 때문인가? 그 마음으로 하여금 더욱 증진하여 뒤로 물러서지 않는 무생법인(無生法忍)을 얻도록 하려는 것이며, 들었던 법을 스스로 이해하여 더 이상 다른 이의 가르침을 따르지 않도록 하기 위함이다.

◉ 疏 ◉

後十勝進中에 然勸學者는 通聞·思·修니 偈云'聽聞'이 乃一義耳라

【鈔_ '偈云聽聞'者는 恐人引下文爲難이니 下文云'一切諸法皆無相하야 無體無性空無實하며 如幻如夢離分別이라 常樂聽聞如是義라'하

니 故云聽聞是一義耳라하니 理實應須思修無相無體等法耳니라 】

뒤의 10가지를 수승하게 닦아가는 가운데, 그러나 '… 배우도록 권한다.'는 것은 聞·思·修 전체를 들어 말한다. 게송에서 말한 '聽聞'이란 이에 대한 하나의 의의이다.【초_ "게송에서 말한 聽聞" 이란 어떤 사람이 아래 경문을 인용하여 힐난할까 두려운 마음에서 말한 것이다. 아래의 경문에 이르기를 "일체 모든 법이 모두 형상이 없어 자체도 없고 본성도 없어 공하여 실재가 없으며, 허깨비와 같고 꿈과 같아 분별의식을 여읜 터라 항상 이와 같은 법을 듣기를 좋아한다."고 하였다. 이 때문에 "聽聞이란 이에 대한 하나의 의의"라고 말한 것이다. 이치는 실로 반드시 형상이 없고 자체도 없는 등의 법을 생각하고 닦아가는 것이다.】

列中에 一은 自性之相不可得故오 二는 緣起想成故오 三은 圓成性淨故오 四는 能成非有오 五는 所成無實이오 六은 自性本空이오 七은 空性亦離오 八은 喻上緣現이오 九는 喻上想生이오 十은 總離取捨出沒想故니 此與六地取染淨法分別慢對治로 文多相似니라

나열한 부분은 아래와 같다.

(1) 자성의 모습을 볼 수 없기 때문이며,

(2) 緣起의 생각으로 이뤄졌기 때문이며,

(3) 圓成의 實性이 청정하기 때문이며,

(4) 성취의 주체가 있지 않기 때문이며,

(5) 성취의 대상이 실상이 없기 때문이며,

(6) 自性이 본래 공하기 때문이며,

(7) 공하다는 자성조차도 또한 여의었기 때문이며,

(8) 위의 반연으로 나타난 것을 비유함이며,

(9) 위의 생각으로 생겨난 것을 비유함이며,

(10) 총체로 취하거나 버리거나 또는 나오거나 들어가는 생각조차 여의었기 때문이다.

이 경문은 제6 現前地의 '染淨法을 취하여 분별하는 慢心[取染淨法分別慢]'을 다스리는 대목과 많은 부분이 똑같다.

三徵釋云은 此如順忍이니 欲進後位不退忍故니라【鈔_ '此如順忍'者는 十地配五忍이니 四五六地는 配於順忍이오 七八九地는 配無生忍이니 無生忍者는 卽不退忍이라 故次疏에 云'然此位中에 已入無生이라'하니라】

셋째 단락에서 묻고 해석한 것은 順忍과 같다. 뒤의 제7 불퇴주에 나아가고자 하기 때문이다.【초_ "順忍과 같다."는 것은 십지를 5가지의 忍에 짝하면 제4 焰慧地, 제5 難勝地, 제6 現前地는 順忍에 짝하고, 제7 遠行地, 제8 不動地, 제9 善慧地는 無生忍에 짝한다. 무생인이란 곧 不退忍이기 때문에 다음 청량소에 이르기를 "그러나 이 지위에서는 이미 無生에 들어갔다."고 말하였다.】

第七 不退住

제7 불퇴주

經

佛子여 云何爲菩薩不退住오 此菩薩이 聞十種法하고 堅固不退하나니

何者가 爲十고

所謂聞有佛·無佛하고 於佛法中에 心不退轉하며

聞有法·無法하고 於佛法中에 心不退轉하며

聞有菩薩·無菩薩하고 於佛法中에 心不退轉하며

聞有菩薩行·無菩薩行하고 於佛法中에 心不退轉하며

聞有菩薩이 修行出離·修行不出離하고 於佛法中에 心不退轉하며

聞過去有佛·過去無佛하고 於佛法中에 心不退轉하며

聞未來有佛·未來無佛하고 於佛法中에 心不退轉하며

聞現在有佛·現在無佛하고 於佛法中에 心不退轉하며

聞佛智有盡·佛智無盡하고 於佛法中에 心不退轉하며

聞三世一相·三世非一相하고 於佛法中에 心不退轉이니

是爲十이니라

불자여, 어떤 것이 보살의 불퇴주인가? 이런 지위에 있는 보살이 열 가지의 법을 듣고서 견고하여 물러서지 않는 것이다.

무엇이 열 가지의 법인가?

이른바 부처님이 있다거나 부처님이 없다거나 하는 말을 듣고서도 불법 가운데에서 마음이 물러서지 않음이며,

법이 있다거나 법이 없다거나 하는 말을 듣고서도 불법 가운데

에서 마음이 물러서지 않음이며,

보살이 있다거나 보살이 없다거나 하는 말을 듣고서도 불법 가운데에서 마음이 물러서지 않음이며,

보살행이 있다거나 보살행이 없다거나 하는 말을 듣고서도 불법 가운데에서 마음이 물러서지 않음이며,

보살이 수행하여 벗어난다거나 수행하여 벗어나지 못했다거나 하는 말을 듣고서도 불법 가운데에서 마음이 물러서지 않음이며,

과거에 부처님이 있었다거나 과거에 부처님이 없었다거나 하는 말을 듣고서도 불법 가운데에서 마음이 물러서지 않음이며,

미래에 부처님이 있을 것이다거나 미래에 부처님이 없을 것이다거나 하는 말을 듣고서도 불법 가운데에서 마음이 물러서지 않음이며,

현재에 부처님이 있다거나 현재에 부처님이 없다거나 하는 말을 듣고서도 불법 가운데에서 마음이 물러서지 않음이며,

부처님의 지혜는 다함이 있다거나 부처님의 지혜는 다함이 없다거나 하는 말을 듣고서도 불법 가운데에서 마음이 물러서지 않음이며,

삼세가 한 모양이다거나 삼세가 한 모양이 아니다거나 하는 말을 듣고서도 불법 가운데에서 마음이 물러서지 않음이다.

이것이 열 가지의 법이다.

◉ 疏 ◉

自分十中에 初三은 三寶며 次二는 別顯前法이며 次三은 別明初佛이며 後二는 約佛境智니 通佛法也어늘 而十에 皆言不退轉者는 大同前位니라 然此位中에 已入無生이니 知所聞法이 畢竟空故니라

又前位는 會事入理하야 令心不動이며 今此는 事理雙現하야 而心不退며 後位는 從理向事하야 唯隨事行이니 轉純熟故니라 是故로 前位는 於三寶等에 但聞讚毁일세 忍之尚易어니와 今聞有無에 利害轉深하야 成忍則難이라 故過前位니라

又前言不動은 但能正心이어니와 今云不退는 有進趣義니라 又權實方便을 皆悉通達이니 有無等言은 皆有在故니라 佛則色相虛無로되 應機爲有오 法則離相離性이나 不壞相性이라 菩薩은 同佛이라

해당 불퇴주의 10가지 법 가운데, 앞의 3가지는 삼보이고, 다음 2가지는 앞서 말한 법을 개별로 밝힘이며, 다음 3가지는 첫 부분의 부처님을 개별로 밝힘이고, 뒤의 2가지는 부처님의 境智로 말한 것이다. 이는 부처님과 법에 모두 통한다.

10가지의 법에 모두 “물러서지 않는다.”고 말한 것은 대략 앞의 제6위의 의의와 같다. 그러나 이 지위에서는 이미 無生에 들어간 것이다. 들었던 법이 결국 空한 줄을 알기 때문이다.

또한 앞의 제6위에서는 현상의 사법계를 이해하여 진리의 이법계에 들어가 마음이 흔들리지 않음이며, 여기에서는 사법계와 이법계가 모두 나타나 마음이 물러서지 않음이다. 뒤의 제8위에서는 이법계로부터 사법계를 지향하여 오직 현상의 일을 따라 행하

는 자리이다. 이는 전전하여 순숙해지기 때문이다. 그러므로 앞의 제6위에서는 三寶 등에 대해 단 찬탄과 훼방하는 말을 들은 것이기에 그래도 참기가 쉽지만, 여기에서는 삼보 등에 대해 있다거나 없다거나 하는 말들을 듣는 자리이기에 이해가 더욱 심각하여 이를 참는다는 것이 어려운 까닭에 앞의 제6위보다 한 단계 더 초월한 것이다.

또한 앞의 제6위에서 흔들리지 않는다고 말한 것은 마음을 바르게[正心] 지니는 것이지만, 이 지위에서 물러서지 않는다는 것은 앞으로 나아간다는 뜻이다. 또한 權實의 방편을 모두 통달함이다. 있다느니 없다느니 하는 말들이 모두 有의 세계이기 때문이다. 부처님의 지위에서는 곧 色相 그 자체가 없는 자리이지만 중생의 근기에 부응하여 有가 있고, 법은 곧 相도 여의고 性마저도 여의었으나 相性을 무너뜨리지는 않는다. 보살은 부처님과 같다.

次二中에 約事行爲有오 入理行爲無니라 出離有二니 一은 約自行義니 同前文有垢無垢며 亦約事理오 二는 就化他니 悲故不出이오 由智故出이라【鈔_ '出離有二'者는 卽前正心住中에 衆生有垢無垢上에 有二義니 有垢則難度等이라 '亦約事理'者는 事則有出이오 理則無出이라】

다음 2가지 가운데 事行으로 말하면 有이고 理行에 들어가면 無이다. "수행하여 벗어난다."는 것은 2가지가 있다. 첫째는 스스로 수행하는 의의로 말함이니 앞의 경문에 有垢無垢와 같으며, 또한 事理로 말한다. 둘째는 남들을 교화하는 것으로 말함이니 자비의 마음이 있기 때문에 벗어나지 않음이며, 지혜에서 연유한 까닭에 벗어남이다. 【초_ "수행하여 벗어난다는 것은 2가지가 있다."는 것은 곧 앞의 正心住에서 중생의 有垢無垢의 측면에 2가지의 의의가 있다. 오염의 때가 있으면 제도하기 어렵다는 등이다. "또한 事理로 말한다."는 것은 현상의 일에는 곧 벗어남이 있지만, 근본의 진리에는 벗어남이 없다.】

次下三句는 亦論有無니 何異初句리오 初句는 邪見爲無오 正信言有어니와 此三도 亦非正見이라 雖許有佛이나 不徧三世니라 或言過去는 入滅이라 是故로 非有오 未來는 未成이어니 安得爲有리오 現在는 生界未盡하고 佛願未滿이니 今有佛者는 皆應現耳라 俱有可知니 今知其謬說爲無오 正說爲有니라【鈔_ '雖許有佛'者는 疏中에 先併出三世無며 後'俱有可知'者는 卽併擧三世有니라 旣言'不徧三世'인댄 則諸計不同이니 或言過現有오 未來無라하고 或言過現無오 未來有等이라 故云不徧이라

'現在生界'下는 辨現在無佛義니 此師計云'一切如來 因地發願하사대 度盡衆生이니 生界不盡이면 不取正覺이라'하야늘 現見컨대 衆生이 沈淪九有라 故知諸佛 未合有成이니 成則違誓니라

'今有佛者'下는 通妨難이니 難云'若爾인댄 今十方世界에 諸佛出現하시니 何得言無오' 答云'皆是菩薩 應成佛耳'라하니 此師之計는 最爲孟浪이로다 謗無諸佛은 理實難容이로다' '若爾인댄 云何通於違誓之義오'

古有多釋하니 一云'本擬度生코 未期成佛이로되 積行淳著에 行催自成하나니 如撥火杖이 本欲燒草오 不欲燒杖이로되 撥草旣多에 任運燒盡이라 故三論師 名爲不自在佛이라'하니 不欲成佛而自成故니라

有云'成佛하야 若不化生이면 可違本誓어니와 成竟亦化이어니 豈違本誓

리오' 難云化生之義는 雖許得存이나 盡竟方成이 其義何在오 豈得不違아 如實義者는 諸佛皆有悲智二門이시니 以大悲故로 窮未來際토록 無成佛時니라 故菩薩闡提 不成佛也오 以大智故로 念念速成이라 又欲化盡諸衆生界인댄 自須速成이라야 方能廣化니 不懼違誓盡竟成言이며 又了衆生之本如라 故化而無化니라 是則常成이나 亦常不成이며 亦常化生로되 而常無化라 悲智自在어니 何局執耶아 此乃旁來니 亦是人情好難問故니라 今許三世 皆悉有佛일세 故下結에 云謬說爲無오 正說爲有라하니라】

다음 아래 3구는 또한 有·無를 논함이니 어찌 첫 구절과 다르겠는가. 첫 구절에서 삿된 견해[邪見]는 無이고 바른 신심[正信]은 有라 말했지만, 이런 3가지 또한 바른 견해[正見]가 아니다. 비록 부처님이 있다고 인정했으나 삼세에 두루 몸을 나타내지 않는다. 혹 과거라 말한 것은 사라진 단계에 들어간 것이기에 有가 아니다. 미래는 성취한 것이 아니니 어찌 有이겠는가. 현재는 중생계가 다하지 않았고 佛願이 원만하지 못하다. 이제 부처님이 있다는 것은 모두 應身으로 몸을 나타낸 것이다. '俱有'는 설명하지 않아도 알 수 있다. 여기에 그 잘못된 말[謬說]은 無이고 바른 말[正說]은 有임을 알 수 있다. 【초_ "비록 부처님이 있다고 인정했다."는 것은 청량소에서 먼저 아울러 '삼세의 無'를 나타냄이며, 뒤이어서 말한 "俱有는 설명하지 않아도 알 수 있다."는 것은 아울러 '삼세의 有'를 들어 말한 것이다. 앞서 이미 "삼세에 두루 몸을 나타내지 않는다."고 말하였다면 모든 계산이 똑같지 않다. 혹 과거와 현재는 有이고 미래는

無라 말하며, 혹 과거와 현재는 무이고 미래는 유라고 말한 등등이다. 이 때문에 "삼세에 두루 하지 않는다."고 말한 것이다.

'현재는 중생계' 이하는 현재 부처님이 없다는 의의를 논변한 것이다. 그 스님이 이리저리 헤아려 말하기를 "일체 여래가 因地에 발원하기를 '중생을 모두 제도하리라. 중생세계가 다하지 않으면 正覺을 이루지 않으리라.'고 하였건만, 현재 살펴보면 중생이 九有[9]에 빠져 허우적대고 있다. 그러므로 제불은 당연히 성불할 수 없는 처지임을 알 수 있다. 성불을 했다면 그것은 곧 맹세를 저버린 일이다."고 하였다.

'今有佛者' 이하는 논란에 답함이다. 논란하여 말하기를 "만일 그렇다면 지금 시방세계에 수많은 부처님이 나오셨는데 어떻게 부처님이 없다고 말할 수 있을까?"라고 하였다.

이에 대해 답하였다.

"모두 보살이 당연히 현신하여 성불할 것이다. 그 스님의 생각하는 바가 매우 맹랑하다. 수많은 부처님이 없다고 비방하는 말은 이치에 실로 용납하기 어렵다."

"만일 그렇다면 맹세를 저버린 의의는 어떻게 통하는가?"

9 九有: 九地, 또는 九衆生居·九居. 有情들이 있기를 좋아하는 9가지의 거처. ① 욕계의 人天, 중생의 몸에 여러 가지가 있고 생각이 서로 다른 곳. ② 梵衆天, 몸은 서로 다르나 생각은 같은 곳. ③ 極光淨天, 몸은 같으나 생각은 서로 다른 곳. ④ 遍淨天, 몸도 생각도 같은 곳. ⑤ 無想天, 생각도 없고 그 대상도 없는 곳. ⑥ 空無遍處, 끝없는 허공의 자재함을 좋아하는 중생이 사는 곳. ⑦ 識無邊處, 생각을 여읜 곳. ⑧ 無所有處, 寂靜하고 無想한 선정에 머무는 곳. ⑨ 非想非非想處, 識處의 有想을 여의고 무소유처의 無想마저도 여읜 곳이다.

옛적에 이에 대한 해석이 많다. 일설에 의하면, 다음과 같다.

"본래 중생을 제도하려고 생각하여 성불을 기약하지 않았지만, 쌓아나간 수행이 순박하게 나타남에 행이 절로 성취됨을 재촉한 것이다. 마치 불씨를 붙이는 막대기는 본래 풀잎을 태우고자 함이지 막대기를 태우려는 것은 아니지만, 풀잎에 불씨가 널리 퍼지면 맘껏 불타는 것과 같다. 이 때문에 三論師가 이를 '不自在佛'이라고 말한다. 성불하고자 하지 않아도 절로 성불한 때문이다."

어떤 사람이 말하였다.

"성불하고서도 만일 중생을 교화하지 않으면 본래의 맹세를 저버린 일이지만, 성불하고서 또다시 중생을 교화했는데, 어찌 본래의 맹세를 저버렸다고 말할 수 있겠는가?"

다시 따져 물었다.

"중생을 교화한 의의야 그처럼 있다고 말할 수 있지만 모두 다 제도하고서야 바야흐로 성불하겠다던 그 의의는 어디 있는 것일까? 그렇다면 본래의 맹세를 저버린 처사가 아니겠는가?"

如實義란 모든 부처님에게 모두 자비와 지혜라는 2가지의 법문이 있다. 큰 자비의 마음 때문에 미래의 끝이 다하도록 성불할 때가 없다. 그러므로 菩薩闡提가 성불하지 않고 큰 지혜를 지닌 까닭에 한 생각 한 생각의 찰나에 속히 성불할 수 있다.

또한 모든 중생세계를 모두 교화하고자 한다면 자기 자신이 먼저 반드시 속히 성불해야만 비로소 중생세계를 널리 교화할 수 있다. 따라서 맹세를 저버리고 모두 다 제도한 후에야 성불하겠다는 말에 대해 두려워하지 않는다.

또한 중생의 본래 如如함을 알기 때문에 중생을 교화하되 교화함이 없다. 이는 곧 언제나 성불하지만 또한 언제나 성불하지 않음이며, 또한 언제나 중생을 교화하지만 언제나 중생을 교화함이 없다. 큰 자비의 마음과 큰 지혜가 자재한데 어찌 그처럼 국한할 수 있겠는가. 이는 곧 본령에서 벗어난 논지이지만, 또한 인정상 논란할 수 있는 부분이기 때문이다. 여기에서는 삼세에 모두 부처님이 계심을 인정한 말이기에 아래의 문장에서 이를 끝맺어 이르기를 "잘못된 말은 無이고 바른 말은 有이다."고 하였다.】

後二句中에 初智後境이라

'佛智有盡等者는 一은 豎約智體니 以盡智故로 名爲有盡어니와 窮未來故로 名爲無盡이오 又若入永滅이면 則名爲盡이어니와 不永滅度일세 是爲無盡이며 約從修生이면 則名爲盡이어니와 卽同無爲라 故名無盡이니라

二는 橫就所知니 謂法無盡故로 智亦無盡이오 以無盡智로 稱無盡法일세 則名爲盡이라 故法華云'唯佛與佛이라야 乃能究盡諸法實相이라'하고 智度論云'如函大蓋도 亦大라 還將無盡之智하야 知無盡法이라 是故로 如來 名一切智라'하니 今菩薩窮究니라 知依豎義면 半了半不了오 知依橫義면 二俱是了니라【鈔_ '佛智有盡'下는 此亦常人之所好難이라 就豎約智體中하야 自有三義니

初는 約體相說이라 言'盡智'者는 諸惑都亡하고 諸相皆寂이라 故名盡智며 智體湛然하야 盡未來際토록 體不可亡이라 故名無盡이니라

二는 約權實說이오 三은 約修生本有說이니 含兩宗義라 修生名盡이

니 約剎那盡이니 卽法相宗이며 若無盡者는 卽無剎那라 屬法性宗이나 竝如玄中이니라

二'橫就所知'者는 一은 稱理無盡이오 二는 無法不窮이라 故名爲盡이니라 下引法華第一과 智論第三이니 論釋佛是一切智人이라

彼先難云'所知處無量이라 故無一切智人이라'하야늘 答曰 '智亦無量이라 如函大蓋亦大 是一切智人이라'하니 函은 喻所知오 蓋는 喻能知니라

'今菩薩'下는 結成邪正이라 言'知依竪義'下는 總相而言이니 盡皆不了며 無盡皆了니라 若別說者인댄 三釋之中에 初一皆了며 二中에 言永盡滅은 是邪是權이며 言'不永滅은 是正是實이며 三中에 依權實宗이면 則盡爲不了오 不盡爲了어니와 若約當宗隨義之說이면 二俱是了니라】

뒤의 2구절 가운데, 앞 구절은 증득의 주체가 되는 지혜이며, 뒤 구절은 인식의 대상이 되는 경계[境]이다.

"부처님의 지혜는 다함이 있다."는 것 등은 첫째, 시간의 종적으로 지혜의 본체를 들어 말한 것이다. 지혜를 극진히 다한 까닭에 '다함이 있다.'고 말하지만, 미래의 즈음까지 다한 까닭에 '다함이 없다.'고 명명한 것이다. 또한 만일 永滅에 들어갔다면 그것은 곧 '다하였다'고 이름 붙이겠지만, 영원히 열반[滅度]에 들지 않기 때문에 다함이 없다. 닦아가면서 생겨난 것으로 말하면 다함이 있지만, 곧 無爲와 같은 까닭에 그 이름을 '다함이 없다.'고 말한다.

둘째, 공간의 횡적으로 알아야 할 대상으로 말한 것이다. 법이란 끝이 없기 때문에 지혜 또한 끝이 없으며, 끝이 없는 지혜로써 끝이 없는 법에 부합되기에 곧 이를 다함이 있다고 말한다. 이 때

문에 법화경에서는 "오직 부처님과 부처님만이 이에 모든 법의 實相을 모두 다할 수 있다."고 하였고, 지도론에서는 "상자가 크면 그것을 덮는 덮개 또한 커야 하는 것처럼 끝이 없는 지혜를 가져야만 끝이 없는 법을 알 수 있다. 이 때문에 여래를 '一切智'라 명명한다."고 말하였다. 여기에서는 보살이 그 지혜를 다한 것이다. 지혜를 시간의 종적인 의의로 말한다면 반쯤은 알고 반쯤은 모른 것이며, 지혜를 공간의 횡적인 의의로 말한다면 2가지를 모두 알고 있는 것이다. 【초_ "부처님의 지혜는 다함이 있다." 이하는 이 또한 여느 사람들이 묻고 따지기 좋아하는 부분이다.

시간의 종적으로 지혜의 본체를 들어 말한 데는 그 나름 3가지의 의의가 있다.

① 體相으로 말한 것이다. '극진한 지혜[盡智]'라 말한 것은 모든 미혹이 모두 사라지고 모든 형상이 모두 고요한 까닭에 이를 '극진한 지혜'라고 말하며, 지혜의 본체가 담담하여 미래의 즈음이 다하도록 본체가 사라지지 않는 까닭에 이를 '다함이 없는 지혜'라고 말한다.

② 權實로 말한 것이다.

③ '닦아가면서 생겨난[修生]' 것과 '본래 고유한' 것으로 말한다. 이는 兩宗(法相宗·法性宗)의 의의를 포괄하고 있다. '닦아가면서 생겨남'을 '다함[盡]'이라 명명한 것으로 찰나에 다한[刹那盡] 것이니 곧 法相宗이다. 다함이 없다는 것은 곧 찰나가 없다는 것으로 法性宗에 속한다. 이는 아울러 경문에서 말한 바와 같다.

"둘째, 공간의 횡적으로 알아야 할 대상으로 말한다."는 것은

① 끝이 없는 진리에 부합되어 끝이 없는 지혜이며, ② 모든 법을 모조리 궁구하지 않음이 없기 때문에 이를 극진한 지혜라고 말한다.

아래에서는 법화경 제1과 지도론 제3을 인용하였는데, 지도론에서 부처님을 一切智人으로 해석하였다. 지도론에 의하면, 먼저 따져 묻기를 "알아야 할 대상이 한량없기에 일체지를 갖춘 사람은 있을 수 없다."고 하였다.

이에 대해 답하기를 "지혜 또한 한량이 없다. 상자가 크면 그것을 덮는 덮개 또한 커야 하는 것처럼 이것이 일체 지혜를 지닌 사람이다."고 하였다. 상자란 알아야 할 대상을 비유하고, 덮개는 이를 알 수 있는 지혜의 주체를 비유한 것이다.

"여기에서는 보살이 그 지혜를" 이하는 삿된 지혜와 바른 지혜에 대해 끝맺은 부분이다.

"지혜를 시간의 종적인 의의로 말한다면" 이하는 총체의 양상으로 말한 것이다. '다함[盡]'은 모두 모르는 것이며, '다함이 없다[無盡].' 함은 모두 알고 있는 것이다. 그러나 개별로 말한다면 3가지 해석 가운데, 첫째는 모두 아는 것이며, 둘째 "영원히 모두 사라졌다."고 말함은 삿된 견해이자 방편의 權敎이며, "영원히 열반에 들지 않는다."고 말함은 바른 견해이자 實敎이며, 셋째 權實宗을 따르면 '다함'은 모르는 것이며, '다함이 없음'은 알고 있는 것이지만, 만일 화엄종의 의의를 따른 설로 말하면 2가지 모두 알고 있는 것이다.】

又相待說이면 有盡無盡이어니와 就理而言이면 竝非二相이라 後一就境이니 約性一相이며 約相非一이니 知其隨說이 皆非徧知니라

또한 상대적으로 말하면 다함이 있기도 하고 다함이 없기도 하지만, 진리의 자리에서 말한다면 아울러 2가지의 모습이 아니다. 뒤의 하나는 인식의 대상이 되는 경계로 말한 것이다. 근본의 본성으로 말하면 하나의 모습이지만 현상의 차이로 말하면 한 가지가 아니다. 그 화엄종의 의의를 따른 설이 모두 두루 앎[徧知]이 아님을 알 수 있다.

經

佛子여 **此菩薩**이 **應勸學十種廣大法**이니
何者가 **爲十**고
所謂說一卽多와 **說多卽一**과 **文隨於義**와 **義隨於文**과 **非有卽有**와 **有卽非有**와 **無相卽相**과 **相卽無相**과 **無性卽性**과 **性卽無性**이니라
何以故오 **欲令增進**하야 **於一切法**에 **善能出離**하고 **有所聞法**에 **卽自開解**하야 **不由他敎故**니라

불자여, 이 지위에 머문 보살이 마땅히 중생에게 열 가지의 법을 배우도록 권해야 할 것이다.

무엇이 열 가지의 법인가?

이른바 하나가 곧 많은 것이다 말하며,

많은 것이 곧 하나다 말하며,

글이 뜻을 따르며,

뜻이 글을 따르며,

있지 아니한 것이 곧 있으며,
있는 것이 곧 있지 아니하며,
상 없는 것이 곧 상이며,
상이 곧 상이 없는 것이며
성품 없는 것이 곧 성품이며,
성품이 곧 성품이 없는 것이다.

무슨 까닭인가? 그로 하여금 더 나아가 모든 법에서 잘 벗어나고, 들었던 법을 스스로 이해하여 더 이상 다른 이의 가르침을 따르지 않도록 하기 위함이다.

◉ 疏 ◉

後勝進中에 十事五對라 此大同地中에 樂無作行하야 對治發起十種殊勝行이니 由此知其事理無礙니 至地則得權實雙行이라【鈔_ '此大同地'者는 卽是七地由六地般若 常樂無作이라 今起十行하야 以爲能治니 法之有本을 不得不知니라 全引彼文이면 恐成繁長이니 要自尋檢이니라】

뒤의 수승하게 닦아가는 가운데 10가지 일의 5가지 상대이다. 이는 十地 가운데 無作行을 좋아하여, 다스리면서 10가지 수승한 행을 일으키는 것과 크게는 같다. 이를 연유하여 현상세계의 事法界와 근본진리의 理法界에 걸림이 없음을 아는 것이니, 十地에 이르게 되면 곧 權敎와 實敎를 모두 행할 수 있다.【초_ "이는 十地 가운데 … 크게는 같다."는 것은 곧 七地를 말한다. 六地에서 반야

지혜로 항상 작위가 없는 것을 즐겨함으로 연유하여, 여기에서는 십행을 일으켜 다스려나가는 것이다. 법의 근본이 있음을 알지 않을 수 없다. 그에 관한 경문을 모두 인용한다면 너무 번거로울까 두렵다. 이는 독자 스스로 살펴보기를 바란다.】

初一多對니 總含三義라

一은 約權實이니 於一佛乘에 說無量故로 雖有衆多나 皆佛因故오

二는 約事理니 理能成事일세 說一卽多며 事能顯理일세 說多卽一이며

三는 約事事無礙니 有同體異體라 義如上說이니라

(1) 하나와 많음의 상대이다. 여기에는 모두 3가지의 의의를 포괄하고 있다.

① 權敎와 實敎로 말한다. 하나의 佛乘 도리에서 한량없는 세계를 말한 까닭에 비록 수없이 많음이 있으나 이는 모두 佛因이기 때문이다.

② 사법계와 이법계로 말한다. 근본진리의 이법계가 현상세계의 사법계를 성취한 까닭에 하나를 말함이 곧 많음이며, 현상세계의 사법계가 근본진리의 이법계를 밝혀주기에 많음을 말함이 곧 하나이다.

③ 事事無礙로 말한다. 같은 것과 다른 것이 있다. 그 의의는 위에서 말한 바와 같다.

二는 文義對니 文隨於義는 轉變密意故니 卽如初句하야 一言이 隨於多義며 義隨於文은 顯了直說故니 卽下三對니 但顯事理一無礙義니 若望下偈云'如是一切展轉成'이면 則文義亦通事事無礙니라【鈔

_ '轉變密意'者는 卽文同義異也니 如一名四實과 九義瞿聲이라 如一無常之言을 小乘則以生滅爲義어니와 大乘則以不生不滅로 而爲其義니 在徧計性하얀 則無可常이오 在依他性하얀 則說生滅이오 在圓成性하얀 則以轉變染淨爲義라 故云轉變이니라 言'密意'者는 則如前引攝論之中에 以異言辭로 說異法等이라

言'卽如初句'下는 卽指初句하야 爲文隨於義니 一多言同이나 而有三義故니라

'義隨於文'下는 釋後句也니 顯了는 對上密意며 直說은 對上轉變이라

'卽下三對'者는 明下三對는 唯是義隨於文이니 但得釋爲事理無礙며 不得通於事事無礙어니와 及約權實인댄 如初句故일세니라

'若望下偈云'下는 重會前義니 前中에 文隨於義는 但約所詮이 有事理無礙며 未明文望於義에 相望無礙어니와 由文成義면 則文有力하야 全攝於義하고 由義成文이면 則義有力하야 全攝於文等일세 故成事事無礙也니 以下偈云'知一卽多며 多卽一이며 文隨於義하고 義隨文이니 如是一切展轉成을 此不退人이 應爲說이 卽其文也니라】

⑵ 글과 뜻의 상대이다. '글이 뜻을 따름'은 轉變과 密意 때문이다. 이는 첫 구절처럼 하나의 언어가 많은 의의를 수반하는 것이다. '글이 뜻을 따름'은 顯了와 直說 때문이다. 이는 아래의 3가지 상대이다. 단 사법계와 이법계에 관한 하나의 걸림 없는 의의를 밝힌 것이지만, 만일 아래의 게송에서 말한 "이와 같이 모든 것은 전전하여 이뤄진다[如是一切展轉成]."는 구절과 대조해보면 글과 뜻 또한 事事無礙와 상통한다. 【초_ '轉變과 密意'란 곧 똑같은 글이면

서도 그 뜻이 다른 것이다. '하나의 명사에 4가지의 실상[一名四實]'[10]과 '9가지의 뜻을 함유한 구의 음성[九義瞿聲]'[11]과 같다. 예컨대 하나의 '無常'이라는 말을 소승의 입장에서는 生滅의 의의로 말하지만 대승은 곧 不生不滅로 그 의의를 삼는다. 徧計所集性에 있어서는 곧 영원할 게 없지만, 依他起性에 있어서는 곧 생멸을 말하고, 圓成實性에 있어서는 곧 轉變染淨으로 그 의의를 삼는다. 이 때문에 '轉變'이라고 말한다. '密意'라 말한 것은 앞서 인용한 攝論에 "다른 말로써 다른 법을 말한다." 등이다.

"이는 첫 구절처럼" 이하는 '하나와 많음'을 상대로 말한 첫 구절을 가리켜 '글이 뜻을 따른다[文隨於義].'는 의의를 삼은 것이다. '하나와 많음'이라는 말은 똑같지만 그 속에는 3가지의 다른 의의가 있기 때문이다.

"글이 뜻을 따름[文隨於義]" 이하는 뒤 구절을 해석한 것이다. 顯了는 위에서 말한 密意의 상대이며, 直說은 위의 轉變에 대한 상대이다.

"이는 아래의 3가지 상대[即下三對]"란 아래의 3가지 상대는 오직 '글이 뜻을 따른다.'는 점을 밝힌 것이다. 단 사법계와 이법계에 걸림이 없다는 점을 해석한 것일 뿐이다. 이는 事事無礙에는 통하지 않지만 權敎와 實敎로 말하면 첫 구절과 같기 때문이다.

....

10 '하나의 명사에 4가지의 실상[一名四實]': 열반경 제9에 의하면, '先陀婆'라는 하나의 단어에 4가지의 뜻을 담고 있다. ① 소금, ② 그릇, ③ 물, ④ 말[馬]이다.

11 '9가지의 뜻을 함유한 구의 음성[九義瞿聲]': 이는 俱舍論에 의하면, '瞿'라는 하나의 음성에 '方·獸·地·光·言·金剛·眼·天·水'라는 9가지의 뜻을 모두 함축하고 있다.

"만일 아래의 … 구절과 대조해보면" 이하는 거듭 앞서 말한 뜻을 회통한 것이다. 앞서 말한 '글이 뜻을 따름'이란 단 진리를 말하는 대상에 事事無礙가 있음을 말하며, 글로 그 뜻을 대조해보면 서로서로 대조함에 걸림이 없다는 점을 밝히지 못했지만, "글을 따라서 그 의의를 이루면 곧 그 글은 힘이 담겨 있어 그 의의를 모두 받아들이고, 뜻을 따라서 그 글을 이루면 곧 그 뜻은 힘이 담겨 있어 그 글을 모두 받아들인다." 등이다. 이 때문에 事事無礙가 성립되는 것이다. 아래의 게송에서 말한 "하나가 곧 많음이고 많음이 곧 하나이며, 글이 뜻을 따르고 뜻이 글을 따름을 알겠다. 이와 같이 모든 것은 전전하여 이뤄진다. 뒤로 물러서지 않는 사람은 마땅히 이처럼 말해야 한다."는 것이 바로 그 인용문이다.】

三은 偏計의 理無·情有 無二며 四는 依他의 幻相·性空이 無二며 五는 圓成의 性空與不空 二如不異니라【鈔_ '三偏計'者는 疏有兩重이니 第一은 別約三性하야 以明事理니 若法相宗이면 偏計·依他 所明二義는 唯約於事며 圓成二義라야 方是於理어니와 今法性宗은 偏計理無와 依他無性은 卽是於理니 非有卽有는 是理徹於事며 有卽非有는 卽事徹於理等이며 其圓成二義는 卽就理上하야 自論無礙이라 第三無性을 對於圓成이면 亦然이니 揀非事事無礙와 及權實等故로 上三對는 但顯事理無礙니라】

⑶ 偏計所集性에 의한 근본진리의 無와 정욕세계의 有가 하나이며,

⑷ 依他起性에 의한 幻相과 性空이 하나이며,

⑸ 圓成實性에 의한 본성이 공하다는 것과 공하지 않다는 2가지의 眞如가 하나이다. 【초_ '⑶ 徧計所集性'이란 청량소에서는 이중의 의의를 담고 있다. 첫째는 徧計所集性·依他起性·圓成實性 3가지를 개별로 들어 사법계와 이법계를 밝히고 있다. 법상종의 경우 변계소집성과 의타기성에 의하여 밝힌 2가지의 의의는 오직 사법계만을 들어 말하였고, 원성실성에 의하여 밝힌 2가지의 의의만이 비로소 이법계이지만, 이의 법성종 견지에서는 변계소집성에 의한 理無와 의타기성에 의한 無性은 곧 이법계이다. "있지 아니한 것이 곧 있다."는 것은 無의 근본진리가 현상세계의 有에 통함이며, "있는 것이 곧 있지 아니하다."는 것은 곧 현상세계의 有가 無의 근본진리에 통한다 등이며, 그 원성실성에 의하여 밝힌 2가지의 의의는 곧 無의 근본진리 측면에서 스스로 걸림이 없는 부분을 논술한 것이다.

셋째, 無性을 원성실성에 대조해도 또한 그와 같다. 事事無礙 및 權敎·實敎 등이 아님을 밝힌 것이다. 그러므로 위에서 말한 3가지의 配對는 단 事理無礙만을 밝힌 것이다.】

又上三中에 皆以三性·三無性으로 相卽이니 準思니라

또한 위의 3가지 가운데 모두가 徧計所集性·依他起性·圓成實性 3가지 자성과 3가지의 자성이 없다는 것으로 서로 하나가 되니 이에 준하여 생각해야 할 것이다.

二는 徵釋中에 善能出離者는 不沈沒於事理하야 成後位自在也니라

둘째 단락에서 묻고 해석한 가운데, "모든 법에서 잘 벗어난다

[善能出離]."는 것은 사법계와 이법계에 빠지지 않고서 뒤의 제8 동진주 지위에서 말한 자재함을 이뤄주는 터전이 된다.

第八 童眞住

제8 동진주

經

佛子여 **云何爲菩薩童眞住**오 **此菩薩**이 **住十種業**하나니
何者가 **爲十**고
所謂身行無失과 **語行無失**과 **意行無失**과 **隨意受生**과 **知衆生種種欲**과 **知衆生種種解**와 **知衆生種種界**와 **知衆生種種業**과 **知世界成壞**와 **神足自在**하야 **所行無礙**니 **是爲十**이니라

불자여, 어떤 것이 보살의 동진주인가?
이 보살이 열 가지의 업에 머무는 것이다.
무엇이 열 가지의 법인가?
이른바 몸으로 행하는 데에 잘못이 없고,
말로 행하는 데에 잘못이 없고,
뜻으로 행하는 데에 잘못이 없고,
뜻대로 생을 받고,
중생의 가지가지 욕망을 알고,
중생의 가지가지 이해를 알고,

중생의 가지가지 경계를 알고,

중생의 가지가지 업을 알고,

세계가 이루어지고 무너짐을 알고,

신통이 자재해서 다니는 데 걸림이 없는 것이다.

이것이 열 가지의 법이다.

◉ **疏** ◉

自分中에 初三은 三業無失이니 永離習氣는 唯佛得之오 任運無功은 在於八地니 此中에 多同八地하야 能行無漏라 故得無失이니 無十不善失이며 亦無錯謬失이라 此三은 自行이며 亦爲化體오 餘皆利他니라 初一은 能化身이니 頓悟菩薩은 隨願受生에 貴在利人일세 不揀淨穢어니와 漸悟는 地前에 許受變易意生身故니라 次四는 以能化智로 知所化境이니 卽十力智之四智也오 次一은 化處며 後一은 化法正化니

【鈔_ 永離習氣者는 卽十八不共法中之三也니 如淨行品이라

'無十不善失'者는 此是過失之失이며 下'錯謬'者는 誤失之失이라

'頓悟菩薩'者는 此法性宗이니 若法相宗인댄 頓悟八地에 方受變易이오 漸悟初地에 許受變易이라

'意生身'者는 如回向說이라

卽十力者는 解與樂欲이 本是一故로 開則爲二니라】

해당 본분 가운데, 앞의 3가지 법은 三業에 잘못이 없는 것이다. 習氣를 영원히 여읠 수 있는 것은 오직 부처님만이 가능한 일이다. 그러나 마음대로 행하면서도 作爲의 노력이 없는 것은 八地

에 있다. 이 동진주는 대부분 八地와 같다. 따라서 無漏를 행한 까닭에 잘못이 없는 것이다. 10가지의 不善한 잘못이 없으며, 또한 오류의 잘못도 없다.

이처럼 삼업에 잘못이 없는 것은 자신의 수행이자 교화의 본체이고, 나머지 제4 隨意受生부터 제10 神足自在까지는 모두 利他行이다.

이타행에 있어서 첫째 제4 隨意受生은 교화의 주체가 되는 몸이다. 돈오보살은 원하는 바를 따라서 생을 받음에 있어 남들에게 이익을 주는 것으로 귀중함을 삼기에 청정한 곳과 더러운 곳을 가리지 않지만, 漸悟는 地前의 지위에서야 變易意生身을 받을 수 있다고 인정하기 때문이다.

다음 제5 知衆生種種欲, 제6 知衆生種種解, 제7 知衆生種種界, 제8 知衆生種種業 4가지 법은 교화의 주체가 되는 지혜로써 교화의 대상이 되는 경계를 잘 아는 것이다. 이는 곧 十力智[12] 가운데 4가지의 지혜이다.

다음 제9 世界成壞는 교화할 곳이며,

뒤의 제10 神足自在는 교화의 법에 있어서 바른 교화이다. 【초_ "習氣를 영원히 여읜다."는 것은 중생과 함께할 수 없는, 오직 부처님만이 지닐 수 있는 18가지 가운데 3가지로, 이는 淨行品에서 말한 바와 같다.

12 十力智: ① 業報智, ② 種種解智, ③ 漏盡智, ④ 天眼智, ⑤ 根勝劣智, ⑥ 禪解脫三昧智, ⑦ 一切至處道智, ⑧ 種種界智, ⑨ 宿命智, ⑩ 其處非處智.

"10가지의 不善한 잘못이 없다[無十不善失]."에서 '失' 자는 過失이라는 失이며, 아래 '亦無錯謬失'의 '失' 자는 誤失이라는 失이다.

'돈오보살'이란 法性宗의 입장에서 말한 것이다. 法相宗이라면 돈오의 八地에서야 비로소 변역하는 몸을 받고, 漸悟의 初地에서 변역의 몸을 받을 수 있다고 인정한다.

'意生身'이란 회향이라는 말과 같다.

'十力'이란 이해하는 것과 좋아하는 마음이 본래 하나이기 때문에 이를 분리하면 2가지가 된다.】

經

佛子여 **此菩薩**이 **應勸學十種法**이니
何者가 **爲十**고
所謂知一切佛刹과 **動一切佛刹**과 **持一切佛刹**과 **觀一切佛刹**과 **詣一切佛刹**과 **遊行無數世界**와 **領受無數佛法**과 **現變化自在身**과 **出廣大徧滿音**과 **一刹那中**에 **承事供養無數諸佛**이니라
何以故오 **欲令增進**하야 **於一切法**에 **能得善巧**하고 **有所聞法**에 **卽自開解**하야 **不由他敎故**니라

불자여, 이 지위에 머문 보살이 마땅히 중생에게 열 가지의 법을 배우도록 권해야 할 것이다.

무엇이 열 가지의 법인가?

이른바 모든 부처님 세계를 알며,

모든 부처님 세계를 움직이며,

모든 부처님 세계를 가지며,

모든 부처님 세계를 관찰하며,

모든 부처님 세계에 나아가며,

수없는 세계에 노닐며,

수없는 부처님의 법을 받으며,

변화가 자재한 몸을 나타내며,

넓고 크고 두루 가득한 음성을 내며,

한 찰나의 순간에 수없는 모든 부처님을 받들어 섬기고 공양하는 것이다.

무슨 까닭인가? 그로 하여금 더 나아가서 모든 법에 좋은 방편을 얻고, 들었던 법을 스스로 이해하여 더 이상 다른 이의 가르침을 따르지 않도록 하기 위함이다.

◉ 疏 ◉

後明勝進은 是不動行이라 初六은 於剎自在며 後四는 三業自在니 此同八地에 若色若土에 皆自在故니라

初一은 總知分齊며 次二는 作用이니 持兼願力이며 四는 十眼智觀이며 五는 有佛便詣며 六은 游以化生이며 後四中에 一意, 二身, 三語, 四通三業이라【鈔_ '此同八地'者는 八地에 得色自在니 '一身多身'等 十自在는 有淨土分이라】

뒷부분에서 수승하게 닦아나감을 밝힌 것은 동요하지 않는 행

[不動行]이다. 앞의 6가지 법(知一切佛刹~遊行無數世界)은 세계에 자재함이며, 뒤의 4가지 법(領受無數佛法~承事供養無數諸佛)은 삼업이 자재함이다. 이는 八地에서 色과 土에 모두 자재함과 같기 때문이다.

첫째(제1 知一切佛刹)는 총체로 구분과 한계를 앎이며, 둘째(제2 動一切佛刹)와 셋째(제3 持一切佛刹) 2가지 법은 작용으로, 持一切佛刹의 持는 원력을 겸함이며, 넷째(제4 觀一切佛刹)는 十眼[13]의 지혜로 살펴봄이며, 다섯째(제5 詣一切佛刹)는 부처님이 있는 곳이면 곧바로 찾아감이며, 여섯째(제6 遊行無數世界)는 끝없이 이곳저곳을 찾아가 중생을 교화함이다.

뒤의 4가지 법 가운데, 첫째(제7 領受無數佛法)는 삼업에 있어 意業이며, 둘째(제8 現變化自在身)는 身業이며, 셋째(제9 出廣大徧滿音)는 語業이며, 넷째(제10 承事供養無數諸佛)는 삼업에 모두 통한다.【초_ "이는 八地에서 … 자재함과 같기 때문이다."는 것은 八地에서 色自在를 얻음이다. 하나의 몸과 많은 몸 등 10가지의 자재는 淨土에 해당되는 범주가 있다.】

下는 徵釋이니 意爲得善巧하고 入於後位에 辯才自在故니라

아래 단락은 묻고 해석함이다. 생각하는 것이 최선을 얻었고, 뒤의 제9 왕자주에 들어가 辯才의 자재함이 되는 터전이 되기 때문이다.

13 十眼: ① 肉眼, ② 天眼, ③ 慧眼, ④ 法眼, ⑤ 佛眼, ⑥ 智眼, ⑦ 光明眼, ⑧ 出生死眼, ⑨ 無碍眼, ⑩ 一切智眼.

第九 王子住

제9 왕자주

經

佛子여 **云何爲菩薩法王子住**오 **此菩薩**이 **善知十種法**하나니 **何者**가 **爲十**고

所謂善知諸衆生受生과 **善知諸煩惱現起**와 **善知習氣相續**과 **善知所行方便**과 **善知無量法**과 **善解諸威儀**와 **善知世界差別**과 **善知前際後際事**와 **善知演說世諦**와 **善知演說第一義諦**니 **是爲十**이니라

불자여, 어떤 것이 보살의 법왕자주인가?

이 지위에 있는 보살이 열 가지의 법을 잘 알고 있다.

무엇이 열 가지의 법인가?

이른바 모든 중생이 생명을 받아 태어나는 것을 잘 알며,

모든 번뇌가 일어나는 것을 잘 알며,

습기가 끊임없이 이어지는 것을 잘 알며,

행해야 할 방편을 잘 알며,

한량없는 법을 잘 알며,

모든 위의를 잘 알며,

세계의 차별을 잘 알며,

앞일과 뒷일을 잘 알며,

세간법 연설을 잘 알며,

제일의제(第一義諦) 연설을 잘 아는 것이다.

이것이 열 가지의 법이다.

◉疏◉

初自分十中에 一은 知六趣四生 受報差別이며 又知九種命終心의 受生差別故니라【鈔_ '又知九種者는 卽俱舍第三에 '三界命終에 各起三界心故니 如欲界命終 三者는 一은 還起欲界心이며 二는 起色界心이며 三은 起無色界心이니 餘二界命終起三도 類爾니라】

첫 단락의 해당 왕자주 가운데, (1) 모든 중생이 생명을 받아 태어나는 것을 잘 안다는 것은 중생이 윤회하는 육도**(地獄, 餓鬼, 畜生, 阿修羅, 人間, 天上道)** 세계에서의 4가지 생이 업보에 따라 받아 태어나는 차별을 알며, 또한 9가지의 목숨이 끊어지려고 할 때의 마음으로 생을 받아 태어나는 차별을 알기 때문이다.【초_ "또한 9가지의 목숨이 끊어지려고 할 때의 마음을 안다."는 것은 구사론 제3에 의하면, 三界에서의 목숨이 끊어지려고 할 때 각각 삼계의 마음을 일으키기 때문이라고 한다. 欲界에서 목숨이 끊어지려고 할 때의 3가지 마음이란 ① 또다시 욕계의 마음을 일으킴이며, ② 색계의 마음을 일으킴이며, ③ 무색계의 마음을 일으킴이다. 나머지 2界에서 목숨이 끊어지려고 할 때 3가지 마음을 일으키는 것 또한 이와 같다.】

二는 知現行煩惱며

三은 知種等相續이니 非如現行有間斷故니라 習氣에 有四하니 如九地說이라【鈔_ '習氣有四'者는 一은 因習氣며 二는 果習氣며 三은 道習氣며 四는 餘殘習氣니라】

⑵ 모든 번뇌가 일어나는 것을 잘 안다는 것은 現行煩惱를 앎이며,

⑶ 습기가 끊임없이 이어지는 것을 잘 안다는 것은 種子번뇌, 習氣번뇌 등이 끊임없이 이어지는 것을 앎이다. 間斷이 있는 현행 번뇌와는 다르기 때문이다. 습기에는 4가지가 있으니, 九地에서 말한 바와 같다.【초_ "습기에는 4가지가 있다."는 것은 ① 因習氣, ② 果習氣, ③ 道習氣, ④ 餘殘習氣이다.】

四는 知諸乘作業과 所入法門과 及善巧故니 上四는 多同九地十種稠林호되 彼據入地하야 尤多細密이라 故名稠林이오 此但云知라하니라

⑷ 행해야 할 방편을 잘 안다는 것은 諸乘이 하는 일, 들어간 바의 법문 및 잘한 점을 알기 때문이다.

위의 4가지는 九地에서 말한 '중생들의 무명망심인 10가지 稠林[14]'과 대부분 똑같다. 그러나 九地에서는 그 지위에 들어간 경지를 근거로 하여 더욱 세밀한 부분이 많기 때문에 稠林이라 명명하였고, 여기에서는 단 '…을(를) 잘 안다.'고 말했을 뿐이다.

五는 知法藥이니 是智成就義니라【鈔_ '知法藥'者는 卽彼經云'佛子

14 10가지 稠林: ① 心稠林, ② 煩惱稠林, ③ 業稠林, ④ 根稠林, ⑤ 解稠林, ⑥ 性稠林, ⑦ 樂願稠林, ⑧ 睡眠稠林, ⑨ 受生習氣稠林, ⑩ 三聚稠林.

여 菩薩摩訶薩이 住此善慧地하야 如實知善不善無記法行과 有漏無漏法行과 世間出世間法行과 思議不思議法行과 定不定法行과 聲聞獨覺法行과 菩薩法行과 如來地法行과 有爲無爲法行이라'하니 故今云'無量法'也라하니라】

(5) 한량없는 법을 잘 안다는 것은 法藥을 앎이다. 이는 지혜 성취의 의의이다. 【초_ "법약을 안다."는 것은 십지품에서 말하기를 "불자여, 보살마하살이 이 선혜지에 머물러서는 선과 악이 둘이 아닌 법의 행, 번뇌와 번뇌가 없는 법의 행, 세간과 출세간의 법의 행, 헤아리고 헤아릴 수 없는 법의 행, 결정하고 결정하지 못하는 법의 행, 성문과 독각의 법의 행, 보살행의 법의 행, 여래지의 법의 행, 작위가 있는[有爲] 법의 행, 작위가 없는[無爲] 법의 행을 사실대로 아는 것이다."고 하였다. 이 때문에 여기에서 '한량없는 법'이라고 말한 것이다.】

六은 知法師軌儀라【鈔_ 知法師者는 卽口業成就中에 具說之德이라 故經云'爲大法師하야 具法師行成就'라하고 經云'處於法座하야 爲演說法호되 於大千界滿中衆生에 隨其心樂差別爲說'이 是也니라】

(6) 모든 위의를 잘 안다는 것은 법사의 궤범이 되는 위의를 앎이다. 【초_ "법사의 … 위의를 안다."는 것은 '구업 성취' 가운데 설법의 덕을 갖춘 것이다. 이 때문에 경문에 이르기를 "큰 법사가 되어 법사의 행을 모두 갖췄다."고 하며, 논에서는 법사의 20가지에 대해 말하였다. 교화의 도량이 곧 법사의 '自在 成就' 가운데 설법의 성취라는 사실을 알아야 한다. 경에 이르기를 "법좌에 앉아 법을

연설하되 크나큰 天界에 가득 모인 중생에게 각기 그들에게 필요한 마음의 약을 위해 차별이 있는 설법을 한다."는 것이 바로 이것이다.】

七은 知所化處며

八은 知化時니 隨根生熟하야 不差失故니라

後二는 依二諦說이 皆說成就也니라【鈔_ '後二依二諦'者는 卽口業이니 得四十無礙辯才나 不出二諦라 故로 彼文云'詞無礙智는 以世智로 差別說이며 樂說無礙智는 以第一義智로 善巧說等'이라하고 中論云'諸佛依二諦하사 爲衆生說法'이라'하니라】

(7) 세계의 차별을 잘 안다는 것은 교화할 대상이 각기 다른 곳임을 앎이며,

(8) 앞일과 뒷일을 잘 안다는 것은 교화할 시기를 앎이다. 중생의 근기 生熟에 따라서 잘못 전달되는 일이 없기 때문이다.

(9)와 (10)에서 세간법과 제일의제의 연설을 잘 안다는 것은 2가지 진리에 의한 설법으로 이 2가지는 모두 '설법 성취'이다.【초_ "(9)와 (10)은 2가지 진리에 의한 설법"이라는 것은 곧 口業이다. 40가지의 걸림 없는 말재주를 얻었을지라도 2가지 진리에서 벗어나지 않는다. 이 때문에 십지품에서 말한 '詞無礙智'는 世諦의 지혜로써 근기 따라 차별을 두어 설법함이며, '樂說無礙智'는 第一義諦의 지혜로써 뛰어난 설법을 하는 등이다. 중론에 이르기를 "모든 부처님이 2가지 진리를 근거로 중생을 위해 설법한다."고 하였다.】

經

佛子여 此菩薩이 應勸學十種法이니

何者가 爲十고

所謂法王處善巧와 法王處軌度와 法王處宮殿과 法王處趣入과 法王處觀察과 法王灌頂과 法王力持와 法王無畏와 法王宴寢과 法王讚歎이니라

何以故오 欲令增進하야 心無障礙하고 有所聞法에 即自開解하야 不由他敎故니라

불자여, 이 지위에 머문 보살이 마땅히 중생에게 열 가지의 법을 배우도록 권해야 할 것이다.

무엇이 열 가지의 법인가?

이른바 부처님[法王]이 계신 곳에서의 뛰어난 방편,

부처님이 계신 곳에서의 궤범과 법도,

부처님이 계신 곳에서의 궁전 생활,

부처님이 계신 곳으로 나아가고 들어감,

부처님이 계신 곳에서의 관찰함,

부처님의 관정,

법왕의 힘으로 유지함,

부처님의 두려움 없음,

부처님의 쉬고 주무심,

부처님을 찬탄하는 법을 배워야 한다.

무엇 때문인가? 한 걸음 더 나아가 마음에 걸림이 없고, 들었

던 법을 스스로 이해하여 더 이상 다른 이의 가르침을 따르지 않도록 하기 위함이다.

◉ **疏** ◉

後勝進十法에 皆言法王者는 旣言王子인댄 倣佛之儀하야 合子法度어늘 而言處者는 卽是位也니 如世王子之於父王이니 今對辨之호리라

뒤의 수승하게 닦아나가는 10가지 법에 있어서 모두 부처님을 '법왕'으로 말한 것은 앞서 '王子'라 말했을 바엔 부처님의 위의를 따라 자식으로서의 법도에 부합해야 한다. 그러나 여기에서 '계신 곳[處]'이라 말한 것은 곧 '지위'이다. 이는 세간의 왕자가 부왕을 섬기는 것과 같다. 아래에서 대조하여 논변하고자 한다.

一 善巧者는 言辭安立과 及諸伎藝 悅可王心이니 今此菩薩이 學佛法王說法言辭와 安立權實과 善巧方便하야 以悅佛心이니라

(1) 뛰어난 방편이란 말씨와 安立 및 모든 기예가 부왕의 마음을 기쁘게 해드리는 것이다. 여기에서는 보살이 법왕께서 설법하신 말씀, 마련해놓으신 權敎와 實敎, 뛰어난 방편을 잘 배워서 부처님의 마음을 기쁘게 해드리는 것이다.

二 軌度는 軌는 謂坐立에 動中規矩하야 容止可觀이며 度는 謂升降出入과 往來進退 可度니 此는 明無虧戒行하야 住佛威儀也니라

(2) 궤범과 법도라는 것은 궤범[軌]은 앉고 서는 모든 동작마다 법도에 맞아서 그 거동이 볼만한 것을 말하고, 법도[度]는 오르내리고 들고 남과 오가고 나아가고 물러나는 몸가짐이 법다움을 말한다. 이

는 戒行을 무너뜨림이 없어서 부처님의 위의에 머묾을 밝힌 것이다.

三 宮殿者는 父王在宮에 卽行子禮하고 父王處殿에 卽行臣禮하니 若處涅槃正殿이면 卽令萬行歸宗이오 若處慈悲宮室이면 則子愛含識이니라

(3) 궁전이란 부왕이 內宮에 있을 때에는 곧 자식으로서의 예를 행하고, 부왕이 外殿에 있을 때에는 곧 신하로서의 예를 행하는 것이다. 만일 부처님이 열반의 正殿에 계시면 곧 모든 행을 종지에 귀의케 하고, 자비의 宮室에 계시면 중생을 나의 자식처럼 사랑하는 것이다.

四 趣入者는 趣者는 就也니 謂澤及萬人이며 入者는 收也니 謂庭來萬國이니 菩薩則無機不就오 無德不收니라

(4) 趣入이란 趣는 나아감이니 은택이 모든 사람에게 입혀짐을 말하며, 入은 거둬들임이니 조정의 뜰에 모든 나라의 사람들이 찾아옴을 말한다. 보살은 곧 機緣에 따라 나아가지 않음이 없고, 모든 공덕을 거둬들이지 않음이 없다.

五 觀察者는 入則觀父王하야 察其聲色하고 出則觀羣臣하야 知其賢愚니 菩薩 入則觀佛教理오 出則審機可否니라

(5) 관찰이란 궁전에 들어가면 부왕을 찾아뵙고서 그 음성과 안색을 살피고, 나오면 수많은 신하를 만나 그들의 어짊과 어리석음을 살피는 것이다. 보살이 부처님께 들어가면 부처님이 가르치신 진리를 살펴보고, 나오면 기연의 가부를 살피는 것이다.

六 灌頂者는 十地有文이오 出現에 法·喻 雙辨이라

(6) 灌頂이란 십지품에 이에 관한 경문이 있고, 여래출현품에서는 법과 비유를 들어 2가지로 논변하였다.

七 力持者는 聚人에 則以財爲力하고 愼危에 則以戒爲力하고 降怨에 則以忍爲力하고 廣業에 則以勤爲力하고 定亂에 則以靜爲力하고 謀安에 則以智爲力하고 固衆에 則以仁爲力하고 制敵에 則以衆爲力이니 菩薩이 六度·四等과 萬行總持 皆力義也니라 持財以儉하고 持衆以信하고 持安以不慉하고 持力以不奢이니 餘可類取니 皆能持也니라

(7) 力持란 사람을 모으는 데는 재물로써 힘을 삼고, 위험을 삼가는 데는 계율로써 힘을 삼고, 원수를 항복받는 데는 인욕으로써 힘을 삼고, 하는 일을 넓히는 데는 근면으로써 힘을 삼고, 혼란을 평정하는 데는 고요함으로써 힘을 삼고, 편안함을 도모하는 데는 지혜로써 힘을 삼고, 많은 사람을 견고하게 하는 데는 인자함으로써 힘을 삼고, 적을 제재하는 데는 많은 사람으로 힘을 삼는다. 그렇듯이 보살의 六度, 四等, 萬行總指가 모두 힘을 말하는 의의이다.

재물을 지키는 데는 검소한 생활로 유지하고, 많은 사람을 부지하는 데는 믿음으로써 유지하고, 평안을 부지하는 데는 교만하지 않음으로써 유지하고, 힘을 부지하는 데는 사치하지 않음으로써 유지한다. 나머지는 이런 유로 취하는 것이니 모두 이처럼 부지한다.

八 無畏者는 爲上勿亢이면 則無憂悔之畏하고 節儉財色이면 則無病畏하고 居上不慉면 則無亡畏하고 爲下不亂이면 則無刑畏하고 在醜不爭이면 則無兵畏하고 三不備者는 永無死畏하니 菩薩修行에 離老病死五種怖畏면 得十無畏니라【鈔_ 醜者는 輩也며 類也라】

(8) 두려움이 없다는 것은 윗자리에 있는 자가 되어 극도로 높이 올라가지 않으면 걱정과 후회하는 두려움이 없고, 財色을 절약하고 검소하면 질병의 두려움이 없고, 윗자리에 있으면서 교만하지 않으면 망하는 두려움이 없고, 아랫사람이 되어 난을 일으키지 않으면 형벌 받는 두려움이 없고, 많은 사람과 함께 있을 때에 다투는 일이 없으면 칼부림의 두려움이 없고, 三不[不憍, 不亂, 不爭]이 갖춰진 자는 영원히 죽음의 두려움이 없음이다. 보살이 수행할 때에 늙음·질병·죽음의 5가지 두려움을 여의면 10가지의 두려움이 없다. 【초_ 醜란 무리이며, 유이다.】

九 宴寢者는 晝無故어든 不內宴하고 夜無故어든 不外寢하고 宴於側室하고 寢於正處이니 菩薩 入定同佛하야 不過明以耽其味하고 不昏沈以滯於境하야 無幽不得其味하고 正定不易其心이니라【鈔_ '菩薩入定'者는 合上'晝無故不內宴'이니 晝宴則耽其味이니 明은 合上晝니 過明者는 慧增定少也라 言'不昏沈以滯於境'者는 合上'夜無故不外寢'이니 昏沈은 合夜오 滯境은 合外寢이라 '無幽不得其味'는 合'宴于側室'이오 正定不易其心은 合'寢於正處'라】

(9) 宴寢이란 낮에 별일이 없으면 내실에서 쉬지 않고, 밤에 별일이 없으면 바깥채에서 잠자지 않으며, 곁방에서 쉬고 正寢에서 잠을 자는 것이다. 보살이 선정에 들어감이 부처님과 똑같아 지나치게 밝음으로써 그 맛을 탐착하지 않고, 昏沈으로 경계에 막히지 않는다. 그윽하여 맛을 얻지 않음이 없고, 바른 선정으로 그 마음이 변하지 않는다. 【초_ "보살이 선정에 들어감"이란 위에서 말한

"낮에 별일이 없으면 내실에서 쉬지 않는다."고 함에 일치한다. 낮에 내실에서 쉰다는 것은 그 맛을 탐착함이다. 明이란 위에서 말한 '낮[晝]'에 부합되는 것이다. 지나치게 밝음[過明]이란 지혜가 더하고 선정이 적음이다. "昏沈으로 경계에 막히지 않는다."고 말한 것은 위에서 말한 "밤에 별일이 없으면 바깥채에서 잠자지 않는다."고 함에 일치한다. 혼침이란 밤에 부합되며, '경계에 막힘[滯境]'은 '바깥채[外寢]'에 부합된다. "그윽하여 맛을 얻지 않음이 없다."는 것은 곁방에서 쉬는 것에 부합되고, "바른 선정으로 그 마음이 변하지 않음"은 "正寢에서 잠을 자는 것"에 부합된다.】

十 讚歎者는 樂則歌讚이오 苦則哀歎이니 讚音은 宜和樂이오 歎音은 宜哀思하야 其情切하고 其辭文이라 菩薩이 應仰讚佛德하고 哀歎衆生에 情詣於理하야 使令欣厭이니라

⑽ 찬탄이란 즐거우면 노래로 찬양하고 괴로우면 슬피 탄식하는 것이다. 찬양의 음성은 화락해야 하고 탄식의 음성은 슬프고 사모하는 듯하여 그 감정이 간절하고 문장이 아름다워야 한다. 보살은 당연히 부처님의 공덕을 우러러 찬양하고 중생을 슬피 여겨 탄식함에 있어 감정이 진리에 나아가 그로 하여금 기쁨에 만족하도록 해야 한다.

三은 徵釋에 云欲令增進하야 得於後位無礙智故니라'

셋째 단락에서 묻고 해석하는 것은 한 걸음 더 나아가 뒤의 제10 관정주에서 걸림이 없는 지혜를 얻을 수 있는 터전을 마련해주기 위함이다.

第十 灌頂住

제10 관정주

經

佛子여 **云何爲菩薩灌頂住**오 **此菩薩**이 **得成就十種智**하나니 **何者**가 **爲十**고

所謂震動無數世界와 **照曜無數世界**와 **住持無數世界**와 **往詣無數世界**와 **嚴淨無數世界**와 **開示無數衆生**과 **觀察無數衆生**과 **知無數衆生根**과 **令無數衆生趣入**과 **令無數衆生調伏**이니 **是爲十**이니라

불자여, 어떤 것이 보살의 관정주인가?

이 지위에 머문 보살은 열 가지의 지혜를 성취하고 있다.

무엇이 열 가지의 지혜인가?

이른바 수없는 세계를 진동하며,

수없는 세계를 밝게 비치며,

수없는 세계에 머물며,

수없는 세계에 나아가며,

수없는 세계를 청정하게 장엄하며,

수없는 중생에게 열어 보여주며,

수없는 중생을 관찰하며,

수없는 중생의 근기를 알며,

수없는 중생을 들어가게 하며,

수없는 중생을 조복하게 하는 것이다.

이것이 열 가지의 지혜이다.

◉ 疏 ◉

文亦分二니 先徵後釋이라 釋中에 亦二니 先自分이오 後勝進이라 前中二니 初有十句는 所成德用이오 後有十句는 讚勝難測이니 以位終故로 加此一段이라 前中에 前五는 了世界無礙智오 後五는 成就衆生無礙智니 以智度滿故로 多同大盡分智成就說이라【鈔_ '多同大盡分'者는 大盡分은 卽第十地八分之中에 第四分이라】

경문 또한 2단락으로 구분된다. 앞에서는 묻고 뒤에서는 해석하였다. 뒤의 해석은 다시 2부분으로 나뉘는데, 앞은 해당 자신의 부분이며, 뒤는 수승하게 나아감이다.

앞 단락은 2부분으로 나뉜다. 앞의 10구는 성취해야 할 대상의 공덕 작용이며, 뒤의 10구는 수승한 공덕이 불가사의함을 찬탄한 것이다. 이는 十住位의 끝부분이기에 10구의 한 단락을 더하였다.

앞의 10구 가운데, 앞의 5구(震動無數世界~嚴淨無數世界)는 세계를 잘 아는 걸림 없는 지혜이며, 뒤의 5구(開示無數衆生~令無數衆生調伏)는 중생을 성취시켜주는 걸림 없는 지혜이다. 지혜바라밀이 원만한 까닭에 大盡分의 지혜 성취에 관한 말과 대체로 같다.【초_ "大盡分의 … 대체로 같다."는 것은 大盡分이란 第十地 八分 가운데 第四分이다.】

經

佛子여 **此菩薩**의 **身及身業**과 **神通變現**과 **過去智**와 **未來智**와 **現在智**와 **成就佛土**와 **心境界**와 **智境界**를 **皆不可知**니 **乃至法王子菩薩**도 **亦不能知**니라

불자여, 이 지위에 머문 보살의 몸, 몸의 업, 신통변화, 과거의 지혜, 미래의 지혜, 현재의 지혜, 부처님 국토를 성취함, 마음의 경계, 지혜의 경계를 모두 알 수 없으며, 내지 법왕자주의 보살까지도 관정주의 이런 경계를 알 수 없다.

◉ 疏 ◉

後十讚勝과 及後勝進은 皆是神通有上無上分中義라

今讚勝中에 前四는 卽業自在不可知니 一 身, 二 身用, 三 十通, 四 通用이며 後六은 心智自在不可知니 初三은 卽三達圓明智며 四는 知器世間自在智오 五는 定心所現之境이오 六은 大智所知之境이니 竝深廣故로 下位不知니라

뒤 단락의 10가지 수승함을 찬탄한 것과 뒤의 수승하게 닦아 나가는 부분은 모두 '神通有上無上分'에서 설명한 의의이다.

이 10가지 수승함을 찬탄한 가운데, 앞의 4가지는 곧 業自在의 불가사의로, (1) 身은 몸이며, (2) 身業은 몸의 작용이며, (3) 神通은 十通이며, (4) 變現은 십통의 작용이다.

뒤의 6가지는 마음과 지혜의 수승함을 찬탄한 가운데, 앞의 (5) 過去智, (6) 未來智, (7) 現在智 3가지는 삼세 통달의 圓明智이며,

⑻ 成就佛土는 器世間을 아는 自在智이며, ⑼ 心境界는 선정의 마음으로 나타난 바의 경계이며, ⑽ 智境界는 大智에 의해 아는 대상의 경계이다. 이는 모두 심오하고도 광대한 경지이기에 아래 지위에 있는 보살로서는 도저히 이를 알 수 없다.

經

佛子여 **此菩薩**이 **應勸學諸佛十種智**니
何者가 **爲十**고
所謂三世智와 **佛法智**와 **法界無礙智**와 **法界無邊智**와 **充滿一切世界智**와 **普照一切世界智**와 **住持一切世界智**와 **知一切衆生智**와 **知一切法智**와 **知無邊諸佛智**니라
何以故오 **欲令增長一切種智**하고 **有所聞法**에 **卽自開解**하야 **不由他敎故**니라

불자여, 이 지위에 머문 보살은 중생에게 모든 부처님의 열 가지의 지혜를 배우도록 권해야 할 것이다.

무엇이 열 가지의 지혜인가?

이른바 삼세의 지혜,

불법의 지혜,

법계의 걸림 없는 지혜,

법계의 끝없는 지혜,

일체 세계에 충만한 지혜,

일체 세계를 널리 비추는 지혜,

일체 세계에 머무는 지혜,

일체중생을 아는 지혜,

일체 법을 아는 지혜,

끝없는 모든 부처님을 아는 지혜이다.

무슨 까닭인가? 그로 하여금 모든 지혜가 더욱 자라나고, 들었던 법을 스스로 이해하여 더 이상 다른 이의 가르침을 따르지 않도록 하기 위함이다."

◉ **疏** ◉

後勝進中에 三이니

初는 標라 卽學佛一切智와 一切種智니 以當位滿하야 灌頂成佛에 以攝諸位하야 皆此中具故니 如法界品 海幢處說이니 玄中廣明하다

二는 徵列中에 一은 學佛三達智이니 此是總句오 二 佛法智者는 覺法自性善出現儀며 三은 事理無礙며 四는 事法橫廣이며 五는 大用周徧이며 六은 身智光照며 七은 神力持令不壞며 法力持令進善이며 八은 窮盡所化며 九는 知化法이며 十은 了化主니라

뒤의 수승하게 닦아나가는 것은 3부분으로 나뉜다.

첫째는 標다. 곧 부처님의 一切智와 一切種智를 배우는 것이다. 해당 지위가 원만하여 灌頂으로 성불함으로써 모든 지위를 포괄하여 모두 이 가운데 갖추고 있기 때문이다. 법계품의 해당보살 처소에서 설법한 것과 같다. 이는 경문에서 자세히 밝히고 있다.

둘째, 묻고 나열한 가운데 말한 10가지의 지혜는 다음과 같다.

⑴ 三世智는 부처님의 삼세 통달의 지혜를 배우는 것이니, 이는 總句이며,

⑵ 佛法智는 법의 자성을 깨달아 잘 출현하는 거동이며,

⑶ 法界無礙智는 사법계와 이법계에 걸림이 없음이며,

⑷ 法界無邊智는 사법계와 이법계가 공간으로 광대함이며,

⑸ 充滿一切世界智는 큰 작용이 두루 함이며,

⑹ 普照一切世界智는 몸의 지혜 광명이 비침이며,

⑺ 住持一切世界智는 신통력을 지녀서 하여금 무너뜨리지 않도록 하고, 법력을 지녀서 선으로 더욱 나가게 함이며,

⑻ 知一切衆生智는 교화의 대상을 다함이며,

⑼ 知一切法智는 교화의 법을 앎이며,

⑽ 知無邊諸佛智는 교화의 주체자를 앎이다.

三은 徵釋이니 成十勝智하고 復更學者는 爲欲成佛種智位故니라 然上所釋은 大依十地니라 第五 說分 竟하다

셋째는 묻고 해석함이다. 10가지의 수승한 지혜를 성취하고, 또다시 배우는 것은 부처님의 일체종지의 지위를 성취코자 함이다. 그러나 위에서 해석한 바는 대체로 十地에 의한 것이다.

제5. 설명 부분을 끝마치다.

第六은 顯實證成分이라

제6. 실상을 밝히고 성취를 증명한 부분

經

爾時에 佛神力故로 十方各一萬佛刹微塵數世界가 六種震動하니 所謂動과 徧動과 等徧動과 起와 徧起와 等徧起와 踊과 徧踊과 等徧踊과 震과 徧震과 等徧震과 吼와 徧吼와 等徧吼와 擊과 徧擊과 等徧擊이라

雨天妙華와 天末香과 天華鬘과 天雜香과 天寶衣와 天寶雲과 天莊嚴具하며 天諸音樂이 不鼓自鳴하며 放天光明과 及妙音聲하니

如此四天下須彌山頂帝釋殿上說十住法에 現諸神變하야 十方所有一切世界도 悉亦如是하니라

又以佛神力故로 十方各過一萬佛刹微塵數世界하야 有十佛刹微塵數菩薩이 來詣於此하사 充滿十方하야 作如是言하사대 善哉善哉라 佛子여 善說此法이로다

我等諸人도 同名法慧며 所從來國도 同名法雲이며 彼土如來도 皆名妙法이라 我等佛所도 亦說十住하나니 衆會眷屬과 文句義理도 悉亦如是하야 無有增減이니라

佛子여 我等이 承佛神力하고 來入此會하야 爲汝作證하노니 如於此會하야 十方所有一切世界도 悉亦如是하니라

그때 부처님의 신통력으로 시방 각각 1만 부처님 세계의 미세한 티끌 수효와도 같은 끝없는 세계들이 여섯 가지로 진동하였다.

이른바 움직임, 두루 움직임, 함께 두루 움직임과

일어남, 두루 일어남, 함께 두루 일어남과

뛰, 두루 뛰, 함께 두루 뛰과
떨림, 두루 떨림, 함께 두루 떨림과
부르짖음, 두루 부르짖음, 함께 두루 부르짖음과
부딪침, 두루 부딪침, 함께 두루 부딪침이다.

하늘의 미묘한 꽃, 하늘의 가루향, 하늘의 꽃타래, 하늘의 여러 가지 향기, 하늘의 보배 옷, 하늘의 보배 구름, 하늘의 장엄거리를 비 내리듯 하며,

하늘의 여러 가지 음악이 두드리지 않아도 저절로 울리며, 하늘의 광명과 미묘한 음성이 비치고 들려왔다.

이와 같이 사방 천하의 수미산 정상에 있는 제석궁전에서 십주법을 말씀하면서 온갖 신통변화를 나타냈던 것처럼 모든 시방세계 또한 이와 같았다.

또한 부처님의 위신력으로 시방으로 각각 1만 부처님 세계의 미세한 티끌 수효와도 같은 끝없는 세계를 지나서 열 부처님 세계의 미세한 티끌 수효와도 같은 그지없는 보살들이 이곳 도량으로 찾아와 시방에 충만하여 이와 같이 말하였다.

"잘하고 잘한 일이다. 불자여, 이 법을 잘도 말하였다.

우리 모든 사람이 똑같이 법혜(法慧)라 이름하며, 찾아온 국토도 똑같이 법운(法雲)이라 이름하며, 그 나라의 여래도 모두 묘법(妙法)이라 이름할 것이다. 우리들의 부처님이 계신 곳에서도 십주를 설법하니 법회에 모인 권속들과 문구와 뜻과 이치도 모두 또한 이와 같아 더함도 덜함도 없다.

불자여, 우리들이 부처님의 위신력을 받들고 이 법회에 찾아와 그대들을 위하여 증명하니 이 법회와 같이 시방에 있는 일체 세계 또한 모두 이와 같다."

◉ 疏 ◉

文二이니 先은 現瑞顯實이며 後는 菩薩證成이라

경문은 2단락으로 구분된다.

제1단락은 나타난 상서로 실상을 밝히고,

제2단락은 보살이 찾아와 성취를 증명하였다.

前中에 先은 世界에 有動地雨供이니 一萬佛刹은 猶劣行故며 後'如此' 下는 結通이라

제1단락은 다시 2부분으로 나뉜다. 앞부분은 시방세계에 땅이 흔들거리고, 공양물이 비 오듯이 쏟아져 내렸다.

'1만 부처님 세계'는 오히려 十行보다 용렬한 때문이다.

뒷부분의 '如此四天下' 이하는 위 경문을 모두 끝맺었다.

二'又以'下는 菩薩證成이라 於中二니 初는 能證現前이오 二'作如是'下는 發言讚述이니 於中四니

一은 讚其所說이오

二'我等'下는 擧同顯證이니 此有四同이라 一은 能說人이오 二는 所說處오 三者는 會主오 四는 所說法이니 初後는 與此同이로되 中二는 但彼同者는 法慧表解에 不可不同이니 法若不同인댄 豈名爲證이리오 中二異此者는 表人異道同이오 處殊法一이니 方表通方之說하야 成證義也니

라 若亦同此면 將謂餘異名界佛에 不同說也리라 若爾인댄 何故로 同名法雲·妙法이오 不多擧耶아 爲有表故니 謂所說法이 該於十地故로 非麤淺故니라 就所說中하야 衆會는 約人이며 眷屬은 兼法이니 文句義理와 主伴이 皆同也니라

三'佛子'下는 擧因結成이오

四'於如此'下는 結通廣徧이니 謂'非唯來此하야 爲汝作證이라 於餘處證도 亦同證此'라하니 彌顯所說이 是通方也라 此是彼菩薩結通일세 不俟經家結通也니라

제2단락, '又以佛神力' 이하는 보살이 성취를 증명함이다.

이 단락은 다시 2부분으로 나뉜다.

앞부분(又以佛神力故~充滿十方)은 증명의 주체가 되는 보살들이 앞에 나타나고,

뒷부분 '作如是言' 이하는 보살의 법문에 대한 찬탄을 서술하였는데, 이는 다시 4부분으로 나뉜다.

첫째(作如是言~善說此法)는 그 말한 바를 찬탄하였고,

둘째 '我等諸人' 이하는 똑같은 부분을 들어 증득을 나타낸 것이다. 여기에는 4가지의 똑같은 부분[四同]이 있다. ① 설법의 주체[能說人]이며, ② 설법 장소이며, ③ 會主이며, ④ 설법의 대상이 되는 법이다. '① 설법의 주체'와 '④ 설법의 대상이 되는 법'이 똑같은 것은 법혜보살이 견해를 밝힐 때에 똑같지 않을 수 없기 때문이다. 만일 법이 똑같지 않다면 어떻게 증득이라 말할 수 있겠는가. 가운데 '② 설법 장소'와 '③ 會主'가 이와 다른 것은, 사람이야 다르지만

도만은 똑같으며, 법회의 장소야 다르지만 법이야 하나임을 나타낸 것이다. 바야흐로 시방세계에 모두 통하는 말임을 나타내어 증명하고자 하는 의의로 끝맺었다. 만일 또다시 이와 같다면 아마 "나머지 다른 이름을 가진 세계에서는 부처님이 똑같이 설법하지 않았다." 고 말했을 것이다. 만일 그와 같았을 경우, 무슨 까닭에 똑같이 法雲과 妙法이라 명명한 데 그쳤을 뿐, 더 이상 많은 이름을 열거하지 않았을까? 나타냄이 있기 때문이다. 이는 말씀하신 법이 十地를 모두 갖추어서 거칠거나 옅은 부분이 아니기 때문이다. 설법하는 대상 속에서 말한 衆會는 법회에 모인 사람으로 말하며, 眷屬은 법을 겸하여 말하였다. '문구와 뜻과 이치'와 법주와 도반이 모두 같다.

셋째 '佛子' 이하는 원인을 들어 끝맺었다. 이 법회와 같이 시방에 있는 일체 세계 또한 모두 이와 같았다.

넷째 '如於此' 이하는 널리 두루 함을 모두 끝맺음이다. 이는 "오직 이곳에 찾아와 그대를 위해 증명했을 뿐 아니라, 나머지 도량에서 증명함 또한 이 도량에서 증명하는 것과 같다."는 것을 말한다. 이는 더욱 말한 바가 시방세계에 통함을 밝혀주고 있다. 또한 이는 그 보살이 통함을 끝맺은 까닭에 경전을 다루는 또 다른 사람들의 끝맺음을 필요로 하지 않는다.

問호되 '此經을 何要十方同說고' 答이라 '引攝之教는 隨機不一이라 諸方有殊어니와 圓實之教는 法爾常規라 故十方同說이라 十方如來 同一道故며 三賢十聖 無異路故일세니라'

"이 화엄경을 어찌하여 시방세계에 똑같이 설법해야 할 필요성이 있는 것일까?"

"중생을 인도하고 끌어들이는 가르침은 중생의 근기에 따라 한 가지가 아니다. 여러 방위의 차이는 있지만 圓實의 가르침은 법이 그처럼 일정한 법규가 되기 때문에 시방세계에 똑같이 말한 것이다. 시방의 부처님이 한 가지 똑같은 도이며, 三賢十聖에게 다른 길이 없기 때문이다."

問호되 '說此經處이 何要徧於十方가' 答이라 '能詮이 如所詮故로 所詮義理 無不周故니 表位優劣하야 證有多少언정 據其所說건대 無處不該니라

"이 화엄경을 설법한 곳이 어찌하여 시방세계에 두루 똑같이 해야 하는 필요성이 있는 것일까?"

"설명하는 진리의 주체가 설명한 대상과 같은 까닭에 두루 말하지 않을 수 없기 때문이다. 지위의 우열을 나타내어 증명함에 많고 적은 차이는 있을지언정 그 말한 대상에 근거하여 보면 어느 곳이든 해당되지 않은 데가 없다."

有云此上은 瑞應證成은 應在偈後니 有四因故니라

一은 未說偈에 經猶未了니 不應先瑞先證이며

二는 瑞證이 本爲證經이어늘 旣不證偈면 則偈應非經이며

三은 證辭에 不應云文句 無有增減이며

四는 若許瑞證이 合在頌前이면 頌中에 應頌二分이니 假使梵本如此라도 譯者는 卽合廻文이라하니 此乃靜法佳判이어니와 今爲一救 理或可通이니 謂欲表說證同時故니라 然文不累書일세 編之作次니 若全居末이면 則似說竟方證이어니와 若更居初면 未說이어니 復何所證가 故置於散說偈

文之際니 深有以焉이라 諸會文同하니 皆倣此釋이니라 證成分을 竟하다

어떤 사람이 다음과 같이 말하였다.

“위에서 상서의 감응으로 성취를 증명함은 당연히 게송의 뒤에 있어야 할 것이다. 여기에는 4가지의 원인이 있기 때문이다.

(1) 게송을 말하지 않는다면 오히려 경문을 끝마치지 못한 것이다. 당연히 상서와 증명을 먼저 하지 않았을 것이다.

(2) 상서와 증명은 본래 경문을 증명하기 위함이다. 이처럼 게송을 증명하지 않았다면 게송은 당연히 경문이 아니기 때문이다.

(3) 증명하는 글에 당연히 “문구에 많고 적음이 없다.”고 말하지 않았을 것이다.

(4) 만일 상서와 증명이 마땅히 게송의 이전에 있어야 한다고 인정한다면 게송은 당연히 2부분으로 읊어야 했을 것이다. 가령 梵本이 이와 같을지라도 번역자가 당연히 이를 돌려가면서 문장을 써야 했을 것이다.”

이는 靜法의 아름다운 판단이지만 여기에서 한 차례의 구제가 이치에 혹 통할 것이다. 이는 설법과 증명이 동시에 이뤄졌음을 나타내고자 한 때문이다. 그러나 문장을 여러 차례 기록하지 못한 까닭에 편집하여 차례를 정한 것이다. 만일 모두 끝에 두어야 한다면 그것은 설법을 마친 후에야 바야흐로 증명한 것과 같지만, 이를 다시 첫 부분에 둔다면 설법 자체도 하지 않았는데 다시 그 무엇을 증명할 수 있겠는가? 이 때문에 산문과 게송 사이에 쓴 것이다. 여기에는 심오한 이유가 있다. 모든 법회에 관한 경문은 한 가지이

다. 모두 이 해석을 따른다.

제6. 성취를 증명하는 부분을 끝마치다.

第七은 重頌分中에 總有一百頌이라 分二니 初 九十一頌은 正顯前法이며 後'如是十住'下 九頌은 結歎勸修라 前中十住는 卽爲十段이니 第一은 初住라

제7. 거듭 게송으로 밝힌 부분

모두 1백 수 게송이 있다. 이는 2부분으로 구분된다.

앞의 91수 게송은 바로 앞서 말한 법을 밝힘이며,

뒤의 '如是十住' 이하 9수 게송은 찬탄으로 끝맺으면서 수행을 권면함이다.

앞의 91수 게송에서 말한 십주는 10단락으로 구성되어 있다.

제1 발심주

經

爾時에 **法慧菩薩**이 **承佛威力**하사 **觀察十方**과 **暨于法界**하고 **而說頌曰**

그때 법혜보살이 부처님의 불가사의한 위신력을 받들어 시방의 중생과 법계를 살펴보고 게송으로 말하였다.

見最勝智微妙身이 相好端嚴皆具足하사
如是尊重甚難遇하고 菩薩勇猛初發心이로다

가장 수승한 지혜와 미묘하신 몸 뵈오니
단정한 상호 모두 갖춰
이처럼 존중하신 분 뵙기 어려워
보살이 용맹스럽게 처음 발심하였다

見無等比大神通하며 聞說記心及教誡와
諸趣衆生無量苦하고 菩薩以此初發心이로다

비할 이 없는 큰 신통을 보고
설법하신 마음의 수기(授記)와 가르침 듣고
여러 길에 한량없는 고통 받는 중생 위해
보살이 이 때문에 처음 발심하였다

聞諸如來普勝尊이 一切功德皆成就하사대
譬如虛空不分別하고 菩薩以此初發心이로다

여래의 두루 수승하고 존귀한 법문 들으니
여러 가지 공덕 모두 성취하셨지만
허공처럼 분별심 없어
보살이 이 때문에 처음 발심하였다

◉ 疏 ◉

初住中에 有四十六頌이라 文分爲四니 初 三頌은 頌發心緣이오 次 三十二頌은 緣境發心이오 次 十頌은 勝進所學이오 後一은 總結이라 今初 尊重은 卽前衆生樂見이며 第三偈는 卽廣大法이라

제1 발심주에는 46수의 게송이 있다.

게송은 4단락으로 구분된다.

제1단락 3수 게송은 발심의 인연을 읊음이며,

제2단락 32수 게송은 경계로 반연하여 발심한 뜻을 읊음이며,

제3단락 10수 게송은 배운 바를 수승하게 닦아 나아감을 읊음이며,

제4단락 1수 게송은 총체로 끝맺음이다.

제1게송 제3구에서 말한 '如是尊重'은 곧 앞서 말한 "중생이 기쁜 마음으로 친견함"이며, 제3게송은 곧 광대한 법을 읊고 있다.

經

三世因果名爲處요　　我等自性爲非處니
欲悉了知眞實義하야　　菩薩以此初發心이로다

삼세의 인과는 업보를 받은 곳이요
우리의 자성은 일정하게 있는 곳이 아니니다
이러한 진실한 이치를 모두 알고자
보살이 이 때문에 처음 발심하였다

過去未來現在世의　所有一切善惡業을
欲悉了知無不盡하야　菩薩以此初發心이로다

과거 세상, 미래 세상, 현재 세상의
받아온 선악의 모든 업보를
이러한 도리를 모조리 모두 알고자
보살이 이 때문에 처음 발심하였다

諸禪解脫及三昧의　雜染淸淨無量種을
欲悉了知入住出하야　菩薩以此初發心이로다

모든 선정, 해탈, 삼매의
잡염과 청정의 한량없는 부분들을
들어가고 머물고 나옴을 모두 알고자
보살이 이 때문에 처음 발심하였다

隨諸衆生根利鈍하야　如是種種精進力을
欲悉了達分別知하야　菩薩以此初發心이로다

중생의 예리하고 노둔한 근기 따라
이처럼 가지가지 정진하는 힘을
분별 지혜를 모두 알고자
보살이 이 때문에 처음 발심하였다

一切衆生種種解와　心所好樂各差別인

如是無量欲悉知하야　　　　菩薩以此初發心이로다

일체중생의 가지가지로 아는 것과

마음에 좋아한 바 각기 다르다

이처럼 한량없는 차별을 모두 알고자

보살이 이 때문에 처음 발심하였다

衆生諸界各差別이며　　　　一切世間無有量이니

欲悉了知其體性하야　　　　菩薩以此初發心이로다

중생의 모든 경계 제각기 달라

일체 세간에 한량이 없다

중생의 체성을 모두 알고자

보살이 이 때문에 처음 발심하였다

一切有爲諸行道의　　　　一一皆有所至處를

悉欲了知其實性하야　　　　菩薩以此初發心이로다

일체 작위의 모든 행의 길

하나하나 이르러 가는 곳이 있다

중생의 참된 성품을 모두 알고자

보살이 이 때문에 처음 발심하였다

一切世界諸衆生이　　　　隨業漂流無暫息을

欲得天眼皆明見하야　　　　菩薩以此初發心이로다

일체 세계 모든 중생이

업 따라 헤매는 몸, 잠깐도 쉴 틈 없다

천안통을 얻어 모두 밝게 보고자

보살이 이 때문에 처음 발심하였다

過去世中曾所有　　如是體性如是相을

欲悉了知其宿住하야　　菩薩以此初發心이로다

과거 세상에 일찍이 있었던 모든 일

이러한 성품이나 저러한 모양들을

그 숙세의 일 분명히 모두 알고자

보살이 이 때문에 처음 발심하였다

一切衆生諸結惑과　　相續現起及習氣를

欲悉了知究竟盡하야　　菩薩以此初發心이로다

일체중생 수없이 지은 업과 지녀온 미혹

끊임없이 일어나고 익힌 버릇들을

끝까지 모두 다 알고자

보살이 이 때문에 처음 발심하였다

◉疏◉

二中分二니 初 十頌은 緣十力發心이니 一頌一力이라

初中에 謂以因感果는 斯爲是處오 從我心冥性等으로 生無有是處라

餘文은 可見이라

제2단락 32수 게송은 2부분으로 나뉜다. 첫째 10수 게송은 十力을 반연하여 발심한 것으로 하나의 게송마다 하나의 힘을 말해주고 있다.

10수 가운데 첫 게송에서는 "원인으로써 과보를 얻음은 일정한 곳이 되고, 나의 마음이 본성에 보이지 않게 하나가 되는 등으로부터 생겨남은 일정한 곳이 없다."는 뜻을 말하고 있다. 나머지 게송은 설명하지 않아도 알 수 있다.

經

隨諸衆生所安立하야 **種種談論語言道**를
如其世諦悉欲知하야 **菩薩以此初發心**이로다

중생이 마련하여 세워놓은
가지가지의 담론과 언어의 길을 따라서
그러한 세속 이치를 모두 알고자
보살이 이 때문에 처음 발심하였다

◉疏◉

二에 二十二頌은 別顯所求니 長行에 結前生後云'求一切智'라하야늘 今偈에 畧顯一切智相이라

此二十二頌은 一頌一智니 或有闕智了等言者는 蓋文畧耳라 今以類例相從하야 攝爲十智니 初一은 俗諦智라

제2단락 32수 게송 가운데, 둘째 22수 게송은 추구하는 대상을 개별로 밝힌 것이다. 장항의 경문에서는 앞의 문장을 끝맺고 뒤의 문장을 일으키면서 "一切智를 추구한다."고 말했는데, 이의 게송에서는 간단하게 一切智의 모습만을 밝혀주고 있다.

이 22수 게송은 하나의 게송마다 하나의 지혜를 말해주고 있다. 게송에서 더러 '알고자[知了]' 등의 말이 누락된 것은 문장을 생략한 것이다.

이 게송에서는 유례를 따라 十智에 받아들인다. 첫째 게송은 俗諦智이다.

經

一切諸法離言說하야　　**性空寂滅無所作**이니
欲悉明達此眞義하야　　**菩薩以此初發心**이로다

온갖 가지 법들이 말을 여의고
성품이 고요하여 지음 없나니
진실한 이런 이치 밝게 알고자
보살이 이 때문에 처음 발심하였다

◉ **疏** ◉

次一은 眞諦智라

둘째 22수 게송 가운데, 다음 게송은 眞諦智이다.

經

悉欲震動十方國하고 　**傾覆一切諸大海**하야
具足諸佛大神通일세 　**菩薩以此初發心**이로다

시방의 국토들을 흔들어놓고
모든 바다의 엄청난 물을 엎어버리는
부처님의 큰 신통력을 구족하고자
보살이 이 때문에 처음 발심하였다

◉ 疏 ◉

三에 一偈는 神通智라

둘째 22수 게송 가운데, 셋째 게송은 神通智이다.

經

欲一毛孔放光明하야 　**普照十方無量土**하고
一一光中覺一切하야 　**菩薩以此初發心**이로다

하나의 모공에서 광명이 쏟아져
한량없는 시방세계 두루 비추고
하나하나 광명 속에 모든 일 깨닫고자
보살이 이 때문에 처음 발심하였다

欲以難思諸佛刹로 　**悉置掌中而不動**하고
了知一切如幻化하야 　**菩薩以此初發心**이로다

불가사의 부처님의 수많은 세계를
손바닥 위에 얹어놓아도 꼼짝 않는다
모든 것이 마술과 같은 줄 알고서
보살이 이 때문에 처음 발심하였다

欲以無量刹衆生으로 置一毛端不迫隘하고
悉知無人無有我하야 菩薩以此初發心이로다

한량없는 세계의 중생을
한 털끝에 올려두어도 비좁지 않고
나와 남이 없음을 모두 알아
보살이 이 때문에 처음 발심하였다

欲以一毛滴海水하야 一切大海悉令竭하고
而悉分別知其數하야 菩薩以此初發心이로다

하나의 털끝으로 바닷물 찍어내어
일체 큰 바다를 모두 말리고
그 물방울 수효 모두 알고자
보살이 이 때문에 처음 발심하였다

不可思議諸國土를 盡抹爲塵無遺者하고
欲悉分別知其數하야 菩薩以此初發心이로다

불가사의 모든 국토를

모두 다 부수어 남김없이 티끌 만들고

그 수효 분별하여 모두 알고자

보살이 이 때문에 처음 발심하였다

◉ 疏 ◉

四 五頌은 解脫智라

둘째 22수 게송 가운데, 넷째 5수 게송은 解脫智이다.

經

過去未來無量劫에 **一切世間成壞相**을

欲悉了達窮其際하야 **菩薩以此初發心**이로다

과거 미래 한량없는 겁

일체 세간 이뤄지고 무너지는 모습을

끝까지 궁구하여 모두 알고자

보살이 이 때문에 처음 발심하였다

◉ 疏 ◉

五過去下 一頌은 劫刹智라

둘째 22수 게송 가운데, 다섯째 '過去' 이하 1수 게송은 劫刹智이다.

經

三世所有諸如來와　一切獨覺及聲聞을

欲知其法盡無餘하야　菩薩以此初發心이로다

삼세에 계시는 모든 여래와

일체의 독각이나 여러 성문들의

그 법을 남김없이 모두 알고자

보살이 이 때문에 처음 발심하였다

◉ 疏 ◉

六 一頌은 三乘智라

둘째 22수 게송 가운데, 여섯째 1수 게송은 三乘智이다.

經

無量無邊諸世界를　欲以一毛悉稱擧하고

如其體相悉了知하야　菩薩以此初發心이로다

한량없고 그지없는 모든 세계를

하나의 털로써 사뿐히 온통 들어

그 체성과 그 모양 모두 알고자

보살이 이 때문에 처음 발심하였다

無量無數輪圍山을　欲令悉入毛孔中하고

如其大小皆得知하야　菩薩以此初發心이로다

한량없고 수없는 윤위산을
하나의 모공 속에 모두 넣고서
크고 작은 산들을 모두 알고자
보살이 이 때문에 처음 발심하였다

◉疏◉

七有七頌은 三密智니 謂二頌身密이라

둘째 22수 게송 가운데, 일곱째 7수 게송은 三密智이다.
위의 2수 게송은 身業의 은밀함을 읊은 것이다.

經

欲以寂靜一妙音으로 普應十方隨類演하고
如是皆令淨明了하야 菩薩以此初發心이로다

고요하고 미묘한 음성으로
시방 중생의 유를 따라 법을 말하여
그들을 분명히 알도록 해주고자
보살이 이 때문에 처음 발심하였다

一切衆生語言法을 一言演說無不盡하고
悉欲了知其自性하야 菩薩以此初發心이로다

일체중생의 각기 달리 말하는 법을
하나의 말로 남김없이 연설하여

그들의 자성을 모두 알게 하고자

보살이 이 때문에 처음 발심하였다

世間言音靡不作하야 悉令其解證寂滅일세
欲得如是妙舌根하야 菩薩以此初發心이로다

세상에 각기 다른 음성 모두 말하여

그들이 모두 이해하여 적멸을 증득하도록

그와 같은 미묘한 혀를 얻고자

보살이 이 때문에 처음 발심하였다

◉ 疏 ◉

三頌은 語密이라

위의 3수 게송은 語業의 은밀함이다.

經

欲使十方諸世界로 有成壞相皆得見하고
而悉知從分別生하야 菩薩以此初發心이로다

시방의 모든 세계 모든 중생으로 하여금

이뤄지고 무너지는 모양을 모두 보고

분별심에서 생겨남을 모두 알게 하고자

보살이 이 때문에 처음 발심하였다

一切十方諸世界에 無量如來悉充滿하시니
欲悉了知彼佛法하야 菩薩以此初發心이로다

일체 시방 모든 세계에
한량없는 부처님 모두 가득하니
그 부처님 법을 모두 알고자
보살이 이 때문에 처음 발심하였다

◉ 疏 ◉

二頌은 意密이라

위의 2수 게송은 意業의 은밀함이다.

經

種種變化無量身이 一切世界微塵等이니
欲悉了達從心起하야 菩薩以此初發心이로다

갖가지 변화하는 한량없는 몸
일체 세계의 티끌 수처럼 많다
마음에서 일어나는 줄 모두 알고자
보살이 이 때문에 처음 발심하였다

◉ 疏 ◉

八 一頌은 唯心智라

둘째 22수 게송 가운데, 여덟째 1수 게송은 唯心智이다.

經

過去未來現在世의　　無量無數諸如來를
欲於一念悉了知하야　　菩薩以此初發心이로다

과거, 미래, 현재 세계의
한량없고 수없는 모든 여래를
한 생각에 분명하게 모두 알고자
보살이 이 때문에 처음 발심하였다

欲具演說一句法하야　　阿僧祇劫無有盡호되
而令文義各不同하야　　菩薩以此初發心이로다

한 구절 법문 모두 말하고자 하면
아승기겁으로도 다할 수 없고
글과 뜻도 제각기 똑같지 않아서
보살이 이 때문에 처음 발심하였다

十方一切諸衆生의　　隨其流轉生滅相을
欲於一念皆明達하야　　菩薩以此初發心이로다

시방의 일체 세계 많은 중생
그들의 돌고 도는 나고 죽는 모양 따라
한 생각에 모두 밝게 통달하고자
보살이 이 때문에 처음 발심하였다

◉ 疏 ◉

九過去下 三頌은 一多無礙智라

둘째 22수 게송 가운데, 아홉째 '過去' 이하 3수 게송은 하나와 많음이 걸림 없는 지혜이다.

經

欲以身語及意業으로　普詣十方無所礙하고
了知三世皆空寂하야　菩薩以此初發心이로다

몸과 언어와 뜻으로 짓는 삼업
시방세계 두루 가도 걸림이 없고
삼세가 모두 공적함을 알고자
보살이 이 때문에 처음 발심하였다

◉ 疏 ◉

十有一頌은 權實雙行智라

둘째 22수 게송 가운데, 열 번째 1수 게송은 權教와 實教를 모두 행하는 지혜이다.

經

菩薩如是發心已에　應令往詣十方國하야
恭敬供養諸如來일세　以此使其無退轉이로다

보살이 이와 같이 발심하고서

마땅히 시방세계 두루 나아가
모든 여래 공경히 공양 올려
이로써 물러남이 없게 하였다

菩薩勇猛求佛道하야 住於生死不疲厭하고
爲彼稱歎使順行일세 如是令其無退轉이로다

보살이 용맹스럽게 부처님의 도 추구하여
생사에 머물러도 피곤하거나 싫은 줄 모르고
그를 위해 칭찬하고 따라 행하여
이와 같이 물러남이 없게 하였다

十方世界無量刹에 悉在其中作尊主하야
爲諸菩薩如是說일세 以此令其無退轉이로다

시방세계 한량없는 국토
그곳에 계시면서 가장 높은 분 되어
모든 보살 위해 이처럼 연설하여
이로써 물러남이 없게 하였다

最尊最上最第一인 甚深微妙淸淨法을
勸諸菩薩說與人일세 如是敎令離煩惱로다

가장 높고 가장 위고 가장 으뜸가는
극히 깊고 미묘하고 청정한 법을

보살에게 남들 위해 말해주기를 권하여

이와 같이 번뇌를 여의게 하였다

一切世間無與等하야 不可傾動摧伏處를

爲彼菩薩常稱讚일세 如是敎令不退轉이로다

일체 세간 그 아무도 같을 이 없어

흔들리거나 굴복할 수 없는 지위를

그 자리에 머문 보살을 위해 항상 칭찬하여

이와 같이 물러남이 없게 하였다

佛是世間大力主라 具足一切諸功德하사

令諸菩薩住是中일세 以此敎爲勝丈夫로다

부처님은 세간에 큰 힘 가지신 분

일체 모든 공덕 넉넉하여

보살들을 그 가운데 머물게 하였기에

이로써 훌륭한 대장부 만들어주었다

無量無邊諸佛所에 悉得往詣而親近하야

常爲諸佛所攝受일세 如是敎令不退轉이로다

한량없고 그지없는 부처님 계신 곳에

모두 찾아가 가까이 모셔

항상 부처님이 거두어 받아주셨기에

이와 같이 물러남이 없게 하였다

所有寂靜諸三昧를　　悉皆演暢無有餘하야
爲彼菩薩如是說일세　　以此令其不退轉이로다

고요하고 고요한 모든 삼매를
모두 연설하여 남김이 없고
보살 위해 이처럼 말해주어
이로써 물러남이 없게 하였다

摧滅諸有生死輪하고　　轉於淸淨妙法輪하야
一切世間無所著일세　　爲諸菩薩如是說이로다

모든 세계에서의 생사윤회 부숴 없애고
청정하고 미묘한 법륜 굴리면서
일체 세간에 집착이 없어
모든 보살 위해 이처럼 설법하였다

一切衆生墮惡道하야　　無量重苦所纏迫에
與作救護歸依處일세　　爲諸菩薩如是說이로다

일체중생 삼악도에 떨어져
그지없는 고통에 부대끼는데
그들 구호하여 의지가 되며
모든 보살 위해 이처럼 설법하였다

◉ 疏 ◉

三'菩薩如是'下 十頌은 頌勝進十法이니 一頌一法이라 皆言'令其不退轉'者는 顯勸學之意也라 不退有三하니 一은 位不退니 七住已上이오 二는 證不退니 初地已上이오 三은 念不退니 八地已去니라 今此는 近希位不退故니라 若約圓教當位인댄 從信入住하야 得位不退니 初發心時에 成正覺故니라

제3단락 '菩薩如是' 이하 10수 게송은 배운 바를 수승하게 닦아 나가는 10가지의 법을 읊은 것으로, 하나의 게송마다 하나의 법을 밝히고 있다.

모두 "물러남이 없게 하였다."고 말한 것은 권학의 뜻을 밝힌 것으로, 물러남이 없는 데에는 3가지의 뜻이 있다.

⑴ 지위가 물러나지 않음이다. 이는 七住 이상이다.

⑵ 증득이 물러나지 않음이다. 이는 初地 이상이다.

⑶ 생각이 물러나지 않음이다. 이는 八地 이후이다.

여기에서는 '지위가 물러나지 않음'을 바라는 데 가깝기 때문이다. 만일 圓敎의 해당 지위로 말하면 十信으로부터 十住에 들어가면 '지위가 물러나지 않음'을 얻을 수 있다. 초발심 때에 正覺을 이루기 때문이다.

經

此是菩薩發心住에　　**一向志求無上道**니
如我所說教誨法하야　　**一切諸佛亦如是**로다

이는 보살이 발심주에서
한결같이 위없는 도를 마음으로 구하니
내가 말한 가르침의 법처럼
모든 부처님 또한 그와 같다

◉ 疏 ◉

四 一頌은 總結이니 亦是引證이라

제4단락 1수 게송은 총체로 끝맺음이다. 또한 이는 인증이다.

第二 治地住

제2 치지주

經

第二治地住菩薩은 **應當發起如是心**호되
十方一切諸衆生을 **願使悉順如來教**니

제2 치지주에 이른 보살은
마땅히 이와 같은 마음을 일으키되
시방의 일체 모든 중생이
여래의 가르침을 따르도록 원해야 한다

利益大悲安樂心과 **安住憐愍攝受心**과

守護衆生同己心과 師心及以導師心이로다

이익과 자비와 안락한 마음

안주의 마음, 연민의 마음, 받아 거둬주는 마음

내 몸처럼 중생을 수호하는 마음

스승의 마음, 도사의 마음이다

已住如是勝妙心에 次令誦習求多聞하며

常樂寂靜正思惟하고 親近一切善知識하며

이처럼 미묘한 마음에 머물렀으면

다음으로 외우고 익혀 많이 들으며

언제나 즐겁고 고요하고 바르게 생각하고

일체의 선지식을 가까이하며

發言和悅離麤獷하고 言必知時無所畏하며

了達於義如法行하고 遠離愚迷心不動이로다

하는 말이 상냥하여 거칠지 않고

때에 맞게 말하면서 두려움 없으며

이치 알고 여법하게 행하고

어리석음 멀리 여의어 마음이 흔들리지 않는다

此是初學菩提行이니 能行此行眞佛子라

我今說彼所應行하노니 如是佛子應勤學이어다

이는 처음 배우는 보리행이니

이처럼 행해야 진정한 불자이다

내, 지금 그들이 행할 일을 말하노니

이런 도리를 불자가 배워야 한다

◉ **疏** ◉

二住 五頌에 初二頌은 自分이오 次二頌은 勝進이오 後一頌은 結說이라

제2 치지주의 5수 게송 가운데, 첫째 2수 게송은 해당 치지주 부분이며,

둘째 2수 게송은 수승하게 닦아나감이며,

뒤의 1수 게송은 끝맺는 말이다.

第三 修行住

제3 수행주

經

第三菩薩修行住는 **當依佛教勤觀察**

諸法無常苦及空과 **無有我人無動作**과

보살의 제3 수행주는

부처님의 가르침 따라 부지런히 살펴보아야 한다

모든 법이 무상하고 괴롭고 공하다

나와 남이 모두 없고 동작도 없다

一切諸法不可樂과 無如名字無處所와
無所分別無眞實이니 如是觀者名菩薩이로다

일체 모든 법은 하나도 즐겁지 않다
이름과도 같지 않고 처소도 없다
분별할 것도 없고 진실 자체도 없다
이렇게 보는 이를 보살이라 말한다

次令觀察衆生界하고 及以勸觀於法界하며
世界差別盡無餘하야 於彼咸應勤觀察하며

그다음 중생세계 살펴보고
법계를 살펴보라 권할 일이다
세계의 모든 차별 남김없이
모두 부지런히 관찰하여야 한다

十方世界及虛空에 所有地水與火風과
欲界色界無色界를 悉勸觀察咸令盡이니

시방세계와 허공에
지·수·화·풍 사대(四大)며
욕계, 색계, 무색계까지
모두 다 관찰하도록 권하라

觀察彼界各差別과　　及其體性咸究竟하야
得如是教勤修行이　　此則名爲眞佛子로다

저 세계의 각기 다른 차별을 살펴보고

그 체성까지 모두 다하여

이처럼 부지런히 수행하면

이를 진실한 불자라 말하리라

◉ 疏 ◉

三住 五頌에 前二頌은 自分이며 後三頌은 勝進이라

제3 수행주 5수 게송 가운데, 앞의 2수 게송은 해당 수행주 부분이며, 뒤의 3수 게송은 수승하게 나아감이다.

第四 生貴住

제4 생귀주

經

第四生貴住菩薩은　　從諸聖教而出生이라
了達諸有無所有하야　　超過彼法生法界로다

제4 생귀주에 이른 보살은

성인의 가르침으로부터 태어난 터라

모든 세계가 없는 줄을 분명히 알고

그 법을 뛰어넘어 법계에 태어난다

信佛堅固不可壞하고 觀法寂滅心安住하며
隨諸衆生悉了知 體性虛妄無眞實이로다

신심이 견고하여 무너지지 않고
적멸한 법 관찰하여 마음이 편안하며
중생을 따라 모두 알고 있다
체성이 허망하여 진실이 없음을

世間刹土業及報와 生死涅槃悉如是하니
佛子於法如是觀하야 從佛親生名佛子로다

세계, 국토, 업, 과보와
생사와 열반이 모두 그와 같다
불자가 이처럼 법을 보면
부처님 슬하 친자식으로 '부처님 아들'이라 부르리라

過去未來現在世에 其中所有諸佛法을
了知積習及圓滿하야 如是修學令究竟이로다

과거, 미래, 현재 세계
삼세에 계시는 모든 부처님의 법을
잘 알아서 익히고 원만하여
이처럼 닦고 배워 끝까지 다하리라

三世一切諸如來를　　　　能隨觀察悉平等이라
種種差別不可得이니　　　如是觀者達三世로다

삼세에 계시는 모든 여래를
따라서 살펴보니 모두 평등하여
가지가지 차별 있을 수 없다
이처럼 살펴보면 삼세를 통달하리라

如我稱揚讚歎者는　　　　此是四住諸功德이니
若能依法勤修行하면　　　速成無上佛菩提로다

나와 같이 칭찬하고 찬탄하는 이는
이것이 바로 제4 생귀주 공덕
이 법을 의지하여 부지런히 수행하면
위없는 보리지혜 속히 이루리라

◉ 疏 ◉

四住 六頌에 初三은 自分이오 次二는 勝進이오 後一은 結歎이라

제4 생귀주의 6수 게송 가운데,
첫째 3수 게송은 해당 생귀주의 부분이며,
둘째 2수 게송은 수승하게 닦아나감이며,
뒤의 1수 게송은 끝맺으면서 찬탄함이다.

第五 具足方便住

제5 구족방편주

經

從此第五諸菩薩을 **說名具足方便住**니
深入無量巧方便하야 **發心究竟功德業**이로다

제5주를 따르는 보살을
구족방편주라 말한다
한량없이 훌륭한 방편에 들어
마음 내어 공덕을 다하려 한다

菩薩所修衆福德이 **皆爲救護諸群生**이니
專心利益與安樂하야 **一向哀愍令度脫**이로다

보살이 닦아온 많은 복덕은
그 모두 중생 구제를 위함인 터
오로지 그 마음, 이익 주고 안락 주고
하나같이 연민으로 중생 해탈을 위함일세

爲一切世除衆難하고 **引出諸有令歡喜**하며
一一調伏無所遺하야 **皆令具德向涅槃**이로다

모든 세계 위해 재난을 없애주고

모든 세계 고통에서 끌어내어 기쁨을 주고
하나하나 조복하여 빠뜨림 없이
공덕을 모두 갖춰 열반을 얻게 한다

一切衆生無有邊과　無量無數不思議와
及以不可稱量等으로　聽受如來如是法이로다

모든 중생 끝이 없고
한량없고 수없고 헤아릴 수 없으며
일컬어 말할 수 없는 이들이
여래의 이러한 법 귀담아듣는다

此第五住眞佛子가　成就方便度衆生이니
一切功德大智尊이　以如是法而開示로다

이는 제5주의 진실한 불자
방편의 성취로 중생을 제도하니
일체 공덕 쌓으신 대지혜 세존이
이러한 법으로 보여주었다

◉ 疏 ◉

第五住 五頌에 初三頌은 自分이오 次一頌은 勝進이오 後一은 結歎이라

제5 구족방편주의 5수 게송 가운데,
첫째 3수 게송은 해당 방편구족주의 부분이며,

둘째 1수 게송은 수승하게 닦아나감이며,

뒤의 1수 게송은 끝맺으면서 찬탄함이다.

第六 正心住

제6 정심주

經

第六正心圓滿住는 　　於法自性無迷惑하야
正念思惟離分別일세 　　一切天人莫能動이로다

원만한 제6 정심주는
모든 법의 자성에 미혹이 없고
바른 생각으로 분별심 여의었기에
그 모든 천상, 인간이 흔들 수 없다

聞讚毁佛與佛法과 　　菩薩及以所行行과
衆生有量若無量과 　　有垢無垢難易度와

부처님과 불법을 찬탄하든 훼방하든
보살과 보살행을 찬탄하든 훼방하든
중생이 한량 있든 한량없든
때가 있든 때가 없든 제도하기 어렵든 쉽든

法界大小及成壞와　　若有若無心不動하야
過去未來今現在에　　諦念思惟恒決定이로다

법계가 크다 작다 이루고 파괴되고
있다 없다 말해도 흔들리지 않는 마음
과거, 미래, 현재 세계에
자세히 생각하고 항상 결정하여 동요가 없다

一切諸法皆無相이며　　無體無性空無實이며
如幻如夢離分別이니　　常樂聽聞如是義로다

일체 모든 법 그 모두 모양이 없고
자체도 자성도 없어 공하여 진실마저 없으며
마술 같고 꿈같고 분별심 없이
항상 기쁜 마음으로 이런 이치를 듣는다

◉ **疏** ◉

六住 四頌에 初三은 自分이오 於中後半頌은 是顯不動之意오 二 一頌은 勝進이라

제6 정심주의 4수 게송 가운데,

첫째 3수 게송은 해당 정심주의 부분인데, 그중의 제3게송 제3, 4구는 흔들리지 않은 뜻을 밝혔으며,

둘째 1수 게송은 수승하게 닦아나감이다.

第七 不退住

제7 불퇴주

經

第七不退轉菩薩은 **於佛及法菩薩行**의
若有若無出不出에 **雖聞是說無退動**이니

제7 불퇴주에 이른 보살은
부처님과 불법과 보살과 행이
있다 없다 벗어나다 벗어나지 못하다
아무리 이런 말을 들어도 물러서지 않는다

過去未來現在世에 **一切諸佛有與無**와
佛智有盡或無盡과 **三世一相種種相**이로다

과거, 미래, 현재 세계에
모든 부처님이 있든 없든
부처님의 지혜가 다하든 다하지 못하든
삼세가 한 모양이든 여러 모양이든

一卽是多多卽一과 **文隨於義義隨文**이여
如是一切展轉成을 **此不退人應爲說**하며

하나가 많음이고 많음이 하나이며

글이 뜻을 따르고 뜻이 글을 따라
이처럼 모든 게 전전하여 이뤄지는 일들을
불퇴주 보살에게 이런 도리 설법하고

若法有相及無相과 **若法有性及無性**의
種種差別互相屬을 **此人聞已得究竟**이로다

모든 법 모양이 있든 없든
모든 법 자성이 있든 없든
가지가지 차별은 서로서로 권속임을
이 사람이 듣고서 반드시 깨달으리라

◉ **疏** ◉

七住 四頌에 初二는 自分이오 後二는 勝進이라

제7 불퇴주의 4수 게송 가운데,
첫째 2수 게송은 해당 불퇴주의 부분이며,
뒤의 2수 게송은 수승하게 닦아나감이다.

第八 童眞住

제8 동진주

經

第八菩薩童眞住는　　身語意行皆具足하며
一切淸淨無諸失하야　　隨意受生得自在로다

제8 동진주 보살은
몸과 말과 뜻으로 행하는 삼업이 모두 구족하고
일체가 청정하여 잘못이 없어
마음대로 태어나 자재하여라

知諸衆生心所樂과　　種種意解各差別과
及其所有一切法과　　十方國土成壞相이로다

중생의 마음에 좋아하는 일
가지가지 이해와 모든 차별
그들이 소유한 모든 법
시방세계의 이뤄지고 무너짐을 모두 알고 있다

逮得速疾妙神通하야　　一切處中隨念往하며
於諸佛所聽聞法하고　　讚歎修行無懈倦이로다

빠르고 미묘한 신통 얻고
모든 곳에 생각대로 머물며
여러 부처님께 들은 법문을
찬탄하고 수행하여 게으름이 없다

了知一切諸佛國하고 震動加持亦觀察하며
超過佛土不可量이요 遊行世界無邊數로다

부처님 모든 국토 분명히 알고
진동하고 가지하고 관찰도 하며
헤아릴 수 없는 세계 모두 지나
수없는 세계를 두루 다닌다

阿僧祇法悉咨問하고 所欲受身皆自在하며
言音善巧靡不充하고 諸佛無數咸承事로다

아승기 한량없는 법 모두 묻고
뜻대로 받는 몸 모두 자재하고
음성이 교묘하여 두루 충만하고
수없는 부처님을 받들어 섬겼다

◉ 疏 ◉

八住 五頌에 初三은 自分이오 後二는 勝進이라

제8 동진주의 5수 게송 가운데,
첫째 3수 게송은 해당 동진주의 부분이며,
뒤의 2수 게송은 수승하게 닦아나감이다.

第九 法王子住

經

第九菩薩王子住는 能見衆生受生別하며
煩惱現習靡不知하고 所行方便皆善了로다

제9 법왕자주 보살은
중생이 각기 달리 태어나는 모습을 보고
현행번뇌, 습기번뇌 모두 알고
행할 바 모든 방편 죄다 잘 깨달았다

諸法各異威儀別과 世界不同前後際와
如其世俗第一義를 悉善了知無有餘로다

모든 법 각기 다르고 위의도 다르다
세계 공간이 다르고 앞뒤 시간이 다르다
세간의 모든 일과 출세간의 제일의제를
남김없이 분명하게 잘 알았다

法王善巧安立處와 隨其處所所有法과
法王宮殿若趣入과 及以於中所觀見과

법왕이 잘 안립한 곳과
처소에 따라 있는 법도와
법왕 궁전의 출입과

법왕 처소에서 보았던 것과

法王所有灌頂法과　　神力加持無怯畏와
宴寢宮室及歎譽여　　以此教詔法王子로다

법왕의 정수리에 물 붓는 법과
신통력의 가피로 두려움 없음과
궁전에 쉬고 주무심과 찬탄함이여
이런 법으로 법왕자를 가르치셨다

如是爲說靡不盡하야　　而令其心無所著이니
於此了知修正念하면　　一切諸佛現其前이로다

이처럼 모조리 그를 위해 말씀하여
그 마음에 집착이 없게 하셨나니
이를 잘 알고 바른 생각 닦으면
부처님이 그 앞에 나타나시리

◉ 疏 ◉

九住 五頌에 初二는 自分이오 後三은 勝進이라

제9 법왕자주의 5수 게송 가운데,
첫째 2수 게송은 해당 법왕자주의 부분이며,
뒤의 3수 게송은 수승하게 닦아나감이다.

第十 灌頂住

제10 관정주

經

第十灌頂眞佛子는　成滿最上第一法하야
十方無數諸世界를　悉能震動光普照로다

제10 관정주 진실한 불자는
가장 높은 으뜸가는 법을 원만하게 성취하여
무수한 시방세계
모두 진동하고 밝은 광명 두루 비쳤다

住持往詣亦無餘하고　淸淨莊嚴皆具足하며
開示衆生無有數하고　觀察知根悉能盡이로다

불법 지니고서 또한 남김없이 찾아가고
청정한 장엄 모두 갖추고
수없는 중생에게 열어 보이며
죄다 관찰하여 그들의 근기를 모두 알았다

發心調伏亦無邊하야　咸令趣向大菩提하며
一切法界咸觀察하야　十方國土皆往詣로다

마음 내어 조복함도 그지없어

큰 보리를 향하여 나가게 하고
일체 법계를 모두 살펴보면서
시방 국토 모두 찾아가신다

其中身及身所作과 神通變現難可測과
三世佛土諸境界를 乃至王子無能了로다
그 가운데 있는 몸과 몸으로 짓는 일
헤아리기 어려운 신통변화
삼세 불국토의 모든 경계를
법왕자주 보살마저 알 수 없다네

一切見者三世智와 於諸佛法明了智와
法界無礙無邊智와 充滿一切世界智와
일체를 보는 이의 삼세 지혜
모든 불법 분명하게 아는 지혜
법계의 걸림 없고 끝없는 지혜
일체 세계에 충만한 지혜

照曜世界住持智와 了知衆生諸法智와
及知正覺無邊智를 如來爲說咸令盡이로다
세계를 비추고 불법을 지닌 지혜
중생의 모든 법을 아는 지혜

정각의 그지없음을 아는 지혜
여래께서 그를 위해 모두 말씀해주셨다

◉ 疏 ◉

十住 六頌에 初四는 自分이니 於中三頌은 頌所成德用이오 一頌은 頌讚勝難測이며 後二頌은 勝進이라

제10 관정주의 6수 게송 가운데,

첫째 4수 게송은 해당 관정주의 부분인데, 그중의 3수 게송은 성취한 바의 공덕 작용이고, 1수 게송은 수승함이 불가사의함을 찬탄함이며,

뒤의 2수 게송은 수승하게 닦아나감이다.

第二 大段은 結歎勸修니라

제2 대단락은 수행을 권하면서 끝맺으며 찬탄함이다.

經

如是十住諸菩薩이 **皆從如來法化生**이라
隨其所有功德行하야 **一切天人莫能測**이로다

이와 같은 십주의 모든 보살은
여래의 법으로 화생한 보살이다
그들의 가진 공덕행을 따라

일체 하늘이나 인간이 헤아리지 못하리

◉疏◉

九頌分三이니 初一頌은 總歎十住니라

이의 9수 게송은 3부분으로 나뉜다.

첫 1수 게송은 십주를 총체로 찬탄함이다.

經

過去未來現在世에 **發心求佛無有邊**이라
十方國土皆充滿하니 **莫不當成一切智**로다

과거, 미래, 현재 세계에

불법 구하고자 발심한 이 그지없어

시방세계에 충만하니

일체 지혜 이루지 못할 이 없다

一切國土無邊際하고 **世界衆生法亦然**하며
惑業心樂各差別하니 **依彼而發菩提意**로다

일체 국토 끝없고

세계도 중생도 법 또한 그처럼 끝없는데

미혹의 업과 마음의 쾌락 각각 다르니

그들 따라 보리심을 일으키도록 하였다

始求佛道一念心을　　世間衆生及二乘이
斯等尙亦不能知어든　　何況所餘功德行가

처음 불법을 구하려는 한 생각을
세간의 중생, 성문 연각
그들도 오히려 알지 못하는데
하물며 그 나머지 공덕이야

十方所有諸世界를　　能以一毛悉稱擧하면
彼人能知此佛子의　　趣向如來智慧行이로다

시방에 널려 있는 모든 세계를
하나의 털로써 모두 들 수 있다면
그런 사람만이 이 지위에 있는 불자가
여래의 지혜행으로 나아감을 알리라

十方所有諸大海를　　悉以毛端滴令盡하면
彼人能知此佛子의　　一念所修功德行이로다

시방에 널려 있는 모든 바닷물을
모조리 털끝으로 찍어낸다면
그런 사람만이 이 지위에 있는 불자가
일념으로 닦아온 공덕행을 알리라

一切世界抹爲塵하고　　悉能分別知其數하면

如是之人乃能見　　　　此諸菩薩所行道로다

일체 세계 부수어 티끌 만들고
그 수효를 모두 헤아려 알 수 있다면
이런 사람만이 볼 수 있으리라
이것이 모든 보살이 행하신 도임을

◉ 疏 ◉

次六은 別歎發心住라

다음 6수 게송은 발심주를 개별로 찬탄함이다.

經

去來現在十方佛과　　　　一切獨覺及聲聞이
悉以種種妙辯才로　　　　開示初發菩提心이라도

시방 삼세 수없는 부처님
수없는 독각성 및 성문이
모두 가지가지 미묘한 변재로
처음 낸 보리심을 열어 보여도

發心功德不可量이라　　　　充滿一切衆生界하니
衆智共說無能盡이어든　　　　何況所餘諸妙行가

초발심한 공덕은 헤아리기 어려워
일체 중생세계에 가득하니

수많은 지혜로 함께 말해도 다하지 못하는데

하물며 그 나머지 여러 행이야 알 턱이 있겠는가

◉ **疏** ◉

後二는 結歎初心하야 況出修行이라

十住品을 竟하다

뒤의 2수 게송은 초발심을 끝맺으면서 찬탄하여 수행을 비유한 것이다.

십주품을 끝마치다.

십주품 제15-2 十住品 第十五之二

화엄경소론찬요 제32권 華嚴經疏論纂要 卷第三十二

화엄경소론찬요 제33권
華嚴經疏論纂要 卷第三十三

◉

범행품 제16
梵行品 第十六

此品은 四門分別이니 初는 來意니라

이 품은 4분야(來意·釋名·宗趣·釋文)로 구분된다.

1. 유래한 뜻

◉ 疏 ◉

來意 有六하니 一은 前是正位나 今辨位中之行일세 故次來也니라

二는 前明諸位別行이어니와 今辨諸位通行이오

三은 前通前俗이어니와 今別顯出家所行이오

四는 前明隨相差別이어니와 今顯會緣入實이라【鈔_ 言'隨相'者는 卽如前別行은 行旣不同일세 卽是隨相이어니와 今此觀意는 於身無所取오 於修無所著이며 乃至受無相法하며 觀無相法하며 知一切法이 卽心自性等故니라】

유래한 뜻에는 6가지가 있다.

(1) 앞의 십주품의 정위(正位)이지만 여기에서는 정위의 行을 논변한 까닭에 다음으로 본 품이 유래한 것이다.

(2) 앞에서는 모든 지위의 別行을 밝혔지만 여기에서는 모든 지위의 通行을 논변하였다.

(3) 앞에서는 道와 俗에 통하지만 여기에서는 출가의 행할 바를 개별로 밝힌 것이다.

(4) 앞에서는 상에 따른 차별을 밝혔지만 여기에서는 인연을 만나 실상에 들어가는 점을 밝혀주었다.【초_ '상에 따른 차별'이라

말한 것은, 앞의 別行은 행이 이미 똑같지 않은 까닭에 상은 다르지만 여기에서 그 뜻을 살펴보면 몸에서 취하는 바가 없으며, 수행에 집착하는 바가 없으며, 내지 형상이 없는 법을 받으며, 형상이 없는 법을 살펴보며, 일체의 법이 곧 마음의 자성임을 안다 등이기 때문이다.】

五는 爲顯入住之因이니 謂自他二種梵行淨故로 則入初住也니라【鈔_ 以說位竟에 恐物尋因이라 故令修此니 如先知滅하고 後示道故니라】

(5) 십주에 들어가는 원인을 밝힘이다. 이는 나와 남의 2가지 梵行이 청정한 까닭에 곧 초발심주에 들어감을 말한다.【초_ 지위에 대한 말을 끝마침에 중생이 그 원인을 찾을까 두려운 마음에 그들로 하여금 이를 닦도록 함이다. 먼저 적멸을 알게 하고 뒤에 도를 보여주는 것과 같기 때문이다.】

六은 別顯初住成佛이니 則類前諸位에 位位成佛이 不由他悟之相也라 具上諸意일세 有此品來니라【鈔_ 謂前一一位末에 皆云欲令菩薩有所聞法에 卽自開解하고 不由他教라하니 此但總標이라 故今釋云與此觀行相應이면 卽得初心成佛이니 知一切法이 卽心自性이면 成就慧身호되 不由他悟니라】

(6) 초발심주의 성불을 개별로 밝힘이다. 이는 곧 앞의 모든 지위에 지위마다의 성불이 남에 의해 깨달음을 얻지 않는다는 모습과 같다. 위에 말한 여러 가지의 뜻을 모두 갖추고 있기에 이 품이 유래하게 된 것이다.【초_ 앞 십주품에서 하나하나 지위의 끝부분에 모두 "보살로 하여금 들었던 법을 스스로 이해하여 더 이상 다

른 이의 가르침을 따르지 않도록 하기 위한 때문이다."고 말하고 있다. 이는 단 총체로 밝힌 까닭에 여기에서 해석하여 말하기를 "이와 더불어 觀行이 상응하면 곧 초발심에 성불할 수 있다. 일체법이 곧 마음의 자성임을 알면 지혜의 몸을 성취하되 더 이상 다른 이의 가르침에 의해 깨달음을 얻지 않는다."고 하였다.】

二 釋名

2. 품명을 해석하다

◉ **疏** ◉

釋名者는 梵은 是西域之音이니 具云勃嚂摩이며 此翻爲淨이니 揀上淨行하야 立梵行名이라 離染中極일세 故名爲梵이오 卽梵爲行일세 故名梵行이니 持業釋也니라 亦有云眞境爲梵이오 智契爲行이며 或涅槃爲梵이오 修因爲行이니 此二는 依主釋이라

품명을 해석함에 있어 梵이란 서역의 음이다. 구체적으로 말하면 勃嚂摩(brahman)인데, 중국에서는 이를 청정의 뜻으로 번역한다. 위의 淨行과 차별을 두어 梵行이라는 명제를 세웠다.

잡염을 여읜 가운데 극치인 까닭에 그 이름을 梵이라 하고, 梵과 하나가 된 行이기에 그 이름을 梵行이라 하니 주어와 수식어를 구별하여 해석하는 持業釋이다.

또한 어떤 사람은 "참 경계가 梵이고 지혜에 계합함이 行이다."

고 하며, 또는 "열반이 梵이고 수행의 원인이 行이다."고 한다. 이 2가지의 설은 주체가 되는 낱말에 의지하여 해석하는 依主釋이다.

梵行은 以何爲體오 體畧有三하니 一者는 卽戒니 戒能防非라 故得稱梵이오 二者는 四等이오 三者는 是慧니 涅槃 五行中에 梵行이 卽四無量이며 亦七善知어니와 今此品中에 具含三義니라【鈔_ '涅槃五行'者는 卽涅槃十一聖行品에 謂一聖行, 二梵行, 三天行, 四嬰兒行, 五病行이라' 하다 '卽四無量'等者는 經具此二이오 古德出體에 亦用此二라 其梵行品은 在十五經이라 四無量義는 次下自明이라

'亦七善知'者는 經云'善男子여 云何爲菩薩摩訶薩梵行고 善男子여 菩薩摩訶薩이 住於大乘大般涅槃하야 住七善法이면 得具梵行이니라 何等爲七고 一者는 知法이오 二者는 知義오 三은 知時오 四는 知足이오 五는 知自오 六은 知衆이오 七은 知尊卑니라'하니 彼文廣釋이어니와 今當畧示호리라

知法은 謂知十二部經이오 知義는 謂一切文字語言에 善知其義오 知時는 謂如是時中에 堪修靜慮하고 如是時中에 堪修精進等이오 知足은 謂飮食衣服藥等이오 知自者는 謂我有如是信戒等이오 知衆은 謂刹利婆羅門等이오 知尊卑는 云'善男子여 有二種人하니 一者는 信이오 二者는 不信이니 菩薩은 當知하라 信者는 是善이오 不信者는 不名爲善이오 信復二種이니 一者는 往詣僧坊이오 二者는 不往이니 往詣者는 善이오 不往詣者는 不名爲善이라 如是禮拜聽法하고 至心思義하고 如說修行하야 求聲聞乘하며 廻向大乘이라'하니 展轉皆同初二라 故後結云'廻向大乘이나 最上最善은 不出尊卑之名이라'하니 意云善者爲尊이오 不

善者爲卑니 則後後는 尊於前前耳라】

범행은 무엇으로써 체성을 삼는가? 그 체성은 간단하게 3가지가 있다.

(1) 戒이다. 계율은 잘못을 막아주기에 梵이라 일컫는다.

(2) 四等[15]이다.

(3) 慧이다. 열반경에서 말한 '五行' 가운데 梵行이 곧 四無量이자 또한 七善知이지만, 이 품에서는 3가지의 의의를 모두 포괄하고 있다. 【초_ '열반경에서 말한 五行'이란 열반경 제11 聖行品에 이르기를 "① 聖行, ② 梵行, ③ 天行, ④ 嬰兒行, ⑤ 病行."이다.

'卽四無量' 등이란 경에서는 이 2가지를 갖췄고 옛 스님이 몸을 낸 것 또한 이 2가지를 썼다. 그 범행품은 15經에 있다. '四無量'의 의의는 다음 아래 해당 부분에서 스스로 밝히고 있다.

'亦七善知'란 경에 이르기를 "선남자여, 어떤 것을 보살마하살의 범행이라 하는가? 선남자여, 보살마하살이 대승의 大般涅槃[16]에 머물면서 7가지의 착한 법에 안주하면 범행을 갖출 수 있다. 그 무엇이 7가지의 착한 법인가? ① 법을 알고, ② 이치를 알고, ③ 때를 알고, ④ 만족을 알고, ⑤ 자기를 알고, ⑥ 대중을 알고, ⑦ 존

15 四等: 또한 四無量, 四等心, 四梵住, 四梵行, 無量心解脫이라고도 말함. 4가지의 광대한 利他心. 한량없는 중생에게 고통을 여의고 즐거움을 얻어주기 위해 일으키는 慈(Maitrī)·悲(Karuṇā)·喜(Muditā)·舍(Upekṣā) 4가지의 마음.

16 大般涅槃: Mahāparinirvāna, 摩訶般涅槃那라 하며, 大入滅息·大滅度·大圓寂入으로 번역한다. 열반과 같음.

비를 아는 것이다."고 하였다. 그 경문에서는 자세히 해석했지만 여기에서는 간단하게 적고자 한다.

① 법을 안다는 것은 十二部經을 앎을 말하며,

② 이치를 안다는 것은 일체 문자 언어의 뜻을 잘 앎을 말하며,

③ 때를 안다는 것은 이럴 때에는 靜慮를, 이럴 때에는 정진을 수행하는 등을 말하며,

④ 만족을 안다는 것은 음식·의복·약 등을 말하며,

⑤ 자기를 안다는 것은 내가 이와 같이 신심·계율 등이 있음을 말하며,

⑥ 대중을 안다는 것은 찰리종과 바라문종 등을 말하며,

⑦ 존비를 안다는 것은 "선남자여, 2가지 부류의 사람이 있다. 하나는 믿음이며, 둘째는 믿지 않음이다. 보살은 알아야 한다. 믿음이란 선이요, 믿지 않음은 선이라 말하지 못한다. 믿음 또한 2가지가 있다. 하나는 도량을 찾아감이며, 둘째는 찾아가지 않는 것이다. 도량을 찾는 자는 선이요, 찾지 않는 자는 선이라 말하지 못한다. 이와 같이 절을 올리고 법문을 듣고, 지극한 마음으로 이치를 생각하고, 설법처럼 수행하여 성문승을 추구하며 대승에 회향한다."고 하였다.

輾轉하여 ①~②의 법과 이치를 안다는 것과 같은 까닭에 마지막에 끝맺기를 "대승에 회향하여 가장 높고 가장 선하지만 존비의 이름에서 벗어나지 않는다."고 하였다. 그 뜻은 다음과 같다.

선한 자는 존귀하고 불선한 자는 낮다. 이는 곧 뒤로 가면 갈수

록 앞의 앞보다 존귀하다.】

然이나 此三各二니 戒有二者는 一 隨相이오 二 離相이어니와 今文은 卽相無相이니 依如來敎하야 染衣出家하야 乞食正命은 是隨相也오 於修無所著이면 則戒相如虛空은 卽離相也니라

四等二者는 一 有緣이오 二 無緣이니 生緣法緣은 皆名爲有어니와 今卽緣無緣이니 觀察衆生하야 而不捨離는 是有緣也오 了知境界如幻如夢은 卽無緣也니라

慧有二者는 一 有分別이오 二 無分別이어니와 今卽分別은 是無分別이니 謂於十法에 一一推徵은 是分別也오 觀無相法하야 了知平等하야 離念契玄은 卽無分別也라

上三中二義에 各初義는 通凡小오 後義는 唯大乘이니 此二不二 爲實敎梵行이어니와 若一行具一切佛法이면 方是華嚴之梵行也니라

그러나 계율·사무량심·지혜 3가지는 각각 2가지의 의의가 있다.

계율에 2가지의 의의가 있다는 것은 첫째는 상을 따른 것이며, 둘째는 상을 여읜 것이지만, 이의 문장에서는 상과 하나가 된, 상이 없는 자리이다. 부처님의 가르침을 따라서 검은 먹물 옷을 입고서 출가하여 걸식하면서 正命의 생활을 함은 상을 따른 것이며, 수행에 집착하는 바가 없어 곧 계율의 상이 허공과 같아서 상을 여읜 것이다.

사무량심에 2가지의 의의가 있다는 것은 첫째는 반연이 있음이며, 둘째는 반연이 없음이다. 生緣과 法緣은 모두 반연이 있다고 말하지만, 이 문장에서는 반연과 하나가 되어 반연이 없음이다. 중

생을 관찰하여 저버리지 않음은 반연이 있음이며, 경계가 허깨비와 같고 꿈과 같은 줄을 아는 것은 곧 반연이 없음이다.

지혜에 2가지의 의의가 있다는 것은 첫째는 분별이 있음이며, 둘째는 분별이 없음이지만, 이 문장에서는 분별이 하나가 되어 분별이 없다. 10가지의 법에 하나하나 따져 묻는 것은 분별이 있음이며, 상이 없는 법을 살펴서 평등함을 깨달아 생각을 여의어 현묘한 이치와 하나가 된 것은 분별이 없음이다.

계율·사무량심·지혜 3가지 가운데, 각각 2가지 의의 중에 각각 첫째 의의는 범부와 소인에 통하고, 둘째 의의는 오직 대승에게만 통한다. 이처럼 2가지 의의이지만 2가지가 아님이 實敎의 梵行이지만, 만일 하나의 행이 모든 불법을 모두 갖추고 있다면 바야흐로 이는 화엄의 범행이다.

梵은 卽是淨이니 但以性淨故로 卽行淨이오 行淨故로 則智慧淨이오 智慧淨故로 則心淨이오 心淨故오 一切功德淨이오 乃至成佛히 功歸於行이라 故云淨行이니라 然前信中之淨은 隨事造修하야 悲智兼導어니와 至此純熟하얀 了心自性 悲智無二라 故小有不同이니라

梵은 곧 청정이다. 단 성품이 청정한 까닭에 곧 행이 청정하고, 행이 청정한 까닭에 곧 지혜가 청정하고, 지혜가 청정한 까닭에 곧 마음이 청정하고, 마음이 청정한 까닭에 일체 공덕이 청정하고, 내지 성불하기까지 그 공이 행에 귀결 지어진 까닭에 범행을 淨行이라 말한다.

그러나 앞에서 말한 십신 가운데 청정은 일을 따라 닦아나가

大悲와 大智를 모두 겸하여 이끌어가지만, 여기에 이르러 순숙하여서는 마음 자성의 대비와 대지가 둘이라는 차이가 없기 때문에 조금 다른 점이 있다.

三 宗趣

3. 종취

◉ 疏 ◉

宗趣者는 卽以悲智無二와 事理雙修의 觀行으로 爲宗하고 疾滿一切佛法으로 爲趣니라

宗趣란 자비와 지혜가 둘이라는 차이가 없고 세속의 사법계와 眞諦의 이법계를 모두 닦아가는 觀行으로 宗을 삼고, 일체 불법을 빠르게 원만히 성취하는 것으로 趣를 삼는다.

◉ 論 ◉

將釋此品에 約作三門分別호리니 一은 釋品名目이오 二는 釋品來意오 三은 隨文釋義라

장차 이 품을 해석함에 있어 간단하게 3부분으로 나누고자 한다.

(1) 품의 명목을 해석함이며,

(2) 품의 유래한 뜻을 해석함이며,

(3) 문장을 따라 뜻을 해석함이다.

第一에 釋品名目者는 何故로 云梵行品고 梵者는 此云淨也니 云以其淨行으로 利衆生故로 常居世間에 行一切行法하야 化利衆生호되 無行可得하야 則無行不淨일세 是故로 名爲梵行也라

又約能問之主하야 名曰正念은 無念之念일세 名爲正念이며 隨行無念일세 名爲正念이오 行念總無하야 以斯益物일세 名第一義天이오 以天有慈일세 名爲天子라

又約能說之人하야 名爲法慧는 隨行無念을 名之爲法이며 以法簡情을 名之爲慧니 起情乖理 名無法慧오 達理情亡이 名爲法慧라 今約能問之主와 所說法人과 及所說法하야 總名淨行品이니 品者는 均分理教義라

(1) 품의 명목을 해석함에 있어 무슨 까닭에 범행품이라 말했는가? 梵이란 중국 말로는 청정하다는 뜻이다. 그 청정한 행으로써 중생에게 이익을 주기 때문에 항상 세간에서 거처할 때에는 일체 행법을 행하여 중생을 교화하여 이익을 주되 행하는 일이 없어 모든 행들이 청정하지 않음이 없다. 이 때문에 梵行이라고 말한다.

또한 물음의 주체를 가지고서 그 이름을 正念이라 말한 것은 생각이 없는 생각이기에 이를 '바른 생각[正念]'이라 하며, 행을 따라 생각이 없는 까닭에 그 이름을 '바른 생각'이라 하고, 행과 생각이 모두 없어 이로써 중생에게 이익을 준 까닭에 그 이름을 第一義天이라 하고, 하늘에 의한 자비의 마음이 있기에 그 이름을 天子라 한다.

또한 설법의 주체가 되는 사람의 그 이름을 法慧라 하고, 행을 따라 생각이 없는 것을 '法'이라 하며, 법으로써 情을 가려서 분별

할 줄 아는 것을 '慧'라고 말한다. 정욕을 일으켜 이치에 어긋난 것을 '법이 없는 지혜'라 말하고, 진리를 통달하여 정욕이 사라진 것을 法慧라고 말한다.

여기에서는 물음의 주체가 되는 사람, 설법의 주체가 되는 사람 및 설법할 대상으로서의 법을 들어 총체로 '정행품'이라 명명한 것이다. 品이란 진리와 가르침을 균등하게 나눈 의의이다.

第二에 釋品來意者는 前品에 明住佛無所住之門일세 故로 還行無行之行이니 是故로 此品이 須來라 無住之住 名爲佛住오 無行之行으로 利益無衆生之衆生이 名爲淨行이니 是故로 此品이 須來니라

(2) 품의 유래한 뜻을 해석한다는 것은 앞의 십주품에서 부처님이 머문 바가 없는 법문에 머문 것을 밝힌 까닭에 또한 행함이 없는 행을 행한 것이다. 이 때문에 십주품을 뒤이어서 이 품을 쓴 것이다.

머문 바가 없는 법문에 머문 것은 부처님이 머문 자리이고, 행함이 없는 행을 행한 것으로 중생이 없는 중생에게 이익을 주었기에 그 이름을 淨行이라 한다. 이 때문에 이 품을 뒤이어서 쓰게 된 것이다.

第三에 隨文釋義者는 科此一品經에 約作七門分別호리니 如文具明이라

(3) 문장에 따라 뜻을 해석함에 있어 이 품의 경문의 科判은 간단하게 7부분으로 구분된다. 이는 경문에서 보는 바와 같이 구체적으로 밝히고 있다.

第四는 釋文이라 文分爲二니 先은 問이라

4. 경문의 해석

경문은 2단락으로 나뉜다.

앞 단락은 제1. 물음이다.

經

爾時에 **正念天子**가 **白法慧菩薩言**호되 **佛子**여 **一切世界諸菩薩衆**이 **依如來敎**하야 **染衣出家**인댄 **云何而得梵行淸淨**하야 **從菩薩位**로 **逮於無上菩提之道**이닛고

그때 정념천자가 법혜보살에게 말하였다.

"불자여, 일체 세계의 모든 보살들이 여래의 가르침을 따라 먹물 들인 옷을 입고 출가했으면, 어떻게 해야 범행이 청정하며, 보살의 지위로부터 위없는 보리의 도에 이를 수 있습니까?"

◉ 疏 ◉

文二니 先敍問答之人이라 正念天子問者는 天은 淨也니 表所問事理染相絕故며 梵依天行而得成故로 念與無念이 二而不二 爲正念也라 法慧答者는 表巧慧窮法이라【鈔_ 梵依天行者는 涅槃天行이니 經文不釋코 指在華嚴이라 古人 出體 亦有二義하니 一은 指八禪이오 二는 卽淨天이라 淨天은 卽第一義天이니 見第一義에 梵行成矣라 故依天行得成이라하니라】

경문은 2부분으로 나뉜다.

앞에서는 묻고 답하는 사람을 말하고 있다.

正念天子가 물은 것은 天이란 청정함이다. 물은 바의 사리가 잡염된 모습이 끊어짐을 나타낸 때문이며, 梵은 天行을 의지하여 성취한 까닭에 생각이 있거나 없는 것이 2가지이지만 둘의 차이가 없는 것이 正念이다.

법혜보살이 답한 것은 뛰어난 지혜로 법을 모두 밝힘을 나타낸 것이다. 【초_ "梵은 天行을 의지한다."는 것은 열반경에서 말한 '天行'이다. 경문에서는 해석하지 않고 화엄경에 있다고 가리켰다. 옛 사람이 몸을 나타내는 것 또한 2가지의 의의가 있다. 첫째는 八禪을 가리키고, 둘째는 곧 淨天이다. 정천은 第一義天이다. 제일의를 보면 범행이 성취되는 까닭에 "천행을 의지하여 성취한다."고 말한 것이다.】

後'佛子'下는 正顯問端이니 於中에 先擧所問境이오 次'云何'下는 述所問相이라 問相有二하니 一은 問行淨所因이니 謂隨相持戒之梵行이 云何得離相之淸淨고 二'從菩薩'下는 問因所得果니라

뒤의 '佛子' 이하는 바로 물음의 실마리를 나타낸다. 그 가운데 먼저 묻고자 하는 대상의 경계를 들어 말하였고, 다음 '云何' 이하는 묻고자 하는 대상의 모습을 서술하였다.

묻고자 하는 대상의 모습에는 2가지의 의의가 있다.

(1) 범행청정의 원인이 되는 바를 물은 것이다. 출가의 모습에 따라 계율을 지키는 범행으로 어떻게 하면 출가의 모습을 여읜 청

정을 얻을 수 있을까?

(2) '從菩薩' 이하는 원인으로 얻게 되는 과보를 묻는다.

第二는 答이라 答前二問이니 卽爲二別이니 先은 答行淨所因이며 後'若諸菩薩'下는 答因所成果니 斯卽觀成利益也라

今初는 分二니 先은 明自行淸淨이니 卽離相之戒成이오 後'復應修習'下는 明利他之行淨이니 卽無緣之四等이니 二種智慧 通在兩文하야 爲能淨故니라

前中分四니 一은 總示所應이오 二'所謂'下는 列名畧釋이오 三'若身是'下는 廣陳修相이오 四'如是觀已'下는 顯觀成相이라 今은 初라

제2. 법혜보살의 대답

앞의 2가지 물음에 대한 대답이다. 이는 2단락으로 구분된다.

1. '범행청정의 원인이 되는 바'에 대한 답이며,

2. '若諸菩薩' 이하는 '원인으로 성취되는 과보'에 대한 답이다. 이는 곧 觀成의 이익이다.

1. 범행청정의 원인이 되는 바는 다시 2부분으로 나뉜다.

1) 自利行의 청정을 밝힘이니 곧 相을 여읜 계율을 성취함이며,

2) '復應修習' 이하는 利他行의 청정을 밝힘이니 곧 반연이 없는 四無量心이다. 2가지(有分別, 無分別)의 지혜가 앞뒤 부분의 문장을 모두 통하여 청정케 해주는 주체가 되기 때문이다.

1) 自利行의 청정은 다시 4부분으로 나뉜다.

(1) 응할 대상을 총체로 보여주며,

(2) '所謂' 이하는 列名으로 간단하게 해석하며,

(3) '若身是' 이하는 수행상을 자세히 서술하며,

(4) '如是觀已' 이하는 觀의 成相을 나타냄이다.

이는 (1) 응할 대상을 총체로 보여준다.

經

法慧菩薩이 **言**하사대 **佛子**여 **菩薩摩訶薩**이 **修梵行時**에 **應以十法**으로 **而爲所緣**하야 **作意觀察**이니

법혜보살이 말하였다.

"불자여, 보살마하살이 범행을 닦을 때에는 열 가지의 법으로 반연을 삼고 뜻을 내어 관찰해야 한다.

◉ **疏** ◉

作意者는 不墮無記故오 觀察者는 以慧推求故니라

作意란 無記에 떨어지지 않으려는 때문이며, 관찰이란 지혜로 추구하려는 때문이다.

第二는 列名畧釋이라

(2) 명제를 나열하여 간단하게 해석하다

經

所謂身과 **身業**과 **語**와 **語業**과 **意**와 **意業**과 **佛**과 **法**과 **僧**과 **戒**니라

應如是觀호되 **爲身是梵行耶**아 **乃至戒是梵行耶**아

이른바 몸과 몸의 업,

말과 말의 업,

뜻과 뜻의 업,

부처님, 법, 스님, 계율이다.

마땅히 몸이 범행일까? 내지 계율이 범행일까? 이를 살펴보아야 할 것이다.

◉ **疏** ◉

初列十法이니 卽列上所緣之境이오 後'應如是觀'下는 釋上作意觀察所以니라 唯令觀十法者는 一은 爲成圓數오 二는 梵行緣體 不離此十이니 謂身口意三은 是行所依處오 三業은 行因이오 三寶는 行緣이오 戒爲行體니라

앞부분에서는 10가지 법을 나열하였다. 여기에서는 위에서 말한 '반연의 대상이 되는 경계'를 나열하고, 뒷부분의 '應如是觀' 이하는 위에서 말한 '뜻을 내어 관찰해야' 하는 이유를 해석하였다.

오직 10가지 법만을 살피도록 한 것은, 첫째는 원만한 수효를 이루기 위함이며, 둘째는 범행의 반연 본체가 이 10가지 법을 여의지 않기 때문이다. 身·口·意 3가지는 범행의 의지처이며, 三業은

범행의 원인이며, 三寶는 범행의 반연이며, 戒는 범행의 본체가 됨을 말해주는 것이다.

問이라 以善三業으로 歸於三寶하야 得受隨戒인댄 何要觀耶아 答이라 若不觀察하고 取相堅持면 同權小故며 見戒從緣하야 起心持戒면 爲迷倒故니라

云何觀耶오 廣在下文호니 今畧釋之리라 意云十中隨一若是하면 餘九卽非니 明假衆緣하야 以顯無性이온 況十中各十을 一一推徵에 相盡理現을 名眞梵行이라하니라

"선한 삼업으로써 삼보에 귀의하여 계를 받고 따르면 어찌 굳이 觀할 것이 있겠는가?"

"만일 살펴보지 않고서 겉모습만을 취하여 굳건히 지니면 權小와 같기 때문이며, 계를 보고 반연을 따라 마음을 일으켜 계를 지니면 미혹과 전도되기 때문이다."

어떻게 살펴보아야 하는가? 아래 경문에 자세히 설명하고 있기에, 여기에서는 간단하게 해석하겠다. 그 뜻은 다음과 같다.

10가지의 법 가운데 한 가지만 옳은 것을 따르면 나머지 9가지는 곧 잘못된 것이다. 거짓된 수많은 반연을 밝혀 자성이 없음을 나타내야 하는 바, 하물며 10가지의 법 가운데 각각 10가지의 법을 하나하나 추구하고 물으면서 겉모습이 다하여 진리가 나타나는 것을 진실한 梵行이라고 말함이야!

第三은 廣陳修相이니 卽尋思觀也라 所觀十法은 卽爲十段이니 前六은 通染이라 是故로 但約染淨相違하야 名非梵行이라하고 亦不析破彼法自體어니와 後四는 唯淨이라 順於梵行일세 故分析體空이어니 何有梵行가 十中에 各先總牒觀境이오 後는 以十事로 徵顯其非니라 今初는 身具라

(3) 수행상을 자세히 서술한 것으로 곧 尋思觀이다.

관찰의 대상인 10가지 법은 곧 10단락이다.

앞의 6가지 법은 잡염에 통한 터라 이 때문에 단지 잡염과 청정이 서로 어긋난 점만을 들어 '범행이 아니다.'고 말하였고, 또한 그 법의 자체는 깨뜨리지 않았지만 뒤의 4가지 법은 오직 청정만을 말하였다. 이는 범행을 따른 때문이다. 본체가 공함을 분석했는데, 어찌 범행이 있겠는가.

10가지 법 가운데 각각 앞부분은 경계를 살펴보는 것으로 총체로 이어 말하였고, 뒷부분은 10가지의 일에 따라 그 잘못된 부분들을 물어 밝힌 것이다.

이의 제1. 身具이다.

經

若身이 **是梵行者**인댄 **當知梵行**이 **則爲非善**이며 **則爲非法**이며 **則爲渾濁**이며 **則爲臭惡**이며 **則爲不淨**이며 **則爲可厭**이며 **則爲違逆**이며 **則爲雜染**이며 **則爲死屍**며 **則爲蟲聚**니라

만일 몸이 범행이라면, 범행은 선하지 않은 것이며, 법답지 않

은 것이며, 혼탁한 것이며, 악취 나는 것이며, 부정한 것이며, 싫은 것이며, 어기는 것이며, 더러운 것이며, 주검이며, 벌레 무더기임을 알아야 한다.

◉ 疏 ◉

一'非善'者는 身通不善이라 體非順理어니와 梵行은 善性이라 體能順理니라 二法旣殊인댄 明身非梵行이니 梵行何在오 他皆倣此니라 當知梵行之言은 貫通諸句니라

二는 體是無記라 非可軌法이오 三은 飮食資成이오 四는 自相臭惡오 五는 自性不淨이오 六은 種子住處等이 皆悉可厭이오 七은 四蛇違反이오 八은 業惑所依故오 九는 是身無知오 又要當死일세 究竟不淨故오 十은 八萬戶蟲에 戶有九億이니 全以蟲聚로 成其身故니라【鈔_ '身通不善'者는 五陰成身에 行陰廣攝이라 言'體非順理'者는 順理生心이 名爲善故니라

'二體是無記'者는 色是報色이라 故爲無記니라

'四自相臭惡'者는 此中에 示五不淨이니 卽智論云'行者 依淨戒住하야 一心行精進하야 觀五種不淨相이니 一은 種子不淨이니 謂攬父母精血과 業因識種하야 以成身分故오 二는 住處不淨이니 於母胎中 生藏之下와 熟藏之上故오 三은 自體不淨이니 謂三十六物로 以成身故오 四는 自相不淨이니 亦名外相不淨이니 謂九孔常流하야 眼出眵淚하고 耳出結聹하고 鼻中流涕하고 口出涎唾하고 大小便道에 常出不淨이오 五는 究竟不淨이니 氣絶已後에 膨脹臭爛하야 甚成可惡이라'하니 今疏에

已暗配니라

'種子住處'等者는 然五不淨은 皆悉可厭이로되 以上配自性自相하고 下配究竟이라 故牒此二하야 等取餘三이라

言'皆可厭'者는 智論에 五皆有偈結之니

一 種子偈云'是身種不淨이라 非餘妙寶物이니라 不由白淨生이오 但從穢道出이라'하고

二 住處偈云'是身爲臭穢이오 不從華間生이며 亦不從薝蔔이며 又不出寶山이라'하고

三 自性偈云'地水火風質이 能變成不淨하니 傾海洗此身이라도 不能令香潔이라'하고

四 外相偈云'種種不淨物이 充滿於身中하야 常流出不止 如漏囊盛物이라'하고

五 究竟偈云'審諦觀此身컨대 必歸於死處라 難御多反覆이라 背恩如小兒'라하고 結云'行人修此觀이면 成破淨倒想이라 故五種皆可厭也라'하니라

'八萬戶蟲'者는 諸經多說이나 下十藏品에 自有明文이라 觀佛三昧海經 觀相品에 云'云何菩薩降魔時에 白毫相光고' 乃至云'魔有三女하니 至菩薩所하야 白菩薩言호되 我是天女라 盛美無比하니 今以微身으로 奉上太子하야 供給左右하야 可備掃灑하리다 太子寂然하사 身心不動하고 以白毫擬之하야 令三天女로 自見身內에 膿囊涕唾와 九孔筋脈과 一切根本과 大腸小腸과 生藏熟藏이 於其中間에 廻伏宛轉하야 踊生諸蟲하니 其數滿足하야 有八萬戶하니 戶有九億이라 諸小蟲等

이 遊戲之時에 走入小腸호되 皆有四口하야 張口向上하고 大蟲遊戲에 入大腸中하고 從腸中出하야 復入胃中하고 復生四蟲하니 如四蛇合이라 上下同時에 唼食諸藏할세 滓盡汗出하야 入眼爲淚오 入鼻爲涕오 聚口成唾오 放口成涎이며 薄皮厚皮와 筋髓諸脈에 悉生諸蟲호되 細於秋毫하니 衆數甚多하야 不可具說이라 其女 見此에 卽便嘔吐 從口而出하야 無有窮盡이라'하니라

'全以蟲成'者는 卽大婆沙中說이니 人身內에 竝是蟲聚라 蟲頭在內하야 食人所食하고 蟲尾在外하야 辮作人皮故니라】

① 선하지 않음이란 몸은 선하지 못한 데에 통한 터라 몸이 진리를 따르지 않지만, 범행은 선한 성품이라 몸이 진리를 따르는 것이다. 이처럼 2가지의 법이 다른 것으로 보면 몸이란 청정한 범행이 아님이 명백하다. 범행이 그 어디에 있을 수 있겠는가. 아래의 다른 법도 이와 같다. '범행[當知梵行]'이라는 말은 모든 구절을 관통하고 있음을 알아야 한다.

② 법답지 않음이란 우리의 몸은 無記라 본받을 만한 법이 아니기 때문이며,

③ 혼탁한 것이란 음식에 힘입어 이뤄진 몸이기 때문이며,

④ 악취 나는 것이란 자체의 형상이 악취이기 때문이며,

⑤ 부정한 것이란 자성이 부정하기 때문이며,

⑥ 싫은 것이란 종자와 住處 등이 모두 싫기 때문이며,

⑦ 어기는 것이란 四蛇(四大)가 어기기 때문이며,

⑧ 더러운 것이란 業惑이 의지하는 바이기 때문이며,

⑨ 주검이란 몸이 무지이며, 또한 마땅히 죽어야 할 몸으로 결국 부정이기 때문이며,

⑩ 벌레 무더기란 8萬戶의 벌레이다. 하나의 戶에는 9억 마리의 벌레가 있다. 이는 모두 벌레 더미로 몸을 이루고 있기 때문이다. 【초_ "몸은 선하지 못한 데에 통한다."는 것은 五陰으로 몸을 이뤄 行陰이 널리 받아들여지고 있기 때문이다.

"몸이 진리를 따르지 않는다."고 말한 것은 진리를 따라 마음을 내는 것을 선하다고 말하기 때문이다.

"② 우리의 몸은 無記이다."는 것은 色이 報色이기 때문에 선악의 분별이 없는 상태[無記]를 말한다.

"④ 자체의 형상이 악취이다."는 것은 5가지의 깨끗하지 못한 것을 보여준다. 지도론에 이르기를 "수행자는 청정한 계율을 따라 머물면서 한결같은 마음으로 정진을 행하여 5가지의 깨끗하지 못한 모습을 살펴보아야 한다.

㉠ 종자가 깨끗하지 못하다. 부모의 정기와 피, 업보의 원인, 識의 종자를 가지고서 신체를 이뤘기 때문이다.

㉡ 머문 곳이 깨끗하지 못하다. 모태 가운데 生藏의 아랫부분, 熟藏의 윗부분에 있기 때문이다.

㉢ 자체가 깨끗하지 못하다. 36가지 물체로 우리의 신체를 이뤘기 때문이다.

㉣ 自相이 깨끗하지 못하다. 혹은 '外相이 깨끗하지 못하다.'고 말하기도 한다. 9개의 구멍에서는 항상 액체가 흘러 눈에서는 눈

물이 흐르고 귀에서는 귓밥이 흐르고 코에서는 콧물이 흐르고 입에서는 침이 흐르고 오줌보와 대장에서 항상 오줌과 똥이 나온다.

ⓜ 결국 다하면 깨끗하지 못하다. 숨이 끊어진 후에는 부어오르고 악취가 나고 썩어 흐물흐물하여 아주 보고 싶지 않다."고 하였다. 청량소에서는 이처럼 보이지 않게 안배하였다.

"⑥ 종자와 住處 등이 모두 싫다."는 것은, 5가지의 깨끗하지 못한 것이 모두 싫은 것이지만 위에서 自性과 自相에 짝하였고 아래에서는 究竟에 짝하였기 때문이다. 이 때문에 종자와 住處 2가지를 뒤이어서 나머지 3가지를 똑같이 취한 것이다.

'모두 싫다.'고 말한 것은 지도론에서 5가지에 모두 게송으로 끝맺고 있는데, 아래와 같다.

ⓖ 種子偈에 의하면, "이 몸의 종자는 깨끗하지 못하다. 그 밖의 미묘한 보물도 아니다. 깨끗한 데에서 생겨난 것도 아니다. 오로지 尿道를 통해 나왔다."

ⓛ 住處偈에 의하면, "이 몸이야말로 냄새나고 더러운 것, 꽃 사이에서 생겨난 것도 아니고, 또한 치자나무에서 태어난 것도 아니며, 보배 산에서 나온 것도 아니다."

ⓒ 自性偈에 의하면, "地·水·火·風의 본질이 바뀌어 부정한 몸 이뤘나니 바닷물 모두 쏟아 이 몸을 씻을지라도 향기롭고 순결하게 하지 못하리라."

ⓡ 外相偈에 의하면, "여러 가지 부정한 물질이 이 몸속에 가득하여 항상 멈추지 않고 흘러나온다. 마치 자루에 담아놓은 물건

이 새는 것과 같다."

㉤ 究竟偈에 의하면, "이 몸을 자세히 살피고 또 살펴봐도 반드시 죽음의 자리로 돌아간다. 제어하기 어려워 뒤집히는 일이 많다. 마치 은혜를 저버림이 어린애와 같다."

이를 끝맺기를 "수행인이 이러한 觀을 닦으면 청정함이 전도된 생각[淨倒想]을 타파할 수 있다."고 하였다. 이 때문에 5가지는 모두 싫어할 존재임을 알 수 있다.

'八萬戶蟲'이란 여러 경전에 많은 설이 있으나 아래 十藏品에 명백한 증거가 있다.

觀佛三昧海經 觀相品에서 말하였다.

"어떤 것이 보살이 마군에게서 항복 받을 때의 백호상의 광명입니까?" 내지 마군에 세 여인이 있었는데, 보살이 계신 곳을 찾아가 보살에게 아뢰었다.

"저희는 하늘의 여인이라 아름답기 비할 데 없습니다. 미천한 몸으로 태자를 받들어 좌우 가까이에서 시중을 들면서 청소나 하는 사람이 되어 드리겠습니다."

태자는 고요히 마음과 몸이 흔들리지 않은 채 백호광을 발산하여 하늘의 세 여인으로 하여금 스스로 자신을 뒤돌아보도록 해주었다.

몸속에는 고름주머니, 눈물, 콧물, 침, 아홉 개의 구멍, 힘줄, 혈맥, 모든 根器의 근본, 큰창자, 작은창자, 生藏, 熟藏이 그 가운데 서로 얽혀 휘감아 있는데 온갖 벌레들이 그 속에 살고 있었다. 그런 벌레들이 온몸에 득실득실하여 그 수가 8만 戶나 되었다. 하나의 尸에는 9억 마리의 벌레들이 살고 있었다. 숱한 작은 벌레들이 놀 때에 작은창자 속으로 달려 들어가는데, 그 벌레들은 모두 4개의 입을 가지고 있었다. 그런 입을 벌리고서 위로 향하였다. 그리고 큰 벌레들이 놀 때에는 큰창자 속으로 들어갔다가 창자에서 나와 다시 위장 속으로 들어갔다. 그리고 또 위장 속에서 4마리의 벌레를 만들어내는데 그 벌레는 마치 4마리의 뱀을 하나로 합해놓은 것처럼 생겼다. 이런 벌레들이 위아래로 동시에 몸속의 모든 臟器를 갉아먹는데 찌꺼기가 흔적도 없이 모두 부서져 액체로 배출되었다. 그런 액체가 눈에 들어가면 눈물이 되어 흐르고 코에 들어가면 콧물이 되어 흐르고 입에 모이면 침이 만들어지고 입에서 나오면 침이 흘렀다. 薄皮며 厚皮며 힘줄이며 골수며 모든 혈맥에서도 모두 수많은 벌레들을 만들어내는데, 가을 솜털보다도 더 미세한 것들이었다. 그 수효가 얼마나 많은지 말할 수 없을 정도였다.

하늘의 여인들이 자신의 그런 모습을 보고서 곧장 구역질하기 시작하여 그 구토를 멈출 수 없었다고 하였다.

"모두 벌레 더미로 몸을 이루었다."는 것은 대바사론에서 말하기를 "사람의 몸이란 모두 벌레 더미이다. 벌레의 머리는 내면에 있으면서 사람이 먹었던 음식을 갉아먹고, 벌레의 꼬리는 밖에 있으면서 신체의 피부를 엮어주고 있기 때문이다."고 하였다.】

今此梵行은 體是可軌며 性能澄淨하고 芬馨淸潔하고 賢聖所欣이오 順法順教오 體無雜染하고 與智相應하고 衆善集成이라 彼豈當是아 於十事求라도 梵行叵得이니라 當知하라 梵行은 離相離性이니라 下九는 準之니라

여기에서 말한 청정 범행이란, 몸은 궤범이 될 만하며, 성품은 맑고 향기롭고 깨끗하고 현성들이 기뻐하는 바이다. 법을 따르고 가르침을 따르며, 몸에 더러움이 없고 지혜와 상응하고 수많은 선이 쌓여 있다. 그들이 어떻게 이를 당할 수 있겠는가. 10가지의 일에서 아무리 청정한 범행을 추구하려고 해도 얻을 수 없다. 범행이란 밖으로는 형상을 여의고 안으로는 성품을 여읜 것임을 알아야 한다. 아래의 9가지는 이에 준한다.

二 身業

제2. 몸의 작용

經

若身業이 **是梵行者**인댄 **梵行**이 **則是行住坐臥**며 **左右顧視**며 **屈伸俯仰**이니라

만일 몸의 업이 범행이라면, 범행이란 곧 걷는 것, 멈추는 것, 앉는 것, 눕는 것, 왼쪽으로 돌아보는 것, 오른쪽으로 돌아보는 것, 굽히는 것, 펴는 것, 숙이는 것, 우러르는 것이다.

◉ **疏** ◉

身業者는 身之作用을 名爲身業이니 語意亦然이라 十中에 四儀는 無記오 餘六은 通善惡이라 故非梵行이니라

신업이란 몸의 작용을 '신업'이라 말한다. 語에 대한 뜻 또한 이와 같다.

10가지 가운데 行·住·坐·臥 4가지는 선악의 분별이 없는 상태인 無記이며, 나머지 6가지는 선과 악에 통한다. 이 때문에 청정한 범행이 아니다.

三 語具

제3. 말의 도구

經

若語가 **是梵行者**인댄 **梵行**이 **則是音聲風息**이며 **脣舌喉吻**이며 **吐納抑縱**이며 **高低淸濁**이니라

만일 말이 범행이라면, 범행이란 곧 음성, 숨, 가슴, 혀, 목구멍, 입술, 뱉고 삼킴, 들고 놓음, 높낮이, 맑고 흐림이다.

◉**疏**◉

語具十事라 初一은 語體오 次五는 語緣이니 謂風觸七處而出於聲이니 此畧無臍輪牙齒니라 後吐納等四는 是辨語相이라 十事望業이면 皆是語體니 此唯無記라 故非梵行이니라【鈔_ 謂'風觸七處'者는 卽智論第七에 云'如人欲語時에 口中有風하니 名優陀那라 還入至臍면 卽有響出하나니 響出之時에 觸七處過를 名生語言이라 如有偈說호되 '風

名優陀那라 觸臍而上去면 是風七處觸하야 項及齗齒脣과 舌咽及以胸이라 是中語言生이어늘 愚人不解此코 惑著起瞋癡라'하니라 然楞伽第二·第三에 皆有其文하니 第二에 云'佛告大慧하사되 頭胸喉鼻와 脣舌齗齒 和合出聲이라'하니 釋曰此有八處니 加鼻一種이라 鼻塞이면 語雖小壅나 而亦得語일새 故論畧無니라

第三中에 說호되 '但有七事니 經言'云何語오 謂言字妄想和合이니 語依咽喉脣舌齒齗頰輔하며 因彼我言說 妄想習氣일새 是名爲語라'하니 釋曰於前八中에 畧無頭胸鼻하고 而加頰輔니라 言字妄想者는 顯言空故니라

次經에 卽云'大慧여 云何爲離一切妄想言說相고 大慧여 菩薩이 於如是義에 獨一靜處에 聞思修慧로 緣自覺了하야 向涅槃城하야 習氣身이 轉變已에 自覺境界하야 觀地地中間 勝進義相을 是名菩薩摩訶薩善義라'하니 釋曰 此는 卽下觀破意니라】

말에는 10가지의 일을 갖추고 있다.

첫째, 음성이란 말의 본체이고,

다음의 숨, 가슴, 혀, 목구멍, 입술 5가지는 말할 수 있는 반연이다. 바람이 7곳을 접촉하면서 소리를 내는데, 배꼽[臍輪]과 치아는 생략하여 언급하지 않았다.

뒤의 뱉고 삼킴, 들고 놓음, 높낮이, 맑고 흐림 4가지는 말의 양상이 변하는 것이다.

10가지 일을 말의 작용[語業]에 대조해보면 이는 모두 말의 본체이다. 이는 오직 선악의 분별이 없는 상태인 無記이다. 이 때문

에 청정한 범행이 아니다. 【초_ “바람이 7곳을 접촉하면서 소리를 낸다.”는 것은 지도론 제7에서 다음과 같이 말하였다.

“사람이 말을 하려고 할 때는 입속에 바람이 있는데, 그 바람 이름을 優陀那라 한다. 그 바람이 다시 배 속으로 들어가 배꼽 부분에 이르면 소리가 울려나게 된다. 소리가 나올 때에 7곳을 접촉하면서 지나오는데, 이렇게 해서 나온 소리를 ‘말을 한다.’고 한다.”

지도론의 게송에서 말하였다.

“바람을 ‘우단나’라 한다. 배꼽에 닿았다가 올라가면 이 바람이 7곳에 닿는다. 목과 잇몸과 치아와 입술과 그리고 혀와 목구멍과 폐이다. 여기에서 말이 나오는데, 어리석은 사람은 이를 모르고 미혹한 채 집착하여 성냄과 어리석음을 일으킨다.”

그러나 능가경 제2, 제3에 모두 이에 관련된 경문이 있다.

능가경 제2에서 “부처님이 대혜보살에게 말씀하시기를, 머리·폐·목구멍·코·입술·혀·잇몸·치아가 조화를 이루면서 소리를 낸다고 하였다.”고 말하고 있다. 이에 대한 해석에 이르기를 “여기에서는 8곳으로 말하였다. 코 한 가지를 더 추가한 것이다. 코가 막히면 말이 조금 막히기는 하지만 그래도 말을 할 수 있기에 지도론에서 이를 생략하여 말하지 않은 것이다.”고 하였다.

능가경 제3에서는 단 7가지 일만을 말하였다. 경문에서 다음과 같이 말하였다.

“어떤 것이 말인가? 언어와 문자가 망상과 화합한 것을 말한다. 말이란 목줄·목구멍·입술·혀·치아·잇몸·보조개에 의하며, 나와 남의 말과 망상과 습기를 인연하여 그 이름을 '말'이라고 한다."

이에 대해 다음과 같이 해석하였다.

"앞의 능가경 제2에서 말한 8가지 가운데, 머리·폐·목구멍은 생략하여 말하지 않고 그 대신 보조개를 추가하였다. '언어문자가 망상'이라고 하는 것은 언어가 공임을 밝히기 위함이다."

뒤이어서 경문에 이르기를 "대혜여, 어떤 것이 일체 망상과 언설을 떠난 모습인가? 대혜여, 보살이 이와 같은 이치를 홀로 어느 한적한 곳에서 듣고 생각하고 닦아가는 지혜로써 반연을 스스로 깨달아 열반성을 향하여 나가면서 습기의 찌든 몸이 모두 전변하면, 스스로 경계를 깨달아 지위와 지위의 중간에서 수승하게 닦아 나가는 모습을 살펴보는 것을 보살마하살의 선한 이치라 말한다." 고 하였다. 이에 대해 해석하기를, 이는 곧 아래에서 말한 觀破의 의의이다.】

四語業

제4. 말의 작용

經

若語業이 **是梵行者**인댄 **梵行**이 **則是起居問訊**이며 **略說廣說**이며 **喩說直說**이며 **讚說毁說**이며 **安立說·隨俗說·顯了說**이니라

만일 말의 업이 범행이라면, 범행이란 곧 거처하는 안부를 묻고, 간단하게 말하고, 자세히 말하고, 비유로 말하고, 직접 말하고, 칭찬하고, 헐뜯고, 방편으로 말하고, 세속 따라 말하고, 분명하게 말하는 것이다.

◉ 疏 ◉

語業十事는 通善惡故로 亦非梵行이라 安立說者는 謂假施設이오 隨俗說者는 隨世名言이니 餘可思準이니라

말의 업에 관한 10가지의 일이란 선과 악을 통한 때문에 역시 청정한 범행이 아니다. 安立說이란 임시로 하는 방편이며, 隨俗說이란 세간의 명제와 말을 따른 것이다. 나머지 부분은 위를 준하여 생각하면 알 수 있다.

第五 觀意

제5. 뜻을 살펴보다

經

若意가 **是梵行者**인댄 **梵行**이 **則應是覺**이며 **是觀**이며 **是分別**이며 **是種種分別**이며 **是憶念**이며 **是種種憶念**이며 **是思惟**며 **是種種思惟**며 **是幻術**이며 **是眠夢**이니라

만일 뜻이 범행이라면, 범행이란 곧 깨달음이며, 관찰이며, 분

별이며, 가지가지 분별이며, 기억함이며, 가지가지 기억함이며, 생각함이며, 가지가지 생각함이며, 요술이며, 꿈이다.

◉ 疏 ◉

觀意十事라 覺은 是尋求오 觀은 是伺察이니 覺麤觀細라 是不定法이라 言'分別'者는 以慧揀擇이니 三分別中에 是自性分別이오 七分別中에 任運分別이라 '種種分別'者는 三中에 隨念計度故며 七中餘六이니 謂有相·無相·尋求·伺察·染汙·不染汙故니라【鈔_ '三分別'者는 卽雜集第二에 云'有三分別하니 謂自性分別과 隨念分別과 計度分別이라'하고 '七分別'者는 論云'復有七種分別하니 謂於所緣에 任運分別·有相分別·無相分別·尋求分別·伺察分別·染汙分別·不染汙分別이라'하다】

뜻을 살펴보는 10가지의 일이다.

覺은 찾아 추구함이며, 觀은 살피는 것이니, 覺은 거칠고 觀은 미세한 부분이다. 이는 선과 악이 일정하지 않은 법[不定法]이다.

'分別'이라 말한 것은 지혜로써 가리는 것이니, 3가지 분별 가운데 自性分別이며, 7가지 분별 가운데 任運分別이다.

'種種分別'이란 3가지 분별 가운데 隨念分別과 計度分別이기 때문이며, 7가지 분별 가운데 나머지 6가지 분별로 有相·無相·尋求·伺察·染汙·不染汙 分別을 말한다.【초_ '3가지 분별'이란 잡집 제2에 이르기를 "3가지의 분별이 있다. 자성분별, 수념분별, 계탁분별을 말한다."고 하였다.

'7가지 분별'이란 논에 이르기를 "또한 7가지의 분별이 있다.

반연의 대상으로는 任運分別과 有相分別과 無相分別과 尋求分別과 伺察分別과 染污分別과 不染污分別을 말한다."고 하였다.】

憶念者는 追憶曾習이니 唯緣過去오 思惟者는 以慧籌度이니 通去來今이라 竝有一多하야 各成二種하니 上六은 皆別境攝이라【鈔_ '上六皆別境攝'者는 別境有五니 一欲, 二勝解, 三念, 四定, 五慧니 下當頻釋호리라】

憶念이란 지난 일을 돌이켜 생각함이니 오직 과거의 일만을 반연함이며, 思惟란 지혜로써 헤아림이니 과거, 미래, 현재에 모두 통한다. 아울러 하나와 많음이 있어서 각각 2가지를 이루고 있다. 위의 6가지는 모두 別境으로 받아들이는 것이다.【초_ "위의 6가지는 모두 別境으로 받아들인다."에서 別境에는 5가지가 있다. ① 欲, ② 勝解, ③ 念, ④ 定, ⑤ 慧이다. 아래에서 자주 해석하게 될 것이다.】

種種憶念은 義兼惡作이오 幻術은 通思通念이오 眠是不定이니 意識亦行이로되 但取境昧略이오 輕眠有夢일세 亦通善惡이니 覺之勢故니라【鈔_ '種種憶念'者는 卽上引唯識偈云'不定은 謂悔眠과 尋伺二各二'是니라 釋曰 初二字는 標位總名이라 論云'悔眠尋伺는 於善染等에 皆不定故니 非如觸等의 定徧心故며 非如欲等의 定徧地故로 立不定名이라'

次五字는 分別名字니 悔는 謂惡作이니 悔所作故니 追悔爲性이오 障止爲業이니 此卽於果假立因名이라 先惡所作業을 後方追悔故로 悔先不作도 亦惡作攝이니 如追悔言호되 '我先不作如是事業이 是名惡

作이라'하다 釋曰 此有二意하니 一은 悔先作惡이오 二는 悔先不作善이니 旣追善惡인댄 卽種種憶念攝이라

'二各二'之三字는 釋不定義라 下 長行에 釋云'應言二者는 顯二種二니 一은 謂悔眠이오 二는 謂尋伺니 此二一種이 種類各別이라 故一의 二言이 顯二의 二種이라'하니라

'眠是不定'者는 卽上論長行에 云'眠謂睡眠이니 令身不自在라 昧畧爲性이오 障觀爲業이니 謂睡眠位에 身不自在하며 心極暗劣하야 一門轉故니라 昧는 揀在定이오 畧은 別寤時니 今顯睡眠이 非無體用이로되 有無心位에 假立此名이니 如餘蓋纏 心相應故'니라 釋曰 '謂睡眠位'下는 釋上不自在言이니 謂'令身不自在'는 坐亦睡眠故며 他搖動時에 亦不覺等故이라 此令心極暗昧하야 輕畧爲性이니 不能明利沈審故也니라 '意識亦行'은 卽是論中一門轉故니 顯五識不行이라 定心一境은 畧而不昧라 故云'昧揀在定'이라'하고 寤廣緣境이라 不得稱畧일새 故云'畧別寤時'라'하니 故眠有二라 顯有別體하야 必依於心이라 而五無心에 一熟眠者는 假立爲眠이오 非實眠者는 眠必與心而相應故니 如餘蓋等이라 言'輕眠有夢'者는 揀異熟眠이니 得顯此眠이 是不定攝이니 通善惡故며 夢有善惡故니라】

'가지가지의 기억[種種憶念]'은 이미 저지른 일을 후회[惡作]한다는 뜻을 겸하고 있다. 幻術은 思惟에도 통하고 憶念에도 통한다. 睡眠은 선과 악이 일정하지 않다. 수면 속에서의 의식 또한 행이지만 단지 흐리멍덩한 경계만을 취함이며, 잠을 자면서 꿈이 있기에 또한 선과 악에 모두 통한다. 잠이란 이처럼 찾아 헤매는[覺] 의

식이 있기 때문이다. 【초_ '가지가지의 기억'이란 곧 위의 唯識 게송에서 인용한 바, "선과 악이 일정하지 않은 것은 '후회와 수면'과 '尋伺'의 2가지가 각기 2가지씩이다."는 것이 바로 그것이다.

이를 해석하여 이르기를 "처음 不定이라는 2글자는 지위를 밝혀주는 총체의 이름이다."고 하였다. 유식론에 이르기를 "후회와 수면과 尋伺는 선과 잡염 등에 모두 일정하지 않기 때문이다."고 하였다. 이는 觸 등의 定徧心과 같지 않기 때문이며, 欲 등의 定徧地와 같지 않기 때문에 선과 악이 일정하지 않은 명제를 세운 것이다.

다음 謂悔眠尋伺 5글자는 명제와 글자에 대한 분별이다. 悔란 이미 저지른 일을 후회하는 것을 말한다. 저지른 바를 후회하기 때문에 뒤이어 뉘우치는 것으로 자성을 삼고 잘못을 막아내고 금지하는 것으로 작용을 삼는다. 이는 결과에 원인의 이름을 임시 내세운 것이다. 앞서 이미 저지른 일을 싫어한 후에야 바야흐로 뒤이어서 뉘우치기 때문에 앞서 좋은 일을 행하지 않은 것을 후회하는 것 또한 이미 저지른 일을 후회하는 데 속한다. 그가 뒤이어 후회하여 말하기를 "내가 일찍이 이런 일을 하지 못했다."고 하는 것을 '이미 저지른 일을 후회함'이라고 말한다.

이에 대해 해석하였다.

여기에 2가지의 뜻이 있다. 첫째는 먼저 나쁜 짓을 한 것에 대해 뉘우치는 것이며, 둘째는 앞서 좋은 일을 하지 않음에 대해 후회하는 것이다. 이처럼 지난날의 선과 악을 뒤이어 후회한다는 것은 '가지가지의 기억'에 속한다.

'二各二' 3글자는 선과 악이 일정하지 않다는 의의를 해석한 것이다. 아래 장항의 논에서 해석하여 이르기를 "二를 말한 것은 2가지 종류의 2가지를 밝힌 것이다. ① 悔眠, ② 尋伺이다. 이 2가지 종류가 또다시 다른 종류로 나뉘는 것이다. 이 때문에 한 가지마다 2가지라는 말이 2가지의 2종류가 있음을 밝힌 것이다."고 하였다.

"수면은 선과 악이 일정하지 않다[眠是不定]."는 것은 위의 유식론의 장항에서 다음과 같이 말하였다.

"眠이란 睡眠을 말한다. 잠이란 몸을 자유롭지 못하게 만든다. 흐리멍덩한 것으로 자체를 이루고 살펴보는 것을 가리는 것으로 작용을 삼는다. 이는 수면 속에서 몸이 자유롭지 못하며, 마음이 극히 어둡고 용렬하여 하나의 부분이 전변하기 때문이다.

'昧畧'의 昧는 선정에 있는 것과 다름을 말하고, 略은 깨어 있을 때와 다름을 말한다. 여기에서는 잠자는 데 본체와 작용이 없는 게 아니지만, 無心位에서 이런 명제를 임시로 내세웠음을 밝히려는 것이다. 나머지 번뇌[蓋纏]가 마음과 상응하는 것과 같기 때문이다."

이에 대해 '謂睡眠位' 이하는 위에서 말한 '不自在'를 해석한 부분이다.

"몸을 자유롭지 못하게 만든다[令身不自在]."는 것은 앉아서도 졸기 때문이며, 움직일 때에도 또한 자신도 모르게 졸음이 찾아오는 등등이 있기 때문이다. 잠이란 마음을 지극히 혼매하고 그 자체로 그럭저럭하도록 만든다. 잠이란 명백하고 예리하게, 그리고 정밀하게 살피도록 하지 못하기 때문이다.

"수면 속에서의 의식 또한 행이다[意識亦行]."는 것은 유식론에서 한 부분의 전변이기 때문이다. 五識이 행하지 않음을 밝힌 것이다.

선정의 마음 경계는 흐리멍덩한 것처럼 보이지만 혼매하지 않기 때문에 "昧는 선정에 있는 것과 다르다."고 말하고, 잠이 깨어 있는 것은 반연의 경계가 광범위하기에 간단하다고 말하지 못한다. 이 때문에 꿈속에서의 "略은 깨어 있을 때와 다르다."고 말한다. 수면에는 이처럼 2가지가 있다. 別體가 있어 반드시 마음에 의함을 밝힌 것이다.

5가지 無心 가운데, 첫째 熟眠이란 임시로 수면이라 말한 것이지 실제의 수면이 아니다. 그것은 수면이란 반드시 마음과 상응해야 하기 때문이다. 나머지 번뇌 등과 같다.

'輕眠有夢'이란 熟眠과 다른 점을 구별한 것이다. 이러한 수면은 선과 악이 일정하지 않은 不定에 속한 것임을 밝히려는 것이다. 이처럼 선과 악에 모두 통하고, 꿈에는 좋은 꿈과 나쁜 꿈이 있기 때문이다.】

此十은 是心所라 不離心故로 同名意也니라 徵破는 準前이라【鈔_ '此十是心所'下는 謂既釋於意인댄 意是心王이어늘 而說所者는 所不離王故며 又五蘊中에 除其色蘊하고 意業攝故일세니라】

이 10가지의 일은 心所이다. 마음을 여의지 못한 까닭에 똑같이 '생각[意]'이라 이름 붙인 것이다. 묻고 타파함은 앞서 말한 부분에 준한다.【초_ "이 10가지의 일은 心所이다." 이하에 관해서 이미 '생각[意]'이라 해석했다면 그 생각은 객관 세계를 인식하는 心王

이다. 그런데 이를 종속 관계로 설정하여 '所'라고 말한 것은 所란 심왕을 여의지 않기 때문이며, 또한 五蘊 가운데 그 色聲을 제외하고는 意業에 속하기 때문이다.】

第六 觀意業

제6. 뜻의 작용을 살펴보다

經

若意業이 **是梵行者**인댄 **當知梵行**이 **則是思·想·寒·熱·飢·渴·苦·樂·憂·喜**니라

만일 뜻의 업이 범행이라면, 범행은 곧 생각함(思)이며, 생각(想)이며, 추위며, 더위이며, 주림이며, 목마름이며, 괴로움이며, 즐거움이며, 근심이며, 기쁨이다.

◉ **疏** ◉

意業十事니 皆意之用이라 故名爲業이라 約徧行五徵之니 一思·二想이오 次四는 是觸이오 後四는 是受니 作意一種은 總徧十段이라 故前云作意觀察이라하니라

此中思等은 與意何別가 但思等心所에 有二義故니 一은 扶持心王이니 屬前所攝이오 二는 依心起用이니 屬此位收라 故多從受境以辯이라 若欲破者인댄 旣約徧行이면 通於三性이라 故非梵行이니 餘準前知니라

뜻의 업을 살펴보는 10가지의 일이다. 이는 모두 뜻의 작용이기에 그 이름을 業이라 한다. 觸, 作意, 受, 想, 思의 徧行心所 5가지로 묻고 타파함이니 (1)은 思이고, (2)는 想이고, 다음 寒·熱·飢·渴 4가지는 觸이며, 뒤의 苦·樂·憂·喜 4가지는 受이다. 나머지 作意는 10단락에 모두 두루 함이다. 이 때문에 앞에서 "뜻을 내어 관찰해야 한다[作意觀察]."고 말하였다.

여기에서 말한 思·想 등이 意와 어떻게 다른 것일까? 단 思·想 등의 心所에 2가지의 의의가 있기 때문이다. 첫째는 心王을 부지해주는 것이다. 앞서 말한 '섭수의 대상[所攝]'에 속한다. 둘째는 마음을 의지하여 작용을 일으킴이며, 이 지위의 수습에 속한다. 이 때문에 대부분 '受境'으로 이를 논변하였다. 만일 이를 타파하고자 한다면, 이미 徧行心所로 말했을 경우, 이는 徧計所執性, 依他起性, 圓成實性에 모두 통하기 때문에 청정한 범행이 아니다. 나머지는 앞부분에 준해보면 말하지 않아도 알 수 있다.

第七 觀佛

제7. 부처님을 살펴보다

經

若佛이 **是梵行者**인댄 **爲色是佛耶**아 **受是佛耶**아 **想是佛耶**아 **行是佛耶**아 **識是佛耶**아 **爲相是佛耶**아 **好是佛耶**아 **神**

通이 **是佛耶**아 **業行**이 **是佛耶**아 **果報**가 **是佛耶**아

만일 부처님 그 자체가 범행이라면

색온(色蘊)이 부처일까?

수온(受蘊)이 부처일까?

상온(想蘊)이 부처일까?

행온(行蘊)이 부처일까?

식온(識蘊)이 부처일까?

상(相)이 부처일까?

호(好)가 부처일까?

신통이 부처일까?

업행이 부처일까?

과보가 부처일까?

◉ **疏** ◉

觀佛十事니 觀於三身이라 若依小乘인댄 初五는 法身이니 以無漏戒等과 及眷屬의 無漏五蘊으로 爲法身故오 次二는 報身이니 以三祇百劫所修萬行으로 感相等故오 次一은 化身이니 神通化現故며 業行은 通爲三身之因이오 果報는 通語三身之果어니와 若依大乘인댄 前八은 皆是化身이오 後一은 報身이오 業行은 通語二身之因이오 涅槃은 是果니 離繫果故오 菩提는 是報니 報本願故니라【鈔_ '以無漏戒等'者는 等取定·慧·解脫·解脫知見이니 此從已轉受名이니 廣如十藏品이라 言'及眷屬無漏五蘊'者는 卽色受等이니 前無漏戒 雖轉五成이나 而各

取一以爲其主故로 今辨定慧等이 同時心心所로 爲眷屬五蘊이라】

부처님을 살펴보는 10가지의 일이니, 法身·報身·化身佛을 살펴보는 것이다.

만일 소승을 따라 말한다면,

앞의 5가지[五蘊]는 법신이다. 無漏戒 등 및 권속의 無漏五蘊으로써 법신을 삼기 때문이다.

다음 相·好 2가지는 보신이다. 3아승기 백겁 동안 닦아온 만행으로써 거룩한 相好 등을 얻으셨기 때문이다.

다음 神通 1가지는 화신이다. 신통력으로 변화하여 현신하기 때문이다.

업행은 모두 三身의 원인이 되고

과보는 모두 삼신의 佛果를 말한다.

그러나 대승을 따라 말한다면,

앞의 8가지는 모두 화신이며, 뒤의 과보 1가지는 보신이며, 업행은 화신과 보신의 원인에 모두 통하며, 열반은 결과이니 離繫果이기 때문이며, 보리는 과보이니 과보의 本願이기 때문이다.【초_ '무루계 등'이란 定·慧·解脫·解脫知見을 똑같이 취함이다. 이는 이미 전변함을 따라서 그 이름을 받게 된 것으로 十藏品에서 자세히 말한 바와 같다.

"및 권속의 무루오온"이라 말한 것은 곧 色·受 등이다. 앞에 無漏戒가 비록 오온을 전전하여 성취했지만 각각 하나를 취하여 주를 삼는 까닭에, 여기에서는 定·慧 등이 동시에 心과 心所로 眷

屬五蘊이 되었음을 말하였다.】

今一一推徵컨대 若一是佛인댄 餘者는 應非오 一一皆佛인댄 則有多佛이오 和合成佛인댄 則無自性이라 故中論에 云'非陰不離陰이오 此彼不相在라 如來不有陰이어니 何處有如來아 陰合爲如來인댄 則無有自性이라'하니 進退推求컨대 佛體寂法이라 尚非是有어니 豈當是無아 邪見深厚者는 則說無如來라하니 諸法性空中에 思惟亦不可니라【鈔_ '尚非是有'者는 第三遮難이니 難云'若爾인댄 應無如來라'하야 便墮斷見이라 故今遮云'邪見 有二니 謂有爲淺이오 謂無爲深이라 破汝淺邪어니 何墮深壑이리오'하니 皆中論文이니 竝如上引이라】

여기에서 하나하나 따져보면, 만일 어느 한 가지만 부처라면 나머지는 당연히 부처가 아닐 것이며, 하나하나가 모두 부처라면 곧 수많은 부처가 있을 것이며, 여러 가지가 뒤섞여 부처가 이뤄진다면 그것은 곧 자성이 없는 것이다. 이 때문에 중론에 이르기를 "五陰도 아니요 오음을 여읨도 아니며, 여기에도 저기에도 모두 있지 않다. 여래는 오음이 있지 않은데, 어느 곳에 여래가 있겠는가. 오음이 합하여 여래가 되었다면 곧 자성이 없다."고 하였다. 이처럼 앞뒤로 찾아봐도 부처의 몸은 寂滅하다. 오히려 有도 아닌데 어찌 無에 해당하겠는가. 삿된 견해가 지중한 자는 여래가 없다고들 말한다. 모든 법의 자성이 공한 가운데 思惟하는 것 또한 옳지 않다. 【초_ "오히려 有도 아니다."는 것은 셋째 논란을 막아낸 것이다. 논란하여 이르기를 "만일 그렇다면 당연히 여래가 없다."고 하여, 곧 斷見에 떨어질 것이다. 이 때문에 여기에서 이를 차단하여 이르기를 "삿된 견해에는 2가지가 있다. 있다고 말한 것은 그래도 삿된 견해가 얕은 것이지만, 없다고 말한 것은 오히려 깊은 것이다. 그들의 작은 삿된 견해도 타파하는데 어떻게 깊은 골짜기에 떨어지겠는가."라고 하였다. 이는 모두 중론에서 인용한 문장으로, 아울러 위에서 인용한 바와 같다.】

是知眞佛은 旣超心境이니 依斯成行이면 行豈相耶아

眞佛이란 이미 마음과 경계를 초월하였음을 알아야 한다. 이를 따라 수행을 성취하면 그의 행이 어찌 相이 있겠는가.

第八觀法

제8. 법을 살펴보다

經

若法이 **是梵行者**인댄 **爲寂滅**이 **是法耶**아 **涅槃**이 **是法耶**아 **不生**이 **是法耶**아 **不起**가 **是法耶**아 **不可說**이 **是法耶**아 **無分別**이 **是法耶**아 **無所行**이 **是法耶**아 **不合集**이 **是法耶**아 **不隨順**이 **是法耶**아 **無所得**이 **是法耶**아

만일 법이 범행이라면,

적멸이 법일까?

열반이 법일까?

생겨나지 않음이 법일까?

일어나지 않음이 법일까?
말할 수 없음이 법일까?
분별없음이 법일까?
행할 바 없음이 법일까?
모이지 않음이 법일까?
순종치 않음이 법일까?
얻을 바 없음이 법일까?

◉ 疏 ◉

然法有教理行果어늘 今就後三이니 畧能詮故니라 八中에 初一은 理法이오 次一은 果法이오 餘六은 通三이니 約理可知어니와 約行者인댄 謂不善不生이며 妄想不起며 言語道斷이며 智無分別이며 定無行處며 如智兩冥이니 此六究竟은 卽是果相이라

그러나 法에는 教·理·行·果 4가지가 있는데, 여기에서는 뒤의 理·行·果 3가지만을 들어 말한 것이다. 能詮(教)을 생략한 때문이다.

8가지의 법 가운데, 첫째 적멸은 理法이며, 다음 열반은 果法이며, 나머지 6가지(不生, 不起, 不可說, 無分別, 無所行, 不合集)는 理·行·果 3가지에 모두 통한다. 이치로 말하는 것은 말하지 않아도 알 수 있지만, 行으로 말한다면, 不善을 내지 않으며, 망상을 일으키지 않으며, 말이 끊어진 자리이며, 지혜가 분별이 없으며, 선정으로 행하는 곳이 없으며, 진여와 지혜가 하나가 되었다. 이 6가지 법의

究境處는 곧 果相이다.

今推徵云若一是法이면 餘則應非니 一一皆爾니라 若謂總是인댄 則和合不實이니 隨得一法하야 卽應得餘니라 和合而成이면 則無和合이오 若以無合而爲法者면 無合之法이 豈當有耶아 又此擧法에 皆擧寂滅不生等者는 欲明一一自虛니라 法卽非法이어니 梵行何從가【鈔_ 餘九는 皆十句어늘 此獨八者는 應是梵本脫漏라 今依流通本補足이라】

여기에서 하나하나 따져보면, 만일 어느 한 가지만 법이라면 나머지는 당연히 법이 아닐 것이다. 하나하나가 모두 그와 같다. 만일 모두가 옳다고 말한다면 곧 화합이 부실한 것이다. 하나의 법을 얻음에 따라서 곧 나머지도 얻을 것이다. 화합하여 성취한다면 곧 화합이 없고, 화합이 없는 것이 법이라면 화합이 없는 법이 어떻게 有에 해당하겠는가. 또한 이 법을 들어 말하면서 모두 寂滅, 不生 등을 들어 말한 것은 하나하나가 스스로 공허한 것임을 밝히고자 함이다. 법이 곧 법이 아닌데 청정한 범행이 어디에서 나올 수 있겠는가.【초_ 이를 제외한 나머지 9가지는 모두 10가지의 법을 10구로 정리하고 있는데, 여기에서 유독 8가지만을 말한 것은 당연히 범본에 빠진 부분이 있었기 때문이다. 여기에서는 유통본 北藏을 따라 이를 추가, 보충한 것이다.】

第九 觀僧

제9. 스님을 살펴보다

經

若僧이 **是梵行者**인댄 **爲預流向**이 **是僧耶**아 **預流果**가 **是僧耶**아 **一來向**이 **是僧耶**아 **一來果**가 **是僧耶**아 **不還向**이 **是僧耶**아 **不還果**가 **是僧耶**아 **阿羅漢向**이 **是僧耶**아 **阿羅漢果**가 **是僧耶**아 **三明**이 **是僧耶**아 **六通**이 **是僧耶**아

만일 스님이 범행이라면,

예류향이 스님일까?

예류과가 스님일까?

사다함향이 스님일까?

사다함과가 스님일까?

아나함향이 스님일까?

아나함과가 스님일까?

아라한향이 스님일까?

아라한과가 스님일까?

삼명이 스님일까?

육신통이 스님일까?

◉ **疏** ◉

觀僧十事니 前八은 約人이오 後二는 就德이라

且依小說인댄 言預流者는 始超凡地하야 預聖流故오

一來者는 修惑未盡에 一度來生欲界中故오

不還者는 欲界惑盡에 更不還來生欲界故오

阿羅漢者는 此有三義하니 一은 名殺賊이니 已斷一切諸煩惱故오 二는 名不生이니 三界之生 永以盡故오 三은 名爲應이니 應受人天大供養故니라

有四向者는 向於果故니 謂斷三界見惑이 有十六心하니 至第十五道類忍時를 名初果向이라하고 至第十六하야 卽入見(修)道를 名須陀洹果라하다 欲界修惑은 分爲九品이니 斷至五는 二向이오 斷六은 一來果오 斷七 或八品은 名第三果向이오 九品全斷盡이면 卽得不還果니라 次斷上二界修惑하야 乃至有頂 八品惑盡을 名阿羅漢向이오 三界見修都盡이면 得阿羅漢果니라 今此欲明梵行하야 粗陳名目이어니와 若廣引婆沙·俱舍·雜集·瑜伽인댄 則淸淨梵行이 有累名數니 力有餘者는 付在說時니라

스님을 살펴보는 10가지의 일이다. 앞의 8가지는 사람으로 말하였고 뒤의 2가지는 덕으로 말하였다.

또 소승의 설을 따른다면 預流라 말한 것은 처음 凡地에서 벗어나 성인의 무리에 참예한 때문이며,

一來란 것은 미혹을 닦음이 미진하여 다시 한 번 욕계를 찾아와 태어나기 때문이며,

不還이란 욕계에서의 미혹이 다하여 다시 욕계에 돌아와 태어나기 때문이며,

阿羅漢이란 여기에 3가지의 의의가 있다. ① 그 이름을 殺賊이라 한다. 이미 일체 모든 번뇌를 끊었기 때문이다. ② 그 이름을 不生이라 한다. 삼계의 생이 영원히 다했기 때문이다. ③ 그 이름을

應供이라 한다. 당연히 사람과 하늘의 큰 공양을 받기 때문이다.

4가지의 지향[四向]이 있다는 것은 果를 지향하기 때문이다. 이는 三界의 見惑을 끊는 데에 16가지 마음이 있음을 말해주는 것이다. 16가지 마음 가운데 제15의 '道類忍'에 이르렀을 때를 '初果向'이라 말하고, 제16에 이르러 '修道'에 들어선 것을 '須陀洹果'라 말한다.

욕계에서의 미혹을 닦아가는 과정은 九品으로 구분한다. 미혹을 끊어 제5품에 이르면 二果를 지향함이며, 제6품에 이르면 一來果이며, 七果 혹은 제8품까지 끊으면 第三果向이며, 제9품까지 모두 다 끊으면 곧 不還果를 얻는다.

차례대로 위 2界의 미혹을 끊어 이에 有頂天의 8품 미혹이 다한 데에 이른 것을 阿羅漢向이라 말하고, 삼계의 見修번뇌가 모조리 다하면 阿羅漢果를 얻는다.

여기에서는 청정한 범행을 밝히고자 대강 명목만을 말하고 있다. 바사론·구사론·雜集果·유가론을 자세히 인용하면 청정범행에 대한 여러 가지의 名數가 있다. 여력이 있는 이들은 이에 관해 설명할 때에 덧붙여 말하고자 하니 참고하기 바란다.

此中觀意는 謂僧名和合이어늘 而有八輩니 一若是僧인댄 餘則應非오 又一一別辨이면 則無衆義니라 集此無衆이어니 豈成衆耶아 況於入流無所入等에 以無爲法而有差別인댄 則其體自虛니라

여기에서 살펴보려는 뜻은, '僧'이란 和合이라는 의미로 그 이름을 붙인 것이다. 8가지의 부류가 있는데, 그중에 어느 하나만이

스님이라고 말한다면 그 나머지는 당연히 스님이 아닐 것이다. 또 하나하나를 개별로 논변하면 곧 대중이 없다는 뜻이다. 이는 대중이 없는 이들로 모인 것인데 어떻게 대중을 이루겠는가. 더욱이 무리에 들어가는 것이 들어가는 바가 없는 등등의 無爲法임에도 여기에 차별이 있다고 생각한다면 그 자체가 원래 스스로 공허한 것이다.

後二는 就德이니 德若是僧인댄 何須八輩리오 離法無人이오 離人無法이라 一一窮究컨대 爲僧者誰오 僧體旣虛어니 梵行安寄리오

뒤의 삼명과 육신통은 공덕으로 말한 것이다. 공덕이 만일 스님이라면 어찌 구태여 8가지의 부류를 구할 필요가 있겠는가. 법을 떠나서는 사람이 없고 사람을 떠나서는 법이 없다. 하나하나를 궁구해보면 스님이란 그 무엇일까? 스님이라는 그 자체가 이미 공허하다면 청정범행이 그 어디에 붙어 있을 수 있겠는가.

第十 觀戒

제10. 계율을 살펴보다

經

若戒가 **是梵行者**인댄 **爲壇場**이 **是戒耶**아 **問淸淨**이 **是戒耶**아 **敎威儀**가 **是戒耶**아 **三說羯磨**가 **是戒耶**아 **和尙**이 **是戒耶**아 **阿闍黎**가 **是戒耶**아 **剃髮**이 **是戒耶**아 **著袈裟衣**가 **是戒耶**아 **乞食**이 **是戒耶**아 **正命**이 **是戒耶**아

만일 계율이 범행이라면,

계단이 계율일까?

청정을 물음이 계율일까?

위의를 가르침이 계율일까?

갈마를 세 차례 말함이 계율일까?

화상이 계율일까?

아사리가 계율일까?

삭발이 계율일까?

가사 입은 것이 계율일까?

걸식이 계율일까?

정명이 계율일까?

◉ **疏** ◉

戒爲行體나 亦賴衆緣이니 從緣成戒인댄 戒性如空이라 起心持者는 是謂迷倒니 無善無威儀오 不雜二乘心을 是名持淨戒니 此戒를 乃名眞梵行也니라【鈔_ 第十觀戒는 文三이니 初는 總明이라 上來九門은 結觀於後어늘 獨今此段은 先明實觀이라

'戒性如空'者는 卽法句經이니 六度에 皆有偈文하니 "布施云說諸布施福인댄 於中三事空이라 究竟不可得이니 施福如野馬로다 戒云若說諸持戒인댄 無善無威儀라 戒性如虛空하니 持者爲迷倒로다 忍云若見瞋恚者면 以忍爲鞘鞅하야 知嗔等陽燄이오 忍亦無所忍이라 精進云若說諸精進인댄 爲增上慢說이라 無增上慢者는 無善無精進이라 若

起精進心이면 是妄非精進이오 若能心不妄이면 精進無有涯니라 定云若學諸三昧면 是動非坐禪이라 心隨境界流어니 云何名爲定가 般若云森羅及萬象은 一法之所印이라 云何一法中에 而生種種見고 一亦不爲一은 爲欲破諸數라 淺智之所聞은 見一以爲一이라 結云若有聞斯法하야 常修寂滅行이면 知行亦寂滅하나니 是則菩提道라"하니라 釋曰今疏釋戒에 但用戒文而離迷倒오 餘者는 乃義引이라

'不雜二乘心'者는 卽涅槃文이오 '是名持淨戒'等은 總結上文也니라】

戒는 行의 본체이지만 또한 많은 반연에 힘입고 있다. 반연에 따라 계를 이루면 계 자체는 공과 같다. 마음을 일으켜 지니는 자를 미혹이요 전도[迷倒]라 말한다. 선함도 없고 위의도 없으며 이승의 마음에 뒤섞임이 없는 것을 청정한 계를 지녔다고 말한다. 이러한 계를 이에 진실한 청정범행이라고 말한다.【초_ '제10. 계율을 살펴보다'의 경문은 3단락이다. 첫 단락은 총체를 밝힘이다. 위의 제1~9법문은 관찰하는 부분을 경문 뒤에 두어 끝맺었는데, 유독 이 단락에서는 먼저 진실한 관찰을 밝히고 있다.

"계 자체는 공과 같다."는 구절은 법구경에 나온다. 육바라밀 모두 게송이 있다.

보시의 게송: 모든 보시의 복덕을 말한다면 그 가운데 3가지 일은 공하다. 결국 그 어떤 것도 얻을 수 없다. 보시의 복덕은 아지랑이와 같다.

지계의 게송: 만일 모든 지계를 말한다면 선함도 없고 위의를 갖출 것도 없다. 계의 자성은 허공과 같다. 이를 지니려고 하는 이

는 혼미요 전도이다.

인욕의 게송: 만일 성내는 이를 보면 인욕으로 굴레를 삼아 성냄이란 햇살과 같음을 알아야 한다. 인욕 또한 참을 대상조차 없는 것이다.

정진의 게송: 만일 모든 정진을 말한다면 增上慢을 지닌 자를 위한 말이다. 증상만이 없는 이는 선함도 없고 정진할 것도 없다. 만일 정진하려는 마음을 일으키면 이는 허망한 마음이지 정진은 아니다. 마음이 허망하지 않으면 정진은 끝이 없으리라.

선정의 게송: 만일 모든 삼매를 배우려고 한다면 이는 동요이지 좌선이 아니다. 마음이 경계를 따라 흘러감인데 어떻게 이를 선정이라 말하겠는가.

반야의 게송: 삼라와 만상은 하나의 법으로 도장 찍어준 것이다. 어떻게 하나의 법 가운데서 가지가지 의견을 낼 수 있겠는가. 하나라는 것마저도 하나라고 말할 수 없음은 수많은 수효를 타파하기 위함이다. 지혜가 얕은 이가 들은 바는 하나를 보면 하나라고 말한다.

육바라밀 총결의 게송: 만일 이러한 법문을 듣고서 언제나 寂滅行을 닦으면 知行 또한 적멸이다. 이것이 바로 보리의 도이다.

이에 대해 해석하였다.

이 청량소에서 계를 해석하는 가운데 계의 게송을 인용하면서 혼미와 전도를 떠난 부분만을 척출하여 썼을 뿐, 그 밖의 나머지는 그 뜻을 간추려 인용한 것이다.

"이승의 마음에 뒤섞임이 없다."는 것은 열반경에서 인용한 문장이며, "청정한 계를 지녔다고 말한다." 등은 위 경문을 총체로 끝맺음이다.】

其中十事에 前八은 是受오 後二는 是隨라 受中壇場은 得戒之處오 問淨教儀는 竝教授師오 三說羯磨은 卽得戒法이오 和尚은 得戒根本이오 阿闍黎者는 正卽三師니 義兼七證이오 剃髮著衣는 是戒外相이오 隨中乞食은 四依之一이오 正命은 謂離四邪五邪니라

계율을 살펴보는 10가지의 법 가운데, 앞의 '壇場~著袈裟衣' 8가지는 계를 받는 일이며, 뒤의 걸식과 정명 2가지는 계를 따르는 것이다.

계를 받는 부분 가운데,

壇場은 계를 받는 장소이며,

청정한 생활을 묻고 승려로서의 위의를 가르침은 아울러 教授師이며,

갈마를 세 차례 말함은 계를 받는 법이며,

화상은 계를 받는 데 근본이며,

아사리란 바르게 말하면 세 분의 스님[三師]이지만 그 의의는 일곱 분의 증명스님[七證][17]을 겸하고 있으며,

삭발과 가사를 입은 것은 계를 받을 때의 외모이다.

17 三師七證: 불교가 흥하지 않은 변방 나라를 제외하고, 受戒할 때 授戒和尚, 羯磨師, 教授師와 덕이 높은 스님 일곱을 뽑아 증인으로 하고 계를 주는 일.

계를 따르는 가운데, 걸식은 4가지 의지[四依: 托鉢, 糞掃衣, 塚間樹下坐, 食腐爛藥] 가운데 하나의 일이며, 正命은 4가지의 삿된 삶[四邪][18]과 5가지의 삿된 삶[五邪][19]을 멀리 여읨을 말한다.

若依菩薩戒하야 類例上文이면 具如善戒經과 及彌勒菩薩所造受菩薩戒와 羯磨所辨이라 此上十境은 正約菩薩이오 旁兼聲聞이니 設依小受라도 修觀則爲菩薩이니 卽如此方이라 又善戒經에 '欲受菩薩戒인댄 皆先具受前之三戒라' 故所觀境은 通於大小로되 其能觀智는 唯實教大乘이라【鈔_ '若依菩薩'下는 第三料揀이니 前列十事는 參大小乘이어니와 此方은 菩薩律儀闕故로 於中有四니 一은 總引二文하야 彰大小異니 彌勒羯磨는 唯請一師하야 須歸三寶니 別有羯磨文等이라

'此上十境'下는 次出對會所以니 以西天大小抗行하고 寺居不雜일세 是故로 結云'卽如此方'也니 謂依小乘受하야 行大乘行이라

'又善戒經'下는 三正示大小二相不同이니 言'先受前之三戒'者는 彼

18 四邪: 지도론 제4에 의하면, 이는 청정 걸식에 어긋나는 4가지를 통하여 삿된 삶을 말한다.(釋比丘名乞士, 清淨活命故名乞士. 如經中說 "舍利弗 入城乞食, 得已坐食. 有梵志 名淨目 問言, 汝食耶? 答言食! 淨目言 下口食耶? 答言 不! 仰口食耶? 答曰 不! 方口食耶? 答曰 不! 維口食耶? 答曰 不! 淨目言 食有四種, 我今問汝, 汝皆言不, 我今不解, 汝當爲說. 云何下口食? 舍利弗言 有出家人, 合藥種穀植樹等, 不淨活命者, 是名下口食. 觀視星宿日月風雨雷電霹靂, 不淨活命者, 是名仰口食. 曲媚豪勢通使四方, 巧言多求, 不淨活命, 是名方口食. 學種種呪術卜算吉凶, 有如是等不淨活命者, 是名維口食. 我不墮是四食中, 我用清淨乞食活命. 淨目 聞已, 歡喜信解. 舍利弗 因爲說法, 得須陀洹.")

19 五邪: 지도론 제22에서 인용한 것으로, 자신의 편리한 공양을 위한 삿된 삶을 말한다.(一者 爲利養故, 詐現異相奇特. 二者 爲利養故, 自說功德. 三者 爲利養故, 占相吉凶及爲人說. 四者 爲利養故, 高聲現威, 令人畏敬. 五者 爲利養故, 稱說自己所得利養, 以動人心. 邪因緣活命, 故爲邪命.)

經第五菩薩戒品에 云'在家出家에 戒有三種하니 一者는 戒오 二者는 受善法戒오 三者는 爲利衆生故行'라하니 釋曰 '此卽三聚也'라하니라

次云'云何名戒오 所謂七衆戒니 比丘 比丘尼 式叉摩那 沙彌 沙彌尼 優婆塞 優婆夷라 菩薩摩訶薩이 若欲受持菩薩戒者인댄 先當淨心하야 受七種戒니 七種戒者는 是淨心趣菩薩戒니 如世間人이 欲請於王인댄 先當淨治所居屋宅니라 是七種戒 具是在家出家菩薩所受며 菩薩戒者도 亦復如是라 俱是在家出家菩薩所受니라'하니 釋曰 '上語七衆은 通於男女等이어니와 今辨三戒는 唯約比丘니 謂五戒·十戒·二百五十니 此三은 以爲菩薩戒前之方便也'라하니라

彼經云'若言不具優婆塞戒하고 得沙彌戒는 無有是處며 不具沙彌戒하고 得比丘戒도 亦無是處며 不具如是三種戒하고 得菩薩戒도 亦無是處니라 譬如重樓四級에 乃至不從三級至第四者는 無有是處'라하니 釋曰 '以此故로 須先受三也'라하니라

'故所觀境'下는 四結成本義니 所觀通大小者는 依菩薩受도 亦是所觀이며 依小乘受도 亦是所觀이라

'能觀智 唯實教大乘'者는 卽相同性이 離相戒故니라

上來 尋思觀을 竟하다】

만일 보살계를 따라서 위 경문의 유례를 살펴보면 구체적으로 선계경 및 미륵보살이 마련한 受菩薩戒와 羯磨의 논변한 바와 같다.

이 위의 10가지 경계는 바로 보살을 들어 말함이며, 곁으로 성문승을 겸하고 있다. 설령 소승에게 계를 받을지라도 觀을 닦아나가면 보살이 될 수 있다. 이는 곧 중국과 같다.

또 선계경에서 "보살계를 받고자 한다면 모두가 먼저 앞의 3가지 계를 모두 받아야 한다."고 하였다. 이 때문에 관찰의 대상이 되는 객관 경계는 소승과 대승에 모두 통하지만, 관찰의 주체가 되는 지혜는 오직 實教의 대승이다. 【초_ "만일 보살계를 따라서 위 경문의 유례를 살펴보면" 이하는 제3料揀이다. 앞에 예시한 10가지 일은 대승과 소승이 함께하지만, 중국에서는 보살 律儀가 없기 때문이다. 그중에는 4가지가 있다. 첫째는 2가지의 문장을 모두 인용하여 대승과 소승의 차이를 나타낸 것이다. 彌勒羯磨는 오직 한 분의 스님만 모시고 반드시 삼보에 귀의한다. 이는 별개로 羯磨文 등이 있다.

"이 위의 10가지 경계" 이하는 둘째로 對會의 이유를 말한 것이다. 서역에서는 대승과 소승이 서로 대항하고 사찰을 함께 쓰지 않는다. 이 때문에 서로 분리되어 있는 것이 "곧 중국과 같다."고 끝맺은 것이다. 소승에게 계를 받아 대승행을 행함을 말한다.

'又善戒經' 이하는 셋째로 대승과 소승의 2가지 모습이 똑같지 않음을 보여준 것이다.

"먼저 앞의 3가지 계를 모두 받아야 한다."고 말한 것은 선계경 제5 菩薩戒品에 이르기를 "재가자와 출가자의 계에는 3가지가 있다. ① 戒, ② 선한 법을 받는 계, ③ 중생에게 이익을 주기 위한 까닭에 행한 것이다."고 하니, 이에 대해 해석하기를 "이는 곧 三聚이다."고 하였다.

다음 이어서 이르기를 "어떤 것을 戒라 말하는가? 이른바 일곱 대중이 지켜야 할 계이다. 비구·비구니·식차마나·사미·사미니·우바새·우바이이다. 보살마하살이 만일 보살계를 받아 지니고자 한다면 먼저 마음을 청정하게 하여 7가지의 계를 받아야 한다. 7가지 계란 청정한 마음으로 보살계에 나아감이다. 이는 마치 세간 사람들이 왕을 초청하려면 먼저 그가 거처하는 집 안을 깨끗이 치우는 것과 같다. 7가지 계는 재가보살이나 출가보살이 모두 받아야 할 부분이다. 보살계 또한 이와 같아 재가보살이나 출가보살이 모두 받아야 할 바이다."고 하였다.

이에 대해 다음과 같이 해석하였다.

"위에서 일곱 대중을 말한 것은 남녀 등을 모두 통하지만, 여기에서 말한 3가지 계는 오직 비구만을 말한다. 이는 5계·10계·250계를 말한다. 이 3가지는 보살계 이전의 방편이다."

선계경에 이르기를 "만일 우바새계를 갖추지 않고서는 사미계를 받을 수 없으며, 사미계를 갖추지 않고서는 비구계 또한 받을 수 없으며, 이와 같은 3가지 계를 갖추지 않고서는 보살계 또한 받을 수 없다. 비유하자면 높다란 4층의 누각을 오르려면 3층을 거치지 않고서는 4층에 오를 자가 없는 것과 같다."고 하였다.

이에 대해 다음과 같이 해석하였다.

"이런 이유로 반드시 먼저 3가지 계를 받는 것이다."

'故所觀境' 이하는 넷째로 本義를 끝맺음이다.

"관찰의 대상이 되는 객관 경계는 소승과 대승에 모두 통한다."는 것은 보살에 의해 받는 것 또한 관찰의 대상이며, 소승에 의해 받는 것 또한 관찰의 대상이다.

"관찰의 주체가 되는 지혜는 오직 實教의 대승이다."는 것은 현상과 하나가 된 본성과 같음이 상을 여읜 계[離相戒]이기 때문이다.

위에서 말한 찾아보고 생각하는 觀을 끝마치다.】

第四는 辨觀成之相이니 望前尋思면 卽爲觀益이오 望後得正覺果면 此但如實觀成이라

文分爲三이니 初는 約所觀十境 如實觀成이오 二'此中何法'下는 約所成梵行 如實觀成이오 三'如是觀察'下는 結成梵行淸淨之相이니 今은 初라

⑷ '如是觀' 이하는 觀의 성취한 모습을 논변하였다. 앞서 말한 尋思에 대조해보면 곧 觀의 이익이며, 뒤의 正覺 佛果를 얻은 것으로 대조해보면 이는 단 如實觀이 성취됨이다.

경문은 3부분으로 나뉜다.

첫째는 관찰의 대상이 되는 10가지 경계에 여실관이 성취됨으로 말하였고,

둘째 '此中何法' 이하는 성취할 대상의 청정범행에 여실관이 성취됨으로 말하였고,

셋째 '如是觀察' 이하는 범행의 청정한 모습을 끝맺음이다.

이는 첫째, 관찰의 대상이 되는 10가지 경계에 여실관이 성취됨으로 말하였다.

經

如是觀已에 **於身**에 **無所取**며 **於修**에 **無所著**이며 **於法**에 **無所住**며 **過去已滅**이며 **未來未至**며 **現在空寂**이며 **無作業者**며 **無受報者**며 **此世不移動**이며 **彼世不改變**이니라

이렇게 관찰하면,
몸에 취할 것이 없고,
닦는 데 집착할 것이 없고,
법에 머물 것이 없고,
과거는 이미 멸하였고,
미래는 이르지 못하였고,
현재는 공적하고,
업을 짓는 이도 없고,
과보를 받을 이도 없고,
이 세상은 이동하지 않고,
저 세상은 바뀌지 않는다.

◉ 疏 ◉

初有十句하니 初六句는 明三輪清淨觀이니 一은 不取能持戒衆生이니 言身兼 口意也오 二는 不著所修行事오 三은 不住於戒法이니 亦卽是事며 亦通不住前法이라 次三句는 以三時門으로 明不住持戒時며 兼釋上不取等이니 言三世 推求不可得故니라 已滅·未至는 空理易明이어니와 現在多滯일세 偏語空寂이니 以刹那不住하고 過未分之일세 故

空寂也니라【鈔_ 初六句者는 具離三輪이라 然準瑜伽第六컨대 六度에 各有三輪不同하니 施三輪者는 一施者, 二受者, 三施物이어늘 今皆離之오 戒離三輪者는 離衆生事時分別이오 忍離三輪者는 離自他過失分別이오 進離三輪者는 離衆生高下事用分別이오 定離三輪者는 離境界衆生惑分別이오 般若離三輪者는 離境界智衆生分別이라 今言六句에 明三者는 一은 卽離衆生이오 二三은 皆離事니 亦通不住等者는 以第三句通不住前衆生及事니 不住는 卽離故니라 次三句三時門은 通是離時耳라】

첫 부분에 10구가 있는데 앞의 6구는 三輪淸淨觀을 밝힘이다. 제1구는 계를 지닌 중생을 취하지 않음이니 몸은 구업과 의업을 겸하고 있음을 말한다.

제2구는 수행해야 할 일에 집착하지 않음이며, 제3구는 계의 법에 집착하지 않음이니 또한 곧 사법계이며, 또한 앞의 중생과 수행할 일에도 집착하지 않은 데에 통한다.

다음 3구는 과거, 미래, 현재의 삼세 법문으로 持戒에 집착하지 않는 시간을 밝힘이며, 겸하여 위에서 말한 '不取' 등을 해석하였다. 삼세에 추구하여도 추구할 수 없음을 말한 때문이다. 과거는 이미 사라지고 미래는 아직 이르지 못한 데 대한 空理를 밝히기는 쉽지만, 현재는 막힘이 많기 때문에 '現在空寂'이라 말하였다. 찰나는 멈추지 않고 과거와 미래는 구분이 있기에 空寂이다.【초_ '앞의 6구'는 모두 三輪을 여읨이다. 그러나 유가경 제6을 준해보면 육바라밀에 각기 삼륜이 다르다.

보시의 삼륜이란 ① 보시한 자, ② 보시를 받은 자, ③ 보시의 물건인데, 여기에서는 이를 모두 여읜 것이다.

지계가 삼륜을 여의었다는 것은 중생의 事와 時의 분별을 여읨이며,

인욕이 삼륜을 여의었다는 것은 나와 남의 잘못의 분별을 여읨이며,

정진이 삼륜을 여의었다는 것은 중생의 고하와 事用의 분별을 여읨이며,

선정이 삼륜을 여의었다는 것은 경계와 중생의 미혹의 분별을 여읨이며,

반야가 삼륜을 여의었다는 것은 境界智와 중생의 분별을 여읨이다. 위의 6구에서 3가지를 밝힌 것은 ①은 중생을 여읨이며, ②~③은 모두 事를 여읨이다.

'亦通不住' 등이란 제3구의 "앞의 중생과 수행할 일에도 집착하지 않은 데에 통하기" 때문이다. '집착하지 않음[不住]'은 곧 여읜 것이다. "다음 3구는 과거, 미래, 현재의 삼세 법문"은 모두 시간에서 초월한 것이다.】

次二句는 明二空觀成이니 作受者는 人이오 業報는 是法이라

後二句는 以不遷理로 釋成因果空義니 '此世不移動'은 謂不從今至後이오 '彼世不改變'은 謂不從後至今이니 是爲因自昔滅이라 無力感果며 果不俱因이라 無力酬因이어니 何有報受리오 以物各性住하고 性本空故니라

다음 2구에서 "업을 짓는 이도 없고" "과보를 받을 이도 없다."는 것은 2가지 모두 공하다는 관[二空觀]을 성취했음을 밝힌 것이다. 짓는 이와 받는 이는 사람이며, 업과 과보는 법이다.

뒤의 2구에서 "이 세상은 이동하지 않고" "저 세상은 바뀌지 않는다."는 것은 변천하지 않는다는 이치로 인과가 공한 의의임을 해석하여 끝맺은 것이다. "이 세상은 이동하지 않는다."는 것은 지금으로부터 후세에 이르지 않음을 말하고, "저 세상은 바뀌지 않는다."는 것은 후세로부터 지금에 이르지 않음을 말한다. 이는 원인이 옛적에 절로 사라진 터라 얻은 과보에 힘이 없다. 과보는 원인과 함께하지 않는 터라 과보 원인에 힘이 없는데, 어찌 업보를 받은 이가 있겠는가. 모든 만물은 각기 자성에 머물고 자성은 본래 공하기 때문이다.

二는 約所成梵行 如實觀成이라

둘째, 성취할 대상의 청정범행에 여실관이 성취됨으로 말하였다.

經

此中何法이 **名爲梵行**고 **梵行**이 **從何處來**며 **誰之所有**며 **體爲是誰**며 **由誰而作**고 **爲是有**아 **爲是無**아 **爲是色**가 **爲非色**가 **爲是受**아 **爲非受**아 **爲是想**가 **爲非想**가 **爲是行**가

爲非行가 **爲是識**가 **爲非識**가

이 가운데 어느 법이 범행일까?

범행은 어디에서 왔으며,

누구의 소유이며,

자체는 무엇이며,

누구로 말미암아 지었을까?

이것이 있는 것일까? 없는 것일까?

색일까? 색이 아닐까?

수일까? 수가 아닐까?

상일까? 상이 아닐까?

행일까? 행이 아닐까?

식일까? 식이 아닐까?

◉ **疏** ◉

有十一句하니 初句는 總顯無名이니 十已空故오 餘句爲別이니 一은 不從他生이오 二는 非屬身等이니 皆十已空故니라 上二句는 約緣以徵이오 次二句는 就體以徵이니 初句는 明離前十外에 無別無作戒體니 十外有體면 不假前十이라 次句는 亦無有作이니 作之受隨 前以空故니라 次句는 雙非顯中이니 無性防非故니라

경문은 11구이다. 제1구는 無名을 총체로 밝힘이다. 10가지의 법이 이미 공한 때문이며, 나머지 구절은 개별의 뜻이다.

제1구의 "어디에서 왔는가?"는 다른 곳에서 생겨남이 아니며,

제2구의 "누구의 소유인가?"는 나의 몸에 속한 등등이 아니다. 모두 10가지의 법이 이미 공한 때문이다.

위의 제1, 2구는 반연을 들어 묻고 타파함이며,

다음 제3, 4구는 자체를 들어 묻고 타파함이다. 제3구는 앞의 10가지 법을 여읜 외에 또 다른 無作의 戒體가 없음을 밝힌 것으로, 10가지의 법 밖에 자체가 있다면 앞의 10가지 법을 빌리지 않는다. 다음 제4구의 "누구로 말미암아 지었을까?"는 또한 이를 만들어내는 자가 없다. 만들어낸 것을 받아들이고 따르는 것이 앞에서 이미 공한 때문이다.

다음 제5구의 "이것이 있는 것일까? 없는 것일까?"는 있다는 것도 없다는 것도 모두 잘못된 것으로 중도를 밝힌 것이다. 자성이 없다는 것은 잘못되었다는 점을 막기 위함이다.

次五句는 約五陰이니 有二意라 一은 就戒體니 有說'無作戒體 體即是色'이라'하고 有說'非色非心'이라'하니 五蘊之內에 初一은 是色이오 後四는 是心이라

今言'爲是色'者는 顯非是色이니 以其所立無表는 依表生이니 表色일세 無表도 色이니라 今明觀意는 表色尙空이어니 何有無表아

'爲非色'者는 顯非非色也라 從色生於戒도 尙不名爲色이어늘 從色生於戒는 豈是非色耶아

言'爲是識'者는 意顯非心이니 若言是心者인댄 一切皆有心이라 應常有梵行이니 是知非心也오 若言非心인댄 木石應梵行이니 是知非非心也니라

若言非色非心이라 行蘊攝者인댄 但是行蘊 應皆名戒니라

二는 就修行이니 梵行之人은 不離五蘊이니 若卽蘊者인댄 有蘊皆梵行이오 若離蘊者인댄 豈是我梵行가 故後結云'皆不可得'이라하니라

다음 5구(제6~10구)는 五陰으로 말하고 있다. 여기에는 2가지의 뜻이 있다.

① 戒體로 말한 것이다. 일설에는 "지은 이가 없는 戒體의 體가 곧 색이다."고 하며, 일설에는 "색도 아니요 마음도 아니다."고 한다. 五蘊 가운데 첫째는 色이며, 뒤의 受·想·行·識 4가지는 마음이다.

여기에서 '색일까?'라고 묻는 것은 색이 아님을 밝힌 것이다. 그 성립한 바의 표가 없는 표에 의해 생겨난 것이다. 표가 색이기에 표가 없는 것도 색이다. 여기에서 관찰의 뜻을 밝힌 것은 表이니 色이니 하는 것도 오히려 공했는데 어떻게 표가 없다는 것이 있겠는가.

'색이 아닐까?'라고 묻는 것은 '색이 아니다.'는 게 아님을 밝힌 것이다. 색으로부터 戒를 내는 것도 오히려 색이라고 말하지 못하는데, 색으로부터 계를 내는 것이 어찌 색이 아니겠는가.

'식일까?'라고 묻는 것은 마음이 아님을 밝히려는 의도이다. 만일 마음이라 말한다면 일체가 모두 마음이 있는 터라 당연히 언제나 청정범행이 있을 것이다. 이는 마음이 아님을 알아야 한다. 만일 마음이 아니라 말한다면 목석조차 당연히 청정범행일 것이다. 이는 마음이 아닌 것도 아님을 알아야 한다.

만일 색도 아니요, 마음도 아니라 行蘊의 속이라 말한다면 단지 이 行蘊을 당연히 모두 戒라고 부를 것이다.

② 수행으로 말한 것이다. 청정범행을 이룬 사람은 오온을 여의지 않는다. 만일 오온과 하나가 된다면 오온이 있다는 것은 모두 청정범행일 것이다. 오온을 여읜 것이라면 어떻게 나의 청정범행이라 말할 수 있겠는가. 이 때문에 뒤에 끝맺으면서 "모두 얻을 수 없다."고 하였다.

第三은 結成梵行淸淨之相이니 以無得故니라

셋째, 범행의 청정한 모습을 끝맺음이다.

얻음이 없기 때문이다.

經

如是觀察에 梵行法을 不可得故며 三世法이 皆空寂故며 意無取著故며 心無障礙故며 所行無二故며 方便自在故며 受無相法故며 觀無相法故며 知佛法平等故며 具一切佛法故니 如是가 名爲淸淨梵行이니라

이렇게 관찰하면,

범행의 법은 얻을 수 없기 때문이며,

삼세의 법이 모두 공적하기 때문이며,

뜻에 집착이 없기 때문이며,

마음에 장애가 없기 때문이며,

행할 것이 둘이 없기 때문이며,

방편이 자재하기 때문이며,

모양 없는 법을 받아들이기 때문이며,

모양 없는 법을 관찰하기 때문이며,

부처님 법이 평등함을 알기 때문이며,

온갖 부처님 법을 갖췄기 때문이다.

이러한 것을 청정한 범행이라고 말한다.

◉ 疏 ◉

文有十一句하니 初句는 爲總이오

次九句는 別顯無得이니

一은 由上三世皆空故오

二는 由於身無所取오 於修無所著故오

三은 言心無障礙者는 卽前於法에 無所住故니 如風行空에 無有礙故오

四는 作受二念이 不現行故오

五는 雖空이나 不礙涉有故오

六七은 涉有로되 不迷於空故로 受觀無相이니 受는 謂忍可於心이며 觀은 謂起用於境이라

八은 結歸平等이니 大般若 曼殊室利分에 云'我不見有一法非佛法者'라하니 故無法不等이오

九는 一收一切니 方顯具德圓融이라

末後一句는 總以結酬니 由上義故로 名淨梵行이라

上辨自利行淨竟하다【鈔_ '雖空不'下는 此釋方便自在이니 卽顯雖無持犯이나 而七支皎淨하고 三業無瑕하야 攝善利人을 無不爲矣니 以前觀空이 非斷滅故니라 '我不見有一法'下는 前已曾引이니 謂不毁不持하야 法界平等이니 由此該融일세 故有第九一具一切也라】

경문에는 11구가 있다. 제1구(梵行法不可得故)는 총체이며,

다음 9구(三世法~具一切佛法故)는 얻을 수 없음을 개별로 밝힌 것이다.

① (제2구: 三世法皆空寂故), 위에서 삼세가 모두 공함에서 연유한 때문이다.

② (제3구: 意無取著故), 몸에 취할 바가 없으며, 수행에 집착할 바가 없음에서 연유한 때문이다.

③ (제4구: 心無障礙故), 마음에 걸림이 없다고 말한 것은 앞서 말한 "법에 집착할 바가 없기" 때문이다. 이는 마치 바람이 허공에 불면 걸림이 없는 것과 같기 때문이다.

④ (제5구: 所行無二故), 지은다거나 받아들이는 2가지의 생각이 현재 행해지지 않기 때문이다.

⑤ (제6구: 方便自在故), 비록 공이라 하지만 有의 세계에 관련해서도 걸리지 않기 때문이다.

⑥~⑦ (제7구: 受無相法故, 제8구: 觀無相法故), 有의 세계에 관련해서도 空을 잃지 않기 때문에 모양이 없는 것을 받아들이고 관찰하는 것이다. '받아들인다[受]'는 것은 마음으로 인가함을 말하며, '관찰한다[觀]'는 것은 작용을 경계에 일으킴을 말한다.

⑧ (제9구: 知佛法平等故), 평등에 귀결 지은 것이다. 대반야경 曼殊室利分에 이르기를 "나는 그 어느 한 법도 불법이 아닌 것을 보지 못했다."고 한다. 이 때문에 모든 법이 평등하지 않음이 없다.

⑨ (제10구: 具一切佛法故), 하나가 일체 모든 것을 갖추고 있다. 바야흐로 구족한 공덕이 원융함을 밝힌 것이다.

맨 끝 구절(如是 名爲淸淨梵行)은 답을 총괄하여 끝맺음이다. 위의 의의를 갖춘 까닭에 이를 淸淨梵行이라고 하였다.

위에 자리행의 청정에 관한 논변을 끝마치다. 【초_ "제6구, 비록 공이라 하지만" 이하는 방편이 자재함을 해석하였다. 이는 비록 계를 잘 지키는 것이나 잘 지키지 못하고 깨뜨리는[持犯] 일이 없으나 七支[20]가 청정하고, 삼업이 하자가 없어서 선을 받아들임과 남에게 이익을 베풀지 않음이 없음을 나타낸 것이다. 이는 앞서 말한 觀空이 斷滅이 아니기 때문이다.】

第二 大科는 明利他行淨이라 文分爲二니 初는 觀深智니 卽利他之方이오 後는 慈念衆生하야 成無緣四等이니 是則自利利他와 上求下化皆具足也니라 今은 初라

2) 이타행의 청정을 밝히다

20 七支: 身三口四의 악업. 곧 몸으로 짓는 3가지 악업인 殺生, 偸盜, 邪淫과, 입으로 짓는 4가지 악업인 妄語, 綺語, 惡口, 兩舌을 말한다.

이의 경문은 2단락으로 나뉜다.

(1) 심오한 지혜를 살피는 것이니 곧 이타의 방법이며,

(2) 중생을 자비로 생각하여 반연이 없는 四無量心[四等]을 성취함이다. 이는 곧 자리·이타와 상구보리·하화중생이 모두 구족함이다.

이는 (1) 심오한 지혜를 살피는 것이다.

經

復應修習十種法이니

何者가 **爲十**고

所謂處非處智와 **過現未來業報智**와 **諸禪解脫三昧智**와 **諸根勝劣智**와 **種種解智**와 **種種界智**와 **一切至處道智**와 **天眼無礙智**와 **宿命無礙智**와 **永斷習氣智**니라

於如來十力에 **一一觀察**하면 **一一力中**에 **有無量義**니 **悉應咨問**이니라

다시 열 가지의 법을 닦아야 한다.

무엇이 열 가지의 법인가?

이른바 옳은 곳과 그른 곳을 아는 지혜,

과거·현재·미래 세계의 업과 과보를 아는 지혜,

모든 선정·해탈·삼매를 아는 지혜,

모든 근기의 수승하고 용렬함을 아는 지혜,

가지가지 이해를 아는 지혜,

가지가지 경계를 아는 지혜,

일체 모든 곳에 이르는 길을 아는 지혜,

천안통으로 걸림 없는 지혜,

숙명통으로 걸림 없는 지혜,

습기를 영원히 끊는 지혜이다.

여래의 열 가지 힘을 하나하나 살펴보면 하나하나의 힘에 한량 없는 뜻이 있다. 이를 물어야 할 것이다.

◉ **疏** ◉

文三이니 初는 擧法應修니 謂梵行體也는 緣體宛然이나 一心湛寂이오 梵行用也는 不思不造나 萬行沸騰이라 故不但心觀圓明이라 復應廣集佛智니라

二'何者'下는 徵起別列이니 可知오

三'於如來'下는 結勸廣學이라

경문은 3단락으로 나뉜다.

첫째는 당연히 법을 닦아야 함을 들어 말한 것이다. 청정범행의 본체는 반연의 자체가 완연하지만 하나의 마음은 담담히 고요하고, 청정범행의 작용은 생각하지도 않고 조작하지도 않지만 萬行이 비등하다. 따라서 원만하게 心觀을 밝혀야 할 뿐 아니라, 또한 부처님의 지혜를 널리 모아야 한다.

둘째 '何者' 이하는 물음으로 문장을 일으켜 개별로 나열함이니 말하지 않아도 알 수 있다.

셋째 '於如來' 이하는 널리 배울 것을 권하면서 끝맺음이다.

第二는 慈念衆生하야 成無緣四等이라

⑵ 중생을 자비로 생각하여 반연이 없는 사무량심을 성취하다

經

聞已에 **應起大慈悲心**하야 **觀察衆生**하야 **而不捨離**하며 **思惟諸法**하야 **無有休息**하며 **行無上業**하야 **不求果報**하고 **了知境界**가 **如幻如夢**하며 **如影如響**하며 **亦如變化**니

들은 뒤에는 크게 자비의 마음을 일으켜

중생을 관찰하여 버리지 아니하며,

모든 법을 생각하여 쉬지 아니하며,

위없는 업을 행하고도 과보를 구하지 아니하며,

경계가 마술 같고, 꿈같고, 그림자 같고, 메아리 같고, 또한 변화와 같음을 분명히 알아야 한다.

◉**疏**◉

文有四句하니 一은 雙起慈悲하야 如犢母隨子오 二는 思惟藥病하야 成大法喜오 三은 卽行無求하야 以成大捨오 四는 智了諸境하야 導成無緣이니 此中五喻는 廣如十忍이라 然釋有通別하니 通則可知어니와 別者如幻은 似有不實故니 似有故假오 不實故空이니 此二不二 成中道智라 如夢者는 虛妄見故오 如影者는 從業緣現故오 如響者는 屬諸因緣故오 如變化者는 須臾變滅故니 若如是了境이면 卽終日化而無

化니 亦爲衆生說如斯法이 是謂利他梵行淸淨也니라

경문에는 4구절이 있다.

제1구는 慈·悲를 모두 일으켜 암소가 송아지를 따르는 것처럼 함이며,

제2구는 약과 병을 생각하여 크나큰 法喜를 성취함이며,

제3구는 행한 일에 대해 추구하는 마음이 없어 크게 버림[大捨]을 성취함이며,

제4구는 지혜로 모든 경계를 분명히 알아 반연이 없음을 유도하여 성취함이다. 여기에서 말한 5가지의 비유는 크게 보면 十忍에서 말한 바와 같다. 그러나 이 해석에는 전체와 개별이 있다.

전체로 말한 것은 설명하지 않아도 알 수 있지만, 개별로 말한 가운데 '마술 같다'는 것은 있는 듯하나 실제 있는 게 아니기 때문이다. 있는 듯하기에 거짓[假]이요, 실제 있는 게 아니기 때문에 空이다. 이 2가지는 2가지가 아니기에 中道 지혜를 이루는 것이다.

'꿈같다'는 것은 허망하게 본 것이기 때문이며,

'그림자 같다'는 것은 자신이 지은 業緣을 따라서 나타나기 때문이며,

'메아리 같다'는 것은 모든 인연에 속하기 때문이며,

'변화와 같다'는 것은 잠깐 사이에 변하여 사라지기 때문이다. 만일 이와 같이 경계를 알면 종일토록 변화하되 변화함이 없다. 또한 중생을 위하여 이와 같은 법을 말해주는 것을 '이타의 청정범행'이라고 말한다.

第二 大段은 答因所成果問이라

2. 원인으로 성취되는 과보에 대한 물음에 답하다

經

若諸菩薩이 **能與如是觀行相應**하야 **於諸法中**에 **不生二解**하면 **一切佛法**이 **疾得現前**하야 **初發心時**에 **卽得阿耨多羅三藐三菩提**라 **知一切法**이 **卽心自性**하야 **成就慧身**호되 **不由他悟**하리라

만일 보살들이 이와 같이 관찰한 법들이 모든 법과 상응하여 모든 법에 두 가지 이해를 내지 않으면, 일체 모든 불법이 곧장 앞에 나타나, 처음 발심할 때에 아뇩다라삼먁삼보리를 얻을 것이다. 일체 모든 법이 곧 마음의 성품임을 알아 지혜의 몸을 성취하되 다른 이를 통하여 깨닫지 않을 것이다.

◉ **疏** ◉

文中에 分二니 先은 標前因深이니 初는 總指前文이오 不生二解는 別擧其要니 卽所行無二니라

二'一切'下는 酬其果滿이니 先標後釋이라 初는 由理觀深玄하야 了性具足하고 萬行齊修라 故令大果無邊德用으로 現證在卽이라 '一切'는 明其果大오 '疾現'은 語其證速이라

後'初發心'下는 釋이니 先釋疾現之言이오 後釋現前之相이라

今은 初니 上言'疾得'은 疾在何時오 故云'初發心時'라하니라 何法現前고 謂無上菩提也니라

이 경문은 2부분으로 나뉜다.

⑴ 이전에 닦아온 원인이 깊음을 나타낸 것이다. 첫 부분은 앞의 문장을 총체로 가리킴이며, "두 가지 이해를 내지 않는다."는 것은 그 요체를 개별로 들어 말한 것이다. 이는 행한 바가 둘이 없는 것이다.

⑵ '一切' 이하는 그 결과가 원만함을 답한 것이다. 앞에서는 주된 뜻을 밝혔고 뒤에서는 해석하였다.

앞에서는 理觀이 심오하고 현묘함으로 연유하여 요달의 자체가 구족하고 모든 행을 닦았기에 그지없는 大果 공덕 작용이 바로 나타나 증득하게 된 것이다. '一切佛法'이란 그 결과가 큰 것을 밝혔고, '疾得現前'은 그 증득이 빠름을 말하였다.

뒤의 '初發心' 이하는 해석이다. 빠르게 나타난 데 대한 말을 먼저 해석하고, 앞에 나타난 모습을 뒤에 해석하였다.

이는 앞에서 말한 理觀의 심오함에 관한 부분이다.

위에서 빠르게 얻을 수 있다고 말했는데, 빠르다는 것은 어느 때를 두고 말하는가? 이 때문에 初發心時를 말한다. 그 어떤 법이 앞에 나타난 것일까? 無上菩提를 말한다.

後'知一切'下는 釋現前之相이니 亦是出其所因이라 何者오 夫初心爲始오 正覺爲終이어늘 何以初心으로 便成正覺고 故今釋云'知一切法은 卽心自性故'라하니 覺法自性이 卽名爲佛故니라 下經云'佛心豈有他리오 正覺覺世間'이라하니 斯良證也니라 斯則發者는 是開發之發이오 非

發起之發也니라

뒤의 '知一切' 이하는 앞에 나타난 모습을 해석한 것이다. 이 또한 그 원인이 되는 바를 말한 것이다.

이는 무엇 때문일까?

"대개 初心은 시작이요, 正覺은 끝이 되는데, 어떻게 초심으로 갑자기 정각을 이룰 수 있을까?"

이러한 의문 때문에 여기에서 해석하여 말하였다.

"일체 모든 법이 곧 마음의 자성임을 알기 때문이다. 법의 자성을 깨달으면 곧 그를 부처님이라 말하기 때문이다. 아래의 경문에 이르기를 '부처님의 마음이 어찌 다른 곳에 있겠는가. 正覺으로 세간 중생을 깨우쳐주는 것이다.'고 하였다. 이는 훌륭한 증거이다. 여기에서 말한 初發心의 '發'이란 '열리다'의 뜻으로 쓰인 開發의 '發' 자이지, '일으키다'의 뜻으로 말하는 發起의 '發' 자가 아니다."

何爲現前之相고 夫佛智非深이어늘 情迷謂遠이라하나니 情亡智現이면 則一體非遙니라 旣言'知一切法 卽心自性'인댄 則知此心이 卽一切法性이니 今理現自心이라 卽心之性에 已備無邊之德矣니라

어떤 것이 앞에 나타나는 모습일까? 부처님의 지혜는 심오하게 멀리 있는 게 아니지만, 중생의 情識이 혼미하여 멀리 있다고 생각하는 것이다. 따라서 情識이 사라지고 지혜가 나타나면 바로 하나의 몸이라 멀리 있는 게 아니다. 이미 "일체 모든 법이 곧 마음의 자성임을 안다."고 말하였다면, 이 마음이 곧 일체 모든 법의 자성임을 알아야 한다. 이제 그 이치가 자기의 마음에 나타나는 터라

곧 마음의 본성에 이미 그지없는 공덕을 갖추고 있다.

'成就慧身'者는 上觀法盡也니 正法當興이오 今諸見亡也니 佛智爰起니라 覺心則理現하고 理現則智圓이 若鏡淨明生이라 非前非後오 非新非故니 寂照湛然이니라

"지혜의 몸을 성취한다."는 것은 위에서는 觀法이 극진함이니 바른 법이 당연히 일어날 것이며, 여기에서는 모든 견해가 사라지자 부처님의 지혜가 이제 일어난 것이다. 마음을 깨달으면 진리가 나타나고 진리가 나타나면 지혜의 원만함이 마치 거울이 맑으면 밝게 비치는 것과 같다. 이는 앞에 있는 것도 아니고 뒤에 있는 것도 아니며, 새로운 것도 아니고 옛것도 아니다. 靜寂과 觀照가 담담할 뿐이다.

'不由他悟'者는 成上慧身이니 卽無師自然智也라 又不由他悟는 是自覺也오 知一切法은 是覺他也오 成就慧身은 爲覺滿也라 成就慧身이 必資理發이니 見夫心性에 豈更有他리오 若見有他면 安稱爲悟리오 旣曰心性인댄 自亦不存이오 寂而能知를 名爲正覺이니 豈唯定之方寸코 不取則於人哉아 況初後圓融은 不待言也니라

"다른 이를 통하여 깨닫지 않는다."는 것은 위에서 말한 지혜의 몸을 이룬 것이니 곧 스승 없이 얻어진 자연스러운 지혜[無師自然智]이다.

또한 다른 이를 통하여 깨닫지 않음은 스스로 깨달음이며, 일체 모든 법을 앎은 남을 깨우쳐줌이며, 지혜의 몸을 이룸은 깨달음이 원만한 것이다. 지혜의 몸을 이루는 것은 반드시 진리에 힘입어 발생되는 것이다. 마음의 성품을 봄에 어찌 또한 다른 이의 힘이 필요

하겠는가. 만일 남들이 있음을 본다면 어떻게 깨달음이라고 말할 수 있겠는가. 이미 마음의 성품이라고 말한다면 자신 또한 존재하지 않는다. 고요하면서도 잘 아는 것을 '바른 깨달음'이라고 말한다. 어떻게 오직 마음만 定하고 남들에게 법을 취하지 않을 수 있겠는가. 더욱이 앞의 발심과 뒤의 정각이 원융함은 더 이상 말할 게 없다.

◉ 論 ◉

第七은 了知境界已下可四行半經은 明了法如幻하야 觀終에 獲益成佛分이니 如是依如上觀行하야 令身口意業과 佛法僧戒와 色受想行識과 身邊二見과 三世遠近總無하고 又無能觀所觀心하야 不沈不掉하며 不生不滅하야 任理無思에 如來十種智力이 因斯而現이니라 夫佛智非深이로되 只爲迷心逐相이니 情虧也에 智隱하고 一體也에 智現하야 執障이 都亡하야 十方이 廓然自在라 處塵不爲小오 周空不爲大니 窮其蹟也에 十方無纖毫之蹤이오 興其用也에 則不出刹那之際라 身行이 徧周하야 等虛空而無盡이니 若存其有인댄 卽一切刹海에 現色象重重이오 若置其無인댄 萬境에 不可窺其體라 以不思不惟而知衆法이오 將不造不作而辦大功일세 非生死 變其志며 非苦樂이 移其性이니 若非神之稱理者면 不可以情想으로 知며 不可以滅心으로 得이니라

제7의 '了知境界' 이하 4항 반의 경문은 법이 허깨비와 같음을 알고서 觀이 끝남에 이익을 얻어 성불하였음을 밝힌 부분이다. 이처럼 위와 같은 觀行을 바탕으로 身口意 삼업, 佛法僧戒, 色受想行識, 身邊二見, 三世遠近을 모두 떨쳐버리고, 또한 살펴보는 주체와

살펴볼 대상의 마음까지 말끔히 없어 혼침하지도 않고 들뜨지도 않으며, 생겨나지도 않고 사라지지도 않는다. 진리에 맡겨 생각이 없어 여래의 10가지 지혜의 힘이 이로 인하여 나타난 것이다.

대저 부처님의 지혜는 심오한 게 아니지만, 단 마음을 밝히지 못하고 밖의 모습만을 따르기 때문이다. 정욕으로 훼손되면 지혜가 나타나지 않고, 일체가 되면 지혜가 나타나 집착과 장애가 전혀 없어 시방이 툭 트여 자재하게 된다.

따라서 그는 티끌 속에 있을지라도 작아지지 않고 허공에 두루 유행하되 큰 것도 아니다. 그 발자취를 찾아보면 시방에 털끝만 한 흔적 하나 없고, 그가 작용을 일으키면 곧 찰나의 순간에서 벗어나지 않는다. 그의 몸은 두루 그 어느 곳이든 행하여 허공처럼 그지없다.

만일 그가 有의 세계에 존재하면 일체 刹海에 거듭거듭 色像이 나타나고, 그가 無의 세계에 있으면 모든 경계에 그 본체를 엿볼 수 없다. 그는 생각하지도 않지만 모든 법을 알고 그 어느 일 하나 조작하지 않지만 큰일을 이뤄낼 수 있기에, 죽고 사는 일이 그의 굳은 뜻을 바꿀 수 없고, 괴롭고 즐거운 일이 그의 본성을 변하게 할 수 없다. 만일 정신이 진리와 하나로 합해진 자가 아니면 여느 情識과 생각으로 알지 못하며, 生滅의 마음으로 알 수 없다.

以此로 如來 設淨行之教하사 觀法盡也에 始正法當興이오 則諸見亡而佛智起하나니 見亡智應이 名初發心時에 便成正覺하야 成就慧身호되 不由他悟라 是故로 後學之士는 應法修行이오 不可以逐境沈淪하야

迷流永劫이니라 更欲解其上義나 慮將言豐障理하야 以亂後學之心일까하노니 但如上所說之經이 多少自然恰中이라 如一百四十願을 名淨行者는 是十信位中 에 以願成世間知見萬法하야 以爲淨行이어니와 此十住位中엔 以行體無爲無性이 名爲淨行이니 以此淨行으로 成智用自在일세 此淨行品이 成十住中初發心之佛果며 亦爲已後十行十廻向十地等作佛果故라 從此無性之行하야 行淸淨故로 一切諸行이 皆淸淨故니 諸行이 淨則智慧 淨이오 智慧 淨則其心이 淨이오 其心이 淨則諸法이 淨이오 諸法淨이 名法界淨이오 法界淨이 卽衆生淨이오 衆生淨이 則佛國土淨이니 行此法平等者 名爲淨行也니라 梵行品竟하다

이 때문에 여래께서 청정범행의 가르침을 마련하여 觀法이 다함에 비로소 正法이 일어나면 모든 견해가 사라지면서 부처님의 지혜가 바야흐로 일어나게 된다. 견해가 사라지고 지혜가 응하는 것을 이름하여 "처음 발심할 때에 곧 바른 깨달음을 성취하여 지혜의 몸을 성취하되 남으로 연유하여 깨닫지 않는다."고 말하였다.

이 때문에 후세의 학인들은 이러한 법에 상응하여 수행해야 할 것이며, 바깥 경계를 따라 그 속에 빠져 긴긴 세월을 허우적대서는 안 될 것이다.

다시 위에서 말한 의의를 해석하고 싶지만, 말이 많으면 진리에 장애가 되어 후학의 마음을 어지럽힐까 염려된다. 단 위에서 말한 글들이 그래도 다소는 자연스럽게 이치에 맞아 더 이상의 해설을 요하지 않는다.

140가지 원력을 淨行이라 명명한 것은 十信位에서의 원력으로 세간지견의 萬法을 성취하여 이로써 淨行을 삼지만, 이 十住位에서는 청정범행 본체의 無爲無性을 淨行이라고 말한다. 이러한 淨行으로 인하여 지혜 작용의 자재함을 성취한 까닭에 淨行品은 십주 가운데 초발심의 자리에서 佛果를 이루며, 또한 그 뒤의 十行·十廻向·十地 등의 佛果를 성취할 수 있다. 이는 자성이 없는 行을 따라 행이 청정한 까닭에 일체 모든 행이 모두 청정하기 때문이다. 모든 행이 청정하면 지혜가 청정하고, 지혜가 청정하면 그 마음이 청정하고, 그 마음이 청정하면 모든 법이 청정하다. 모든 법이 청정함을 '법계의 청정'이라 말하고, 법계의 청정이 '중생의 청정'이요, 중생의 청정이 곧 '불국토의 청정'이다. 이와 같이 평등한 법을 행하는 자에게 '청정범행[淨行]'이라는 이름을 붙이는 것이다.

범행품을 끝마치다.

범행품 제16 梵行品 第十六

화엄경소론찬요 제33권 華嚴經疏論纂要 卷第三十三

화엄경소론찬요 제34권
華嚴經疏論纂要 卷第三十四

◉

초발심공덕품 제17-1
初發心功德品 第十七之一

釋此品도 亦四門이니 初는 來意니라

이 품을 해석하는 것 또한 4분야(**來意·釋名·宗趣·釋文**)로 구분된다.

1. 유래한 뜻

◉ **疏** ◉

來意者는 謂前二品에 明位及行이오 今顯勝德이니 擧初況後하야 巧顯深勝이라 故次來也니라 又前品末에 云'初發心時에 便成正覺이라'하니 未知케라 此心이 有何功用하야 頓得爾耶아 今釋此義라 故次來也니라

유래한 뜻이란 앞의 제15 십주품, 제16 범행품에서는 지위 및 行을 밝혔고, 여기에서는 수승한 공덕을 밝혀줌을 말한다. 앞의 품을 들어 뒤의 부분을 비유하면서 심오하고도 수승함을 잘 밝혀주고 있기에 다음으로 이 품을 쓰게 된 것이다.

또한 제16 범행품의 끝부분에서 "처음 발심할 때에 곧 正覺을 성취한다."고 말한 바 있다. 알 수 없다. 발심한 그 마음이 도대체 무슨 작용이 있기에 단번에 이처럼 되는 것일까? 여기에서 이러한 의의를 해석해주기 위해 초발심공덕품을 다음으로 쓰게 된 것이다.

二釋名

2. 품명을 해석하다

◉ **疏** ◉

釋名者는 初有二義니 一은 三種發心之初오 二는 十住之初라【鈔_ '一三種'者는 起信論 發趣道相中에 論云' 畧說發心컨대 有三種相이니라 云何爲三고 一은 信成就發心이오 二는 解行發心이오 三은 證發心이라'하니 今當第一이라 故云三種中初니라 '二十住之初'者는 揀餘九住니 彼名初發心住故니라】

명제를 해석한 데에는 初發心의 '初' 자에 2가지의 뜻이 있다.

(1) 3가지 발심의 첫째라는 것이며,

(2) 십주의 첫 지위라는 것이다.【초_ "3가지 발심"이란 기신론에서 '도 닦을 마음을 내어 공부하는 모습'을 논한 부분에서 이르기를 "발심을 간단하게 말하면 3가지의 모습이 있다. ① 信成就發心, ② 解行發心, ③ 證發心이다."고 하였다. 여기에서는 '① 信成就發心'에 해당된다. "(2) 십주의 첫 지위"란 나머지 九住와 다름을 말한다. 그것을 初發心住라 이름 붙인 때문이다.】

發亦二義하니 一은 發起上求오 二는 三德開發이니 能知三世佛智故며 永斷一切疑網故며 得如來一身無量身等故니라 在於信位에 久已研窮하야 至此位中에 豁然開悟라 故得功齊果位하야 攝德無邊하야 受斯稱矣니라【鈔_ '發起上求'者는 望後論發이오 '三德開發'者는 望前

論發이라 從初信心하야 始入佛法하야 卽發趣求如來果位하야 寂照雙流하야 常觀心性하야 功行旣著에 至此開發하니 如發金藏하야 見眞金等이라】

初發心의 '發' 자에도 또한 2가지의 뜻이 있다.

(1) 일어나 위로 지향하여 추구함이며,

(2) 3가지 덕을 열어나감이다. 삼세 부처님의 지혜를 알기 때문이며, 영원히 일체 모든 의심 그물을 끊었기 때문이며, 여래의 하나의 몸과 한량없는 몸 등을 얻었기 때문이다. 十信의 지위에서 오래전 이미 다하였기에 이 지위에 이르러서는 툭 트인 깨달음을 얻었다. 그러므로 그 功用이 果位와 똑같음을 얻어 받아들인 공덕이 그지없기에 이런 명칭을 얻은 것이다. 【초_ "일어나 위로 지향하여 추구함"이란 한 단계 뒤의 지위를 바라보면서 일어서는 것을 말하며, "3가지 덕을 열어나감"이란 앞을 바라보면서 열어나가는 것을 말한다. 첫 信心으로부터 처음 불법에 들어가 여래의 果位를 닦아나가려는 마음을 일으켜 寂靜과 觀照를 모두 함께 지니고서, 언제나 마음의 본성을 살펴보면서 공부하고 수행하여 이미 밖으로 나타나 이 지위에 깨달음이 열린 것이다. 이는 마치 황금창고를 열고 진짜 금 등을 보는 것과 같다.】

三 宗趣

3. 종취

◉ 疏 ◉

宗趣者는 卽初心攝德으로 爲宗하고 令物窮究發心으로 爲趣니라

宗趣는 곧 초심에 지닌 덕으로 宗을 삼고, 중생으로 하여금 궁구하여 발심하는 것으로 趣를 삼는다.

四는 釋文 二니 初는 料揀이오 二는 正釋이니 今은 初라

4. 경문의 해석

이는 2단락으로 나뉜다.

제1단락은 料揀이며, 제2단락은 바로 해석함이다.

이는 제1단락 料揀이다.

◉ 疏 ◉

然이나 住會發心은 定是信成就攝이니 解行及證은 自在後文이라【鈔_ 初料揀은 卽安國意니 彼有二意니 一云此中三賢은 別說十地오 十地一會에 總說十地라 故其四會는 皆是十地니라 二者는 以此品中에 文義深奧가 同十地故니라 今疏一文에 一時雙破로되 而正破初意라 今十住는 是信成就攝이오 後二는 屬第五六會니 何得渾和오 若言別說合說인댄 畧有四失하니 一은 令此經無三賢義오 二는 令餘經三賢虛設이오 三은 成此經文義雜亂이니 謂以地義로 名住·行·向故오 四는 何不一天總別說耶아 而歷四天에 蓋有所表니 是知此說은 殊乖教理라 故云住會發心이 定是信成就等이라】

그러나 십주 법회에서의 발심은 바로 信成就에 속한다. 解行과 증득에 대해서는 그 나름 뒤의 문장에 있다.【초_ '제1단락 料揀'은 安國 스님이 말한 뜻이다. 거기에는 2가지의 뜻이 있다.

① 여기에서 말한 삼현품에서는 별개로 十地를 말하였고, 십지품의 법회에서는 총체로 십지를 말하였다. 따라서 그 4품의 법회는 모두 十地이다.

② 이 품에서 말한 경문의 심오한 의의가 십지와 같기 때문이다.

이 청량소에서는 한꺼번에 모두 타파했지만 바로 처음 말한 뜻을 타파한 것이다. 이 十住는 信成就에 포괄되고 뒤의 2품은 제 5~6법회에 속하니, 어떻게 하나로 함께할 수 있겠는가. 만약 개별로 말하거나 종합하여 말하면 간단하게 4가지의 잘못이 있다.

① 이 경문에 삼현품의 의의가 없도록 만든 것이며,

② 나머지 경문에 삼현품을 공허하게 마련하도록 만든 것이며,

③ 이 경문에 대한 의의를 혼잡하게 만든 것이다. 십지의 의의로 십주·십행·십회향이라 이름 붙인 때문이며,

④ 어찌 하나의 하늘을 총체로 별개로 말함이 아니겠는가. 4가지의 하늘을 거치면서 나타낸 바 있다. 이러한 말들은 매우 교리에 어긋난 말임을 알 수 있다. 따라서 십주의 법회에서 발심하는 것이 바로 신심 성취 등이다.】

生如來家는 自約解說인댄 不應謂此便是證收니라 若謂久習無明을 云何頓成大智者리오하면 豈不聞가 千年暗室이 一燈에 倏忽頓除耶아 若謂云何能知三世佛法者리오하면 豈不聞가 具縛凡夫 能知如來

祕密藏耶아 餘義는 至文當釋호리라【鈔_ '生如來家'下는 第二遮破라 彼云'據文旣云初發心時便成正覺은 應是初地오 況下經云以生如來廣大家로 能生三世諸佛家하야 永斷一切諸疑網하고 盡除一切諸障碍라하니 若非初地인댄 安得爾耶아 豈有久習無明이라가 纔一發心에 便成大智하야 能知前際一切諸佛成等正覺하고 乃至涅槃에 能信後際一切諸佛所有善根하고 能知現在一切諸佛所有智慧하고 即能震動一切世界等耶아 若謂不作齊限而能爾者인댄 今何不發耶아 已發에 何不能爾耶아 以斯義理로 應知證發이라

釋日 此中彼釋은 自有三段이라 一은 正立이오 二'豈有久習'下는 引文反質이오 三'若謂不作'下는 縱破法性이니라 今疏文中에 亦有三節이로되 但通前二라 今初는 通其第一正立이니 彼以生家故로 名證發心이오 今揀生家不同이라 故非證也니라 然彼引四句는 今但通一이니 餘例可知니라

且通生家컨대 生家 有六이니 如法界品이오 前十住內에 亦說生家니 言雖同而義有異니 豈以解生으로 同證生也리오 解生은 生菩提心家오 證生은 生眞如家라 故不同也니라 此義若成이면 其餘皆成이라 故云不通餘也니라 若通餘三者는 旣許解生이니 何得不能生三世佛家하야 斷諸疑網하고 除諸障碍리오

又彼初云初發心時에 便成正覺은 最初建立이니 是初地義니 此義는 前品에 已曾廣釋이라 故不通耳니라

'若謂久習'下는 二 通引文反質이니 彼引四句는 今爲兩節通之라 初通久習無明하니 文可知也라 '若謂云何'下는 三 通知三世佛法이니 此

卽涅槃第六如來性品이니 南經 卽四依品에 云有四種人이 能護正法하야 建立正法하고 憶念正法하야 能多利益憐愍世間하야 爲世間依하야 安樂人天이니라 何等爲四오 有人出世하야 具煩惱性하니 是名第一이오 須陀洹人은 是名第二오 阿那含人은 是名第三이오 阿羅漢人은 是名第四니라 云何名爲具煩惱性고 若有人이 能奉持禁戒하야 威儀具足하며 建立正法호되 從佛所聞하야 解其文義하야 轉爲他人하야 分別宣說호되 所謂少欲〈是道〉이며 多欲非道라 廣說如是八大人覺하야도 有犯罪者어든 敎令發露하야 懺悔滅除하고 善知菩薩의 方便所行秘密之法하면 是名凡夫오 非第八人이니 第八人者는 不名凡夫라 名爲菩薩이오 不名爲佛이니라

釋曰 遠公도 亦名爲種性解行人이니 非是登地오 此初依人이라 旣云具縛으로도 能知秘密이어늘 何言十住不能知耶아 前義若成이면 動剎何惑가 其第三段은 縱破法性이니 文理易故로 疏不通之니 意云此中에 非獨作無齊限 便得爾也오 亦久研窮이라야 方至此位니 何得爲此無理難也오】

여래의 집안에 태어남에 대해 해설을 가지고 말하면 이는 곧 증명하여 끝맺음이라고 말하지 못할 것이다.

만약 오랫동안 익혀왔던 無明을 어떻게 갑자기 큰 지혜로 성취할 수 있을까? 하고 말한다면 어찌하여 이런 말을 들어보지 못했는가? 천년 동안 어두웠던 방이 하나의 등불에 갑자기 한꺼번에 어둠이 없어졌다는 사실을….

만약 어떻게 삼세 불법을 알 수 있을까? 하고 말한다면 어찌하

여 이런 말을 들어보지 못했는가? 꽁꽁 묶인 범부일지라도 여래의 비밀장을 알 수 있다는 사실을….

나머지 의의는 해당 경문에서 해석하고자 한다.【초_ '生如來家' 이하는 제2 遮破이다. 그가 말하였다.

"경문에 근거하여 보면 앞서 말한 '처음 발심할 때에 곧 정각을 성취한다.'는 것은 당연히 初地이다. 더욱이 아래의 경문에서 말하기를 '여래의 광대한 집안에 태어남으로써 삼세제불의 집안에 태어나 일체 모든 의심 그물을 길이 끊고 일체 모든 장애를 모조리 없앤다.' 고 하였다. 만약에 初地가 아니라면 어떻게 그처럼 할 수 있겠는가.

어떻게 오랫동안 無明을 익혀오다가 한 차례 발심하자마자 곧 바로 大智를 성취하여 이전의 일체 제불이 성취한 等正覺을 알 수 있으며, 내지 열반에 이후의 일체 제불이 지녀온 선근을 믿고 현재의 일체 제불이 지녀온 지혜를 알고서 일체 세계 등을 진동시킬 수 있겠는가.

만약 한계의 제한이 없이 그처럼 할 수 있다면 이제 어찌하여 발심하지 않는가? 이미 발심함에 어찌하여 그처럼 되지 않은 것일까? 이러한 뜻으로 발심을 증명한 것임을 알아야 한다."

이에 대한 해석은 다음과 같다.

"여기에서 말한 그의 해석에는 그 나름 3단락이 있다.

① 바로 세움이며,

② '豈有久習' 이하는 겉모습을 끌어다가 소박한 바탕으로 되돌림이며,

③ '若謂不作' 이하는 縱으로 법성을 타파함이다.

이 청량소 가운데 또한 3節이 있지만 단 앞의 2절과 통한다. 이 첫 절은 그 '① 바로 세움'과 통한다. 그것은 生家이기 때문에 發心을 증득했다고 증명하고 여기에서는 生家가 똑같지 않음을 가려낸 까닭에 증득이 아니다. 그러나 그가 인용한 4구는 여기에서는 단 하나만 통한다. 나머지 예는 말하지 않아도 알 수 있다.

또한 生家을 통하여 보면 生家에는 6가지가 있으니 법계품에서 말한 바와 같다. 앞의 十住 내에서도 또한 生家를 말하였다. 생가라는 말은 똑같지만 그 의의는 다르다. 어떻게 解生으로 證生과 같다 할 수 있겠는가. 解生이란 菩提心의 집안에 태어남이며, 證生이란 眞如의 집안에 태어남이다. 따라서 똑같지 않다. 이러한 의의로 형성하면 그 나머지를 모두 이룰 수 있다. 이 때문에 나머지는 통하지 않는다고 말하였다. 만약 나머지 3가지와 통한다면 이미 解生을 인정한 것이다. 어찌 삼세제불의 집안에 태어나 모든 의심의 그물을 끊고 모든 장애를 없애지 못할 수 있겠는가.

또한 그가 처음 말한 '처음 발심할 때에 곧 정각을 성취한다.'는 것은 최초로 세운 것이다. 이는 初地의 의의이다. 이런 의의는 앞의 품에서 이미 자세히 해석하였다. 이 때문에 여기에서는 통하여 말하지 않는다."

'若謂久習' 이하의 ②는 통하여 겉모습을 끌어다가 소박한 바탕으로 되돌림이다. 그가 인용한 4句는 여기에서는 2節로 통한다. 앞부분은 오랫동안 무명을 익힌 것과 통하니 이 경문은 말하지 않아도 알 수 있다.

'若謂云何' 이하의 ③은 통하여 三世佛法을 앎이다. 이는 곧 열반경 제6 如來性品이다. 南經 즉 四依品에서 다음과 같이 말하였다.

"네 종류의 사람이 있는데 바른 법을 보호하여 바른 법을 세우고 바른 법을 생각하여, 많은 이익을 주고 세간 중생을 불쌍히 여겨 세간 중생의 의지처가 되어 사람과 하늘을 안락하게 해줄 것이다.

무엇이 네 종류의 사람인가? 사람으로 태어나 번뇌의 성품을 지닌 이가 첫 번째요, 수다원의 사람은 두 번째요, 아나함의 사람은 세 번째요, 아라한의 사람은 네 번째이다.

무엇을 일러 번뇌의 성품을 갖추었다고 말하는가? 만약 어떤 사람이 禁戒를 받들어 지녀 위의를 갖추고 바른 법을 세우되 부처님께 들은 바를 따라서 그 글을 이해하고 다른 사람을 위하여 반복해서 분별하여 말해주기를 '욕심이 없는 것은 옳은 도이며, 욕심이 많은 것은 도가 아니다.'고 한다. 이와 같이 여덟 가지의 깨달음[21]을 널리 설하여도 죄를 범하는 자가 있으면 가르쳐서 그 잘못을 드러나게 하고 참회하여 없애준다. 그리하면 보살이 방편으로 행하는 비밀의 법을 잘 알게 될 것이다. 그렇지만 그를 범부라 말하지 제

21 여덟 가지의 깨달음: 小欲覺, 5욕락을 구하려 하지 않는 마음. 知足覺, 이미 얻은 것만으로도 만족할 줄 아는 마음. 遠離覺, 고요한 곳을 좋아하는 마음. 精進覺, 용맹정진하는 마음. 正念覺, 바른 이치를 일심으로 생각하고 다른 생각을 섞지 않는 것. 正定覺, 선정을 닦아 삼매에 드는 것. 定慧覺, 聞思修 三慧를 닦아 바른 지혜가 발생하는 것. 無戱論覺, 正語에 머무는 것이다.

8의 사람이라고는 말하지 않는다. 제8의 사람이란 범부라 말하지 않고 보살이라 말할 뿐, 부처라고는 말하지 않는다.”

이에 대한 해석은 다음과 같다.

“遠公 또한 種性解行人이라고 말하였다. 이는 登地 보살이 아니라 처음 귀의한 사람이다. 앞서 ‘온통 옭아 묶인 이로서도 비밀 여래장을 알 수 있다.’고 하였는데, 어찌하여 十住를 알 수 없다고 말했는가? 앞서 말한 의의를 형성한다면 일체 세계를 진동한들 무슨 의혹이 있겠는가. 그 제3단락은 縱으로 법성을 타파함이다. 문맥을 쉽게 이해할 수 있기에 청량소에서 이를 통하지 않은 것이다. 그 의중은 여기에는 유독 한계의 제한이 없이 곧 그처럼 되는 게 아니다. 또한 오랫동안 연구해야만 바야흐로 이런 지위에 이를 수 있다. 어찌 이를 하는 데에 무리한 어려움이 있겠는가.”】

夫機差教別에 聖旨深玄이로되 竝未證眞如면 同居學地하고 共詳聖智라도 誠曰才難이라 且以淺爲深이면 有符理之得이오 以深爲淺이면 有謗法之愆이오 以遠爲近이면 則有益於行人이오 以近爲遠이면 法非我分이라 諸佛說教는 貴在俯就物機라 後輩學人이 若欲高推聖境하야 儻失大利면 豈不傷哉리오 且夕釣磻谿라가 朝升台輔면 豈與夫明經常選으로 而語其優劣者哉아 況纔生王宮에 貴極臣佐면 寧同百戰夷項이 備歷艱辛가 況十千劫之功高도 亦非聊爾人耳니라 是以로 語其智면 等虛空而非類오 論其德이면 碎塵刹而難量이라 極念劫之圓融하고 盡法門之重現하야 初心 契於智海면 豈有邊涯리오 猶微滴이 入於天池에 齊無終始니라 故經云發心畢竟二不別이라 如是二心先

心難이라' 法慧仰推는 良在此也니라 如或未喻면 勝鬘有文이오 推佛能知니 斯言無過니라 餘는 如賢首品하다【鈔_ 百戰夷項은 卽漢高祖니 古人詠史에 云百戰方夷項이오 三章且代秦이라 功歸蕭相國이오 氣盡戚夫人이라 十年征戰 七十二瘡에 方南面稱孤라가 在位無幾하니 豈與上同이리오 勝鬘有文은 十地當釋이니 勝鬘에 說三種智하니 此卽第三仰推智也니라】

중생 근기의 차이에 따라 부처님의 가르침이 다르기에 성인의 종지가 심오하고 현묘하지만, 아울러 진여를 증득하지 못하면 함께 배우는 터전에 거처하고 함께 성인의 지혜를 자세히 알지라도 참으로 인재를 얻기 어렵다고 말할 것이다.

또한 얕은 것을 깊다고 생각하면 이치에 부합하는 얻음이 있을 것이며, 심오한 이치를 얕다고 생각하면 법을 비방하는 잘못이 있을 것이며, 원대한 것을 가깝다고 여기면 수행인에게 도움이 있을 것이며, 가까운 것을 원대하다고 여기면 법이란 나의 분수가 아닐 것이다.

모든 부처님의 설교는 몸을 구부려 중생 근기에 맞추는 데에 있음이 고귀하다. 후배 학인이 만약 성인의 경계를 높이 받들어 큰 이익을 잃으면 어찌 손상이 없겠는가. 또한 저녁에 머나면 磻谿에 은둔하며 낚시하다가 아침나절에 정승 반열에 오른다면 어찌 明經科에 급제하는 이들과 그 우열을 말할 수 있겠는가. 더욱이 왕궁에 태어나 신하들보다 고귀한 자리에 오르면 어찌 수많은 전투 끝에 항우를 잡은 劉邦이 갖은 고초를 겪었던 것과 똑같을 수 있겠는

가. 하물며 十千劫의 높은 공로 또한 그런 사람들이 이룰 수 있는 게 아니다. 이 때문에 그 지혜를 말하면 허공과 대등하면서 같은 유가 아니며, 그 공덕을 논하면 미세한 티끌을 부순다 할지라도 헤아리기 어렵다. 원융한 念劫을 다하고 거듭 나타나는 법문을 다하여 初心이 지혜의 바다와 하나가 되면 어찌 그 끝이 있겠는가. 마치 미세한 물방울이 天池에 들어가면 똑같아서 처음도 끝도 없는 것과 같다. 이 때문에 경문에 이르기를 "발심하면 필경에는 2가지에 차별이 없다. 이와 같이 두 마음은 먼저 발심이 어렵다."고 하였다. 法慧보살이 우러러 추앙함은 참으로 여기에 있다. 만약에 이를 알지 못한다면 승만경에 해당 지문이 있다. 부처님을 추앙하면 알 수 있다는 말은 지나친 말이 아니다. 나머지는 현수품에서 말한 바와 같다. 【초_ "수많은 전투 끝에 항우를 잡았다."는 것은 漢 高祖를 말한다. 옛사람의 詠史詩에 이르기를 "백 번의 전투 끝에 항우를 죽이고 約法 三章으로 진나라 대신하였다. 그 공은 相國 蕭何에게 돌리고 기운은 戚夫人에게 다하였다."고 한다. 10년간의 전투에서 72곳의 상처를 입고서 겨우 황제의 지위에 올랐다가 얼마 안 되어 죽었다. 어찌 위에서 말한 바와 같겠는가. 승만경의 해당 지문은 十地에서 해석할 것이다. 승만경에서 3가지의 지혜를 말하고 있는데, 이는 제3 仰推智이다.】

◉ 論 ◉

夫以初發心之士 功德이 難量하야 擧等虛空이라도 無以比其類오 磨

盡刹塵이라도 無以酬其匹이라 虛空은 但明無相之大오 一切刹塵은 但明形礙之廣이어니 焉能對其菩提心福智之境이리오 其智也여 於刹那之際에 滿十方現身如雲호되 狀因陀羅網이 妙像相入에 光影重重하야 各各以一言音으로 普周法界하야 說等衆生教門호되 如雨灑衆生心하야 得淸涼樂이오 爾其福也여 妙相莊嚴이 與華藏而同其體니 爲初發心之際에 與十方諸佛로 等住無盡劫海호되 在刹那之中하야 延促相似홈이 如一小流 入大海中에 與大海等은 以水體 不別故인달하야 如初發心菩薩이 纔入諸佛大智慧流中에 等佛功德故로 爲初入與究竟이 時無延促이며 又智慧 一故로 爲誓度衆生하야 悉令成佛이 志願等故며 又如十方世界를 盡抹爲塵하야 一一塵中에 有無量佛刹과 無量衆生이어든 如菩提心大智慧身이 於一刹那際에 等一切刹塵하야 供養諸佛하며 教化衆生호되 一時等徧은 但以智慧力故며 法如是故며 智徧周故니 亦不作神通變化之想이어다

처음 발심한 사람이 '공덕을 헤아리기 어려움이 허공과 같다.'는 말을 들어도 그 어떤 유와도 비할 수 없고, 시방세계를 티끌처럼 갈아서 다한다 할지라도 그 어떤 것과 짝이 된다고 가늠할 수 없다. 허공과 같다는 것은 단 형상이 없는 존재가 크다는 점을 밝힌 것이고, 일체 세계의 티끌이란 단 형상의 장애가 크다는 점을 밝힌 것이다. 어떻게 보리심의 복덕지혜 경계와 대비할 수 있겠는가.

그 지혜는 찰나의 즈음에 시방세계 가득히 구름처럼 몸을 나타내면서도 마치 인다라망의 미묘한 형상이 서로 거듭거듭 겹쳐 들어오는 것처럼 끝이 없다. 제각기 하나의 음성으로 법계에 두루두

루 중생들에게 걸맞은 가르침의 법문을 말해주되 마치 단비처럼 중생의 마음에 뿌려주어 청량한 즐거움을 얻게 하였다.

그 복덕이여, 미묘한 모습의 장엄이 화장세계와 그 체성이 똑같다. 처음 발심할 때 시방 모든 부처님과 똑같이 다함없는 영겁의 바다에 머물되 찰나의 순간 속에서 오래 머물고 짧게 머묾이 모두 서로 같다. 마치 하나의 작은 시냇물이 큰 바다에 들어가면 큰 바다와 똑같아지는 것은 물의 체성에 차이가 없기 때문이다.

예컨대 처음 발심한 보살이 모든 부처님의 대지혜의 흐름 속에 들어가자마자 부처님의 공덕과 똑같아지기 때문에, 처음 들어간 보살이나 끝까지 머문 부처님이나 시간상에 오래 머물렀다느니 얼마 되지 않았다느니 차이가 없다. 또한 지혜는 보살이나 부처님이 하나이기 때문에 끝없는 중생을 맹세코 제도하여 모두 성불하도록 주선하려는 뜻과 서원이 똑같기 때문이다.

또 시방세계를 모두 갈아 티끌을 만들어 하나하나의 티끌 속에 한량없는 제불찰토와 한량없는 중생이 있음에도 보리심의 대지혜를 지닌 몸으로 한 찰나의 사이에 일체 세계의 티끌처럼 끝없이 헤아릴 수 없는 몸을 나타내어 모든 부처님께 공양하고 중생을 교화하면서도 일시에 두루 똑같이 베풀고 있다. 이는 단 지혜의 힘 때문이며, 법이 이와 같기 때문이며, 지혜가 두루 하기 때문이니, 신통변화의 생각을 일으켜서는 안 된다.

初發心菩薩이 志樂廣大하야 與佛界衆生界로 等無限量故니 故今此品所歎初發菩提心에 以十種功德이 廣大難量하야 無比不可喩라 於

此佛果根本不動大智不思議法界乘에 而發心者는 如輪王太子 初生之時에 具足王相이며 如師子王之子 威勢 與父相似하야 體不異故니 如初發菩提心菩薩이 初生如來智慧種性家時에 智慧所知 不異佛故며 三世時劫의 無延促見이 不異佛故며 志樂廣大하야 敎化衆生이 不異佛故며 從初發心으로 乘如來一切智乘하야 不出刹那際코 成等正覺하야 敎化衆生이 不異佛故라 設於三乘順世情敎에 說三祇劫而成佛者라도 畢竟回心하야 入此一切智境界乘하야사 方得成佛이니 如法華經은 卽是所回三乘이 入一切智境界之敎니 如龍女 一刹那際에 一生成佛者 是也라 一切衆生이 總須悟如此法하야사 方得成佛이니 不可取如來三乘中順世方便之言이니라 以法如是故로 如此品下文에 云初發心菩薩이 纔發心時에 卽爲十方一切諸佛의 所共稱歎하며 卽能說法하야 敎化調伏一切世界所有衆生하며 乃至示現成佛等이라하니 廣如此品下文所說이라 此品之內에 長行이 總有四十段經意也오 頌有二百四十二行하야 以歎初發心菩薩之功德이니 其文이 如下니라

처음 발심한 보살이 뜻과 즐거움이 광대하여 부처님세계, 그리고 중생세계와 똑같이 평등하여 한량이 없기 때문이다. 따라서 이 품에서 처음 일으킨 보리심에 10가지 공덕이 워낙 광대하여 헤아리기 어려워 이를 비유할 수 없음을 찬탄한 것이다.

이 佛果의 根本不動大智인 不思議法界乘에서 발심한 자는 마치 轉輪聖王의 태자가 처음 태어날 때부터 제왕의 모습을 제대로 갖춘 것과 같고 어린 사자의 위세가 사자왕과 똑같다. 이는 그 체

성이 다르지 않기 때문이다. 이처럼 처음 보리심을 일으킨 보살이 처음 여래 지혜의 種性이 있는 집안에 태어날 때, 지혜의 아는 바가 부처님과 다르지 않기 때문이며, 삼세 時劫의 늦고 빠름이 없는 견해가 부처님과 다르지 않기 때문이며, 뜻과 즐거움이 광대하여 중생을 교화함이 부처님과 다르지 않기 때문이며, 초발심으로부터 여래의 一切智乘을 타고서 찰나의 순간도 벗어나지 않고 等正覺을 이루어 중생을 교화함이 부처님과 다르지 않기 때문이다.

설령 삼승이 세간 중생의 마음을 따라 가르치면서 3아승기겁을 거쳐 성불할 수 있다고 말할지라도 결국은 마음을 돌이켜 一切智境界乘에 들어가야 비로소 성불할 수 있다. 예컨대 법화경은 바로 마음을 돌이킨 삼승이 一切智의 경계에 들어가는 가르침이다. 용녀가 한 찰나의 사이에 一生成佛한 것이 바로 그것이다. 일체중생이 모두 반드시 이러한 법을 깨달아야 비로소 성불할 수 있다. 여래의 삼승 중에서 세간을 따르는 방편의 말을 취해서는 안 된다.

법이 이와 같기 때문에 이 품의 아래 경문에서 "처음 발심한 보살이 발심하자마자 곧바로 시방의 일체 부처님이 모두 함께 칭찬하고, 곧 법을 말해줌으로써 일체 세계에 있는 중생을 교화하고 조복시키며, 나아가 성불을 나타내 보였다 등이다."고 하였다. 이에 대해 이 품의 아래 경문에서 자세히 말하고 있다. 이 품에는 장항의 산문으로는 모두 40단락의 經意가 있고, 게송은 2구를 1行으로 셈하면 242항(121偈)이 있는데, 초발심보살의 공덕을 찬탄하고 있다. 그 경문은 아래와 같다.

次正釋文이라 長分爲七이니

一은 天王請說分이오

二는 嘆深難說分이오

三은 約喻校量分이오

四는 就法畧示分이오

五는 動地興供分이오

六은 他方證成分이오

七은 以偈重頌分이라

又釋은 於中分二니 初는 長行이오 後는 偈頌이라 前中에 亦二니 初는 此界오 後는 結通이라 前中에 亦二니 初는 正說이오 後는 證成이라 前中에 亦二니 先問 後答이니 今依前辨이라

제2단락은 바로 경문을 해석함이다.

크게는 7단락으로 나뉜다.

제1. 제석천왕이 설법을 청한 부분

제2. 너무나 심오하여 말하기 어려움을 찬탄한 부분

제3. 비유를 들어 비교하여 헤아리는 부분

제4. 법으로 간단하게 보여준 부분

제5. 땅이 진동하고 공양을 올리는 부분

제6. 다른 지방에서도 성취를 증명한 부분

제7. 게송으로 거듭 읊은 부분이다.

또한 경문의 해석은 다시 2부분으로 나뉜다.

앞부분은 장항이며, 뒷부분은 게송이다.

장항 부분은 또다시 2부분으로 나뉜다. 앞은 이 세계요, 뒤는 전체를 끝맺음이다.

앞의 세계 부분은 또다시 2부분으로 나뉘어, 앞은 正說이요, 뒤는 證成이다.

앞의 正說 부분은 또다시 2부분으로 나뉘어, 앞은 물음이요, 뒤는 대답이다. 여기에서는 앞의 물음에 의하여 논변하고 있다.

제1. 제석천왕이 설법을 청한 부분

經

爾時에 **天帝釋**이 **白法慧菩薩言**하사대 **佛子**여 **菩薩**의 **初發菩提之心**하야 **所得功德**은 **其量**이 **幾何**니잇고

그때 제석천왕이 법혜보살에게 여쭈었다.

"불자여, 보살이 처음 보리심을 내어 얻은 공덕은 그 양이 얼마나 됩니까?"

◉ **疏** ◉

初中天帝問者는 在彼宮故며 聞前速成코 生疑念故며 菩提心이 是萬行主故니라 問法慧者는 是會主故며 初心具後之德에 唯慧境故니라 下는 正顯問端이니 雖則正問發心功德이나 下法慧答功德之量은 便顯發心之相이니 是爲菩薩善巧辨才니라

첫 부분에서 제석천왕이 물은 것은 그의 궁전에 있었기 때문이

고, 앞서 속히 성취된다는 말을 듣고서 의심을 냈기 때문이며, 보리심이 만행의 주체이기 때문이다.

법혜보살에게 물은 것은 이 법회의 회주이기 때문이며, 초심에서 그 이후의 덕을 갖출 수 있는 것이 오직 지혜의 경계이기 때문이다.

아래에서는 바로 물음의 실마리를 나타낸 것이다. 비록 발심의 공덕을 물었으나 아래에서 법혜보살이 공덕의 크기에 대해 답한 것은 정작 발심의 모습에 대해 밝힌 것이다. 이것이 보살의 뛰어난 변재이다.

第二 歎深難說分

제2. 너무나 심오하여 말하기 어려움을 찬탄한 부분

經

法慧菩薩이 **言**하사대 **此義甚深**하야 **難說**이며 **難知**며 **難分別**이며 **難信解**며 **難證**이며 **難行**이며 **難通達**이며 **難思惟**며 **難度量**이며 **難趣入**이어니와

법혜보살이 말하였다.

"이 이치는 깊고도 깊어서 말하기 어렵고, 알기 어렵고, 분별하기 어렵고, 믿고 이해하기 어렵고, 증득하기 어렵고, 행하기 어렵고, 통달하기 어렵고, 생각하기 어렵고, 헤아리기 어렵고, 들어가기 어렵지만,

◉ 疏 ◉

所以歎者는 法體深廣에 去疑令樂故며 下寄言說에 顯未盡其源故니라 於中初句에 總言甚深者는 謂約時면 深徹後際하고 約德이면 深至佛果하고 約理면 深同法界하고 約行이면 深包萬行하야 竝深中之極이라 故云甚深이라하니라 又數廣難量과 理玄叵測은 雖深이나 非甚이어니와 今卽少而多오 卽事而理라 初心具後하니 是謂甚深이라

찬탄한 바는 법의 본체가 심오하고 광대한 데서 의심을 떨쳐버리고 즐거움을 얻었기 때문이며, 아래의 경문에서 말을 하려면 그 본원을 다할 수 없음을 나타낸 때문이다.

경문의 첫 구절(此義甚深)에서 총체로 '깊고도 깊다[甚深].'고 말한 것은 시간으로 말하면 심오하여 뒤의 즈음까지 통하고, 덕으로 말하면 심오하여 佛果까지 이르고, 이치로 말하면 심오하여 법계와 같고, 행으로 말하면 심오하여 萬行을 포괄하고 있다. 이는 모두 심오한 가운데 극치인 까닭에 '깊고도 깊다.'고 말한 것이다.

또한 수효와 너비를 헤아리기 어려운 것과 이치가 현묘하여 헤아리기 어려운 것은 비록 심오하다 하지만 그래도 그것은 지극히 심오한 것은 아니다. 그러나 여기에서는 적은 것과 하나가 되어 많은 것이며, 현상의 일들과 하나가 된 근본의 진리이다. 처음 발심이 뒤의 경지까지 갖추고 있기에 이를 '깊고도 깊다.'고 말한 것이다.

下十句는 別이니 由斯十義라 故曰甚深이니라 於中에 初四는 能所對辨이니 各前能後所니 一은 離言故로 難宣示오 二는 無相故로 超心識이오 三은 非自力辯能分別이오 四는 非劣慧能信解니라 後六은 通能所니

五非有所得과 及一慧能證이오 六은 非起行及一行能行이오 七은 次第修慧로 不能通達이오 八九는 思慧로 不能思惟籌度이오 十은 聞慧로 不能信向趣入이라 此六은 後後 劣於前前이니 巧顯深也라 所以廣說難者는 非唯成上甚深이라 正誡今後令信이라

아래의 10구(難說~難趣入)는 개별이다. 10가지의 의의를 가지고 있기에 이를 '깊고도 깊다.'고 말한 것이다.

10구 가운데, 앞의 4구(難說·知·分別·信解)는 能所를 상대로 말한 것인데, 각각 모두 앞은 能이며 뒤는 所이다.

제1구의 '말하기 어렵다.'는 언어를 여읜 까닭에 뭐라고 보여주기 어려움이며,

제2구의 '알기 어렵다.'는 형상이 없는 까닭에 마음의 의식을 초탈한 때문이며,

제3구의 '분별하기 어렵다.'는 자신의 논변 역량으로는 도저히 분별할 수 있는 게 아니며,

제4구의 '믿고 이해하기 어렵다.'는 용렬한 지혜로는 도저히 믿고 이해할 수 있는 게 아니다.

뒤의 6구는 能所에 모두 통한다.

제5구의 '증득하기 어렵다.'는 얻을 수 있는 바와 하나의 지혜로써는 도저히 증득할 수 있는 게 아니며,

제6구의 '행하기 어렵다.'는 행동거지[起行] 및 하나의 행동으로 행할 수 있는 게 아니며,

제7구의 '통달하기 어렵다.'는 차례대로 닦아가는 지혜로써는

도저히 통달할 수 있는 게 아니며,

제8, 9구의 '생각하고, 헤아리기 어렵다.'는 4가지 지혜(報·教·證·智)로써도 생각할 수 있다거나 헤아릴 수 있는 게 아니며,

제10구의 '들어가기 어렵다.'는 聞慧만으론 십신과 십회향에 들어갈 수 있는 게 아니다.

이 6구는 뒤의 뒤 구절은 앞의 앞 구절보다 더 용렬하다. 심오함을 잘 나타낸 것이다. '… 어렵다.'는 부분을 자세히 말한 것은 위에서 말한 '甚深'에 대한 뜻을 끝맺을 뿐 아니라, 현재와 후세의 학인을 경계하여 신심을 지니도록 한 것이다.

第三 約喻校量分

於中에 二니 初는 結前生後라

제3. 비유를 들어 비교하여 헤아리는 부분

이는 2부분으로 나뉜다.

1. 앞 문장을 끝맺으면서 뒤 문장을 일으킨다.

經

雖然이나 **我當承佛威神之力**하야 **而爲汝說**호리라

그러나 내가 부처님의 불가사의한 위신력을 받들어 그대에게 말해주리라.

◉ 疏 ◉

謂約自力이면 則甚深이어니와 承力則可說이라

자신의 역량에서 말하면 지극히 심오하지만, 부처님의 위신력을 받들면 이를 말할 수 있다.

▬

二正顯校量中 有十一大喩니 一은 利樂衆生喩오 二는 速疾步刹喩오 三은 知劫成壞喩오 四는 善知勝解喩오 五는 善知諸根喩오 六은 善知欲樂喩오 七은 善知方便喩오 八은 善知他心喩오 九는 善知業相喩오 十은 善知煩惱喩오 十一은 供佛及生喩라

然此十一喩는 後後 過前前이라 故皆捨置前前하고 更擧後後니 巧顯深勝이라

此諸喩文은 皆應有四니 一 擧喩, 二 徵問, 三 領答, 四 校量이니 初後는 具四오 中九는 畧無中二라 又諸喩內에 一一皆有十重小喩니라

今初喩十重中에 初一은 廣說이오 後九는 畧明이라 初中有四니 一은 擧廣事오 二는 徵問이오 三은 答顯廣이오 四는 辨超過니 今은 初라

2. 바로 비교하여 헤아림을 밝힌다.

11가지의 큰 비유가 있다.

1) 중생에게 이익과 즐거움을 주는 비유

2) 빠른 걸음으로 세계를 걸어 다니는 비유

3) 이뤄지고 무너지는 겁을 아는 비유

4) 잘 알고 잘 이해하는 비유

5) 모든 근기를 잘 아는 비유

6) 중생이 원하고 좋아하는 것을 잘 아는 비유

7) 방편을 잘 아는 비유

8) 남들의 마음을 잘 아는 비유

9) 업상을 잘 아는 비유

10) 번뇌를 잘 아는 비유

11) 부처님과 중생에게 공양하는 비유이다.

그러나 11가지의 비유는 뒤로 갈수록 앞의 것보다 훌륭하기에 앞부분을 버려두고 뒷부분만을 들어 수승하게 심오함을 잘 밝혀주고 있다.

이 여러 가지의 비유에는 모두 4가지의 문장 구조가 있다.

(1) 비유를 들어 말하고,

(2) 따져 물음이며,

(3) 대답을 하고,

(4) 비교하여 헤아림이다.

처음과 끝인 1)과 11)의 비유에는 4가지 문장 구조를 모두 갖추고 있으나, 중간의 2)부터 10)까지의 9가지 비유에는 '(2)의 따져 물음'과 '(3)의 대답'이 생략되었다.

또한 모든 비유에는 하나하나 모두 10가지 종류의 작은 비유들이 있다.

이의 '1) 중생에게 이익과 즐거움을 주는 비유'의 10가지 작은 비유 가운데, 첫째 비유는 자세히 말하였고 뒤의 9가지 비유는 간단히 밝히고 있다.

'첫째 비유'에는 4단락이 있다.

(1) 광대한 일을 들어 말하였고,

(2) 따져 물음이며,

(3) 대답하여 광대한 일을 밝힘이며,

(4) 초월함을 논변한 것이다.

이 부분은 (1) 광대한 일을 들어 말함이다.

經

佛子여 **假使有人**이 **以一切樂具**로 **供養東方阿僧祇世界所有衆生**호되 **經於一劫**하고 **然後**에 **敎令淨持五戒**하며 **南西北方**과 **四維上下**도 **亦復如是**하면

불자여, 가령 어떤 사람이 '모든 즐길 거리로써 동방 아승기 세계에 있는 중생들에게 한 겁 동안 공양하고, 그런 뒤에 그 중생들을 가르쳐 다섯 가지 계율을 청정하게 지니도록 하며, 남방·서방·북방과 네 간방과 상방·하방 또한 이와 같이 한다.'고 말하면,

◉ **疏** ◉

文三이니 先은 與現世益이라 文有三廣하니 謂供具·界·時니라 次'然後'下는 與後世樂이오 後'南西'下는 類餘九方이라

경문은 3부분으로 나뉜다.

첫째는 현세의 중생에게 이익을 줌이다. 경문에 3가지 광대한

일이 있다. 그것은 공양도구, 경계, 시간을 말한다.

둘째 '然後' 이하는 후세의 즐거움을 전해줌이며,

셋째 '南西' 이하는 나머지 아홉 지방의 類例이다.

二 徵問

(2) 따져 묻다

經

佛子여 **於汝意云何**오 **此人功德**이 **寧爲多不**아

불자여, 그대는 어떻게 생각하느냐? 이 사람의 공덕이 많다고 하겠는가?"

三 答顯廣

(3) 대답하여 광대한 일을 밝히다

經

天帝가 **言**하사대 **佛子**여 **此人功德**은 **唯佛能知**요 **其餘一切**는 **無能量者**니이다

제석천왕이 말하였다.

"불자여, 이 사람의 공덕은 오직 부처님만이 아실 것이며, 그

밖의 다른 모든 사람은 이를 헤아릴 이가 없을 것입니다."

◉ 疏 ◉

可知라

이는 설명하지 않아도 알 수 있다.

四 辨超過

(4) 초월함을 논변하다

經

法慧菩薩이 **言**하사대 **佛子**여 **此人功德**을 **比菩薩初發心功德**컨댄 **百分**에 **不及一**이며 **千分**에 **不及一**이며 **百千分**에 **不及一**이며 **如是億分**과 **百億分**과 **千億分**과 **百千億分**과 **那由他億分**과 **百那由他億分**과 **千那由他億分**과 **百千那由他億分**과 **數分**과 **歌羅分**과 **算分**과 **喩分**과 **優波尼沙陀分**에 **亦不及一**이니라

법혜보살이 말하였다.

"불자여, 이 사람의 공덕을 보살이 처음 발심한 공덕에 견주어 보면,

백분의 일에도 미치지 못하며,

천분의 일에도 미치지 못하며,

백천분의 일에도 미치지 못하며,

이렇게 억분의 일,

백억분의 일,

천억분의 일,

백천억분의 일,

나유타 억분의 일,

백 나유타 억분의 일,

천 나유타 억분의 일,

백천 나유타 억분의 일,

수분의 일,

가라분의 일,

산수분의 일,

비유분의 일,

우바니사타분의 일에도 미치지 못한다.

◉ **疏** ◉

云歌羅者는 此云豎析이니 人身上毛爲百分中之一分也라 或曰'十六分中之一分이라'하니 義譯爲校量分이라 優波尼沙陀者는 此云近少니 謂少許相近 比類之分也라 百千後에 卽云億分者는 中等數也니라【鈔_ '或曰十六分之一'者는 如秤有十六兩故니라 然此言은 出涅槃第六 如來性品이니 云'若有衆生이 於四恒河沙佛所에 發菩提心然後에야 乃能於惡世中에 不謗是法하고 受持讀誦하고 書寫經

卷하며 爲他廣說十六分中一分之義호리라 雖復演說이라도 亦不具足이오 供五恒佛하야 能說十六分之八分이오 六恒에 說十二分이오 七恒에 說十四分이오 八恒에 說十六分이라야 方具라하니라 遠公도 亦擧如秤하니 不別解釋호리라】

歌羅라 말한 것은 중국 말로는 豎析이다. 사람 몸 위의 털을 백분의 1로 쪼갠 단위를 말하는데, 어떤 사람은 '16분의 1분'이라고 한다. 의역하면 校量分이라는 뜻이다.

우바니사타란 중국 말로는 近少이다. 조그마한 것과 비슷한 比類의 分을 말한다.

백천분 뒤에 곧바로 億分으로 건너뛴 것은 中等數이다.【초_"어떤 사람이 말한 16분의 1분"이란 저울대에는 16냥을 가리키는 눈금이 있다. 그러나 이 말은 열반경 제6 如來性品에서 나온 것이다.

"만약 중생이 네 항하의 모래처럼 수많은 부처님이 계신 곳에서 보리심을 일으킨 뒤에야 악한 세상 가운데 이 법을 훼방하지 않고 받들어 지니고 독송하고 경전을 베끼고 남을 위해 16분 가운데 1분의 뜻을 자세히 말해주리라. 비록 다시 연설을 할지라도 또한 만족하지 못하고, 다섯 항하의 모래처럼 수많은 부처님이 계신 곳에서 16분의 8분을 말하고, 여섯 항하의 모래처럼 수많은 부처님이 계신 곳에서 16분의 12분을 말하고, 일곱 항하의 모래처럼 수많은 부처님이 계신 곳에서 16분의 14분을 말하고, 여덟 항하의 모래처럼 수많은 부처님이 계신 곳에서 16분의 16분을 말해야만 비로소 구족할 것이다."

遠公 또한 저울과 같다는 말을 하였다. 별도로 해석하지 않았다.】

後九 略說

뒤의 9가지 비유는 간단하게 말하였다.

經

佛子여 且置此喩하고 假使有人이 以一切樂具로 供養十方十阿僧祇世界所有衆生호되 經於百劫하고 然後에 敎令修十善道하며

如是供養을 經於千劫하고 敎住四禪하며

經於百千劫하고 敎住四無量心하며

經於億劫하고 敎住四無色定하며

經於百億劫하고 敎住須陀洹果하며

經於千億劫하고 敎住斯陀含果하며

經於百千億劫하고 敎住阿那含果하며

經於那由他億劫하고 敎住阿羅漢果하며

經於百千那由他億劫하고 敎住辟支佛道하면

佛子여 於意云何오 是人功德이 寧爲多不아

天帝가 言하사대 佛子여 此人功德은 唯佛能知니이다

불자여, 이 비유는 그만두고, 가령 어떤 사람이 온갖 즐길 거리로써 시방의 열 아승기 세계의 중생들에게 백 겁 동안 공양하고,

그런 뒤에 가르쳐서 열 가지 선한 도를 닦게 하고,

이렇게 천 겁 동안 공양한 뒤에 사선(四禪)에 머물게 하고,

백천 겁을 지낸 뒤에 사무량심에 머물게 하고,

억 겁을 지낸 뒤에 사무색정에 머물게 하고,

백억 겁을 지낸 뒤에 수다원과에 머물게 하고,

천억 겁을 지낸 뒤에 사다함과에 머물게 하고,

백천억 겁을 지낸 뒤에 아나함과에 머물게 하고,

나유타 억 겁을 지낸 뒤에 아라한과에 머물게 하고,

백천 나유타 억 겁을 지낸 뒤에 가르쳐서 벽지불도에 머물게 하였다면,

불자여, 어떻게 생각하느냐? 이 사람의 공덕이 많다고 하겠는가?"

제석천왕이 말하였다.

"불자여, 이 사람의 공덕은 오직 부처님만이 알 것입니다."

◉ **疏** ◉

文四同前이라 今初擧喩中에 併擧九事니 樂具皆同이오 一切所經劫數는 漸漸增多하고 斯所教法은 轉轉增勝이라 據初컨대 世界도 亦合漸增이라 以此十 前文에 標一故니 餘無者畧이라 若十方共十인댄 則界不增이라

二'佛子'下는 徵問이오

三'天帝'下는 領答이라

경문이 4가지로 구성되어 있음은 앞과 같다.

이는 ⑴ 비유를 들어 말한 가운데 아울러 9가지 일을 들어 말하고 있다. 즐길 도구는 모두 같고, 모든 지나온 劫數가 차츰차츰 더욱 많아짐에 따라 그 가르침의 법은 전전하여 더욱더 수승하다. 처음에 근거하여 보면 세계 또한 당연히 차츰차츰 더욱 많아질 것이다. 이로써 10의 전 경문에 1만을 밝혔기 때문이며, 나머지 없는 부분은 생략한 것이다. 만일 시방이 모두 10가지라면 곧 세계가 더 많아지지 않을 것이다.

⑵ '佛子' 이하는 따져 물음이며,

⑶ '天帝' 이하는 대답이다.

經

法慧菩薩이 **言**하사대 **佛子**여 **此人功德**을 **比菩薩初發心功德**컨댄 **百分**에 **不及一**이며 **千分**에 **不及一**이며 **百千分**에 **不及一**이며 **乃至優波尼沙陀分**에 **亦不及一**이니라

何以故오 **佛子**여 **一切諸佛**이 **初發心時**에 **不但爲以一切樂具**로 **供養十方十阿僧祇世界所有衆生**을 **經於百劫**과 **乃至百千那由他億劫故**로 **發菩提心**이오 **不但爲教爾所衆生**하야 **令修五戒十善業道**하며 **教住四禪四無量心四無色定**하며 **教得須陀洹果**와 **斯陀含果**와 **阿那含果**와 **阿羅漢果**와 **辟支佛道故**로 **發菩提心**이라

爲令如來種性不斷故며

爲充徧一切世界故며
爲度脫一切世界衆生故며
爲悉知一切世界成壞故며
爲悉知一切世界中衆生垢淨故며
爲悉知一切世界自性淸淨故며
爲悉知一切衆生의 心樂煩惱習氣故며
爲悉知一切衆生의 死此生彼故며
爲悉知一切衆生의 諸根方便故며
爲悉知一切衆生心行故며
爲悉知一切衆生三世智故며
爲悉知一切佛境界平等故로
發於無上菩提之心이니라

법혜보살이 말하였다.

"불자여, 이 사람의 공덕을 보살이 처음 발심한 공덕에 비교하면 백분의 일에도 미치지 못하고, 천분의 일에도 미치지 못하고, 백천분의 일에도 미치지 못하고, 내지 우바니사타분의 일에도 미치지 못한다.

무슨 까닭인가? 불자여, 모든 부처님이 처음 발심할 때에, 단 온갖 즐길 거리로써 시방의 열 아승기 세계에 있는 중생들을 공양하되, 백 겁 동안 내지 백천 나유타 억 겁 동안을 지내기 위해 보리심을 일으킨 것이 아니다. 단 그렇게 많은 중생들을 가르쳐 다섯 가지 계율, 열 가지 선업의 도를 닦도록 하거나, 사선정·사무량심·사무색정에 머물도록 하거나, 수다원과·사다함과·아나함과·아라한과·벽지불도를 얻도록 하기 위하여 보리심을 낸 것이 아니다.

여래의 종성이 끊어지지 않도록 하기 위한 때문이며,

일체 세계에 두루 가득하도록 하기 위한 때문이며,

일체 세계의 중생을 제도하여 해탈해주기 위한 때문이며,

일체 세계가 이뤄지고 무너짐을 알기 위한 때문이며,

일체 세계에 중생의 때 묻고 깨끗함을 알기 위한 때문이며,

일체 세계의 자성이 청정함을 알기 위한 때문이며,

일체중생의 욕락과 번뇌와 습기를 알기 위한 때문이며,

일체중생이 여기서 죽어 저곳에 태어나는 것을 알기 위한 때문이며,

일체중생의 근성과 방편을 알기 위한 때문이며,

일체중생의 마음과 행을 알기 위한 때문이며,

일체중생의 삼세의 지혜를 알기 위한 때문이며,

일체 부처님의 경계가 평등함을 알기 위한 때문에 위없는 보리심을 내는 것이다.

◉ **疏** ◉

第四校量中三이니

初는 辨超過오

二'何以故者'는 徵이니 徵意云'前云功德이 除佛難知어늘 何以比此 猶少非類오'

三은 釋意에 有二하니 一은 別翻前喻니 謂發心無限이나 前有限故며 亦是反釋이오 二'爲令如來種性不斷'下는 通對前十하야 總顯具德이며 亦是順釋이라 於中에 有十二句하니 初三은 總相對前辨勝이니 一은 翻前小果오 二는 翻前限處오 三은 翻前有限衆生이라

⑷ 비교하여 헤아리는 가운데 3부분이 있다.

첫째는 그보다 뛰어넘음을 논변함이며,

둘째 '何以故'란 물음이다. 묻는 뜻은 "앞에서는 발심의 공덕이란 부처님을 제외하고는 알기 어렵다고 말했었는데, 어찌하여 여기에서는 오히려 이처럼 몇 분의 일도 안 되는 적은 것의 유가 아니다는 것으로 비교했는가?"라는 점이다.

셋째는 해석한 뜻에 2가지가 있다.

① 앞서 말한 비유를 개별로 번복한 것이다. 발심이란 한량이 없지만 앞에서는 한량이 있는 것으로 말한 때문이며, 또한 이를 반대로 해석한 것이다.

② "여래의 종성이 끊어지지 않도록 하기 위한 때문" 이하는 통틀어 앞서 말한 10가지를 상대로 하여 구족한 공덕을 총체로 밝힘이며, 또한 이는 순리대로 해석한 것이다.

여기에는 12구가 있다. 첫 3구는 총체의 모습으로 앞서 말한 부분을 상대로 보다 수승함을 논변한 것인 바,

① 앞서 말한 小果를 번복함이며,

② 앞서 말한 처소의 한계를 번복함이며,

③ 앞서 말한 한량 있는 중생을 번복함이다.

下九句는 卽下十喩之本이니 一은 卽第三知劫成壞喩本이오 二는 卽第四善知勝解喩本이라 故下文에 云乃至垢解淨解等이오 三은 却是第二步刹喩本이오 四는 卽第六及第十本이오 五는 卽第九本이오 六은 卽五七本이오 七八은 皆第八喩本이오 九는 知佛境界平等이니 卽第十一供佛喩本이라

아래 9구는 곧 아래 10가지 비유의 근본이다.

① 이는 제3 "일체 세계가 이뤄지고 무너짐을 알기 위한" 비유의 근본이며,

② 이는 제4 "일체 세계에 중생의 때 묻고 깨끗함을 알기 위한" 비유의 근본이다. 따라서 아래의 경문에서 "내지 때 묻은 이해, 청정한 이해 등"이라 하였다.

③ 이는 제2 "일체 세계의 중생을 제도하여 해탈해주기 위한" 비유의 근본이며,

④ 이는 제6 "일체중생의 욕락과 번뇌와 습기를 알기 위한" 비유 및 제10 "일체중생의 삼세의 지혜를 알기 위한" 비유의 근본이며,

⑤ 이는 제9 "일체중생의 마음과 행을 알기 위한" 비유의 근본이며,

⑥ 이는 제5 "일체 세계의 자성이 청정함을 알기 위한" 비유 및 제7 "일체중생이 여기서 죽어 저곳에 태어나는 것을 알기 위한" 비유의 근본이며,

⑦~⑧ 이는 제8 "일체중생의 근성과 방편을 알기 위한" 비유의 근본이며,

⑨ "일체 부처님의 경계가 평등함을 알기 위함" 등은 곧 제11 "부처님 공양" 비유의 근본이다.

此中九句는 卽佛十力智니 一은 知成壞垢淨自性은 卽業報智오 心樂은 卽種種解智오 知煩惱는 卽漏盡智오 生死는 卽天眼智오 諸根은 卽根勝劣智오 方便은 卽禪解脫三昧智오 此及佛境은 竝是一切至處道智오 心行은 卽種種界智오 三世智는 卽宿命智오 其處非處智는 以是總故며 亦是前三總句中攝이라 然此所知는 皆約一切無齊限也니 下文에 廣釋其相이라

여기에서 말한 9구는 부처님의 十力智이다.

제1구는 일체 세계의 이뤄짐과 무너짐, 일체중생의 때와 청정, 일체 세계의 자성을 아는 것은 부처님의 業報智이며,

일체중생의 마음의 좋아함을 아는 것은 種種解智이며,

일체중생의 번뇌를 아는 것은 漏盡智이며,

일체중생의 생사를 아는 것은 天眼智이며,

일체중생의 諸根을 아는 것은 根勝劣智이며,

일체중생의 방편을 아는 것은 禪解脫三昧智이며,

일체 부처님의 경계가 평등함을 아는 것은 아울러 一切至處道智이며,

일체중생의 心行을 아는 것은 種種界智이며,

일체중생의 삼세의 지혜를 아는 것은 宿命智이며,

그 옳은 곳과 잘못된 곳을 아는 지혜는 총체의 지혜이기 때문이며, 또한 앞의 3구 總句에 속한다. 그러나 이의 아는 바는 모두

한계가 없는 것으로 말한다. 아래 경문에서 그에 대한 모습을 자세히 해석하고 있다.

第二 明速疾步刹喻

2) 빠른 걸음으로 세계를 걸어 다니는 비유

經

佛子여 復置此喩하고 假使有人이 於一念頃에 能過東方阿僧祇世界호되 念念如是하야 盡阿僧祇劫하면 此諸世界를 無有能得知其邊際니 又第二人이 於一念頃에 能過前人阿僧祇劫所過世界호되 如是亦盡阿僧祇劫하고 次第展轉하야 乃至第十하며 南西北方과 四維上下도 亦復如是하면 佛子여 此十方中에 凡有百人이 一一如是過諸世界라도 是諸世界는 可知邊際어니와 菩薩의 初發阿耨多羅三藐三菩提心한 所有善根은 無有能得知其際者니라

何以故오 佛子여 菩薩이 不齊限하야 但爲往爾所世界하야 得了知故로 發菩提心이라 爲了知十方世界故로 發菩提心이니

所謂欲了知妙世界가 卽是麤世界오 麤世界가 卽是妙世界와

仰世界가 卽是覆世界오 覆世界가 卽是仰世界와

小世界가 卽是大世界오 大世界가 卽是小世界와

廣世界가 卽是狹世界오 狹世界가 卽是廣世界와

一世界가 卽是不可說世界오 不可說世界가 卽是一世界와

不可說世界가 入一世界오 一世界가 入不可說世界와

穢世界가 卽是淨世界오 淨世界가 卽是穢世界하며

欲知一毛端中一切世界差別性과 一切世界中一毛端一體性하며

欲知一世界中에 出生一切世界하며

欲知一切世界無體性하며

欲以一念心으로 盡知一切廣大世界호되 而無障礙故로 發阿耨多羅三藐三菩提心이니라

불자여, 또한 이런 비유는 그만두고, 가령 어떤 사람이 한 생각의 찰나에 동방으로 아승기 세계를 지나가는데, 한 생각 한 생각마다 모두 이와 같이 아승기겁이 다하도록 한다면, 그 수많은 세계의 그 끝자락을 찾을 수 없을 것이다.

또 두 번째 사람이 한 생각의 찰나에 앞의 사람이 아승기겁 동안에 지나간 세계를 지나가는데, 이와 같이 또 아승기겁이 다하도록 하였고, 차례차례로 더하고 더하여 열 번째 사람에게 이르렀으며, 남방, 서방, 북방과 네 간방과 상방, 하방 또한 이와 같이 하였다.

불자여, 그처럼 시방 가운데 모두 백 사람이 하나하나가 이와 같이 모든 세계를 지나갔다면, 이 모든 세계는 오히려 끝이 있음을

알 수 있지만, 보살이 처음으로 아뇩다라삼먁삼보리심을 일으켜 얻은 선근은 그 끝을 알 사람이 없다.

무슨 까닭인가? 불자여, 보살은 한계의 선이 없다. 단 그러한 세계를 찾아가 중생을 알기 위하여 보리심을 내는 것이며, 시방세계를 분명히 알기 위하여 보리심을 내는 것이다.

이른바 미묘한 세계가 곧 거친 세계요, 거친 세계가 곧 미묘한 세계이며,

잦힌 세계가 곧 엎은 세계요, 엎은 세계가 곧 잦힌 세계이며,

작은 세계가 곧 큰 세계요, 큰 세계가 곧 작은 세계이며,

넓은 세계가 곧 좁은 세계요, 좁은 세계가 곧 넓은 세계이며,

한 세계가 곧 말할 수 없는 세계요, 말할 수 없는 세계가 곧 한 세계이며,

말할 수 없는 세계가 한 세계에 들어가고, 한 세계가 말할 수 없는 세계에 들어가며,

더러운 세계가 곧 청정한 세계요, 청정한 세계가 곧 더러운 세계임을 알고자 하며,

한 터럭 끝 가운데가 일체 세계의 차별한 성품이며, 일체 세계 가운데가 한 터럭 끝의 한 체성임을 알고자 하며,

한 세계 가운데서 일체 세계를 내는 것을 알고자 하며,

일체 세계가 자체의 성품이 없음을 알고자 하며,

한 생각 찰나의 마음으로 모든 광대한 세계를 모두 알아서 장애가 없고자 한 까닭에 아뇩다라삼먁삼보리심을 일으키는 것이다.

◉疏◉

然次下九喻는 文皆分四니 初는 擧廣喻오 二는 辨超過오 三은 徵이오 四는 釋이라 釋中에 皆先反釋이오 後順釋이라

今初喻中에 前三은 可知오 四釋中에 先反釋은 彰前不及後오 '爲了知'下는 順釋하야 辨此過前이라 於中에 十一句하니 初句는 總이오 '所謂'下는 別이니 知世界相卽相入에 無障礙義라 前七은 正明卽入이오 '八一毛端'下 二業은 釋上卽入所由이니 畧擧三門이라 初는 以法性融通門釋이니 謂一切世界差別性이 與一毛端體性으로 無二故니라 是故로 事隨性融이라 此彼相卽하고 事攬性起라 彼此相入하나니 各有同體異體니 準上思之니라【鈔】'事隨性'等者는 如經一毛端中一切世界差別性者는 謂一毛端性이 卽是一切世界差別性이라 今一切世界는 卽事로되 隨其法性하야 卽一毛端하나니 以性卽毛端이오 諸界卽性故니라 下句亦然이라 一切世界中性이 卽是一毛端性일세 一毛隨性하야 卽一切世界하나니 上句는 多卽一이오 下句는 一卽多니라

'事攬性起'等者는 謂一毛端之事 攬一切世界性成故로 一切世界隨其多性하야 在一毛中하나니 下句亦然이라 一切世界 攬一毛端性成故로 一毛隨性하야 偏在一切世界中이니라

'各有同體異體'者는 謂一毛端及一切刹이 爲各有也니 云何異體오 一一刹等各有體故니라 云何同體오 差別界體 同一體故니라 今一毛中에 自有體性일세 是爲異體로되 而同諸刹體라 故曰同體니라 一一諸刹이 各自有體로되 卽與毛端으로 共同一體라 今諸刹相이 隨其異體하야 卽彼毛端之同體故로 刹卽毛端이오 毛端異體 隨其同體하야 偏於

諸刹之異體故며 彼體卽刹라 故毛卽諸刹이니라 然上釋理性融通中에 却不廣出同異體義로되 但有其意하니 如上文云謂不異理之一事具攝理性時는 卽同體義오 令彼不異理之多事로 隨所依理하야 皆於一中現은 卽異體鄰適同也라 故云'準上思之'라하니라 】

그러나 다음 아래 9가지 비유의 경문은 모두 4부분으로 나뉜다.

(1) 자세히 비유를 들어 말하였고,

(2) 여느 것보다 벗어남을 논변하였고,

(3) 물음이며,

(4) 해석이다.

해석은 모두 앞에서는 반대로 해석하였고, 뒤에서는 순리대로 해석하였다.

이의 첫째 비유 가운데 앞의 '비유·벗어남·물음' 3가지는 설명하지 않아도 알 수 있으며, (4)의 해석 가운데 앞에서는 반대로 해석하여 앞서 언급하지 않은 부분을 밝혔고, 뒤 '爲了知' 이하는 순리대로 해석하여 이전보다 더 벗어난 부분을 논변하였다.

해석 부분의 11구 가운데 첫 구절은 총체이고 '所謂' 이하는 개별이다. 세계가 서로 하나가 되고 서로 들어가는 데에 걸림이 없음을 아는 것이다.

앞의 7구는 서로 하나가 되고 서로 들어가는 것을 밝힘이며,

제8구 '一毛端' 아래에 2가지 業은 위에서 말한 '서로 하나가 되고 서로 들어가는' 연유를 해석하되, 간단하게 3가지 門을 들어 말하였다. 첫째는 法性融通門으로 해석하였다. 이는 일체 세계의 차

별성이 한 털끝의 체성과 둘이 없기 때문이다. 이 때문에 현상의 사법계는 근본진리의 성품을 따라 원융한 터라 이것과 저것이 서로 하나가 되고, 현상의 일이 근본진리의 성품을 잡아 일으키기에 이것과 저것이 서로 들어가게 된다. 각각 同體와 異體가 있다. 이는 위에 준하여 생각하면 알 수 있다. 【초_ "현상의 사법계는 근본진리의 성품을 따라 원융하다." 등이란, 경문에서 말한 "한 터럭 끝 가운데가 일체 세계의 차별한 성품"은 한 털끝의 자성이 곧 이 일체 세계의 차별성을 이른다. 이제 일체 세계는 곧 事로되 그 法性을 따라서 한 털끝과 하나가 되니 이로써 性이 곧 한 털끝이요, 諸界가 곧 性이기 때문이다. 아래 구절 또한 그러하여 일체 세계 가운데 자성이 곧 한 털끝의 자성이기에 한 털끝이 자성을 따라서 일체 세계에 나아가는 바, 위 구절은 많은 것이 하나에 나아감이며, 아래 구절은 하나가 많은 데에 나아감이다.

"현상의 일이 근본진리의 성품을 잡아 일으킨다." 등이란, 한 털끝의 사법계가 일체 세계의 성품을 잡아 성취한 까닭에 일체 세계가 그 많은 자성을 따라 한 털끝 가운데에 있는 것이다. 아래 구절 또한 그러하여 일체 세계가 한 털끝의 성품을 잡아 성취한 까닭에 한 털끝이 자성을 따라 일체 세계 속에 두루 존재한다.

"각각 동체와 이체가 있다."는 것은 한 털끝 및 일체 세계에 각각 있음을 말한다. 어떤 것이 異體인가? 하나하나 세계 등이 각각 체성이 있기 때문이다. 어떤 것이 同體인가? 차별 세계의 체성이 일체로 하나이기 때문이다. 지금 한 털끝 가운데, 그 나름 각기 체성이 있기에 異體가 되고, 모든 세계의 체성과 같은 까닭에 同體라고 말한다. 하나하나 모든 세계가 각각 그 나름 체성이 있으나 곧 털끝으로 더불어 똑같은 일체이다. 여기에서는 모든 세계의 모습들이 각기 다른 그 異體를 따라 저 털끝의 同體에 하나가 되는 것이다. 따라서 일체 세계가 곧 털끝이요, 털끝의 異體가 그 同體를 따라 일체 세계의 異體에 두루 한 때문이며, 그 체성이 일체 세계에 하나가 되기 때문에 털끝이 곧 일체 세계이다.

그러나 위의 理性融通을 해석한 가운데, 도리어 동체와 이체의 의미를 자세히 말하지 않았다. 단 그런 뜻이 있다는 것을 말했을 뿐이다. 예컨대 위의 경문에서 말한, 근본 진리와 다르지 않은 하나의 현상 세계 사법계가 理性을 구족하게 받아들일 때에는 곧 同體의 의미이며, 저 진리와 다르지 않은 수많은 현상의 일들을 의지한 바의 진리를 따라 모두 하나의 자리에 나타난 것은 곧 異體가 동체의 근본자리를 따른 것이다. 이 때문에 "위에 준하여 생각하면 알 수 있다."고 말한 것이다.】

九는 一世界中에 出生一切世界者는 此約緣起門釋이니 謂諸緣起更互相生이니 有其二義라 一은 約體니 有體無體義라 是故相卽이오 二는 約用이니 有力無力義라 是故相入이니라 亦有同體異體義하니 竝準上思之니라 欲知一切世界無體性者는 約無自性門이니 以大非定大라 故能卽小等이니라

十은 總結이니 欲以一念으로 盡知如是廣無邊際와 重重卽入에 無障礙事故로 發菩提心이라 又此言知어니와 偈中에 亦身往彼니라【鈔_ 諸

緣起等者 一毛之一이 由刹之多인댄 刹爲能生이오 毛爲所生이어니와 因毛之一하야 有刹之多인댄 多爲所生이오 所生無體라 多卽是一이오 能生有體라 毛攝諸刹이니 上毛爲所生은 反此可知니라 一毛是能生이면 卽是有力이오 諸刹是所生이면 卽是無力이니 力攝無力일세 一毛有於多刹이오 多刹能生인댄 一毛는 卽無力이니 力攝無力일세 毛入諸刹이라

同體異體는 廣如玄中이라 '以大非定大'等者는 等取小非定小라 故能卽大며 及等染非定染이라 故能卽淨이니 淨非定淨이라 故卽染等니 至大 有於小相에 不壞於大하고 小入大也니 反顯至小 有於大相에 不壞小相코 則芥納須彌니라】

제9구는 하나의 세계 가운데서 일체 세계를 낸다는 것은 緣起門으로 해석한 것이다. 이는 모든 緣起가 서로가 서로를 만들어내는 것을 말한다.

여기에는 2가지 의의가 있다.

① 본체로 말함이다. 체성이 있다와 체성이 없다는 뜻이다. 이 때문에 서로 하나가 되는 것이다.

② 작용으로 말함이다. 힘이 있는 것과 힘이 없는 것을 뜻한다. 이 때문에 서로 들어가는 것이다.

또한 同體와 異體의 의미가 있으니, 아울러 위를 준하여 생각하면 알 수 있다.

"일체 세계가 자체의 성품이 없음을 알고자 한다."는 것은 자성이 없다는 법문으로 말한다. 큰 것은 일정하게 큰 것이 아니기

때문에 작은 것과 하나가 된다는 등이다.

제10구는 총체로 끝맺음이다. 한 생각으로 이처럼 끝없이 드넓은 즈음과 거듭거듭 하나가 되고 들어가는 데에 걸림이 없는 일을 모두 알고자 한 까닭에 보리심을 낸 것이다. 또 이를 '아는 것[知]'으로 말했지만 게송에서는 또한 "몸이 그곳을 찾아간다."고 말하였다. 【초_ "모든 緣起가 서로" 등이라 이른 것은 한 터럭의 하나가 찰토의 많은 것을 따른다면 찰토는 터럭을 발생해주는 주체가 되고 터럭은 발생의 대상이 되지만, 터럭 하나로 인하여 찰토의 많은 것이 생겨났다면 많은 찰토는 발생의 대상이 된다. 발생의 객관 대상은 체성이 없는 터라 많은 것이 곧 하나이다. 발생의 주체는 체성이 있는 터라 터럭이 모든 찰토를 받아들인 것이다. 위에서 말한 터럭이 발생의 대상이 된다는 것은 이에 반하여 설명하지 않아도 알 수 있다.

한 터럭이 발생의 주체라면 그것은 곧 힘이 있고, 일체 세계가 발생의 대상이라면 그것은 곧 힘이 없다. 힘이 있는 것이 힘이 없는 것을 받아들인 까닭에 하나의 터럭이 많은 찰토를 소유하고, 많은 찰토가 발생의 주체라면 하나의 터럭은 곧 힘이 없다. 힘 있는 것이 힘이 없는 것을 받아들인 까닭에 하나의 터럭이 많은 찰토에 들어가는 것이다.

同體와 異體는 경문에서 자세히 말한 바와 같다.

"큰 것은 일정하게 큰 것이 아니다." 등이란 작은 것은 일정하게 작은 것이 아니다. 따라서 큰 것과 하나가 됨을 똑같이 취하였으며, 오염된 것은 일정하게 오염된 것이 아니다. 따라서 청정한 것과 하나가 되고, 청정한 것은 일정하게 청정한 것이 아니다. 따라서 오염된 것과 하나가 됨을 똑같이 취하였다. 지극히 큰 것이 작은 형상을 함유함에 큰 것 자체를 무너뜨리지 않고, 작은 것이 큰 것에 들어감이니 지극히 작은 것이 큰 형상을 함유함에 작은 형상을 무너뜨리지 않고 곧 겨자 씨앗 속에 수미산을 넣는다는 뜻을 반대로 밝힌 것이다.】

第三知劫成壞喻

3) 이뤄지고 무너지는 겁을 아는 비유

經

佛子여 復置此喻하고 假使有人이 於一念頃에 能知東方阿僧祇世界成壞劫數호되 念念如是하야 盡阿僧祇劫하면 此諸劫數를 無有能得知其邊際니 有第二人이 於一念頃에 能知前人阿僧祇劫所知劫數하고 如是廣說하야 乃至第十하며 南西北方과 四維上下도 亦復如是하면 佛子여 此十方阿僧祇世界成壞劫數는 可知邊際어니와 菩薩의 初發阿耨多羅三藐三菩提心한 功德善根은 無有能得知其際者니라 何以故오 菩薩이 不齊限하야 但爲知爾所世界成壞劫數故로 發阿耨多羅三藐三菩提心이라

불자여, 또한 이런 비유는 그만두고, 가령 어떤 사람이 한 생각의 찰나에 동방으로 아승기 세계가 이뤄지고 무너지는 겁의 수효를 잘 알며, 한 생각 한 생각마다 모두 이와 같이 아승기겁이 다하도록 한다면, 그 수많은 겁의 그 끝자락을 찾을 수 없을 것이다. 또 두 번째 사람이 한 생각의 찰나에 앞의 사람이 아승기겁 동안에 겁의 수효를 잘 알고, 이와 같이 말하여 열 번째 사람에게 이르렀으며, 남방, 서방, 북방과 네 간방과 상방, 하방 또한 이와 같았다.

불자여, 그처럼 시방의 아승기 세계가 이뤄지고 무너지는 겁의 수효는 그 끝을 알 수 있지만, 보살이 처음으로 아뇩다라삼먁삼보리심을 낸 공덕과 선근은 그 끝을 알 수 없다.

무슨 까닭인가? 보살은 한계의 선이 없다. 단 그러한 세계의 이뤄지고 무너지는 겁의 수효만을 알기 위하여 아뇩다라삼먁삼보리심을 내는 것이다.

◉ 疏 ◉

文亦有四니 初는 明喩廣大니 擧成攝住하고 擧壞兼空이오 二'佛子'下는 對辨超過오 三은 徵이오 四는 釋이니 釋中에 亦二니 先反釋이오 後順釋이라

경문에는 또한 4가지가 있다.

(1) 비유의 광대함을 밝혔다. 成을 들어 住를 받아들였고 壞를 들어 空을 겸하였다.

(2) '佛子此十方' 이하는 뛰어남을 상대적으로 논변하였고,

⑶ 물음이며,

⑷ 해석이다. 해석은 또한 2부분으로 나뉜다. 앞은 반대로 해석하였고, 뒤는 순리대로 해석하였다.

經

爲悉知一切世界成壞劫盡無餘故하야 **發阿耨多羅三藐三菩提心**이니
所謂知長劫이 **與短劫平等**하고 **短劫**이 **與長劫平等**과
一劫이 **與無數劫平等**하고 **無數劫**이 **與一劫平等**과
有佛劫이 **與無佛劫平等**하고 **無佛劫**이 **與有佛劫平等**과
一佛劫中에 **有不可說佛**하고 **不可說佛劫中**에 **有一佛**과
有量劫이 **與無量劫平等**하고 **無量劫**이 **與有量劫平等**과
有盡劫이 **與無盡劫平等**하고 **無盡劫**이 **與有盡劫平等**과
不可說劫이 **與一念平等**하고 **一念**이 **與不可說劫平等**과
一切劫이 **入非劫**하고 **非劫**이 **入一切劫**하며
欲於一念中에 **盡知前際後際**와 **及現在一切世界成壞劫故**로 **發阿耨多羅三藐三菩提心**이니
是名初發心大誓莊嚴으로 **了知一切劫神通智**니라

일체 세계의 이뤄지고 무너지는 겁을 남김없이 모두 알기 위하여 아뇩다라삼먁삼보리심을 내는 것이다.

이른바 장구한 겁이 짧은 겁과 평등하고, 짧은 겁이 장구한 겁과 평등하며,

한 겁이 무수한 겁과 평등하고, 무수한 겁이 한 겁과 평등하며,

부처님 있는 겁이 부처님 없는 겁과 평등하고, 부처님 없는 겁이 부처님 있는 겁과 평등하며,

한 부처님 겁 가운데 말할 수 없는 부처님이 있고, 말할 수 없는 부처님 겁 가운데 한 부처님이 있으며,

한량 있는 겁이 한량없는 겁과 평등하고, 한량없는 겁이 한량 있는 겁과 평등하며,

다함 있는 겁이 다함 없는 겁과 평등하고, 다함 없는 겁이 다함 있는 겁과 평등하며,

말할 수 없는 겁이 한 찰나와 평등하고, 한 찰나가 말할 수 없는 겁과 평등하며,

일체 겁이 겁 아닌 데 들어가고, 겁 아닌 것이 일체 겁에 들어가는 것을 알기 위함이며,

한 생각의 찰나에 과거, 미래, 현재의 일체 세계가 이뤄지고 무너지는 겁을 모두 알고자 하여 아뇩다라삼먁삼보리심을 낸 것이다.

이를 명명하여 처음 발심하고 큰 서원으로 장엄하여 일체의 겁을 분명히 아는 신통한 지혜라 말한다.

◉ **疏** ◉

順中三이니 初는 總이오 次'所謂'下는 別이오 三'是名'下는 結能知智라 別中에 言'平等'者는 通相卽相入이니 就緣·就性과 唯心等殊 皆無障礙라 故云平等이라하니라

순리대로 해석한 가운데 3부분으로 나뉜다.

(1) 총체이고, (2) '所謂' 이하는 개별이며, (3) '是名' 이하는 알 수 있는 주체의 지혜로 끝맺음이다.

개별 가운데 모두 '평등'을 말한 것은 서로 하나가 되는 것과 서로 들어가는 데에 통한다. 반연과 성품과 唯心 등의 차이에 모두 장애가 없기에 '평등'이라 말한다.

一'長短'者는 如娑婆爲短이오 安樂爲長이니 遞傳相望하야 以爲長短이라

제1구에서 말한 長短이란 예컨대 사바세계는 短劫, 安樂세계는 長劫이다. 서로 번갈아 대비되면서 장단이 된다.

二三及四는 文竝可知오

제2·3구와 제4구의 해당 경문은 설명하지 않아도 알 수 있다.

五量無量者는 如勝蓮華界劫이 更無有上은 名爲無量이오 已下는 皆有量이라【鈔_ 言'平等'者는 總取諸句平等이니 而平等字는 要須長短等相을 方有卽入故니라 然云'劫'者는 婆沙一百三十五에 云'分別時分이라 故名爲劫이니 卽體五蘊生滅하야 以成於劫이라'하니라 大乘은 卽以時爲體니 經云'長劫與短劫이 平等'等者는 意云長劫이 卽短劫이오 短劫이 卽長劫도 亦是平等이며 長劫이 入短劫하고 短劫이 入長劫도 亦是平等이니라

'就緣'은 卽緣起相由門이오 '就性'은 卽法性融通門이오 '唯心'은 卽唯心所現門이니 卽十因中之三이며 等取餘夢幻等七이라

'二三及四'等者는 二卽一多오 三卽有佛無佛이니 如過去莊嚴·現在賢劫·未來星宿에 各有千佛은 名爲有佛劫이오 此後六萬二千劫

을 空過無有佛은 名爲無佛劫이오 四卽多少니 如威光修因은 種種莊嚴劫中에 有十須彌山微塵數佛이오 大通智勝佛은 處東南方하나니 梵王 讚云一百八十劫을 空過無有佛이라하니 準十住婆沙第十컨대 云如經中說에 諸比丘여 是賢劫前 九十一劫에 毘婆尸佛 出하시고 一百三十一劫에 有二佛出하시니 一名尸棄오 二名毘式婆라 此賢劫中에 鳩樓遜과 迦那含牟尼와 迦葉佛이 出하시고 六萬二千劫을 空過無佛이라하니 如勝蓮華界等은 卽壽量品이라】

제5구의 量과 無量이란 勝蓮華界劫이 다시 더 이상 위가 없음은 無量이라 하고, 그 이하는 모두 有量이다.【초_ '平等'이라 말한 것은 모든 구절에서 평등을 모두 취하고 있다. 평등이라는 글자는 반드시 長短 등의 형상이 있어야 바야흐로 하나가 되어 서로 함께 들어갈 수 있기 때문이다. 그러나 '劫'이라 말한 것은 바사론 135에 이르기를 "時分을 분별하기 위해 그 이름을 劫이라 한다. 우리 몸의 五蘊 생멸로써 劫을 이룬다."고 하였다. 그러나 대승에서는 곧 시간으로 그 자체를 삼는다. 경문에 이르기를 "長劫이 短劫과 평등하다."고 말한 평등이란 뜻은 "장겁이 곧 단겁이요, 단겁이 곧 장겁이라는 것 또한 평등이며, 장겁이 단겁에 들어가고 단겁이 장겁에 들어감도 또한 평등하다."는 것을 말한다.

就緣은 緣起相由門이며, 就性은 法性融通門이며, 唯心은 唯心所現門이다. 이는 十因 가운데 3가지 법문이며, 나머지 夢幻 등 7가지 법문을 똑같이 취하고 있다.

"제2·3구와 제4구의 해당 경문" 등이란 제2구는 一·多로 말하였고, 제3구는 有佛·無佛로 말했는데, 과거의 莊嚴, 현재의 賢劫, 미래의 星宿에 각각 1천 부처님이 있는 세계를 '부처님이 계신 세월[有佛劫]'이라 하고, 그 뒤로 6만 2천 겁을 공으로 지나면서 부처님이 계시지 않은 세계를 '부처님이 없는 세월[無佛劫]'이라고 한다.

제4구는 多·少로 말하였다. 威光佛의 修因은 가지가지 莊嚴劫 가운데, 열 수미산 미진수만큼의 수많은 부처님이 계셨고, 大通智勝佛은 동남방에 계시는데, 범왕이 그에 대해 찬탄하면서 "180겁을 헛되이 지나면서 부처님이 없었다."고 말하였다. 십주바사론 제10의 말을 준해보면 경문에서 말한 바와 같다.

"모든 비구여, 賢劫 이전 91겁에 毘婆尸佛이 나오셨고, 131겁에 두 부처님이 나오셨는데 첫째는 尸棄佛이요, 둘째는 毘式婆佛이다. 이 현겁 중에 구루손불, 가나함모니불, 가섭불이 나오셨고, 6만 2천 겁을 헛되이 지나면서 부처님이 없었다."고 하였다.

'勝蓮華界' 등은 곧 법화경 제16 여래수량품에서 인용한 구절이다.】

六은 有成壞則有盡이오 無成壞則無盡이니 標中에 但云成壞는 從多分說이며 亦麤盡·細不盡이라

제6구는 이뤄지고 무너짐이 있으면 그 존재는 끝이 있지만, 이뤄지고 무너짐 자체가 없으면 그 존재는 끝이 없이 영원하다. 여기에서 이뤄지고 무너지는 과정만을 말한 것은 대체적인 부분으로 설명한 것이며, 또한 현상세계의 거친 부분은 다함이 있으나 진공세계의 정미한 부분은 다함이 없다.

七은 念劫相望이라

제7구는 한 생각의 찰나와 영겁을 서로 대조하여 말하였다.

八은 劫·非劫에 自有三義하니 一은 約未經增減이면 縱百千年이라도 名爲非劫이어니와 若經增減이면 成壞名劫이오 二 如勝蓮華剎은 旣不可校量인댄 亦無劫數라 故名非劫이오 三은 推妄歸眞이면 劫入非劫이어니와 依眞起妄이면 非劫入劫이니 斯則前七은 事事無礙오 此乃理事無礙니라

제8구는 劫과 非劫은 그 나름 3가지 의미가 있다.

① 더하거나 줄어드는 것을 겪지 않으면 비록 백천 년일지라도 그 이름은 '겁이 아니다[非劫].'고 말하지만, 더하거나 줄어드는 것을 겪으면 이뤄지고 무너지는 것을 劫이라 말한다.

② 勝蓮華剎은 이미 비교하거나 헤아리지 못한다면 그것은 또한 겁의 숫자가 없다. 따라서 그 이름을 '겁이 아니다.'고 한다.

③ 허망한 것을 미루어 진리에 돌아가면 겁이 '겁이 아닌' 곳으로 들어가지만, 진리를 의지하여 허망한 것을 일으키면 '겁이 아닌' 곳에서 겁으로 들어간다. 이는 곧 앞의 7구는 事事無礙이며, 이는 理事無礙이다.

九는 一念速知며 兼總包無盡이니 以斯無限으로 安可比前이리오

제9구는 한 생각의 찰나에 바로 알고, 겸하여 無盡한 부분을 모두 포괄하고 있다. 이처럼 무한대의 경지를 어떻게 앞의 8구와 비할 수 있겠는가.

三에 結能知智는 卽十通中에 知盡未來際劫神通也니라

(3) 能知智를 끝맺음은 곧 十通 가운데 未來際 겁을 모두 아는 신통이다.

第四 善知勝解喻

4) 잘 알고 잘 이해하는 비유

經

佛子여 **復置此喻**하고 **假使有人**이 **於一念頃**에 **能知東方阿僧祇世界所有衆生**의 **種種差別解**호되 **念念如是**하야 **盡阿僧祇劫**이어든 **有第二人**이 **於一念頃**에 **能知前人阿僧祇劫所知衆生諸解差別**하야 **如是亦盡阿僧祇劫**하며 **次第展轉**하야 **乃至第十**하고 **南西北方**과 **四維上下**도 **亦復如是**하면 **佛子**여 **此十方衆生**의 **種種差別解**는 **可知邊際**어니와 **菩薩**의 **初發阿耨多羅三藐三菩提心**한 **功德善根**은 **無有能得知其際者**니라

何以故오 **佛子**여 **菩薩**이 **不齊限**하야 **但爲知爾所衆生解故**로 **發阿耨多羅三藐三菩提心**이라

불자여, 또한 이런 비유는 그만두고, 가령 어떤 사람이 한 생각의 찰나에 동방으로 아승기 세계에 있는 중생들의 가지가지 각기 다른 이해를 잘 알며, 한 생각 한 생각마다 모두 이와 같이 아승기겁이 다하도록 하였고, 또 두 번째 사람이 한 생각의 찰나에 앞

의 사람이 아승기겁 동안에 아는 중생들의 여러 가지 각기 다른 이해를 잘 알아서, 이와 같이 아승기겁이 다하도록 하였으며, 이렇게 차례차례로 그렇게 하여 열 번째 사람에 이르렀고, 남방, 서방, 북방과 네 간방과 상방, 하방 또한 그러하였다.

불자여, 그러면 이 시방 중생들의 가지가지 각기 다른 지혜는 그 끝을 알 수 있지만, 보살이 처음으로 아뇩다라삼먁삼보리심을 낸 공덕과 선근은 그 끝을 알 수 없다.

무슨 까닭인가? 불자여, 보살은 한계의 선이 없다. 단 중생들이 이해하는 바를 알기 위하여 아뇩다라삼먁삼보리심을 내는 것이다.

◉ **疏** ◉

文四同前이니 初擧廣喩라 梵云阿地目多는 此云勝解니 謂於決定境에 印持爲性이오 不可引轉爲業이니 今譯存畧耳라 釋中二니 亦先反後順이라【鈔_ 謂於決定等者는 謂以邪正敎理로 證力이 於所取境에 審決印持라 由此異緣으로 不能引轉이니라】

경문의 4부분은 앞과 같다. 처음은 널리 비유를 들어 말한 것이다. 범어의 '阿地目多'는 중국에서는 '수승한 이해[勝解]'로 번역한다. 이는 결정해야 하는 경계에서 도장 찍듯이 한 번 결정하면 반드시 잃지 않고 지니는[印持] 것으로 그 자체를 삼고, 다시는 다른 것에 의해 이끌리거나 전변되지 않음으로 業을 삼음을 말한다. 여기의 번역에서는 생략하였다.

해석한 부분은 2가지로 이 또한 앞에서는 반대로 해석하였고 뒤에서는 순리대로 해석하였다.【초_ "결정해야 하는 경계에서" 등은 삿된 것과 바른 도의 교리로써 증명하는 힘이 취해야 할 경계에서 잘 살펴 결정하고 이를 새기고 지녔기에 이런 연유로 다른 반연들이 그를 끌어당기거나 전변시키지 못함을 말한다.】

經

爲盡知一切世界所有衆生 種種差別解故로 發阿耨多羅三藐三菩提心이니

所謂欲知一切差別解無邊故와 一衆生解·無數衆生解 平等故며

欲得不可說差別解方便智光明故며

欲悉知衆生海各各差別解하야 盡無餘故며

欲悉知過現未來善不善種種無量解故며

欲悉知相似解·不相似解故며

欲悉知一切解가 卽是一解와 一解가 卽是一切解故며

欲得如來解力故며

일체 세계 수많은 중생의 가지가지 다른 이해를 모두 알고자 아뇩다라삼먁삼보리심을 내는 것이다.

이른바 일체 각기 다른 이해가 그지없음을 알고자 함이며,

한 중생의 이해가 무수한 중생의 이해와 평등함을 알고자 함이며,

말할 수 없이 각기 다른 이해를 아는 방편 지혜 광명을 얻고자

함이며,

중생들의 제각기 다른 이해를 남김없이 모두 알고자 함이며,

과거, 현재, 미래의 선하고 선하지 못한 가지가지 한량없는 이해를 모두 알고자 함이며,

비슷한 이해와 비슷하지 않은 이해를 모두 알고자 함이며,

일체 이해가 곧 한 이해요 한 이해가 곧 일체 이해임을 모두 알고자 함이며,

여래의 이해하는 힘을 얻고자 함이다.

◉ 疏 ◉

順中初總이오 後所謂下는 別이라

別中에 總有十三句하니 初有八句는 總相以辨이오 後有五句는 一一別明이라

前中에 又二니 初 三解는 爲得方便解智光이니 此光은 通因通果오 於中에 一 廣이오 二 深이니 約理等故며 三 卽能知라 後五句는 爲得佛十力中勝解智力하야 解一切法이니 初一은 約人이니 謂衆生海解故오 次一은 約時及性이오 三은 約境이니 明似不似라 上來는 明所知廣이라 四는 事事相卽이니 顯所知深이라 上皆所知니라 後一能知 卽佛十力之一也니라【鈔_ 別中總有十三句者는 此是義句니 以一解로 爲一句故니라】

순리대로 해석한 가운데, 첫 부분은 총체이며, 뒤 '所謂' 이하는 개별이다.

개별 가운데 모두 13구가 있다.

첫 부분의 8구는 總相으로 논변함이며, 제2부분의 5구는 하나 하나 개별로 밝히고 있다.

첫 부분의 8구는 또다시 2부분으로 나뉜다. 첫 3구의 이해는 방편 이해의 지혜 광명을 얻기 위함이다. 이 광명은 因·果에 모두 통한다. 그중에서도 다시 제1구는 광대함을, 제2구는 심오함이니 이치의 평등으로 말한 때문이며, 제3구는 곧 앎의 주체[能知]이다.

뒤의 5구는 부처님의 十力 가운데 勝解智力을 얻어 일체 모든 법을 이해한 것으로,

첫째 제4구는 사람으로 말하였다. 衆生海解를 말한 때문이다.

둘째 제5구는 시간 및 성품으로 말하였다.

셋째 제6구는 경계로 말하였다. 비슷한 것과 비슷하지 않은 것을 밝혔다. 위는 아는 바가 광대함을 밝힌 것이다.

넷째 제7구는 모든 일과 일들이 서로 하나가 됨이다. 아는 바가 심오함을 밝힌 것이다. 위는 모두 알아야 하는 객관 대상이다.

다섯째 제8구는 앎의 주체이다. 곧 부처님의 十力 가운데 하나이다. 【초_ "개별 가운데 모두 13구가 있다."는 것은 이는 그 뜻을 말한 구절이다. 하나의 해석으로 1구를 삼은 때문이다.】

經

欲悉知有上解·無上解와 **有餘解·無餘解**와 **等解·不等解差別故**며

위가 있는 이해와 위가 없는 이해,

남음이 있는 이해와 남음이 없는 이해,

평등한 이해와 평등하지 않은 이해의 차별함을 모두 알고자 한 때문이며,

◉ 疏 ◉

第二從欲悉知有上'下는 一一別明이라 上但云多하니 未識差別之相일세 今畧示之니라 於中 五句는 各是一義니 初句 三對는 約佛菩薩相望인댄 一妙覺은 無上이오 餘皆有上이니 此約竪論이오 二約橫辨인댄 盡未盡故니라 三은 同位互望 爲等이오 高下位相望 爲不等이라

제2부분의 '欲悉知有上'으로부터 아래는 하나하나 개별로 밝힘이다. 위에서는 단 이해해야 할 대상이 많다는 것만을 말하였다. 따라서 각기 다른 모습을 알 수 없기에, 여기에서 간단하게 이를 보여준 것이다.

여기에서 말한 5구는 각각 한 가지의 의미가 있다.

제2부분의 첫째 제9구는 3가지의 상대로, 부처님과 보살을 상대로 말하면 다음과 같다.

제1상대는 부처님의 미묘한 깨달음은 위가 없지만, 그 나머지는 모두 위가 있다. 이는 상하의 수직으로 논한 것이다.

제2상대는 공간의 橫으로 논변한 것으로, 다한 것과 다하지 못한 차이 때문이다.

제3상대는 같은 지위에서 서로 바라보면 똑같이 대등하지만

높낮이의 지위에서 서로 바라보면 똑같지 않다.

經

欲悉知有依解·無依解와 **共解·不共解**와 **有邊解·無邊解**와 **差別解·無差別解**와 **善解·不善解**와 **世間解·出世間解差別故**며

또 의지 있는 이해와 의지 없는 이해,

함께하는 이해와 함께하지 않는 이해,

끝 있는 이해와 끝없는 이해,

차별 있는 이해와 차별 없는 이해,

선한 이해와 선하지 못한 이해,

세간의 이해와 출세간의 이해가 차별이 있는 것을 모두 알고자 한 때문이며,

◉ **疏** ◉

第二句에 有六對하니 約五乘凡聖相望差別이라

有依無依는 約自性差別이니 託於根境及稱眞故오

二는 約淺深差別이니 甚深般若 不共小乘故오

三은 約境差別이니 佛解無邊이오 餘未盡故며

四는 約二諦니 世諦差別이오 勝義無差故며

五는 巧拙差別이오

六은 漏無漏差別이니라

둘째 제10구는 6가지 상대가 있다. 5乘 凡聖의 상대 차별로 말하였다.

제1상대는 의지 있는 이해와 의지 없는 이해는 자성의 차별로 말하였다. 근기와 경계에 의탁한 것과 진리에 부합하는 차이 때문이다.

제2상대는 얕고 깊음의 차별로 말하였다. 지극히 심오한 반야는 소승과 같지 않기 때문이다.

제3상대는 경계의 차별로 말하였다. 부처님의 이해는 끝이 없지만 그 나머지는 미진함이 있기 때문이다.

제4상대는 二諦로 말하였다. 세간의 이해는 차별이 있으나 출세간의 勝義는 차별이 없기 때문이다.

제5상대는 잘하고 잘못한 차별로 말하였다.

제6상대는 有漏와 無漏의 차별로 말하였다.

經

欲於一切 妙解·大解·無量解·正位解中에 **得如來解脫無障礙智故**며

일체의 미묘한 이해, 큰 이해, 한량없는 이해, 바른 지위의 이해 가운데서 여래 해탈의 걸림 없는 지혜를 얻고자 한 때문이며,

◉ **疏** ◉

第三句는 有四解하니 約佛乘說이라 一 深, 二 廣, 三 無分量이오 四는 契眞如正位니 得果解故며 事理無礙와 無二礙故니라

셋째 제11구는 佛乘으로 말하면 4가지 해석이 있다.

(1) 심오하고,

(2) 광대하며,

(3) 분량의 한계가 없고,

(4) 진여의 바른 지위와 하나이다.

佛果의 이해를 얻었기 때문이며, 사법계와 이법계에 걸림이 없고 煩惱障·所知障이 없기 때문이다.

經

欲以無量方便으로 **悉知十方一切衆生界一一衆生**의 **淨解·染解**와 **廣解·略解**와 **細解·麤解**하야 **盡無餘故**며

한량없는 방편으로 시방의 일체 중생계에 있는 하나하나 중생의 청정한 이해와 더럽힌 이해, 넓은 이해와 간략한 이해, 세밀한 이해와 거친 이해를 남김없이 모두 알고자 위함이며,

◉ **疏** ◉

第四句는 唯約衆生하야 以辨差別이라 於中에 初는 能知方便이니 不礙空而知假故오 後'悉知'下는 明其所知니 有三對六解라 與惑相應名染이오 不相應名淨이며 廣畧者는 約境及作意差別이오 麤細者는 約行相差別이니 委悉·不委悉故니라

넷째 제12구는 오직 중생만을 들어 그 차별을 논변함이다.

그중에 첫 구절(欲以無量方便)은 앎의 주체[能知]에 의한 방편이

다. 空에 걸리지 않고 假有를 알기 때문이다.

뒤의 '悉知' 이하는 그 알아야 할 대상을 밝힘이다. 3가지 상대에 6가지 해석이 있다.

미혹으로 상응한 것을 더럽힘이라 하고, 미혹으로 상응하지 않은 것을 청정이라 하며, 넓고 간략함이란 경계 및 생각하는 차이로 말한 것이며, 거칠고 세밀함이란 行相의 차이로 말함이니 자세히 알거나 자세히 알지 못함이 있기 때문이다.

經

欲悉知深密解와 **方便解**와 **分別解**와 **自然解**와 **隨因所起解**와 **隨緣所起解**와 **一切解網**하야 **悉無餘故**로 **發阿耨多羅三藐三菩提心**이니라

심오하고도 비밀스러운 이해, 방편의 이해, 분별의 이해, 자연의 이해, 원인을 따라 일어나는 이해, 반연을 따라 일어나는 이해를 모두 아는 것과 일체 이해의 그물을 끝까지 다하여 남김이 없게 하려는 까닭에 아뇩다라삼먁삼보리심을 내는 것이다.

◉ **疏** ◉

第五句는 多約知聖教解라 於中文二니 先은 正明이오 二'一切'下는 通結前文이라

初中'深密'者는 開則深約方廣一乘이오 密謂密意어니와 合則深卽是密이라 以祕以妙하야 卽事而眞故니라

二는 方便者는 畧有三種하니 一은 進趣方便이니 謂見道前 方便道 是오 二는 施爲方便이니 卽第七波羅蜜이니 依實起權이 皆善巧故니라 實無此事어늘 假施設有故니라 三은 集成方便이니 諸法同體를 巧相集成이니라 如六相巧成을 亦名方便이니 今竝能解니라

言'分別'者는 凡於一法에 多門決擇故오

言'自然'者는 法爾本覺의 內熏發故오

'隨因所起'者는 過去聞熏之所發故며 或於現在正思惟等而能知故오

言'隨緣所起'者는 善友增上緣力所開悟故니라

다섯째 제13구는 많이 聖教를 아는 해석으로 말하였다. 그중에 경문은 2부분으로 나뉜다.

앞부분은 바로 밝힘이며,

뒤의 '一切' 이하는 모든 경문을 전체로 끝맺음이다.

앞에서 바로 밝힌 가운데, (1) '深密'이라 말한 것은 나누어 말하면 深은 方廣一乘을, 密은 비밀스러운 것을 말하지만, 종합하여 말하면 深이 곧 密이다. 비밀스럽고 또 비밀스러워 미묘하여 현상의 사법계와 하나가 된 진리이기 때문이다.

(2) 방편이란 간단하게 말하면 3가지 종류가 있다.

① 進趣方便이다. 見道 이전에 방편의 도를 말함이 바로 이것이다.

② 施爲方便이다. 이는 제7 방편바라밀이다. 實教를 의지하여 權教를 일으킴이 모두 정교하게 잘하는 일이기 때문이다. 실로 이런 일이 없는데 임시로 베풀기 때문이다.

③ 集成方便이다. 모든 법의 동일한 본체를 모두 잘 모아 이룬 것이다. 예컨대 六相[22]을 정교하게 잘 이루는 것 또한 방편이라 말한다. 여기에서는 아울러 앎의 주체로 말한 것이다.

⑶ '분별의 이해'라 말한 것은 하나의 법에 많은 부분으로 결정하고 선택하기 때문이다.

⑷ '자연의 이해'라 말한 것은 법이 그처럼 本覺의 內熏이 내어주기 때문이다.

⑸ '원인을 따라 일어나는 이해'란 과거 들었던 것과 훈습에 의해 일어난 것이기 때문이며, 혹은 현재에 바른 사유를 하는 등으로 잘 알기 때문이다.

⑹ '반연을 따라 일어나는 이해'란 착한 벗의 增上緣의 힘으로 깨달은 바가 있기 때문이다.

二'一切'下는 總結이니 廣多交絡이라 故如網也니라 爲此無限而起大心이어니 豈同前喩리오

뒤의 '一切解網' 이하는 총체로 끝맺음이다. 드넓고 많은 것들이 서로 연결되어 있기에 그물과 같다. 이처럼 한량없는 것을 위하여 큰마음을 일으킴이니, 어찌 앞서 말한 비유들과 똑같겠는가.

22 六相: 화엄종에서 萬有의 모든 법이 6가지 모양을 갖추고 있음을 이르는 말. 總相, 別相, 同相, 異相, 成相, 壞相의 6가지 모양은 그 전체와 부분, 또는 부분과 부분이 서로 원만하게 융화되어 있음을 말한다.

第五 善知諸根喻

5) 모든 근기를 잘 아는 비유

經

佛子여 **復置此喻**하고 **假使有人**이 **於一念頃**에 **能知東方無數世界一切衆生**의 **諸根差別**호되 **念念如是**하야 **經阿僧祇劫**이어든 **有第二人**이 **於一念頃**에 **能知前人**의 **阿僧祇劫**에 **念念所知諸根差別**하며 **如是廣說**하야 **乃至第十**하고 **南西北方**과 **四維上下**도 **亦復如是**하면 **佛子**여 **此十方世界所有衆生**의 **諸根差別**은 **可知邊際**어니와 **菩薩**의 **初發阿耨多羅三藐三菩提心**한 **功德善根**은 **無有能得知其際者**니라

何以故오 **菩薩**이 **不齊限**하야 **但爲知爾所世界衆生根故**로 **發阿耨多羅三藐三菩提心**이라 **爲盡知一切世界中一切衆生根**의 **種種差別**하며 **廣說乃至欲盡知一切諸根網故**로 **發阿耨多羅三藐三菩提心**이니라

불자여, 또한 이런 비유는 그만두고, 가령 어떤 사람이 한 생각의 찰나에 동방의 무수한 세계에 있는 모든 중생의 근기가 각기 다른 것을 잘 알며, 한 생각 한 생각마다 모두 이와 같이 아승기겁이 다하도록 하였고, 또 두 번째 사람이 한 생각의 찰나에 앞의 사람이 아승기겁 동안에 한 생각의 찰나에 아는 모든 근기의 각기 다른 점을 알며, 이와 같이 자세히 말하여 내지 열 번째 사람에 이르렀

고, 남방, 서방, 북방과 네 간방과 상방, 하방 또한 이와 같았다.

불자여, 이처럼 시방세계에 있는 중생들의 근기가 각기 다른 것은 끝이 있음을 알 수 있지만, 보살이 처음으로 아뇩다라삼먁삼보리심을 낸 공덕과 선근은 그 끝을 알 사람이 없다.

무슨 까닭인가? 보살은 한계의 선이 없다. 단 그 세계 중생들의 근기를 알기 위하여 아뇩다라삼먁삼보리심을 내고, 일체 세계 중생 근기의 가지가지 다른 것을 모두 알기 위함이며, 자세히 더 말하면 내지 일체 근기의 그물을 모두 알고자 한 까닭에 아뇩다라삼먁삼보리심을 내는 것이다.

◉ **疏** ◉

可知라

이는 말하지 않아도 알 수 있다.

第六 善知欲樂喻

6) 중생이 원하고 좋아하는 것을 잘 아는 비유

經

佛子여 **復置此喩**하고 **假使有人**이 **於一念頃**에 **能知東方無數世界所有衆生**의 **種種欲樂**호되 **念念如是**하야 **盡阿僧祇劫**하며 **次第廣說**하야 **乃至第十**하고 **南西北方**과 **四維上下**

도 亦復如是하면 此十方衆生의 所有欲樂은 可知邊際어니와 菩薩의 初發阿耨多羅三藐三菩提心한 功德善根은 無有能得知其際者니라

何以故오 佛子여 菩薩이 不齊限하야 但爲知爾所衆生欲樂故로 發阿耨多羅三藐三菩提心이라 爲盡知一切世界所有衆生의 種種欲樂하며 廣說乃至欲盡知一切欲樂網故로 發阿耨多羅三藐三菩提心이니라

불자여, 또한 이런 비유는 그만두고, 가령 어떤 사람이 한 생각의 찰나에 동방으로 무수한 세계에 있는 중생의 가지가지 욕망과 쾌락을 잘 알며, 한 생각 한 생각마다 모두 이와 같이 아승기겁이 다하도록 하였고, 차례로 이처럼 자세히 말하여 열 번째 사람에 이르렀고, 남방, 서방, 북방과 네 간방과 상방, 하방 또한 이와 같았다.

이 시방 중생들이 가진 욕망과 쾌락은 그 끝이 있음을 알 수 있지만, 보살이 처음으로 아뇩다라삼먁삼보리심을 낸 공덕과 선근은 그 끝을 알 사람이 없다.

무슨 까닭인가? 불자여, 보살은 한계의 선이 없다. 단 중생의 욕망과 쾌락을 알기 위하여 아뇩다라삼먁삼보리심을 내고, 일체 세계 중생의 가지가지 욕망과 쾌락을 모두 알기 위함이며, 자세히 더 말하면 일체의 욕망과 쾌락의 그물을 모두 알기 위하여 아뇩다라삼먁삼보리심을 내는 것이다.

◉ 疏 ◉

欲은 謂於所樂境에 希望爲性이오 勤依爲業이니 卽勝解智所攝이니 會釋如前이라【鈔_ '卽勝解智所攝'者는 約十力智니 以種種解脫智를 亦名樂欲이오 若約法相인댄 欲與解別이니 皆是別境五中之一也로되 而在十力에 合之爲一이로되 取名有差니라】

欲이란 좋아하는 경계에 희망하는 것으로 그 자성을 삼고, 부지런히 의지하는 것으로 業을 삼는다. 이는 勝解智에 속한다. 會釋은 앞서 말한 바와 같다.【초_ "이는 勝解智에 속한다."는 것은 十力智로 말함이다. 가지가지 해탈지혜를 또한 樂欲이라 말한다. 만일 法相으로 말하면 欲이란 해석과는 다르지만 이는 모두 別境位 5가지 가운데 하나이다. 그러나 十力에 있어서는 이를 합하여 하나가 되지만 그 이름을 취함이 다르다.】

第七 善知方便喻

7) 방편을 잘 아는 비유

經

佛子여 **復置此喻**하고 **假使有人**이 **於一念頃**에 **能知東方無數世界所有衆生**의 **種種方便**하며 **如是廣說**하야 **乃至第十**하고 **南西北方**과 **四維上下**도 **亦復如是**하면 **此十方衆生**의 **種種方便**은 **可知邊際**어니와 **菩薩**의 **初發阿耨多羅三藐三**

菩提心한 **功德善根**은 **無有能得知其際者**니라

何以故오 **佛子**여 **菩薩**이 **不齊限**하야 **但爲知爾所世界衆生**의 **種種方便故**로 **發阿耨多羅三藐三菩提心**이라 **爲盡知一切世界所有衆生**의 **種種方便**하며 **廣說乃至欲盡知一切方便網故**로 **發阿耨多羅三藐三菩提心**이니라

불자여, 또한 이런 비유는 그만두고, 가령 어떤 사람이 한 생각의 찰나에 동방으로 무수한 세계에 있는 중생들의 가지가지 방편을 잘 알며, 차례로 이처럼 자세히 말하여 열 번째 사람에 이르렀고, 남방, 서방, 북방과 네 간방과 상방, 하방 또한 이와 같았다.

이 시방 중생들의 가지가지 방편은 그 끝이 있음을 알 수 있지만, 보살이 처음으로 아뇩다라삼먁삼보리심을 낸 공덕과 선근은 그 끝을 알 사람이 없다.

무슨 까닭인가? 불자여, 보살은 한계의 선이 없다. 단 그 세계에 있는 중생의 가지가지 방편을 알기 위하여 아뇩다라삼먁삼보리심을 내고, 일체 세계 중생의 가지가지 방편을 모두 알기 위함이며, 자세히 더 말하면 내지 일체의 방편그물을 모두 알기 위하여 아뇩다라삼먁삼보리심을 내는 것이다.

◉ **疏** ◉

善知方便喩者는 卽禪善巧와 及至處道智라 方便三種은 如向所辨이니 所望別故로 無相濫失이라【鈔_ '所望別故'等者는 前三方便은 屬解로되 今屬禪故니라】

방편을 잘 아는 비유는 곧 '잘 결정하게 관찰하는 선정의 지혜[禪善巧]' 및 '모든 곳에 이르러 갈 곳을 아는 지혜[一切至處道智]'이다. 3가지 방편은 위에서 말한 바와 같다. 바라는 바가 다르기 때문에 잘못이 없다. 【초_ "바라는 바가 다르기 때문에 잘못이 없다."는 것은 앞서 말한 '進趣方便, 施爲方便, 集成方便' 3가지는 '이해[解]' 하는 데에 속하지만 여기에서는 禪定에 속하기 때문이다.】

第八 善知他心喻

8) 남들의 마음을 잘 아는 비유

經

佛子여 **復置此喻**하고 **假使有人**이 **於一念頃**에 **能知東方無數世界所有衆生**의 **種種差別心**하며 **廣說乃至此十方世界所有衆生**의 **種種差別心**은 **可知邊際**어니와 **菩薩**의 **初發阿耨多羅三藐三菩提心**한 **功德善根**은 **無有能得知其際者**니라 **何以故**오 **佛子**여 **菩薩**이 **不齊限**하야 **但爲知爾所衆生心故**로 **發阿耨多羅三藐三菩提心**이라 **爲悉知盡法界虛空界無邊衆生**의 **種種心**하며 **乃至欲盡知一切心網故**로 **發阿耨多羅三藐三菩提心**이니라

불자여, 또한 이런 비유는 그만두고, 가령 어떤 사람이 한 생각의 찰나에 동방으로 무수한 세계에 있는 중생들의 가지가지 각기

다른 마음을 잘 알며, 자세히 말하여 내지 시방세계에 있는 중생들의 가지가지 각기 다른 마음은 그 끝이 있음을 알 수 있지만, 보살이 처음으로 아뇩다라삼먁삼보리심을 낸 공덕과 선근은 그 끝을 알 사람이 없다.

무슨 까닭인가? 불자여, 보살은 한계의 선이 없다. 단 중생의 마음을 알기 위하여 아뇩다라삼먁삼보리심을 내고, 온 법계 허공계의 끝없는 중생의 가지가지 마음을 모두 알기 위함이며, 내지 일체 마음그물을 모두 알기 위하여 아뇩다라삼먁삼보리심을 내는 것이다.

◉ **疏** ◉

善知他心喻는 心義兼王所니 卽他心智라【鈔_ '卽他心智'者는 若是十力인댄 卽屬界攝이라】

남들의 마음을 잘 아는 비유의 의미는 王所를 겸한 것으로, 곧 남들의 마음을 잘 아는 지혜이다.【초_ '卽他心智'란 것은 만일 부처님의 十力으로 말한다면 곧 界攝에 속한다.】

第九 善知業相喻

9) 업상을 잘 아는 비유

經

佛子여 **復置此喻**하고 **假使有人**이 **於一念頃**에 **能知東方無**

數世界所有衆生의 種種差別業하며 廣說乃至此十方衆生의 種種差別業은 可知邊際어니와 菩薩의 初發阿耨多羅三藐三菩提心한 善根邊際는 不可得知니라

何以故오 佛子여 菩薩이 不齊限하야 但爲知爾所衆生業故로 發阿耨多羅三藐三菩提心이라 欲悉知三世一切衆生業하며 乃至欲悉知一切業網故로 發阿耨多羅三藐三菩提心이니라

불자여, 또한 이런 비유는 그만두고, 가령 어떤 사람이 한 생각의 찰나에 동방으로 무수한 세계에 있는 중생들의 가지가지 각기 다른 업을 잘 알며, 자세히 말하여 내지 시방 중생들의 가지가지 각기 다른 업은 그 끝을 알 수 있지만, 보살이 처음으로 아뇩다라삼먁삼보리심을 내는 선근은 그 끝을 알 수 없다.

무슨 까닭인가? 불자여, 보살은 한계의 선이 없다. 단 중생의 업을 알기 위하여 아뇩다라삼먁삼보리심을 내고, 삼세 일체중생의 업을 모두 알기 위함이며, 내지 일체 업의 그물을 모두 알기 위하여 아뇩다라삼먁삼보리심을 내는 것이다.

◉ 疏 ◉

善知業相喩는 卽業報智라 上皆文四니 同前可知라 若辨其名體인댄 具如初會十力章中어니와 若廣顯差別인댄 如第九地라

업상을 잘 아는 비유는 곧 業報智이다. 위는 모두 경문이 4부분으로 나뉘는데, 앞서 말한 바와 같으니 말하지 않아도 알 수 있

다. 만일 그 名體를 분별한다면 구체적으로 初會 十力章에서 말한 바와 같지만, 차별을 두어 자세히 밝힌다면 제9지와 같다.

第十 明知煩惱差別喻

10) 번뇌의 차별을 밝게 아는 비유

經

佛子여 **復置此喻**하고 **假使有人**이 **於一念頃**에 **能知東方無數世界所有衆生**의 **種種煩惱**호되 **念念如是**하야 **盡阿僧祇劫**하면 **此諸煩惱種種差別**을 **無有能得知其邊際**니 **有第二人**이 **於一念頃**에 **能知前人阿僧祇劫所知衆生煩惱差別**하야 **如是復盡阿僧祇劫**하며 **次第廣說**하야 **乃至第十**하고 **南西北方**과 **四維上下**도 **亦復如是**하면

佛子여 **此十方衆生**의 **煩惱差別**은 **可知邊際**어니와 **菩薩**의 **初發阿耨多羅三藐三菩提心**한 **善根邊際**는 **不可得知**니라

何以故오 **佛子**여 **菩薩**이 **不齊限**하야 **但爲知爾所世界衆生煩惱故**로 **發阿耨多羅三藐三菩提心**이라

불자여, 또한 이런 비유는 그만두고, 가령 어떤 사람이 한 생각의 찰나에 동방으로 무수한 세계에 있는 중생들의 가지가지 번뇌를 잘 알며, 한 생각 한 생각마다 모두 이와 같이 아승기겁이 다하도록 한다고 하면, 이 모든 번뇌의 가지가지 다른 것을 그 끝까지

잘 아는 사람이 없고, 또 두 번째 사람이 한 생각의 찰나 사이에 앞 사람이 아승기겁 동안에 알았던, 중생의 각기 다른 번뇌를 잘 알고, 이처럼 다시 아승기겁이 다하도록 하며, 차례차례로 이와 같이 말하여 열 번째 사람에게 이르되, 남방, 서방, 북방과 네 간방과 상방, 하방 또한 이와 같이 하였다.

불자여, 그렇다면 시방 중생의 각기 다른 번뇌는 그 끝이 있음을 안다 하더라도, 보살이 처음으로 아뇩다라삼먁삼보리심을 내는 선근은 그 끝을 알 수 없다.

무슨 까닭인가? 불자여, 보살은 한계의 선이 없다. 단 중생의 번뇌를 알기 위하여 아뇩다라삼먁삼보리심을 내는 것이다.

◉ **疏** ◉

文亦分四니 前三可知오 第四釋中에 亦先反 後順이라

경문은 또한 4부분으로 나뉜다. 앞의 3가지는 설명하지 않아도 알 수 있다. 제4부분의 해석 가운데 또한 앞은 반대로 해석하였고, 뒤는 순리대로 해석하였다.

經

爲盡知一切世界所有衆生의 **煩惱差別故**로 **發阿耨多羅三藐三菩提心**이니 **所謂欲盡知輕煩惱**와 **重煩惱**와 **眠煩惱**와 **起煩惱**와 **一一衆生無量煩惱**의 **種種差別**하야 **種種覺觀**으로 **淨治一切諸雜染故**며

일체 세계에 있는 중생들의 번뇌가 각기 다른 것을 모두 알기 위한 까닭에 아뇩다라삼먁삼보리심을 내는 것이다.

이른바 가벼운 번뇌, 무거운 번뇌, 잠자는 번뇌, 일어나는 번뇌와 하나하나 중생의 한량없는 번뇌의 가지가지 차이를 모두 알고서, 가지가지 깨달음의 관[覺觀]으로 일체 모든 잡되고 물든 것을 깨끗하게 다스리고자 한 때문이며,

◉疏◉

順中에 初는 總이오 後所謂下는 別이라

別有六門하니 各先惑後治니 謂非但空知라 意在斷故니라

初門은 總明이오 後一은 義兼總別이오 中間은 別擧其重이라

今初門中에 輕·重·眠·起 通下諸惑이라 故名爲總이니 就中輕重은 總中之總이라

以品言之면 一切煩惱에 各有輕重이니 約起惑者 心有異故니라 據難易斷인댄 現行爲輕이오 種子爲重이니 卽眠起是라 又分別爲輕이오 俱生爲重이라 若據破壞三寶와 焚燒善根이면 則邪見最重이오 餘悉名輕이며 若據損惱自他와 障菩薩道면 瞋恚最重이오 餘悉名輕이며 若據發潤生死流轉이면 無明愛取 爲重이오 若依爲諸惑根이면 則三毒爲重이오 若依障初聖道하야 不受聖教면 見慢爲重이오 若據遠隨現行하야 障無學道면 我愛慢爲重이오 餘可名輕이라 若煩惱當體相望이면 十大煩惱爲重이오 隨惑爲輕이며 隨中에 大中小隨 展轉輕重이라 又正使爲重이오 習氣爲輕이라 更有異門이니 可略言也니라【鈔_ '一切煩

惱各有輕重'者는 分九品故니라

'約起惑者'下는 出輕重所由니 如一貪惑重者는 於下劣境에 起猛利貪하고 中者는 稱境而起하고 下者는 設於勝境이라도 心亦微薄等이니 三品各三이라 故成九品이니라

'據難易'下는 別別相望하야 以論輕重이니 言'種子爲重'者는 如俱生惑種은 金剛喻定이라야 方斷盡故니 故下經云'金剛道滅方畢竟이라'하니라 又'分別爲輕'者는 眞見道中에 一時頓斷故니라 唯識에 云'見所斷惑에 十俱頓斷은 以眞見道 總緣諦故라'하니 此約大乘이어니와 若通三乘인댄 唯識論에 云'煩惱障重은 見所斷'者는 三乘見道位니 眞見道中에 一時頓斷이니라

'俱生爲重'者는 於修道位中에 數數修習하야 無分別智라야 方能斷故니라 餘如十地初說이라

'則邪見最重'者는 涅槃經에 云'一切煩惱를 邪見攝盡이라'하니라 戒經十重에 謗三寶爲最重이니 十惡亦然이라

'瞋恚最重'者는 如普賢行品에 '一念瞋心起면 百萬障門開라'하니라

'無明愛取爲重'者는 淨名經에 云'從癡有愛면 則我病生이라'하고 涅槃經에 云'生死本際 凡有二種이니 一者는 無明이오 二者는 有愛라'하니라

'三毒爲重'者는 本行經에 云'世間之毒은 莫過三毒이니 諸隨惑等은 皆從此生이라'하니라

'見慢爲重'者는 見則偏執一理하야 穴徹在心이어니 安受聖教리오 慢旣恃己어니 豈復他求리오

'我愛慢爲重'者는 略有三義하니 一은 約識이니 至第七故니 四惑相應

이 是也오 二는 約行이니 通至諸禪故니 如明法品當辨이오 三은 約果니 至阿羅漢하야 若作是念호되 我得阿羅漢道라하면 則不得故니라

'十大煩惱爲重'者는 唯識論에 云'煩惱는 謂貪·瞋·癡·慢·疑·惡見이라'하니 卽六根本이라 俱舍論에 云'六由見異라'하니 十은 謂開惡見爲五니 一身見, 二邊見, 三邪見, 四見取, 五戒禁取니라

'隨煩惱中 大中小隨 展轉輕重'者는 大隨爲重이면 中小爲輕이오 中隨爲重이면 小隨爲輕일세 名爲展轉이라 言'隨惑'者는 唯識頌에 云'隨煩惱는 謂忿·恨·覆·惱·嫉·慳·誑·諂與害·憍와 無慚與無愧와 掉擧及惛沈과 不信并懈怠와 放逸及失念과 散亂·不正知라'하고 長行에 釋云'唯是煩惱의 分位差別과 等流性故로 名隨煩惱라'하다

依疏 釋云謂忿等十과 及失念·不正知·放逸等 假染心所니 是貪等差別位일세 名隨煩惱오 無慙·無愧와 掉擧·昏沈과 散亂·不信·懈怠七法은 雖別有體나 是前根本之等流라 故名隨煩惱니 由煩惱爲因하야 此得有故라'하니라 論云'此二十種類 別說有三이니 謂忿等十은 各別起故로 名小隨煩惱오 無慚等二는 徧不善故로 名中隨煩惱오 掉擧等八은 徧染心故로 名大隨煩惱라'하니라

'更有異門'等者는 上來에 已有十門解釋이어니와 有以五住煩惱의 無明으로 爲重이니 障大菩提故오 前四爲輕이니 障見修故라하니 今謂以前四位도 亦障菩提하고 無明住地도 亦障見修라 故不存之니라

又有云'等分爲輕이니 稱境起故오 多分爲重이니 過境起故라'하고 又云'暫起·間起·羸劣起者는 爲輕이오 多起·常起·猛利起者는 爲重이라'하니 此二는 卽前約品中收之니라

又云'迷事爲輕이니 後得智 斷故오 迷理爲重이니 根本智 斷故라'하니 此則與前無明爲重 障菩提故로 亦小相違라 故畧不言耳오 非無有理일세 故云可畧이라하니라 迷事·迷理는 至十地中에 當廣分別호리라】

순리대로 해석한 가운데 앞은 총체이며, 뒤 '所謂' 이하는 개별이다.

개별에는 6부분이 있다. 각각 앞에서는 惑을, 뒤에서는 이를 다스림이다. 이는 공연히 아는 데에 그치는 게 아니라 그 뜻이 끊은 데에 있기 때문임을 말한다.

처음 부분은 총체로 밝힘이고, 맨 뒤 한 부분의 뜻은 총체와 개별을 모두 겸하고 있으며, 중간 부분은 그 중점만을 개별로 들어 말한 것이다.

이의 첫 부분 가운데 輕번뇌·重번뇌·眠번뇌·起번뇌는 아래의 모든 번뇌에 통한 까닭에 이를 총체라 말한다. 그중에서도 경번뇌·중번뇌는 총체 가운데 총체이다.

품별로 말한다면 모든 번뇌에는 각각 경·중이 있다. 번뇌를 일으킨 자의 마음이 다른 점으로 말하기 때문이다.

번뇌를 끊기 어렵고 쉬운 것으로 준하여 말하면 現行번뇌는 가벼운 번뇌라 끊기 쉽고, 種子번뇌는 무거운 번뇌라 끊기 어렵다. 眠번뇌·起번뇌가 바로 그것이다. 또한 분별번뇌는 가벼운 번뇌라 끊기 쉽고, 俱生번뇌는 무거운 번뇌라 끊기 어렵다.

만일 삼보의 파괴와 선근을 불태운 것으로 준하여 말하면 邪見번뇌는 가장 무겁고 그 나머지는 모두 가벼운 번뇌라고 말한다.

만일 나와 남을 괴롭히고 보살의 도에 장애가 되는 것으로 준하여 말하면 성내는 번뇌가 가장 무겁고 그 나머지는 모두 가벼운 번뇌라고 말한다.

만일 발생하여 커나가면서 생사고해에 윤회하는 것으로 말하면 無明愛取가 무거운 번뇌이며, 모든 번뇌의 근본으로 말하면 三毒이 무거운 번뇌이며, 初聖道의 장애가 되어 성인의 가르침을 받지 않은 것으로 말하면 見慢이 무거운 번뇌이며, 멀리 現行을 따라 無學道에 장애가 되는 것으로 말하면 我愛慢이 무거운 번뇌이다. 나머지는 가벼운 번뇌라고 말한다.

만일 번뇌의 그 자리에서 서로 바라보면 십대 번뇌는 무거운 번뇌이고 隨惑은 가벼운 번뇌이며, 隨煩惱 가운데, 大隨번뇌·中隨번뇌·小隨번뇌가 전전하면서 가벼운 번뇌와 무거운 번뇌가 된다. 또한 正使는 무거운 번뇌이고 習氣는 가벼운 번뇌이다. 이 밖에도 또한 다른 부분의 번뇌가 있지만, 여기에서는 생략하고자 한다.

【초_ "모든 번뇌에는 각각 경·중이 있다."는 것은 번뇌를 9품으로 나누기 때문이다.

"번뇌를 일으킨 자의 마음" 이하는 가볍고 무거운 번뇌가 나오는 연유가 된다. 예컨대 하나의 貪惑이 무거운 자는 좋지 않은 경계에서 맹렬하고도 예리한 탐욕의 마음을 일으키고, 중등의 사람은 경계에 맞추어 탐욕의 마음을 일으키고, 하등의 사람은 설령 수승한 경계일지라도 마음이 또한 微薄한 등이다. 이러한 3품은 다시 각각 3품으로 나뉘는 까닭에 9품을 이루게 된다.

"번뇌를 끊기 어렵고 쉬운 것으로 준하여 말하면" 이하는 모든 개별을 서로 대조하여 경중의 차이를 논한 것이다. '종자번뇌는 무거운 번뇌'라고 말한 것은 예컨대 俱生번뇌의 종자는 金剛喩定만이 비로소 모두 끊을 수 있기 때문이다. 따라서 아래 경문에 이르기를 "金剛道에서 그 번뇌를 없애야 비로소 모두 끝마칠 수 있다."고 말하였다.

또한 '분별번뇌는 가벼운 번뇌'라는 것은 眞見道에서 일시 한꺼번에 끊을 수 있기 때문이다. 유식론에 이르기를 "見所斷惑에 10가지를 모두 함께 한꺼번에 끊는 것은 眞見道가 총체로 진리를 반연한 때문이다."고 한다. 이는 대승으로 말한 것이다. 그러나 만일 三乘에 통하여 말하면 유식론에 이르기를 "무거운 煩惱障을 見所에서 끊는다."고 말한 것은 삼승의 見道位이다. 眞見道 가운데서 일시 한꺼번에 끊은 것이다.

'俱生번뇌가 무거운 번뇌'라는 것은 修道位 가운데서 자주자주 닦고 익혀 분별이 없는 지혜만이 비로소 끊을 수 있기 때문이다. 나머지는 十地初에서 말한 바와 같다.

'邪見이 가장 무거운 번뇌'라는 것은 열반경에 이르기를 "모든 번뇌는 삿된 견해가 모두 받아들인다."고 하였다. 戒經 十重에 "삼보를 훼방함이 가장 무거운 번뇌이다."고 한다. 十惡 또한 그와 같다.

'성냄이 가장 무거운 번뇌'라는 것은 보현행품에서 "한 생각 성내는 마음이 일어나면 백만 장애의 문이 열린다."고 말하였다.

'無明愛取가 가장 무거운 번뇌'라는 것은 유마경에 이르기를

"어리석음으로부터 애욕이 생겨나 곧 '나'라는 아만의 병이 생긴다."고 하며, 열반경에 이르기를 "생사의 근본 자리에는 무릇 2가지 종류가 있다. 첫째는 無明이요, 둘째는 애욕이다."고 하였다.

'三毒이 무거운 번뇌'라는 것은 본행경에 이르기를 "세간의 독은 탐진치 3가지 독보다 더한 게 없다. 모든 隨惑 등이 죄다 여기에서 생겨나는 것이다."고 하였다.

'見慢이 무거운 번뇌'라는 것은 見이란 곧 하나의 이치만을 편협하게 고집하여 작은 구멍처럼 마음에 두었으니 어떻게 성인의 가르침을 받아들일 수 있겠는가. 慢이란 이미 자기만을 믿는 것인데 어떻게 다시 남들에게 추구함이 있겠는가.

'我愛慢이 무거운 번뇌'라는 것은 간단하게 3가지 의미가 있다. ① 識으로 말한다. 제7식에 이른 때문이니 '貪·癡·我見·我慢 4가지 번뇌[四惑]'가 상응한다는 것이 바로 이것이다. ② 行으로 말한다. 공통으로 諸禪에 이른 때문이니 明法品에서 논변한 바와 같다. ③ 果로 말한다. 아라한에 이르러 만일 '내가 아라한의 도를 얻었다.'고 생각하면 그것은 아라한의 도를 얻지 못한 때문이다.

'십대 번뇌가 무거운 번뇌'라는 것은 유식론에 이르기를 "번뇌는 貪·瞋·癡·慢·疑·惡見을 말한다."고 하니 곧 六根의 근본이다. 구사론에 이르기를 "6근이 見으로 말미암아 다르다."고 한다. '十'이란 惡見을 분리하여 5가지로 하였다. ① 身見, ② 邊見, ③ 邪見, ④ 見取, ⑤ 戒禁取이다.

"隨煩惱 가운데, 大隨·中隨·小隨 번뇌가 전전하면서 가벼운 번뇌와 무거운 번뇌가 된다."는 것은 大隨번뇌가 무거운 번뇌라면 중수번뇌와 소수번뇌는 가벼운 번뇌가 되고, 중수번뇌가 무거운 번뇌라면 소수번뇌는 가벼운 번뇌가 되기 때문에 '展轉'이라 말하였다. 隨惑이라 말한 것은 유식론 게송에 이르기를 "隨煩惱는 忿, 恨, 覆, 惱, 嫉, 慳, 誑, 諂, 害, 憍, 無慚과 無愧, 掉擧 및 惛沈, 不信과 懈怠, 放逸 및 失念, 散亂, 不正知를 말한다."고 하였고, 長行에서 해석하기를 "오직 이 번뇌의 分位 차별과 等流性 때문에 그 이름을 隨煩惱라 한다."고 하였다.

疏에 의해 해석하기를 "忿 등 10가지 및 失念, 不正知, 放逸 등의 假染心所를 말한다. 이는 貪 등의 差別位이기에 그 이름을 隨煩惱라 하고, 無慚, 無愧, 掉擧, 昏沈, 散亂, 不信, 懈怠 7가지의 법은 비록 개별로 체성이 있으나, 이는 前 근본의 等流이기에 그 이름을 隨煩惱라 한다. 번뇌가 원인이 됨을 말미암아 이런 것이 있게 되었기 때문이다."고 하였다.

논에 이르기를 "이 20종류에 대한 개별의 설에는 3가지가 있다. 忿 등 10가지는 각각 별도로 일어난 까닭에 그 이름을 小隨煩惱라 하고, 無慚 등 2가지는 不善에 두루 한 까닭에 그 이름을 中隨煩惱라 하고, 掉擧 등 8가지는 染心에 두루 한 때문에 그 이름을 大隨煩惱라 한다."고 하였다.

"이 밖에도 또한 다른 부분의 번뇌가 있다." 등은 위에서 이미 十門에 대한 해석이 있지만 혹자가 五住煩惱의 無明을 무거운 번뇌로 삼았다. 이는 대보리의 장애가 되기 때문이다. 따라서 앞의 4

位 번뇌를 가벼운 번뇌로 삼았다. 이는 見修의 장애가 되기 때문이라고 한다. 여기에서는 앞의 4位 또한 보리의 장애가 되고 無明住地 또한 見修의 장애가 되기 때문에 쓰지 않았다.

또 어떤 사람이 이르기를 "等分은 가벼운 번뇌이다. 경계에 맞추어 일으키기 때문이다. 多分은 무거운 번뇌이다. 경계를 넘어섰기 때문이다."고 하며, 또 어떤 사람은 "잠시 일어난 번뇌, 사이사이 일어난 번뇌, 힘없이 일어난 번뇌란 가벼운 번뇌이고, 많이 일어난 번뇌, 언제나 일어난 번뇌, 맹렬하게 일어난 번뇌란 무거운 번뇌이다."고 하였다. 이 2가지 설은 곧 앞서 말한 9品 속에 들어갈 말이다.

또 이르기를 "迷事惑은 가벼운 번뇌이다. 後得智로 끊을 수 있기 때문이다. 迷理惑은 무거운 번뇌이다. 根本智로 끊을 수 있기 때문이다."고 하였다. 이는 앞서 말한 "無明은 무거운 번뇌이다. 보리의 장애가 되기 때문이다."는 말과는 또한 조금 서로 어긋난 까닭에 이를 생략한 채 말하지 않았고, 그렇다고 이치가 전혀 없는 것은 아니기에 생략하였다고 말한 것이다. 迷事惑·迷理惑은 十地에 이르러 자세히 분별하겠다.】

言'眠·起'者는 眠은 卽種子니 眠伏藏識이오 起는 卽對境現行이라

言'一一衆生無量煩惱'는 總結多端이라

'種種差別'은 如後畧說이니 廣唯佛知니라

'種種覺觀'은 通能所治니 有染淨故니 染爲所治煩惱依故니라 如欲·恚·害·覺은 能生貪等 無量煩惱하나니 涅槃加五하야 說有八覺이라

하니 一은 欲覺이니 求可意事오 二는 瞋覺이니 念欲瞋他오 三은 惱覺이니 念欲惱他오 四는 親里覺이니 憶念親緣이오 五는 國土覺이니 念世安危오 六은 不死覺이니 積財資養이오 七은 族姓覺이니 念族高下오 八은 輕侮覺이니 侮는 卽是慢念이라 自恃欺人하나니 此等非一일세 故云種種이라 皆能引起一切煩惱하나니 對上一一衆生無量煩惱면 亦名引起分別이라

言'淨治'者는 欲以不淨觀治하고 瞋以慈治하고 惱害以悲治오 次四는 以無常觀治하고 後一은 以無我我所觀治라 故云'種種覺觀淨治一切雜染'이라하니라【鈔_ '能生貪等'者는 卽第二十三經 高貴德王菩薩品이라 經云'復次善男子여 一切凡夫 雖善護身心이나 猶故生於三種惡覺하나니 以是因緣으로 雖斷煩惱하야 得生非想非非想處로되 猶故還墮三惡道中이니라 善男子여 譬如有人이 渡於大海할세 垂至彼岸에 沒水而死인달하야 凡夫之人도 亦復如是라 垂盡三有하야 還墮三塗니라 何以故오 無善覺故니라 云何善覺고 所謂六念'이라하고 下廣說惡覺之過라 故云如涅槃說이라하니라】

眠·起 번뇌라 말한 것은 眠이란 곧 종자이다. 藏識을 잠재워 엎드려 있게 함이다. 起란 곧 경계에 마주한 現行이다.

"하나하나 중생의 한량없는 번뇌"라 말한 것은 수많은 실마리를 총체로 끝맺음이다.

'種種差別'은 뒤에서 간단하게 말한 바와 같다. 자세한 부분은 오직 부처님만이 알 수 있다.

'種種覺觀'은 能治·所治에 모두 통한다. 잡염과 청정이 있기

때문이다. 잡염은 다스려야 할 번뇌의 의지가 되기 때문이다. 欲, 恚, 害, 覺은 탐욕 등의 한량없는 번뇌를 만들어내는 것이다. 열반경에서는 여기에 5가지를 더하여 8가지 감각이 있다고 말하였다.

(1) 欲覺, 마음에 맞는 일을 추구함이며,

(2) 瞋覺, 원하는 것을 생각하여 남에게 성을 냄이며,

(3) 惱覺, 원하는 것을 생각하여 남을 괴롭힘이며,

(4) 親里覺, 친척의 반연을 생각함이며,

(5) 國土覺, 세상의 안위를 생각함이며,

(6) 不死覺, 재물을 축적하여 봉양을 힘입음이며,

(7) 族姓覺, 일가 높낮이를 생각함이며,

(8) 輕侮覺, 남을 업신여기는 거만한 생각이다. 자신을 자시하고 남을 속이는 것이다.

이런 등등이 한 가지가 아니기 때문에 '種種'이라 말한다. 이는 모두 모든 번뇌를 일으키는 것이다. 위에서 말한 "하나하나 중생의 한량없는 번뇌"와 상대하여 보면 또한 그 이름을 '引起分別' 번뇌라 한다.

'淨治'라 말한 것은 욕심이란 不淨觀으로 다스리고, 성냄은 사랑으로 다스리고, 괴롭히고 해치는 것은 가엾이 여기는 마음으로 다스리고, 다음 (4)~(7)까지의 4가지는 無常觀으로 다스리고, 뒤의 '(8) 輕侮覺'은 我와 我所가 없는 觀으로 다스리는 것이다. 이 때문에 "가지가지 깨달음의 觀으로 일체 모든 잡되고 물든 것을 깨끗하게 다스리고자 한다."고 말하였다. 【초_ "탐욕 등을 만들어낸다."

는 것은 제23경 高貴德王菩薩品이다. 그 경문에서 다음과 같이 말하였다.

"또한 선남자여, 일체 범부가 아무리 몸과 마음을 잘 보호하지만 그럼에도 오히려 3가지 사악한 지각을 일으키고 있다. 이러한 인연 때문에 아무리 번뇌를 끊어서 非想非非想天에 태어난다 할지라도 오히려 또한 삼악도에 떨어진다.

선남자여, 비유하면 어떤 사람이 큰 바다를 건널 때에 彼岸에 거의 도착했을 무렵에 물에 빠져 죽은 것처럼 범부 또한 이와 같다. 거의 三有의 세계를 다했는데 또다시 삼악도에 떨어졌다. 이는 무엇 때문일까? 착한 지각[善覺]이 없었기 때문이다. 어떤 것이 착한 지각인가? 이른바 六念[23]이다."

아래 해당 부분에서 사악한 지각에 대한 잘못을 자세히 말할 것이기에 "열반경에서 말한 바와 같다."고 하였다.】

經

欲盡知依無明煩惱와 **愛相應煩惱**하야 **斷一切諸有趣煩惱結故**며

23 六念: ① 念佛, 부처님은 여래 10가지 명호를 갖추시고 무량 광명으로 중생을 구제하시므로 부처님과 같기를 염원한다. ② 念法, 불경은 큰 공덕을 갖추고 일체중생의 미묘한 약이 되므로 불법을 널리 베풀고자 염원한다. ③ 念僧, 승려들은 무루법과 계정혜를 갖추고 세간의 거룩한 복전이 되므로 출가하길 염원한다. ④ 念戒, 계행은 모든 악과 나쁜 것을 물리치므로 이를 지키고 정진하고자 염원한다. ⑤ 念施, 보시는 중생의 탐욕심을 없애므로 널리 베풀어주고자 한다. ⑥ 念天, 천상은 고통을 떠난 곳으로 선업의 과보로 나기 때문에 널리 착한 업을 짓고자 한다.

무명을 의지한 번뇌와 애욕에 상응하는 번뇌를 모두 알아서 모든 세계 갈래에 떨어지게 만드는 번뇌의 결박을 끊고자 한 때문이며,

◉ 疏 ◉

第二 依流轉門이니 於所治中에 卽癡愛發潤이라 '斷一切'下는 明治니 由癡愛故로 諸趣流轉하나니 從癡有愛하야 菩薩病生故니라 一切衆生 三有五趣三結을 要當斷盡이니 一 欲界諸愛는 別名欲結이오 二 上二界愛는 合名有結이오 三 三界無明은 名無明結이라 三結은 亦名三漏이니 卽上癡愛斷已에 永盡生死流故니라

제2부분은 流轉門을 의지함이다. 이는 다스리는 대상 가운데 곧 어리석음과 애욕[癡愛]이 일어나고 커나가는 것이다.

'斷一切' 이하는 다스림을 밝힘이니 어리석음과 애욕으로 연유한 까닭에 모든 길에 죽음과 삶이 끊임없이 되풀이된다. 어리석음에 의해 애욕이 생겨나 보살에게 병이 생겨나기 때문이다. 모든 중생의 三有·五趣·三結을 반드시 끊어야 한다.

(1) 欲界의 모든 애욕은 별칭으로 '欲結'이라 한다.

(2) 色界·無色界의 애욕은 모두 '有結'이라 말한다.

(3) 三界의 無明은 '無明結'이라 말한다.

三結 또한 三漏라 말하기도 한다. 곧 위에서 말한 어리석음과 애욕이 모두 끊어져 영원히 生死流轉이 다한 때문이다.

經

欲盡知貪分煩惱와 **瞋分煩惱**와 **癡分煩惱**와 **等分煩惱**와 **斷一切煩惱根本故**며

탐하는 성품의 번뇌, 성내는 성품의 번뇌, 어리석은 성품의 번뇌, 평등한 성품의 번뇌를 모두 알아서 일체 번뇌의 근본을 끊고자 한 때문이며,

◉ **疏** ◉

第三 依病行門이니 四分分別이라 分은 是性義니 各據偏多하야 受貪等名이 名爲不等이오 三分俱多 名爲等分이나 然不出三이니 此三을 別名三不善根이라 故治中 云斷根本也라하니라

제3부분은 病行門을 의지함이니 4가지 分으로 분별한다. 分이란 성품이라는 뜻이다. 이는 각각 어느 한쪽 많은 부분을 의거하여 貪 등의 이름을 받은 것을 '不等'이라 말하고, 3가지 分이 모두 많은 것을 '等分'이라 한다. 그러나 3가지에 벗어나지 않는다. 이 3가지를 별칭으로 '三不善根'이라 말한 까닭에 다스리는 가운데 번뇌의 근본을 끊는다고 말한 것이다.

經

欲悉知我煩惱와 **我所煩惱**와 **我慢煩惱**하야 **覺悟一切煩惱**하야 **盡無餘故**며

'나'라는 번뇌, '내 것'이라는 번뇌, 아만의 번뇌를 모두 알아서,

일체 번뇌를 남김없이 모두 다한 것을 깨닫고자 한 때문이며,

◉ 疏 ◉

第四는 依通諸識門이라 明我我所니 謂第七識이 恒執第八하야 爲自內我故니라 或謂爲我所라하니 染之起慢일세 故云我慢이니 通至第六히 內執我身하고 外執資具하야 恃己陵人이라 又此我者는 亦兼法我니 若盡此惑이면 則諸惑皆盡이라 故治中에 云盡無餘也라하니라

제4부분은 通諸識門을 의지함이다. 이는 '나'와 '내 것'을 밝힘이다. 제7識이 언제나 제8식을 가지고 스스로의 내면에 있는 자아를 삼기 때문이다. 혹자는 이를 '내 것'이라고 말한다. 물이 들어 거만한 마음을 일으킨 것이기에 이를 '我慢'이라고 말한다. 통하여 제6식에 이르기까지 안으로 나의 몸을 고집하고 밖으로는 사용하는 도구를 가지고서 자신을 자시하고 남들을 능멸한다.

또한 여기에서 말한 '나[我]'란 또한 法我를 겸하고 있다. 만일 이와 같은 번뇌가 다하면 곧 모든 번뇌가 모두 다한 까닭에 다스림에서 "일체 번뇌를 남김없이 모두 다했다."고 말한 것이다.

經

欲悉知從顚倒分別 生根本煩惱와 **隨煩惱**와 **因身見生六十二見**하야 **調伏一切煩惱故**며

전도와 분별로부터 근본 번뇌, 따르는 번뇌[隨煩惱]가 생겨나는 것과, 몸이란 소견으로 인하여 62가지의 견해가 생겨나는 것을 모

두 알아서 일체 번뇌를 조복하고자 한 때문이며,

◉ 疏 ◉

第五는 約相生門이라 以利鈍分別이니 先鈍後利라 故淨名이 '推身에 以欲貪爲本하고 貪欲은 以虛妄分別爲本하고 虛妄分別은 以顚倒想爲本하고 顚倒想은 以無住爲本이라'하니 今以無住非煩惱라 故畧不言耳로되 而順明之면 從顚倒虛妄分別로 生貪等惑이오 依貪等惑하야 有諸隨惑하야 展轉相生이라 '顚倒想'者는 不淨計淨等故로 利中에 卽身見爲本하야 生六十二見하나니 此有二說하니 一은 依三世五蘊이니 至下當明이오 二는 依異道邪見이니 具如瑜伽八十七說이라

제5부분은 相生門을 말하였다. 이는 利鈍으로써 분별함이니 앞은 둔함이고 뒤는 예리함이다. 이 때문에 유마거사는 "몸을 추궁함에 있어 탐욕으로써 근본을 삼고, 탐욕은 허망분별로써 근본을 삼고, 허망분별은 전도상으로써 근본을 삼고, 전도상은 無住로써 근본을 삼는다."고 하였다. 여기에서 無住는 번뇌가 아니기 때문에 이를 생략하여 말하지 않았지만, 순리대로 밝힌다면 전도상과 허망분별로부터 탐욕 등의 번뇌를 일으키고, 탐욕 등의 번뇌를 의지하여 모든 '따르는 번뇌'가 전전하여 서로 생겨나는 것이다.

顚倒想이란 깨끗하지 못한 것을 깨끗하다고 생각하는 따위이다. 그러므로 잇속 중에서 곧 身見이 근본이 되어 62見[24]을 내는 것

24 62見: 一陰에 我在色中, 色在我中, 離色是我, 卽色是我 4견을 갖추고 있기에 五陰이 곧

이다. 이에 대해서는 2가지 설이 있다.

첫째는 三世五蘊을 따름이다. 이는 아래의 해당 지문에서 자세히 밝힐 것이다.

둘째는 異道邪見을 따름이다. 유가경 87에서 구체적으로 말한 바와 같다.

經

欲悉知蓋煩惱와 **障煩惱**하야 **發大悲救護心**하고 **斷一切煩惱網**하야 **令一切智性清淨故**로 **發阿耨多羅三藐三菩提心**이니라

뒤덮는 번뇌, 가로막는 번뇌를 모두 알고서, 대자비로 구제하고 보호하려는 마음을 내어 일체 번뇌의 그물을 끊고, 일체 지혜의 성품으로 하여금 청정케 하려는 까닭에 아뇩다라삼먁삼보리심을 내는 것이다.

◉ 疏 ◉

第六 約出家修行者는 以障蓋分別이라 蓋는 謂五蓋니 已見上文이오 障은 卽二障이니 此亦總結前惑이 不離二障이라

'發大悲下는 明能治道니 謂救有障者며 護修行者라 此言在末이나 義兼總結이니 謂菩薩發心은 不自爲己라 但以大悲로 救護一切하야 令

....

20견을 이루고, 이는 다시 三世를 지나면서 60견이 되는데, 근본의 斷·常 2견을 더하여 62견이 된다.

斷上來諸惑之網이라 斷之何爲오 令本智淸淨이라 然能治道 雖復衆多나 不出二種이니 一通 二別이라 別은 如上來隨分開示니 如不能斷이면 應宜轉治니 謂如起貪이어든 以不淨觀治之하고 不去어든 當起慈悲하야 緣於前境하야 應以淨法與之니 云何出家하야 無慈悲心코 反更染汙리오 如是隨便種種廻轉하나니 皆以無得而爲方便이라 所言通者는 但當深觀第一義諦니 謂當觀諸惑이 卽是本覺菩提라 故無行에 云'貪欲卽是道오 恚癡亦復然이라 如是三法中에 具一切佛法故며 惑性智性이 皆本淨故니라 但由虛妄分別하야 凡夫不了니 如大富盲人이 動轉爲寶所傷이며 二乘熱狂하야 謂爲蟲蛇라하야 驚走遠避하며 權菩薩輩는 猶謂有之可斷이어니와 今乘一切智乘하야 以淨慧眼으로 觀惑卽眞이면 則煩惱自虛하고 智性常淨이라 是爲開佛知見하야 使得淸淨하고 不斷煩惱而入涅槃이라'하니 有斯悲智하야 如是知斷하야 發菩提心이어니 豈與夫前喩同年而語哉아【鈔_ 皆以無得은 卽大般若意니 至廻向當釋호리라 貪欲卽道는 勝熱處說이라】

제6부분에서 출가수행으로 말한 것은 뒤덮이고 가로막힌 것으로 분별함이다. 뒤덮임[蓋]은 5가지의 뒤덮임[五蓋]을 말한다. 이는 이미 위의 경문에 보인다. 障이란 번뇌장과 소지장 2가지이다. 이 또한 앞의 번뇌는 번뇌장과 소지장에서 벗어나지 못함을 총체로 끝맺음이다.

'發大悲' 이하는 다스리는 주체자의 도를 밝힌 것이다. 이는 장애가 있는 자를 구제하며, 수행하는 자를 보호함이다. 이 말은 끝부분에 있으나 의의는 총체의 끝맺음을 겸하고 있다. 이는 보살의

發心은 자기 자신만을 위함이 아니라, 단 大悲의 마음으로 일체중생을 구제하고 보호하여 그들로 하여금 지난날의 모든 번뇌의 그물을 끊도록 함이다. 번뇌를 끊어서 무엇을 위함인가? 근본지혜를 청정하게 하려는 것이다.

그러나 다스리는 주체자의 도는 비록 많으나 단 2가지 종류에서 벗어나지 않는다. 첫째는 전체로 함이며, 둘째는 개별로 함이다. 개별로 하는 것은 위에서 구분함을 따라 보여준 것과 같다. 만일 이를 끊지 못한다면 마땅히 우회하여 다스려야 할 것이다. 만일 탐욕의 마음이 일어나면 不淨觀으로 다스리고, 그러고서도 탐욕의 마음이 없어지지 않으면 마땅히 자비의 마음을 일으켜 앞의 경계에 반연하여 청정한 법을 건네주어야 한다. 어떻게 출가한 몸으로 자비심이 없이 도리어 더러움에 물들 수 있겠는가. 이와 같이 편의를 따라 갖가지로 돌려서 다스려야 한다. 이는 모두 얻음이 없는 것으로 방편을 삼는다.

말한 바 通이란 단 第一義諦만을 깊이 관찰해야 한다. 이는 모든 번뇌가 곧 本覺菩提임을 관찰하는 것을 말한다. 따라서 諸法無行經에서 다음과 같이 말하였다.

"탐욕이 곧 도이며, 성냄과 어리석음 또한 이와 같다. 이와 같은 3가지 법 가운데 일체 불법을 갖추고 있기 때문이며, 번뇌의 자성과 지혜의 자성이 모두 본래 청정하기 때문이다. 단 허망분별로 연유하여 범부는 이를 알지 못한 것이다. 눈이 먼 큰 부자가 움직였다 하면 보배를 손상하는 것과 같고, 이승은 높은 열로 정신이 없어 뱀이라고 착각하여 깜짝 놀라 멀리 피하고, 權敎 보살들도 오히려 뱀을 잘라야 한다고 생각하지만, 이제 一切智乘을 타고서 청정지혜의 눈으로 번뇌가 곧 진실한 본성인 줄 알면 곧 번뇌가 스스로 사라지고 지혜의 자성이 언제나 청정하다. 이것이 부처님의 知見을 열어 하여금 청정함을 얻게 하며, 번뇌를 끊지 않고서도 열반에 들어가는 것이다."

이러한 大悲大智가 있어 이와 같이 알고 끊어서 보리심을 낸 것인데, 어떻게 앞서 말한 비유와 똑같이 말할 수 있겠는가.【초_ "모두 얻음이 없는 것으로 방편을 삼는다."는 것은 곧 대반야경에서 인용한 뜻이니 회향 부분에 이르러 다시 해석할 것이다. "탐욕이 곧 도"라는 것은 勝熱處에서 말하였다.】

화엄경소론찬요 제35권
華嚴經疏論纂要 卷第三十五

◉

초발심공덕품 제17-2
初發心功德品 第十七之二

第十一 明供佛及生喩

11) 부처님과 중생에게 공양하는 비유를 밝히다

文二니 初는 擧喩校量이오 二는 徵釋이라

今初分二니 前은 廣明一人이오 後는 略辨九人이니 今은 初라

경문은 2단락으로 나뉜다.

첫째, 비유를 들어 비교하여 헤아림이며,

둘째, 묻고 해석함이다.

이 첫째는 다시 2부분으로 나뉜다.

앞부분은 한 사람을 자세히 밝혔고,

뒷부분은 아홉 사람을 간단하게 논변하였다.

이는 앞부분이다.

經

佛子여 **復置此喩**하고 **假使有人**이 **於一念頃**에 **以諸種種上味飮食**과 **香華衣服**과 **幢旛傘蓋**와 **及僧伽藍上妙宮殿**과 **寶帳網幔**과 **種種莊嚴師子之座**와 **及衆妙寶**로 **供養東方無數諸佛**과 **及無數世界所有衆生**하야 **恭敬尊重**하고 **禮拜讚歎**하고 **曲躬瞻仰**호되 **相續不絕**하야 **經無數劫**하며 **又勸彼衆生**하야 **悉令如是供養於佛**하고

至佛滅後에 **各爲起塔**호되 **其塔**이 **高廣**하야 **無數世界衆寶**

所成으로 種種莊嚴하고 一一塔中에 各有無數如來形像이 光明徧照無數世界하야 經無數劫하며 南西北方과 四維上下도 亦復如是하면

佛子여 於汝意云何오 此人功德이 寧爲多不아

天帝가 言하사대 是人功德은 唯佛乃知오 餘無能測이니이다

佛子여 此人功德을 比菩薩初發心功德컨댄 百分에 不及一이며 千分에 不及一이며 百千分에 不及一이며 乃至優波尼沙陀分에 亦不及一이니라

불자여, 또한 이런 비유는 그만두고, 가령 어떤 사람이 한 생각의 사이에 가지가지 가장 맛 좋은 음식과 향, 꽃, 의복, 당기, 깃발, 일산과 절과 훌륭한 궁전, 보배 휘장, 그물과 가지가지로 장엄한 사자좌와 여러 가지 보배로써 동방의 무수한 부처님과 무수한 세계에 있는 중생들에게 공양하면서 공경하고 존중하고 예배하고 찬탄하며, 몸을 굽혀 우러르기를 끊임없이 줄곧 이어서 무수한 겁을 지내며,

또한 저 중생들을 권하여 모두 이처럼 부처님께 공양 올리도록 하고,

부처님이 열반한 뒤에는 각각 탑을 세우되, 그 탑이 높고 크고, 무수한 세계의 여러 보배로 이루어 가지가지로 장엄하였고, 하나하나의 탑 가운데 각각 무수한 여래의 형상을 모시고, 광명이 무수한 세계에 두루 비쳐 수없는 겁을 지내왔고,

남방, 서방, 북방과 네 간방과 상방, 하방 또한 이와 같이 하였

다면,

불자여, 그대는 어떻게 생각하는가? 이 사람의 공덕이 많다고 하겠는가?”

제석천왕이 대답하였다.

“그 사람의 공덕은 오직 부처님만이 알 뿐, 다른 이로서는 헤아릴 수 없습니다.”

“불자여, 그 사람의 공덕을 보살이 처음으로 발심한 공덕에 비교하면,

백분의 일에도 미치지 못하고

천분의 일에도 미치지 못하고

백천분의 일에도 미치지 못하며,

내지 우바니사타분의 일에도 미치지 못한다.

◉ **疏** ◉

初中有四니 一은 擧廣喻오 二는 問이오 三은 答이오 四는 校量顯勝이라

初中에 有二니 初는 廣說東方이오 後'南西'下는 畧例九方이라

初中에 又二니 先은 明佛在供養이오 後'至佛滅下는 明滅後供養이라

前中에 又二니 先은 自行이오 後'又勸'下는 化他니라

前中에 有四深勝하니 一은 供具廣妙오 二는 供田廣勝이니 謂無數界悲敬田故오 三은 供心勝이니 恭敬等故오 四는 供時勝이니 相續無數劫故니라 此自行已勝이어늘 況於教他며 況復滅後며 況於餘方가 餘竝可知니라

이 경문은 4부분으로 나뉜다.

⑴ 자세히 비유를 들어 말함이며,

⑵ 물음이며,

⑶ 대답이며,

⑷ 비교하고 헤아려서 수승함을 밝힌 것이다.

⑴ 자세한 비유는 다시 2부분으로 나뉜다.

앞에서는 동방을 자세히 말하였고,

뒤의 '남서' 이하는 아홉 방위를 간단하게 예시하였다.

앞의 동방을 말한 부분 또한 2가지이다.

앞에서는 부처님 계실 적 공양을 밝혔고,

뒤의 '至佛滅' 이하는 부처님 열반 후 공양을 밝힘이다.

앞의 부처님 계실 적 공양 또한 2부분이다.

앞은 자신이 행함이며,

뒤의 '又勸' 이하는 남을 교화함이다.

앞의 부처님 공양에는 4가지 매우 수승함이 있다.

① 공양 도구의 광대하고 미묘함이며,

② 공양 터전의 광대하고 수승함이다. 무수한 세계에서의 자비와 공경의 터전이 있기 때문이다.

③ 공양하는 마음이 수승함이다. 공경하는 마음 등이 있기 때문이다.

④ 공양의 시간이 수승함이다. 무수한 세월을 이어왔기 때문이다.

이는 스스로 행한 일이 이처럼 훌륭한데, 더욱이 남들을 교화하고, 더욱이 열반 이후에도 공양하고, 더욱이 나머지 지방의 부처님까지 공양한 일이야 오죽하겠는가. 나머지는 아울러 설명하지 않아도 알 수 있다.

後 畧辨九人

뒤에서는 아홉 사람을 간단하게 논변하였다.

經

佛子여 復置此喩하고 假使復有第二人이 於一念中에 能作前人과 及無數世界所有衆生의 無數劫中供養之事호되 念念如是하야 以無量種供養之具로 供養無量諸佛如來와 及無量世界所有衆生호되 經無量劫하며 其第三人과 乃至第十人도 皆亦如是하야 於一念中에 能作前人의 所有供養호되 念念如是하야 以無邊無等不可數不可稱不可思不可量不可說不可說不可說供養之具로 供養無邊乃至不可說不可說諸佛과 及爾許世界所有衆生호되 經無邊乃至不可說不可說劫하고

至佛滅後에 各爲起塔호되 其塔高廣과 乃至住劫도 亦復如是하면

佛子여 此前功德을 比菩薩初發心功德컨댄 百分에 不及一

이며 **千分**에 **不及一**이며 **百千分**에 **不及一**이며 **乃至優波尼沙陀分**에 **亦不及一**이니라

불자여, 또한 이런 비유는 그만두고, 가령 두 번째 사람이 한 생각의 사이에, 앞의 사람과 무수한 세계에 있는 중생들이 무수한 겁 동안에 공양하던 일을 잘하였고, 생각 생각마다 이와 같이 한량없는 가지가지의 공양거리로써, 한량없는 부처님 여래와 한량없는 세계에 있는 중생들에게 공양하면서 한량없는 겁을 지내었고,

세 번째 사람도 내지 열 번째 사람도 모두 이와 같이 하여 한 생각의 사이에 앞의 사람이 공양하던 일을 잘하였고, 생각 생각마다 이와 같이 하여 끝없고, 같을 이 없고, 셀 수 없고, 일컬을 수 없고, 생각할 수 없고, 헤아릴 수 없고, 말할 수 없고, 말할 수 없이 말할 수 없는 공양거리로써, 끝없고 내지 말할 수 없이 말할 수 없는 부처님과, 그러한 세계에 있는 중생들에게 공양하기를 끝없고 내지 말할 수 없이 말할 수 없는 겁을 지나도록 하였으며,

부처님이 열반하신 뒤에는 각각 탑을 조성하였는데, 그 탑이 높고 크며, 내지 여러 겁 동안 머무는 것 또한 이와 같았다.

불자여, 그렇다면 이런 사람들의 공덕을 보살이 처음 발심한 공덕에 비교하면,

백분의 일에도 미치지 못하고

천분의 일에도 미치지 못하고

백천분의 일에도 미치지 못하며,

내지 우바니사타분의 일에도 미치지 못한다.

◉ 疏 ◉

中二니 先은 擧廣喻오 二'佛子'下는 校量顯勝이라 前中九人이 展轉遞望하야 念敵多劫하야 數量復增하니 此中 如第一人이 一念에 以無數供하고 至第二人하얀 皆增至無量하고 乃至第十하얀 增至不可說不可說하니 皆積當位之念하야 以至當位極長時也니 後校量을 可知니라

이 경문은 2부분으로 나뉜다.

앞에서는 자세한 비유를 들어 말하였고,

뒤의 '佛子' 이하에서는 비교하고 헤아려서 수승함을 밝혔다.

앞의 자세한 비유에서는 아홉 사람을 전전하여 번갈아 대조하면서 그 사람들의 생각이 수많은 겁을 마주하면서 그 수량이 더욱 증가하고 있다. 이 가운데 첫 번째 사람은 한 생각에 無數한 대상을 공양하였고, 두 번째 사람은 모든 면에 無量으로 증가하기에 이르렀고, 이에 열 번째 사람에 이르러서는 不可說不可說로 증가하기에 이르렀다. 모두 해당 지위에서 그 생각을 쌓아가면서 해당 지위에서의 최장 시간을 다하기에 이르렀다.

뒤에서의 비교하고 헤아림은 말하지 않아도 알 수 있다.

二 徵釋

둘째, 묻고 해석하다

經

何以故오 **佛子**여 **菩薩摩訶薩**이 **不齊限**하야 **但爲供養爾所佛故**로 **發阿耨多羅三藐三菩提心**이라

爲供養盡法界虛空界不可說不可說十方無量去來現在所有諸佛故로 **發阿耨多羅三藐三菩提心**이니라

무슨 까닭인가? 불자여, 보살마하살은 한계의 선이 없다. 단 그러한 부처님께 공양하기 위하여 아뇩다라삼먁삼보리심을 내는 것이다.

온 법계 허공계의 말할 수 없이 말할 수 없는, 시방에 계시는 한량없는 과거, 미래, 현재의 모든 부처님께 공양하기 위하여 아뇩다라삼먁삼보리심을 내는 것이다.

◉ **疏** ◉

徵意는 云其第十人供福이 已至不可說不可說이라 全比容許不齊어늘 何以不及少分고 釋中分二니 先은 反顯不爲齊限하야 明前不及此오 後'爲供養盡法界'下는 順釋이니 以無限故로 辨此過前이니 畧申十種호리라

一은 時過니 謂窮三際 念劫重重時故오

二는 處過니 謂該十方 相卽入故오

三은 供過니 謂盡法界稱理之供故오

四는 田過니 謂盡虛空界塵毛等處에 諸如來身이 各充法界故오

五는 心過니 謂一一念中에 各以無盡供으로 供無盡佛하야 經無盡劫호되 心猶不足故오

六은 悲過니 自作教他하야 以此善根으로 唯爲衆生하야 令先成佛하고 我亦供養故오

七은 智過니 了達三事하야 隨其一一하야 稱法界故니 如海一滴이 則具百川之味하고 芥子之空이 已無分限이오

八은 善巧過니 能以一事爲多하고 攝多爲一하야 善巧成就하야 融攝諸位眞實行故오

九는 所求過니 唯爲菩提라 不餘趣故오

十은 平等過니 謂生佛·自他·供與不供이 皆平等故니라

束上十義면 總不出三이니 一은 無齊限故오 二는 稱法性故오 三은 事事無礙故니 無此三義면 設更重重廣喩라도 亦不及少分이라

第三 約喩校量十一段 竟하다

묻은 뜻은 "그 열 번째 사람의 공양 복덕이 이미 '말할 수 없이 말할 수 없는' 데에 이르렀다. 이는 모두 제한의 선이 없는 부분을 용인하여 비유할 법한데, 어찌하여 조금도 미칠 수 없다고 말하는가?"를 말한다.

해석 부분은 2부분으로 나뉜다.

앞에서는 제한의 선이 없다는 점을 반대로 밝혀서 앞서 말한 사람들의 복덕이 여기에 미치지 못함을 밝힌 것이다.

뒤의 '爲供養盡法界' 이하는 순리대로 해석하였다. 한량이 없기 때문에 이런 그가 앞서 말한 사람들보다 더 훌륭함을 논변한 것이다. 이에 대해 간단하게 10가지를 말하고자 한다.

(1) 시간의 훌륭함, 과거·현재·미래를 다하여 念劫의 거듭거듭

한 시간을 말한 때문이다.

⑵ 처소의 훌륭함, 시방세계를 모두 갖추어 서로 들어감을 말한 때문이다.

⑶ 공양의 훌륭함, 모든 법계에 이치에 걸맞은 공양을 말한 때문이다.

⑷ 티전의 훌륭함, 허공계의 티끌과 털끝 등 모든 곳에 수많은 여래의 몸이 각각 법계에 충만한 때문이다.

⑸ 마음의 훌륭함, 하나하나 생각 가운데 각각 무진한 공양거리로써 무진한 부처님께 공양하여 무진한 겁을 지나면서도 그 마음은 오히려 부족하다고 생각한 때문이다.

⑹ 자비의 훌륭함, 몸소 행하고 남들을 교화하여 이러한 선근으로써 오직 중생을 위하여 그들로 하여금 먼저 성불하도록 하고 내가 또한 그들을 공양하려고 하기 때문이다.

⑺ 지혜의 훌륭함, 삼세의 일을 잘 알아서 그 하나하나의 일을 따라 법계에 딱 들어맞기 때문이다. 한 방울 바닷물에 곧 수많은 시냇물 맛을 모두 갖추고, 겨자씨의 작은 공간에 이미 분량과 한계가 없는 것과 같다.

⑻ 잘한 일의 훌륭함, 한 가지 일로써 많은 것을 삼고 많은 것을 받아들여 하나로 삼아 잘 성취하여 모든 지위의 眞實行을 원융하게 받아들인 때문이다.

⑼ 추구한 바의 훌륭함, 오직 보리지혜만을 위할 뿐, 그 밖의 나머지로는 나아가지 않기 때문이다.

⑽ 평등함의 훌륭함, 중생과 부처님, 나와 남, 공양과 공양하지 않음이 모두 평등한 때문이다.

위의 10가지 의미를 한데로 묶으면 이는 모두 3가지에서 벗어나지 않는다.

⑴ 일정한 한계가 없기 때문이다.

⑵ 법성에 부합하기 때문이다.

⑶ 일과 일들이 걸림 없기[事事無礙] 때문이다.

위와 같은 3가지 의미가 없으면 설령 다시 거듭거듭 자세히 비유할지라도 또한 조금도 미치지 못한다.

제3. 비유를 들어 한량을 비교했던 11단락을 끝마치다.

大科 第四는 就法畧示分이라

前은 喻顯大心因廣이오 此는 明攝德深勝이며 亦是讚勝勸學이라

文有二니 一'發是心已'者는 牒前諸喻所校量心이오 二'能知'下는 明此大心所攝功德이라

於中有五하니 一은 解行圓滿이오 二는 妙果當成이오 三은 與佛平等이오 四는 能作佛事오 五는 大智現前이니 今은 初라

제4. 법으로 간단하게 보여준 부분

앞에서는 큰마음의 광대한 因을 비유로 밝혀주었고, 여기에서는 지닌 공덕이 심오하고 수승함을 밝힘이며, 또한 수승함에 대한 찬탄과 이처럼 배우기를 권면함이다.

이 경문은 2단락으로 나뉜다.

1. '發是心已'는 앞에서 말한 여러 비유로 비교하고 헤아린 마음을 뒤이어서 쓴 것이며,

2. '能知' 이하는 큰마음에 지닌 공덕을 밝힌 것이다. 그 가운데 5가지가 있다.

1) 이해와 행이 원만하며,

2) 미묘한 佛果를 당연히 성취해야 하며,

3) 부처님과 평등하며,

4) 불사를 잘 지을 수 있으며,

5) 큰 지혜가 앞에 나타남이다.

이는 1) 이해와 행이 원만함이다.

經

發是心已에
能知前際一切諸佛의 **始成正覺**과 **及般涅槃**하며
能信後際一切諸佛의 **所有善根**하며
能知現在一切諸佛의 **所有智慧**하니라
彼諸佛所有功德을 **此菩薩**이 **能信**하며 **能受**하며 **能修**하며 **能得**하며 **能知**하며 **能證**하며 **能成就**하야 **能與諸佛**로 **平等一性**이니
何以故오 **此菩薩**이 **爲不斷一切如來種性故**로 **發心**이며
爲充徧一切世界故로 **發心**이며

爲度脫一切世界衆生故로 **發心**이며
爲悉知一切世界成壞故로 **發心**이며
爲悉知一切衆生垢淨故로 **發心**이며
爲悉知一切世界三有淸淨故로 **發心**이며
爲悉知一切衆生心樂煩惱習氣故로 **發心**이며
爲悉知一切衆生死此生彼故로 **發心**이며
爲悉知一切衆生諸根方便故로 **發心**이며
爲悉知一切衆生心行故로 **發心**이며
爲悉知一切衆生三世智故로 **發心**이니라

이러한 마음을 낸 후에는 이전 세상의 모든 부처님이 정각을 처음 이루신 것과 열반에 드신 것을 잘 알며, 이후 세상의 모든 부처님이 가지실 선근을 잘 믿으며, 현재의 모든 부처님이 가지신 지혜를 잘 알아야 한다.

저 부처님들이 소유하신 공덕을, 이 보살이 잘 믿고 잘 받아들이고 잘 닦고 잘 얻고 잘 알고 잘 증득하고 잘 성취하여 여러 부처님들과 한 성품이 평등하다.

무슨 까닭인가? 이 보살이

일체 여래의 종성이 끊어지지 않도록 하기 위해 발심하며,
일체 세계에 두루 가득하도록 하기 위해 발심하며,
일체 세계의 중생을 제도하여 해탈해주기 위해 발심하며,
일체 세계가 이뤄지고 무너짐을 알기 위해 발심하며,
일체중생의 때 묻고 깨끗함을 알기 위해 발심하며,

일체 세계의 삼유가 청정함을 모두 알기 위해 발심하며,

일체중생 마음의 욕락과 번뇌와 습기를 알기 위해 발심하며,

일체중생이 여기서 죽어 저곳에 태어나는 것을 알기 위해 발심하며,

일체중생의 근성과 방편을 알기 위해 발심하며,

일체중생의 마음과 행을 알기 위해 발심하며,

일체중생의 삼세 지혜를 알기 위해 발심하였다.

◉ 疏 ◉

初中三이니 一은 總擧所知니 現佛正覺일세 但云智慧이오 過佛示滅이라 故加涅槃이오 當佛在因이라 云善根也니라 過現은 已從緣이라 應可得云知오 未來는 未有라 但可云信이며 亦信一切 皆當佛也라

二'彼諸'下는 攝以修證이니 有爲로 能得하고 無爲로 能知能證하야 使智身成就하고 法身等佛이라

1) 解行圓滿은 3부분으로 나뉜다.

(1) 알아야 할 대상을 총체로 들어 말하였다. 현재 부처님은 正覺이기에 단 '지혜'라 말하였고, 과거 부처님은 열반을 했기에 '열반'을 더하였고, 해당 부처님은 因에 있기에 '善根'이라 말하였다.

과거와 현재는 이미 반연을 따른 터라 당연히 '能知'라 말하였고, 미래는 아직 이르러 오지 않았기에 단 '能信'이라 말하였고, 또한 모든 중생이 모두 해당 부처님임을 믿은 것이다.

(2) '彼諸佛所有功德' 이하는 닦고 증득함으로써 이를 받아들인

것이다. 有爲로 이를 얻고 無爲로 이를 알고 증명하여 지혜의 몸으로 하여금 이를 성취하며, 法身으로 부처님과 똑같이 함이다.

古德이 判此一段하야 爲攝位修成이니 謂於佛功德智慧에 能信是十信이니 信成就故며 後攝初故니라 能受는 是十住오 能修는 是十行이오 能知는 是十向이오 得證은 是十地니 謂本智證이며 後智得이라 能成就는 是結因究竟이오 能與佛等은 是果滿이라 平等은 謂與佛能證所證으로 平等無二故로 初心卽攝諸位하야 乃至佛果 亦是一理니라【鈔_'古德이 判此一段하야 以爲攝位修成'者는 上直就初住之德일세 已爲深勝이어니와 今明攝位일세 卽初後圓融하야 不違經宗事事無礙니 亦是一理니라】

옛 스님이 이 단락을 科判하여, 모든 지위를 받아들여 닦아 성취할 부분으로 삼아 다음과 같이 말하였다.

"부처님의 공덕과 지혜에 대한 믿음[能信]은 十信이다. 신심의 성취이기 때문이며, 뒤의 모든 지위가 모두 최초 신심의 지위를 받아들이고 있기 때문이다.

부처님의 공덕과 지혜를 받아들이는[能受] 것은 十住이며,

부처님의 공덕과 지혜를 닦는[能修] 것은 十行이며,

부처님의 공덕과 지혜를 아는[能知] 것은 十廻向이며,

부처님의 공덕과 지혜를 얻고 증득[能得·能證]함은 十地이다. 이는 根本智는 '證'이며, 後得智는 '得'임을 말한다.

부처님의 공덕과 지혜를 성취[能成就]함은 因의 究竟을 끝맺음이며,

부처님과 평등함은 佛果의 圓滿이다. '평등'하다는 것은 부처님의 증득의 주체와 증득의 대상과 평등하여 차이가 없기 때문에 최초의 신심이 모든 지위를 받아들여 佛果에 이르기까지 또한 하나의 이치이다." 【초_ "옛 스님이 이 단락을 과판하여, 모든 지위를 받아들여 닦아 성취할 부분으로 삼았다."는 것은 위에서는 단 十住의 初發心住의 덕이 이미 심오하고 수승함을 말했지만, 여기에서는 모든 지위를 받아들인 부분을 밝혔다. 따라서 앞과 뒤가 모두 원융하여 화엄종의 事事無礙 도리에 어긋남이 없다. 이 또한 하나의 이치이다.】

三은 徵釋所以니 何以初心으로 卽滿因位오 釋意에 云'以等眞性으로 所爲無齊限故니라' 有十一句하니 初總餘別이니 文竝同前初喻中辨이라

(3) 그 이유를 묻고 해석함이다.

"어찌하여 초발심의 자리에서 곧바로 因位가 원만하게 된 것일까?"

이에 대한 해석은 다음과 같다.

"진실한 성품과 똑같아서 하는 일마다 모두 일정한 한계가 없기 때문이다."

11구가 있으니, 첫 구절은 총체이고 나머지 10구는 개별이다.

이 경문은 모두 앞의 제1비유에서 논변한 바와 같다.

第二 妙果當成

2) 미묘한 불과를 당연히 성취해야 한다

經

以發心故로
常爲三世一切諸佛之所憶念하며
當得三世一切諸佛의 無上菩提하며
卽爲三世一切諸佛이 與其妙法하며
卽與三世一切諸佛로 體性平等하며
已修三世一切諸佛의 助道之法하며
成就三世一切諸佛의 力無所畏하며
莊嚴三世一切諸佛의 不共佛法하며
悉得法界一切諸佛의 說法智慧니
何以故오 以是發心으로 當得佛故니라

발심하였기에,

항상 삼세 모든 부처님의 생각하심이 되며,

삼세 모든 부처님의 위없는 보리를 얻을 것이며,

삼세 모든 부처님이 미묘한 법을 주실 것이며,

삼세 모든 부처님과 성품이 평등하며,

삼세 모든 부처님의 도를 돕는 법을 이미 닦았으며,

삼세 모든 부처님의 힘과 두려움이 없음을 성취하며,

삼세 모든 부처님의 범인으로서 할 수 없는 불법을 장엄하며,

법계의 모든 부처님의 설법하는 지혜를 모두 얻을 것이다.

무슨 까닭일까? 이렇게 발심하였기에 당연히 부처님이 될 수 있었기 때문이다.

◉ 疏 ◉

分二니 初는 標因所得이오 二는 徵釋所由라

今初는 得於八事니

一은 解契佛心이라 故爲憶念이오

二는 入正定聚라 故當得菩提오

三은 眞器已成이라 故佛授妙法이니 妙法者는 卽如來知見也오

四는 知心性이라 故與佛平等이오

五는 圓修助道와 六度四攝이오

六은 力等未證이나 亦定無疑라 故云成就오

七은 十八不共 修習莊嚴이오

八은 得四無礙辯이 名說法智慧니라

上七 皆言三世는 明其竪該오 今云法界는 辨其橫攝이니 前後影署이라

이의 경문은 2부분으로 나뉜다.

(1) 원인으로 얻을 수 있는 바를 밝혔고,

(2) 연유한 바를 묻고 해석하였다.

이 (1) 8가지의 일을 얻음에 대해 말하였다.

① 이해하는 바가 부처님의 마음과 하나이기에 부처님이 그를 생각해주는 것이다.

② 바른 선정의 길에 들어갔기 때문에 보리지혜를 얻을 수 있다.

③ 진실한 法器를 이미 성취한 까닭에 부처님이 미묘한 법을 전해주신 것이다. 미묘한 법이란 곧 여래의 지견이다.

④ 마음의 성품을 알기 때문에 부처님과 평등하다.

⑤ 도에 도움이 되는 바와 육바라밀, 四攝(布施, 愛語, 利行, 同事)을 원만하게 닦음이다.

⑥ 부처님의 十力 등을 아직 증득하지 못했지만 또한 결코 의심이 없기에 이를 '성취'라고 말한다.

⑦ 여타의 보살 등이 함께할 수 없는, 부처님만의 18가지의 '不共'으로 닦아가고 장엄함이다.

⑧ 4가지 걸림 없는 변재[四無礙辯][25]를 얻은 것으로 설법지혜를 말한다.

위의 ①~⑦에서 모두 '삼세'라 말함은 시간의 수직을 밝힘이며, ⑧에서 '법계'라 말한 것은 공간의 횡으로 논변한 것이다. 이는 일부분만을 말하고 일부분을 생략한 것이다.

二는 徵釋所由中에 初徵意에 云'何以發心에 卽得果法고' 釋云'以是發心爲因이면 決定當得佛故니라 望圓極之果일세 故定當成이라하고 約見性成智身일세 上品云'卽得이라'하니 故로 晉經梵本과 此中에 皆云'卽是佛故'者는 當此義也니라【鈔_ '力等未證'者는 卽是偈意니 偈云'菩

25 四無礙辯: 자유자재로 막힘이 없는 4가지 이해와 표현의 능력. 불보살이 설법할 때에 발휘하는 지혜와 언변. 모든 敎法의 이치에 막힘이 없이 통달한 法無礙, 모든 교법의 뜻에 막힘이 없이 통달한 義無礙, 여러 언어에 막힘이 없이 통달한 辭無礙, 앞의 3가지 지혜로 설법하기를 좋아하여 막힘이 없이 통달한 樂說無礙이다.

薩이 於佛十力中에 雖未證得이나 亦無疑라'하니라

'十八不共'은 淨行品 已說이라

'望圓極之果等'者는 當得佛言을 且順經文하야 分爲二義라 故引晉經梵本이니 則知當字는 是譯人之意니라 譯人이 意欲不壞初後라 故作此譯이니 若此意存하야 不壞初後면 則前梵行品에 初發心 卽得菩提를 如何會釋고 此改爲當이면 彼亦須改오 彼成無妨이면 此卽何違아 故此卽佛이 正是梵行初心卽成耳이라 且順彼釋일세 故云'見性卽成智身이라'하나 若約圓融인댄 此後에 更無別佛이니라】

(2) 연유한 바를 묻고 해석한 가운데, 앞의 물음에서 "어떻게 하여 처음 발심할 때에 곧바로 佛果의 법을 얻을 수 있는가?"라고 말하였기에, 이에 대해 다음과 같이 해석하였다.

"이러한 발심으로 원인을 삼으면 반드시 불과를 얻을 수 있기 때문이다. 원만의 극치인 불과를 바라보기에 '결정코 당연히 성취할 수 있다.'고 말하였고, 견성하여 지혜의 몸을 성취한 것으로 말한 까닭에 위의 범행품에서는 '卽得(初發心時 卽得阿耨多羅三藐三菩提)'이라 말하였다."

따라서 晉經 梵本과 여기에서 모두 '卽是佛故'라 말한 것은 이런 의의에 해당된다.【초_ '力等未證'이란 곧 게송에서 말한 뜻이다. 게송에 이르기를 "보살이 부처님의 열 가지 힘을 아직은 증득하지 못했지만 또한 의심이 없다."고 하였다.

'十八不共'은 정행품에서 이미 말하였다.

"원만의 극치인 불과를 바라보다." 등에서 '當得佛'은 또한 경문에 따라 2가지의 의의로 구분된다. 이 때문에 晉經 梵本을 인용하였다. '當得佛'의 '當' 자는 번역한 사람의 뜻이다.

번역한 사람의 생각이 처음부터 끝까지 그 뜻을 무너뜨리지 않고자 한 까닭에 이처럼 번역한 것이다. 만약 이러한 의도를 가지고서 처음부터 끝까지 그 뜻을 무너뜨리지 않으면, 앞의 범행품에서 "처음 발심할 때에 곧바로 보리를 얻는다[卽得菩提]."는 부분을 어떻게 해석할 것인가? 여기에서 '當得'으로 고친다면 저 범행품에서도 반드시 '當得'으로 고쳐야 할 것이다. 저 범행품에서 그처럼 고친 것이 무방하다면 여기에서 이처럼 고친 것이 어찌 본지에 어긋나는 일이겠는가. 따라서 여기에서 말한 '卽佛'이란 바로 범행품에서 말한 '초발심'에서 곧바로 成佛한 것이다. 또한 그 범행품을 따라 해석한 까닭에 "견성하면 곧바로 지혜의 몸을 성취한다."고 말하지만, 만일 원융한 부분으로 말하면 이 뒤에 다시 또 다른 부처님이 없다.】

第三 與佛平等者

3) 부처님과 평등한 자

經

應知此人은 **卽與三世諸佛同等**이며
卽與三世諸佛如來境界平等이며
卽與三世諸佛如來功德平等이며

得如來一身無量身이 **究竟平等**한 **眞實智慧**니라

이 사람은 곧 삼세 모든 부처님과 평등하며,

삼세 부처님 여래의 경계와 평등하며,

삼세 부처님 여래의 공덕과 평등하며,

여래의 한 몸과 여러 몸이 끝내 평등한 진실지혜를 얻을 것임을 알아야 한다.

◉ **疏** ◉

見性均故로 發心畢竟이 二不別也라

文有四句하니 初總餘別이라 總言等佛인댄 何所等耶아 有三種等하니

一은 所緣境界와 及分齊境界等이오

二는 大悲大定과 力無畏等 皆等이오

三은 得知身無從이며 亦無積聚라 隨物分別하야 見種種身하는 如是智慧가 與佛平等이니라

見性이 똑같기 때문에 발심과 필경 2가지가 다르지 않다.

이 경문에는 4구가 있다.

제1구는 총체이며, 나머지 3구는 개별이다.

총체 부분에서 "부처님과 평등하다."고 말했다면, 그 무엇이 평등한 것일까? 여기에는 3가지 평등함이 있다.

(1) 반연한 바의 경계 및 부분 한계의 경계가 똑같음이며,

(2) 大悲, 大定, 力無畏 등이 모두 똑같음이며,

(3) 몸이 유래한 바 없으며, 또한 쌓아 모인 것도 없다. 중생의

분별에 따라 가지가지의 몸을 나타내는, 이와 같은 지혜가 부처님과 평등함을 아는 것이다.

第四 能作佛事

4) 불사를 잘 짓다

經

纔發心時에

卽爲十方一切諸佛의 **所共稱歎**하며

卽能說法하야 **敎化調伏一切世界所有衆生**하며

卽能震動一切世界하며

卽能光照一切世界하며

卽能息滅一切世界諸惡道苦하며

卽能嚴淨一切國土하며

卽能於一切世界中에 **示現成佛**하며

卽能令一切衆生으로 **皆得歡喜**하며

卽能入一切法界性하며

卽能持一切佛種性하며

卽能得一切佛智慧光明이니라

발심하자마자,

곧 시방 일체 부처님이 함께 칭찬하게 될 것이며,

곧 설법하여 일체 세계에 있는 중생들을 교화하고 조복할 것이며,

곧 일체 세계를 진동할 것이며,

곧 일체 세계를 비춰줄 것이며,

곧 일체 세계 나쁜 갈래의 고통을 없애줄 것이며,

곧 일체 국토를 깨끗이 장엄할 것이며,

곧 일체 세계에서 성불을 보여줄 것이며,

곧 일체중생으로 하여금 환희를 얻게 할 것이며,

곧 일체 법계의 성품에 들어갈 것이며,

곧 일체 부처님의 종성을 지닐 것이며,

곧 일체 부처님의 지혜 광명을 얻을 것이다.

◉ **疏** ◉

有十一句하니 皆是纔發卽得이라 言卽得者는 有二意故니 一은 約法圓融이니 初心이 攝諸位故라 通說諸位相攝인댄 總有三類니

一은 以行攝位니 如信中具一切位니 賢首品說이라

二는 以位攝位니 如十住滿에 卽得成佛이니 如十住品及法界品이니 海幢比丘處說이라 其十行 十向 十地 皆爾니 各如自品說이라

三은 初心攝終이니 如十住初心에 卽攝諸位라 如此品說이니 竝就因位滿說이라 如普賢作用은 大分同佛이로되 猶未是佛이니 此中亦爾니라

이는 11구이다. 모든 구절에 "발심하자마자, 곧 …을 얻을 것이다."고 하였다.

'곧바로 …을 얻는다[卽得].'고 말한 데에는 2가지의 뜻이 있기

때문이다.

(1) 법의 원융으로 말하였다. 이는 최초의 발심이 모든 지위를 받아들이고 있기 때문이다.

모든 지위가 서로 받아들인 것을 통하여 말하면 모두 3가지의 유가 있다.

① 행으로써 지위를 받아들인 것이다. 十信 가운데 일체 지위를 갖추고 있음과 같다. 이에 대해서는 현수품에서 말하였다.

② 지위로써 지위를 받아들인 것이다. 十住가 원만함에 곧바로 성불을 얻음과 같다. 십주품 및 법계품 海幢比丘 부분에서 이를 말하고 있다. 그 십행, 십회향, 십지가 모두 그와 같은 것으로, 각각 해당 품에서 말한 바와 같다.

③ 최초의 발심이 끝까지 받아들인 것이다. 십주의 초발심주가 곧 모든 지위를 받아들이는 것과 같다. 이 품에서 말한 바와 같으며, 아울러 因位에 나아가 말한 것이다. 예컨대 보현보살의 작용은 크게는 부처님과 같지만 그래도 아직은 부처님이 아니듯이 여기에서 말한 바 또한 그와 같다.

二는 約見性齊故로 說與佛等과 具諸佛法이나 竪論位次인댄 優劣非無니라 若爾인댄 此與歷別로 何異아 請以喩顯호리라 若彼虛室에 置之一燈이라도 光周室內하고 加二加三으로 乃至百千이라도 各各重重하야 徧於室內라 雖同周徧이나 不妨後後益明이라 初心等佛은 若彼一燈이오 妙覺等初는 同第百千이라 若器中盛燈이면 雖復百千을 共置一室이라도 互不相見이니 歷別修行도 類同此也니라 依於此義일세 故初心에

卽云振動光照一切世界하고 登地已上엔 却說百刹千刹이니 如理思之니라 又卽由此義하야 廢高就下니 住中에 卽齊地故니라

(2) 견성이 똑같음으로 말하였다. 따라서 부처님과 평등하다는 것과 모든 불법을 갖췄다고 말했지만, 수직의 차례로 논하면 우열이 없지 않다. 만일 그처럼 우열이 있다면 이는 歷位의 차별과 그 무엇이 다르겠는가. 바라건대 이를 비유로써 밝히고자 한다.

만일 저 텅텅 비어 있는 방에 하나의 등불을 놓아두어도 불빛이 실내에 가득하고, 2개의 등불을 더하거나 3개를 더하거나 내지 1백 개, 1천 개를 더하여도 각각 거듭거듭 그 불빛은 실내에 가득할 것이다. 비록 똑같이 불빛이 가득하지만 뒤의 뒤에 등불에 의해 더욱 빛나는 것은 나쁘지 않다.

그렇듯이 최초의 발심이 부처님과 같다는 것은 그 하나의 등불과 같고, 부처님의 미묘한 정각이 최초의 발심과 같다는 것은 차례로 1백, 1천 지위와 같다. 마치 한 그릇 속에 등불을 담아두면 아무리 다시 1백, 1천 개의 등불 그릇을 똑같이 하나의 실내에 놓아두어도 서로가 서로를 보지 못하듯이 지위에 따른 각기 다른 수행 또한 이와 같다.

이러한 의의를 따른 까닭에 최초의 발심에 곧바로 일체 세계가 진동하고 광명이 비친다고 말하였고, 登地 이상에서 갑자기 1백 찰토, 1천 찰토를 말한 논리 또한 이와 같이 생각할 수 있다. 또한 이러한 의의를 따라 높은 지위를 버려두고 아래 지위에 나아감이니, 십주가 곧 십지와 똑같기 때문이다.

第五 明大智現前

5) 큰 지혜가 앞에 나타나다

經

此初發心菩薩이 **不於三世**에 **少有所得**이니 **所謂若諸佛**과 **若諸佛法**과 **若菩薩**과 **若菩薩法**과 **若獨覺**과 **若獨覺法**과 **若聲聞**과 **若聲聞法**과 **若世間**과 **若世間法**과 **若出世間**과 **若出世間法**과 **若衆生**과 **若衆生法**에 **唯求一切智**일세 **於諸法界**에 **心無所著**이니라

이처럼 처음 발심한 보살은 삼세 시방 부처님에게 조금도 얻은 바가 없다.

이른바 모든 부처님 그리고 모든 부처님이 말씀하신 법, 보살 그리고 보살이 말한 법, 독각 그리고 독각이 말한 법, 성문 그리고 성문이 말한 법, 세간 그리고 세간의 유위법(有爲法), 출세간 그리고 출세간의 무위법(無爲法), 중생 그리고 중생의 법에 오직 모든 것을 아는 부처님의 지혜를 구할 뿐, 모든 법계 그 모든 법에 집착하는 마음이 없다.

◉ **疏** ◉

此文二意니

一은 別是一段이니 謂以無著大智로 求菩提故오

二는 通釋上四段이니 謂由於一切無所著故로 稱性圓融하야 能成能攝一切功德이라

文中分二니 初는 正明無著이오 後는 釋其所由라 前中에 初總이오 '所謂'下는 別이니 謂從三世門하야 見佛法僧이라 非佛法僧이 同三世攝이라

於中三位니 初八은 淸淨이오 次四는 通染淨이오 後二는 唯染이라

後'唯求'下는 釋不著所由니 有二라

一은 只爲求一切智故로 求而無著이니 以有所著이면 非眞求故라 故淨名云'夫求法者는 於一切法에 應無所求'라하니 了法無求라야 順一切智니라

二 言'求'者는 不壞相也며 不著者는 稱法性也니 性相雙鑑에 終日求而無所求니 經云'無所求中에 吾故求之矣'라하니라【鈔_ 今釋有二下는 述正義也니 前意는 卽順般若性空이오 後意는 卽明事理雙現이라 經云'無所求中에 吾故求之'는 卽方等經中에 佛爲雷音菩薩하사 說於法華昔因緣已하고 又云'過去有佛하니 名栴檀華라 彼佛이 去世甚久하니 我於彼時에 如汝無異며 彼有菩薩하니 名曰上首라 作一乞士하야 入城乞食이러니 時에 有比丘하니 名曰恒伽라 謂乞士言호되 汝從何來오 答曰 我從眞實中來니라 又問 何謂眞實고 答曰 寂滅相故로 名爲眞實이니다 又問 寂滅相中에 有所求아 無所求耶아 答曰 無所求니라 又問 無所求者는 何用求耶아 答曰 無所求中에 吾故求之니라 又問 無所求中에 何用求耶아 答曰 有所求者는 一切皆空이라 得者亦空이오 著者亦空이오 實者亦空이오 求者亦空이오 語者亦空이오 問者亦空이오 寂滅涅槃과 一切虛空과 一切世界도 亦復皆空이니 吾爲如

是次第空法而求眞實이니라 又問 菩薩은 於何處求오 答호되 於六波羅蜜中求니라 恒伽 聞已에 賣身供養하다

釋曰 然上經文은 雙證二意오 以正說求者皆空은 卽般若意오 故不礙求는 卽雙行意니 雙行은 亦卽不共般若之意耳니라】

이 경문에는 2가지의 뜻이 있다.

(1) 별개의 한 단락으로 말하였다. 이는 집착이 없는 큰 지혜로써 보리를 추구하기 때문이다.

(2) 위의 4단락을 전체로 해석하였다. 이는 일체에 집착하는 바가 없기에 본성과 하나가 되어 원융함으로써 일체 공덕을 성취하고 섭수함을 말한다.

경문은 2부분으로 나뉜다.

앞에서는 바로 집착이 없음을 밝혔고, 뒤에서는 그 유래한 바를 해석하였다.

앞부분은 다시 2부분으로 나뉜다. 앞 구절(此初發心~少有所得)은 총체로 말하였고, '所謂若諸佛' 이하는 개별로 말하였다. 이는 초발심 보살이 삼세 법문을 따라서 佛·法·僧을 본다는 것이지, 불·법·승이 삼세를 똑같이 섭수한다는 게 아니다.

여기에는 3가지 지위로 구분된다. 첫째 '若諸佛'로부터 '若聲聞法'까지의 8지위는 청정의 법을, 다음 '若世間'으로부터 '若出世間法'까지의 4지위는 청정과 雜染을 통하여 말하였고, 뒤의 '若衆生若衆生法' 2지위는 오직 잡염만을 말한 것이다.

뒤의 '唯求一切智' 이하는 집착하지 않은 이유를 해석하고 있

는데, 2가지의 뜻이 있다.

① 오직 모든 것을 아는 부처님의 지혜를 구할 뿐이기에 구하되 집착함이 없다. 집착하는 바가 있다면 그것은 진실한 추구가 아니기 때문이다. 따라서 유마경에 이르기를 "법을 구하는 자는 모든 법에 구하는 바가 없어야 한다."고 하였다. 모든 법에 구할 바가 없음을 알아야만 모든 것을 아는 부처님의 지혜를 따를 수 있다.

② '求'라 말한 것은 相을 무너뜨리지 않음이며, 집착하지 않는다는 것은 법성에 하나가 되는 것이다. 근본진리의 본성과 현실 세계의 현상을 모두 비춰보기에 종일 구하여도 구하는 바가 없다. 경에 이르기를 "구한 바가 없는 가운데, 나는 짐짓 구한 바가 있다." 고 하였다. 【초_ "이의 해석에 2가지의 뜻이 있다." 이하는 바른 의의를 서술한 것이다. 앞에서 말한 뜻은 般若性空을 따름이며, 뒤에서 말한 뜻은 사법계와 이법계가 모두 나타남을 밝힌 것이다.

"경에 이르기를, 구한 바가 없는 가운데, 나는 짐짓 구한 바가 있다."는 것은 방등경에서 뽑아낸 말이다.

부처님이 뇌음보살을 위하여 법화보살의 전생 인연을 말씀해 주시고, 또 이어 말씀하셨다.

"과거 세상에 부처님 한 분이 계셨다. 그 이름을 栴檀華佛이라 하였다. 전단화불이 세상을 떠난 지 매우 오래되었다. 그 당시 나는 너와 다를 바가 없었다. 그때 보살 한 분이 있었는데, 그 이름을 上首보살이라 하였다. 하나의 乞士[比丘]가 되어 성에 들어가 걸식하였다. 그때 한 비구가 있었는데 그 이름을 恒伽비구라 하였다.

항가비구는 걸사에게 물었다.

'그대는 어디에서 왔는가?'

'나는 진실 속에서 왔노라.'

'어떤 것을 진실이라 말하는가?'

'적멸한 형상이기에 진실이라고 말한다.'

'적멸한 형상 속에서 구하는 바가 있는가? 구하는 바가 없는가?'

'구하는 바가 없다.'

'구하는 바가 없는 자는 어떻게 구하는가?'

'구한 바가 없는 가운데, 나는 짐짓 구한 바가 있다.'

'구한 바가 없는 가운데서 어떻게 구하는가?'

'구한 바가 있는 것은 그 모든 것이 다 공이다. 얻은 자 또한 공이며, 집착한 자 또한 공이며, 진실한 자 또한 공이며, 구한 자 또한 공이며, 말한 자 또한 공이며, 물은 자 또한 공이며, 적멸 열반과 일체 허공과 일체 세계 또한 모두가 공이다. 나는 이와 같은 차례차례 공한 법 가운데서 진실을 구하는 것이다.'

'보살은 어느 곳에서 구하는가?'

'육바라밀 속에서 구하는 것이다.'

항가비구는 그의 말을 모두 듣고서 자신의 몸을 팔아 공양하였다."

이에 대해 다음과 같이 해석하였다.

"그러나 위의 경문은 2가지의 의의를 모두 증득한 것이다. 正說로 '구한 바는 그 모든 것이 공이다.'는 것은 곧 般若性空의 의의이며, '그러므로 구하는 데에 걸림이 없다.'는 것은 곧 사법계와 이법계를 모두 행한다는 의의이다. 이처럼 모두 행한다는 것은 또한 오직 一乘 보살만이 지니는 '不共般若'의 의의이다."】

第五 動地興供分

제5. 땅이 진동하고 공양을 올리는 부분

經

爾時에 **佛神力故**로 **十方各一萬佛刹微塵數世界**가 **六種震動**하니
所謂動과 **徧動**과 **等徧動**과
起와 **徧起**와 **等徧起**와
踊과 **徧踊**과 **等徧踊**과
震과 **徧震**과 **等徧震**과
吼와 **徧吼**와 **等徧吼**와
擊과 **徧擊**과 **等徧擊**이오
雨衆天華와 **天香**과 **天末香**과 **天華鬘**과 **天衣**와 **天寶**와 **天莊嚴具**하며
作天伎樂하며 **放天光明**과 **及天音聲**하니라

그때 부처님의 신통한 힘으로, 시방에 각각 일만 부처님 세계의 티끌 수와도 같은 세계가 여섯 가지로 진동하였다.

이른바 흔들흔들, 두루 흔들흔들, 온통 두루 흔들흔들,

들먹들먹, 두루 들먹들먹, 온통 두루 들먹들먹,

울쑥불쑥, 두루 울쑥불쑥, 온통 두루 울쑥불쑥,

우르르, 두루 우르르, 온통 두루 우르르,

와르릉, 두루 와르릉, 온통 두루 와르릉,

와지끈, 두루 와지끈, 온통 두루 와지끈하는 것이며,

여러 가지 하늘 꽃, 하늘 향, 하늘 가루향, 하늘 꽃다발, 하늘 옷, 하늘 보배, 하늘 장엄거리를 내려주었으며, 하늘 풍류를 연주하고, 하늘 광명을 놓으며, 하늘 음성이 울려왔다.

◉ 疏 ◉

全同上文이라

이는 모두 위의 문장과 같다.

第六 他方證成分

望於上文에 有同有異니 同義可知오 異有三種하니 卽爲三段이라 一은 佛現證成이니 異前菩薩이오 二는 顯益證成이니 前文所無오 三은 結通無盡이니 前略此廣이니 加說因故니라 今은 初也라

제6. 다른 지방에서도 성취를 증명한 부분

위의 문장과 대조해보면 같은 점도 있고 다른 점도 있다. 같은 점의 의의는 설명하지 않아도 알 수 있고, 다른 점에는 3가지가 있

기에 3단락으로 구성되어 있다.

1) 부처님이 현신하여 성취를 증명한 것으로 앞의 보살과 다른 점이며,

2) 뚜렷한 이익의 성취를 증명한 것으로 앞의 문장에는 없는 부분이며,

3) 그지없음을 전체로 끝맺은 것으로 앞에서 생략하였고, 여기에서는 자세히 말하고 있다. 이는 설법의 인연을 더한 때문이다.

이는 1) 부처님이 현신하여 성취를 증명한 부분이다.

經

是時에 **十方各過十佛刹微塵數世界外**하야 **有萬佛刹微塵數佛**하시니 **同名法慧**라 **各現其身**하사 **在法慧菩薩前**하야 **作如是言**하사대

善哉善哉라 **法慧**여 **汝於今者**에 **能說此法**하나니 **我等十方各萬佛刹微塵數佛**도 **亦說是法**이며 **一切諸佛**도 **悉如是說**이시니라

이때 시방으로 각각 열 부처님 세계의 티끌 수 세계 밖에 일만 부처님 세계의 티끌 수처럼 헤아릴 수 없는 부처님이 계시니, 그 명호는 똑같이 모두 법혜부처님이다. 제각기 법혜보살의 앞에 몸을 나타내어 이렇게 말씀하였다.

"잘하고 잘한 일이다. 법혜여, 그대가 지금 이 법을 잘 말하였다. 시방에 각각 일만 부처님 세계의 티끌 수 같은 우리 부처들도

또한 이 법을 말하며, 일체 부처님들도 모두 이처럼 말하였다.

◉ 疏 ◉

先現身이오 次讚說이오 後引已同이니 以初心攝德深廣을 恐難信受라 故佛自證이라

앞에서는 몸을 나타냈고, 다음은 설법을 찬탄하였고, 뒤에서는 자신도 이와 같음을 인증하였다. 최초의 발심에 의해 지닌 공덕이 심오하고 광대함을 믿고 받아들이기 어려운 마음에 부처님이 스스로 증명해준 것이다.

二 顯益證成

2) 뚜렷한 이익의 성취를 증명하다

經

汝說此法時에 **有萬佛剎微塵數菩薩**이 **發菩提心**하니 **我等**이 **今者**에 **悉授其記**호되 **於當來世**에 **過千不可說無邊劫**하야 **同一劫中**에 **而得作佛**하야 **出興於世**호되 **皆號淸淨心如來**요 **所住世界**는 **各各差別**이니라

我等이 **悉當護持此法**하야 **令未來世一切菩薩**의 **未曾聞者**로 **皆悉得聞**케호리라

그대가 이 법을 말할 때, 일만 부처님 세계의 티끌 수 보살들이

보리심을 내었으며, 우리들이 지금 그 보살들에게 수기를 주었나니,

다음 세상에 일천 말할 수 없고 그지없는 겁을 지나서, 같은 겁 가운데서 성불하여 세상을 나갈 때에 모두 '청정심여래'라 부를 것이며 머물러 있는 세계는 각각 똑같지 않을 것이다.

우리들이 모두 이 법을 보호하여 오는 세상 모든 보살의 듣지 못한 이들로 하여금 모두 듣도록 할 것이다."

◉ **疏** ◉

益通二世니 初는 益現在오 淸淨心者는 以聞菩提心하고 見心性故오 '而經多劫'者는 然餘教說은 定三僧祇어니와 此宗所明은 劫數不定이니 畧有四類라

一은 或展이면 則無量不可說不可說刹塵이니 如法界品說이오

二는 或千不可說이며 或減或增이니 如威光太子 及此中說이오

三은 或一生二生이니 如善財童子와 兜率天子오

四는 初心卽得이니 如前所說이라

所乘之法이 旣自在圓融일세 能乘之人도 亦遲速不定이니 念劫融故니라 故彌勒云'一切菩薩 無量劫修를 善財一生皆得이라'하니라 起信則以若遲若速으로 皆爲方便이어니와 此宗則以楷定爲權이라 竝有聖言이니 無煩固執하야 不以長時而生退怯이며 不以速證而起輕心이어다 若遲若疾은 暫要當剋이 是佛意也니라【鈔_ '而經多劫'者는 此標擧니 亦是問難也라 應有問言호되 '前來讚經玄妙하야 則言一生圓曠劫之果'라하니 今旣圓妙인댄 何以多劫方成고 '起信則以'下는 三雙出二宗

之意니 發趣道相中에 證發心後에 云'或示超地하야 速成正覺은 以爲怯弱衆生이오 或說於無量阿僧祇劫에 當成佛道는 以爲懈慢衆生이니 故能示如是無數方便不可思議호되 而實菩薩種性根等이며 發心則等이며 所證亦等하야 無有超過之法이니 以一切菩薩이 皆經三阿僧祇劫故니라 但隨衆生世界不同과 所見所聞根欲性異라 故示所行도 亦有差別이라'

釋曰 '此卽以遲速이 皆方便也라 此宗은 則楷定爲權하고 以不定或遲或速으로 爲實이니 如前第二段明이라 故毘目瞿沙 暫時執手에 時經多劫하니 則一生不定一生이라 無量劫이 卽一念이어니 多劫이 豈爲多劫이리오 故結勸之호되 勿生執也라】

이익이 현재와 미래 세계에 모두 통한다. 앞에서는 현재에 대한 이익이다.

'청정심'이란 보리심을 듣고서 마음의 본성을 보았기 때문이며, "말할 수 없고 그지없는 겁을 지나서"라는 것은 그러나 여타 교파의 설에는 3아승기겁으로 정해두고 말하지만, 이 화엄종에서 밝힌 바는 겁의 수효가 일정하지 않다. 간단하게 말하면 4가지가 있다.

(1) 혹 펼쳐놓으면 한량없는, 말할 수 없고 말할 수 없는, 찰토의 미진수이다. 이는 법계품에서 말한 바와 같다.

(2) 혹은 1천 말할 수 없는 겁이며, 혹은 이보다 줄어들기도 하고 혹은 이보다 더하기도 한다. 위광 태자 및 여기에서 말한 바와 같다.

(3) 혹은 한 번 태어나고 두 번째 태어남이니 선재동자와 도솔

천자와 같다.

⑷ 최초의 발심에 곧바로 얻음이니 앞에서 말한 바와 같다.

지닌 바의 법이 이미 자재하고 원융하기에 이를 편승한 주체의 사람 또한 빠르고 더딘 차이가 있기에 일정하지 않다. 이는 한 생각의 찰나와 영겁이 원융한 때문이다. 이 때문에 미륵보살이 이르기를 "일체 보살의 무량겁 수를 선재는 한 번의 생에 모두 얻었다." 고 하였다. 기신론에서는 더디고 빠른 것으로 모두 방편을 삼았지만, 화엄종에서는 곧 반드시 결정[楷定]된 것으로 權教를 삼았다. 아울러 성인의 말씀이 있으니 번거롭게 고집하지 말아야 하고 너무 장기간이라는 이유로 물러서거나 겁을 내지 말아야 할 것이며, 서둘러 증득하려는 경박한 마음을 일으켜서도 안 된다. 이처럼 더디거나 빠른 겁을 맹세코 마땅히 극복을 요하는 것이 부처님의 뜻이다. 【초_ "말할 수 없고 그지없는 겁을 지나서"라는 것은 표제로 들어 밝힌 바이며, 또한 묻고 논란한 부분이다.

어떤 사람이 이처럼 물을 것이다.

"앞에서는 경문의 현묘함을 찬탄하면서 한 번 태어나 영겁의 불과를 원만하게 성취하였다고 말했는데, 여기에서 이미 원만하고 미묘하다면 어떻게 영겁을 거쳐서야 비로소 성취할 수 있는가?"

'起信則以若遲' 이하는 3차례나 여타의 종파와 화엄종이라는 2宗의 뜻을 종합하여 말한 것이다. '도 닦을 마음을 내어 공부하는 모습'을 말한 가운데, 발심을 증명한 후에 이르기를 "혹은 십지를 뛰어넘어 속히 정각을 성취함을 보여준 것은 겁 많고 나약한 중생을 위함이며, 혹은 한량없는 아승기겁에 성불할 수 있음을 말한 것은 게으르고 거만한 중생을 위함이다. 이처럼 수없는 방편을 보임이 불가사의하지만, 실로 보살은 종성 근기가 똑같으며, 발심이 곧 똑같으며, 증득의 대상 또한 똑같아 더 이상 뛰어넘는 법이 없다. 일체 보살이 모두 3아승기겁을 지내온 때문이다. 단 중생의 세계가 똑같지 않음과 보고 들은 바가 근기, 정욕, 성품이 다름을 따른 까닭에 수행할 바를 보여줌 또한 차별이 있다."고 하였다.

이에 대한 해석은 다음과 같다.

이는 곧 더디고 빠름이 모두 방편이다. 이 화엄종에서는 반드시 결정된 것으로 권교를 삼고 일정하지 않거나 혹은 더디거나 혹은 빠른 것으로 實敎를 삼는다. 이는 앞의 제2단락에서 밝힌 바와 같다. 이 때문에 毘目瞿沙가 잠깐 손을 잡은 사이에 多劫의 시간이 지나가 버렸다. 이는 한 차례 몸을 받아 태어남이 일정하지 않은 일생이다. 한량없는 겁이 곧 한 생각의 찰나인데, 많은 겁을 어찌 많은 겁이라고 말할 수 있겠는가. 이 때문에 끝맺으면서 "집착하지 마라."고 권한 것이다.】

後'我等悉當'下는 顯益末世니 令信仰故니라 今之聞者는 皆由佛力이니 願深愧信行이어다

뒤의 '我等悉當' 이하는 미래의 말세에 대한 이익을 밝힌 것이다. 그들로 하여금 믿고 우러르도록 한 때문이다. 오늘날 법문을 들을 수 있는 것은 모두 부처님의 힘에 의한 것이니, 바라건대 깊이 신행에 대해 부끄러워해야 할 것이다.

三 結通無盡

3) 그지없음을 전체로 끝맺다

經

如此娑婆世界四天下須彌頂上에 說如是法하야 令諸衆生으로 聞已受化하야 如是十方百千億那由他와 無數無量無邊無等과 不可數不可稱不可思不可量不可說인 盡法界虛空界諸世界中에도 亦說此法하야 敎化衆生하나니라

其說法者가 同名法慧니 悉以佛神力故며 世尊本願力故며 爲欲顯示佛法故며 爲以智光普照故며 爲欲開闡實義故며 爲令證得法性故며 爲令衆會悉歡喜故며 爲欲開示佛法因故며 爲得一切佛平等故며 爲了法界無有二故로 說如是法이니라

이 사바세계 사천하의 수미산 정상에서 이런 법을 설하여 모든 중생으로 하여금 이 법문을 듣고 교화를 받아들이도록 하는 것처럼, 시방의 백천억 나유타, 수없고, 한량없고, 끝없고, 같을 이 없고, 셀 수 없고, 일컬을 수 없고, 생각할 수 없고, 헤아릴 수 없고, 말할 수 없는, 온 법계 허공계의 모든 세계 가운데서도 이 법을 말하여 중생을 교화하였다.

그 법을 말하는 보살은 모두 똑같이 법혜보살이라고 말한다.

모두 부처님의 신통한 힘 때문이며,

세존의 본래 원력 때문이며,

부처님 법을 드러내 보이기 위함이며,

지혜 광명으로 두루 비추기 위함이며,

실상의 이치를 천명하기 위함이며,

법의 성품을 증득케 하기 위함이며,

모든 대중을 모두 기쁘게 하기 위함이며,

불법의 인연을 열어 보여주기 위함이며,

일체 부처님의 평등함을 얻기 위함이며,

법계가 둘이 없음을 알게 하고자 한 까닭에 이런 법을 말씀하신 것이다.

◉ **疏** ◉

是證佛結通이오 非經家也니 先明說徧이오 後'其說法'下는 示所說同이라

文中有三이니 一은 說人同이오 二는 說因同이니 謂神力本願故오 三은 說意同이니 '爲欲'下는 是此文大旨라 同前十住니 竝顯可知니라【鈔_ '此文大旨'等者는 同十住中에 加所爲也니라】

이는 증명하신 부처님을 모두 끝맺음이지, 경학가를 대상으로 말한 게 아니다. 앞에서는 허공 시방세계에 두루 존재함을 밝혔고, 뒤의 '其說法者' 이하에서는 설법의 대상이 똑같음을 보여줌이다.

이 경문은 3부분으로 나뉜다.

(1) 설법주가 똑같다.

(2) 설법의 원인이 똑같다. 이는 신통력과 본래 큰 誓願 때문이다.

(3) 설법의 의미가 똑같다.

'爲欲顯示' 이하는 이 경문의 大旨이다. 앞의 제15 십주품과 같은 뜻으로, 이는 모두 그 의의가 분명하기에 설명하지 않아도 알 수 있다. 【초_"이 경문의 大旨" 등이란 제15 십주품에서 '所爲'를 더하여 말한 것과 같다.】

第七 以偈重頌分

先辨偈意라

제7. 게송으로 거듭 읊은 부분

1) 게송의 뜻을 말하다

經

爾時에 法慧菩薩이 普觀盡虛空界十方國土一切衆會하고

欲悉成就諸衆生故며

欲悉淨治諸業果報故며

欲悉開顯淸淨法界故며

欲悉拔除雜染根本故며

欲悉增長廣大信解故며

欲悉令知無量衆生根故며

欲悉令知三世法平等故며

欲悉令觀察涅槃界故며
欲增長自淸淨善根故로
承佛威力하사 **卽說頌言**하사대

그때 법혜보살이 온 허공계의 시방 국토에 있는 모든 대중의 법회를 두루 관찰하고,

모든 중생을 다 성취시켜주고자 한 까닭이며,
모든 업과 과보를 다 깨끗이 다스려주고자 한 까닭이며,
청정한 법계를 모두 나타내주고자 한 까닭이며,
더럽게 물든 근본을 모두 뽑아주고자 한 까닭이며,
넓고 큰 신심과 이해를 증장시켜주고자 한 까닭이며,
한량없는 중생의 근기를 다 알려주고자 한 까닭이며,
삼세의 법이 평등함을 다 알려주고자 한 까닭이며,
모두 열반계를 관찰하도록 하고자 한 까닭이며,
스스로의 청정한 선근을 증장시켜주고자 한 까닭에
부처님의 불가사의한 신통력을 받들어 게송으로 말하였다.

◉ 疏 ◉

有十一句하니 初一後一은 是說偈儀로되 而離開者는 欲顯中九 皆承佛力이며 該十方故니라 中九는 正明所爲니 初總 餘別이라 別中四對니 一은 淨業顯理오 二는 除惑開信이니 妄想分別이 爲雜染根이오 三은 知病識藥이오 四는 觀果淨因이니 卽由利他하야 自業便淨이라

11구가 있다. 제1구절과 끝 구절은 게송을 읊을 때의 의식이

다. 그러나 이를 나누어 말한 것은 가운데 9구절이 모두 부처님의 신통력을 받든 것이며, 시방세계에 모두 존재함을 나타내고자 한 때문이다.

중간 9구절은 바로 해야 할 일의 대상을 밝힌 것이다. 중간의 첫 구절은 총체이며, 그 나머지 구절은 개별이다.

개별 중에는 4가지의 상대가 있다.

(1) 중생의 업을 청정히 함과 법계의 이치를 밝힘이며,

(2) 중생의 의혹을 없애는 것과 불법의 믿음을 열어줌이다. 망상분별이 雜染의 근본이다.

(3) 중생의 병을 아는 것과 법계 평등의 약을 아는 것이며,

(4) 열반의 과보를 살펴보는 것과 선근의 원인을 청정하게 함이다. 이는 利他에 의하여 자신이 지은 업이 곧 청정하게 된다.

第二 正顯偈辭

2) 바로 게송의 글을 밝히다

經

爲利世間發大心하니 **其心普徧於十方**의

衆生國土三世法과 **佛及菩薩最勝海**로다

세간의 이익 위해 큰마음 내니

그 마음 시방세계

중생과 국토와 삼세의 법과

부처님과 보살의 수승한 바다에 두루 하였다

◉ **疏** ◉

有一百二十一頌이라 文分三段이니

初 八十二偈는 超頌就法畧示오

二 有三十四偈는 却頌就喻校量이오

三 有五偈는 結德勸讚하야 令景慕發心이니 歎深難說은 徧於三段이며 又歎爲長行偈頌之本이라 故畧不頌之니라

初中文 亦分五니

初有十七偈는 頌第一解行圓滿이오

二菩薩始發下 十七頌은 超頌第四能作佛事오

三菩薩所住下 十八偈는 却頌第三得佛平等이오

四趣向菩提下 六偈半은 頌第五大智現前이오

五恒勸衆生下 二十三偈半은 頌第二當成妙果이라

文不次者는 顯德無前後故니라 又長行은 明先同果體오 後同果用이어니와 偈明用可在今하고 果明當得이니 大智通徧故로 前後互明이라

初中文 分爲二니 初一偈는 頌前正明解行圓滿이라 然初句는 是總擧發心爲因이라

121송이 있다.

게송은 3단락으로 구분된다.

제1단락의 82수 게송은 건너뛰어 '법으로 간단하게 보여준 부

분'을 읊었고,

제2단락의 34수 게송은 거꾸로 '비유를 들어 비교하여 헤아린 부분'을 읊었고,

제3단락의 5수 게송은 공덕을 끝맺으면서 권면하고 찬탄하여 하여금 사모하는 마음을 일으키도록 하였다. 이에 심오하여 말하기 어렵다고 찬탄함은 3단락에 두루 통하며, 또한 찬탄은 장항과 게송의 근본이 되기 때문에 이를 생략하여 게송으로 읊지 않았다.

제1단락의 82수 게송은 또한 5부분으로 나뉜다.

(1) 17수 게송은 '1) 이해와 행이 원만함'을 읊었고,

(2) '菩薩始發' 이하의 17수 게송은 '4) 불사를 잘 짓다'를 읊었고,

(3) '菩薩所住' 이하의 18수 게송은 거꾸로 '3) 부처님의 평등을 얻음'을 읊었고,

(4) '趣向菩提' 이하의 6수 반 게송은 '5) 큰 지혜가 앞에 나타남'을 읊었고,

(5) '恒勸衆生' 이하의 23수 반 게송은 '2) 미묘한 佛果를 당연히 성취해야 함'을 읊었다.

게송에서 차례를 지키지 않은 것은 공덕이란 전후의 순서가 없음을 나타내주기 위함이다. 또한 장항에서는 '앞에선 佛果의 본체와 같음을, 뒤에서는 불과의 작용과 같음을' 밝혔지만, 게송에서는 불과의 작용은 오늘날에 있고 불과는 미래에 얻게 됨을 밝혔다. 큰 지혜가 두루 통한 까닭에 전후로 서로 밝힌 것이다.

(1) 17수 게송은 2부분으로 나뉜다.

제1게송은 앞에서 밝힌 '1) 이해와 행이 원만함'을 읊었다. 그러나 제1구는 발심이 원인이 됨을 총체로 들어 말하였다.

經

究竟虛空等法界의 **所有一切諸世間**에
如諸佛法皆往詣하야 **如是發心無退轉**이로다

구경의 허공 자리, 평등한 법계
그곳에 있는 한량없이 많은 세간
부처님 법과 같이 모두 찾아가
이처럼 발심하여 물러서지 않는다

◉ **疏** ◉

餘十六偈는 頌前徵釋이라
於中有七하니 初一偈는 頌充徧一切世界라

나머지 16수 게송은 앞에서 묻고 해석한 부분을 읊은 것이다.

16수 게송은 7부분으로 나뉘는데, 첫 게송은 부처님이 충만한 일체 세계를 읊은 것이다.

經

慈念衆生無暫捨하야 **離諸惱害普饒益**하며
光明照世爲所歸하니 **十力護念難思議**로다

중생을 사랑하는 마음, 잠시도 버리지 않아

괴로운 모든 일 여의고 널리 이익 주고

광명으로 세상 비춰 귀의처 삼아주니

십력으로 염려하심 불가사의여라

十方國土悉趣入하야　　一切色形皆示現호되

如佛福智廣無邊하야　　隨順修因無所著이로다

시방 모든 국토 다 들어가서

온갖 색신을 모두 나타내되

부처님 복과 지혜처럼 그지없이

인지(因地)에서의 수행 따라 집착한 바 없다

◉ 疏 ◉

二有二偈는 爲欲度脫一切世界衆生이라

제2의 2수 게송은 일체 세계의 중생을 제도하여 해탈시켜주고자 함을 읊은 것이다.

經

有刹仰住或傍覆며　　麤妙廣大無量種이어든

菩薩一發最上心에　　悉能往詣皆無礙으로다

어떤 세계는 잦혀 있거나 엎어 있고

거친 세계, 미묘한 세계, 넓은 세계 한량없는데

보살이 가장 좋은 마음 내어

모든 곳 찾아가는 데 모두 걸림이 없다

◉ 疏 ◉

三有一偈는 頌知世界成壞니 知者는 意在往化覲佛故니라

제3의 1수 게송은 세계가 이뤄지고 무너짐을 아는 것을 읊고 있다.

'안다[知]'는 뜻은 찾아가 교화하고 부처님을 친견한다는 데에 있기 때문이다.

經

菩薩勝行不可說을 皆勤修習無所住하며
見一切佛常欣樂하야 普入於其深法海로다

보살의 수승한 수행, 말할 수 없다
모든 걸 부지런히 닦되 집착한 바 없고
모든 부처 뵈옵고 항상 기뻐하면서
깊은 법바다에 모두 들어갔다

哀愍五趣諸群生하야 令除垢穢普淸淨하며

오악취(五惡趣: 천상, 인간, 지옥, 축생, 아귀)에 고뇌하는 중생 불쌍히 여겨
더러운 때 씻어 널리 청정케 하였고

◉ 疏 ◉

四一偈半은 頌爲悉知一切衆生垢淨故와 及一切世界三有淸淨이니 知垢는 意在令淨故며 五趣三有는 名左右耳라

제4의 1수 반 게송은 일체중생의 때와 청정함을 모두 알게 하기 위하여, 그리고 일체 세계의 三有(三界) 청정을 읊은 것이다.

중생의 때를 안다는 것은 중생을 청정하게 해주려는 의도 때문이며, 천상·인간·지옥·축생·아귀의 오취와 욕계·색계·무색계의 삼유라는 명칭에는 약간의 차이가 있다.

經

紹隆佛種不斷絕하고　　**摧滅魔宮無有餘**로다

부처님 종성 높이 이어 끊이지 않게 하고

남김없이 마군 궁전 부숴 없앴다

已住如來平等性하야　　**善修微妙方便道**하며

於佛境界起信心하야　　**得佛灌頂心無著**이로다

이미 평등한 여래 성품에 머물고

미묘한 방편의 도 잘 닦으며

부처님의 경계에 신심을 내어

부처님 관정 얻었지만 집착이 없다

兩足尊所念報恩하야　　**心如金剛不可沮**하며

於佛所行能照了하야　　　自然修習菩提行이로다

복혜(福慧) 구족하신 부처님 전, 은혜 갚으려는 마음
그 마음이 금강 같아 그 무엇도 가로막지 못하고
부처님 행하신 일, 밝게 비춰 알아
절로 보리행 닦아 익힌다

◉ 疏 ◉

五'紹隆'下 兩偈半은 却頌爲不斷如來種性故니라 初半은 摧邪顯正이니 即紹隆義오 次句는 示佛種之體性이오 次二句는 即起佛種緣이오 餘는 是種起之相이라 化化不絕은 是報佛恩이오 心如金剛은 是種性義니 照佛所行하야 修菩提行이면 則佛種不斷也니라

제5 '紹隆' 이하의 2수 반 게송은 순서를 바꾸어 거꾸로 여래의 종성을 끊어지지 않도록 하기 위한 부분을 읊은 것이다.

첫째 절반의 게송(紹隆佛種~魔宮無有餘)은 삿된 도를 꺾고 바른 도를 밝힌 것으로, 그것은 곧 佛種을 높이 잇는다는 의의이며,

다음 구절(已住如來~微妙方便道)은 불종의 체성을 보임이며,

다음 2구(於佛境界起信心~心如金剛不可沮)는 불종의 인연을 일으킴이며,

나머지 구(於佛所行~修習菩提行)는 아울러 불종의 인연을 일으키는 相이다.

변화하고 변화하여 끊임이 없음이 부처님의 은혜를 갚음이며, "마음이 금강 같다."는 것은 種性의 의의이다. 부처님이 행하셨던

바를 관조하여 보리행을 닦으면 부처님의 종성이 끊이지 않는다.

經

諸趣差別想無量과　　業果及心亦非一과
乃至根性種種殊를　　一發大心悉明見이로다

모든 갈래 차별과 한량없는 망상
업과, 마음 또한 하나가 아니며
심지어 근기와 성품도 제각기 다른 것을
큰마음 한 번 내면 모두 밝게 볼 수 있다

其心廣大等法界하며　　無依無變如虛空하니
趣向佛智無所取요　　諦了實際離分別이로다

그 마음, 법계처럼 광대하고
의지 없고 변함 없음 허공 같으며
부처님 지혜 향해도 취한 바 없고
실상을 잘 알아 분별의식 여의었다

知衆生心無生想하며　　了達諸法無法想하야
雖普分別無分別하고　　億那由刹皆往詣로다

중생 마음 알아도 중생 망상이 없고
모든 법을 알지만 법집의 생각 없어
널리 분별하면서도 분별심이 없고

억 나유타 세계를 모두 찾아가네

無量諸佛妙法藏에　　隨順觀察悉能入하야
衆生根行靡不知하니　　到如是處如世尊이로다

한량없는 부처님 미묘한 법장
따라서 관찰하고 모두 들어가
중생의 근기와 행을 모두 아나니
이런 곳에 이르러 세존 같아라

清淨大願恒相應하야　　樂供如來不退轉하니
人天見者無厭足이라　　常爲諸佛所護念이로다

청정한 큰 서원, 항상 서로 응하여
여래께 공양함을 좋아하여 물러서지 않으니
천상 인간 보는 이 싫은 줄 몰라
부처님의 보호, 염려 항상 받는다

◉ 疏 ◉

六五偈는 頌知衆生心樂煩惱習氣下 四種發心이라 於中 初偈는 總明所知事라 想은 是妄想이니 卽煩惱也오 業은 卽習氣오 果는 卽死此生彼오 心은 卽心行이오 根性은 卽諸根이라

次二偈는 顯知之體相이니 皆卽事入玄이오 次偈는 非唯知病이라 亦識法藥이라 故如世尊이오 後偈는 非唯空知라 行願相符하야 能爲實益이라

제6의 5수 게송은 중생의 마음에 좋아하는 것, 번뇌, 습기 이하의 4가지 발심을 읊은 것이다.

그 가운데 첫 게송은 알아야 할 대상의 일들을 총체로 밝힘이다. 想은 망상이니 곧 번뇌이며, 業은 習氣이며, 果는 여기에서 죽고 저기에서 태어남이며, 心은 心行이며, 根性은 諸根을 말한다.

다음 2수 게송은 知의 본체와 현상을 밝힘이니, 모두 현상의 일과 하나가 되어 현묘한 진리 자리에 들어감이다.

다음 게송은 오직 병을 알 뿐 아니라 또한 법약까지 알기에 세존과 같다.

맨 뒤의 게송은 오직 공연히 알 뿐 아니라 行願이 서로 부합하여 실익이 되는 것이다.

經

其心淸淨無所依하야　　　雖觀深法而不取라
如是思惟無量劫하야　　　於三世中無所著이로다

그 마음 청정하여 의지한 바 없고
심오한 법 봤지만 집착하지 않는다
이처럼 오랜 세월 생각하여도
삼세 가운데 집착한 바 없다

其心堅固難制沮라　　　趣佛菩提無障礙하며
志求妙道除蒙惑이라　　　周行法界不告勞로다

그 마음 견고하여 제어하지 못하고

보리에 나아가기 장애 없으며

미묘한 도리 구하여 의혹 없어라

법계에 두루 다녀도 피로하다 하지 않는다

知語言法皆寂滅하야 **但入眞如絕異解**하며
諸佛境界悉順觀하야 **達於三世心無礙**로다

말로 하는 법 모두 적멸한 줄 알기에

진여에 들어갈 뿐, 다른 이해 없고

부처님의 경계 따라 모두 살피니

삼세를 통달한 마음 걸림이 없다

◉ **疏** ◉

七有三偈는 頌知一切衆生三世智니 謂離三世障故니라 障有十種하니 一은 煩惱雜染障이오 二는 觸境迷倒障이오 三은 長時懈怠障이오 四는 取著因果障이오 五는 邪教邪師引轉障이오 六은 趣下乘障이오 七은 麤相現前障이오 八은 於徧趣行無堪能障이오 九는 隨言生解障이오 十은 不亡能所障이라 如次十句는 各一對治오 末後二句는 總結通達이라

제7의 3수 게송은 일체중생의 삼세의 지혜를 앎에 대해 읊은 것이다. 이는 삼세의 장애를 여읜 때문이다.

삼세의 장애에는 10가지가 있다.

① 번뇌 잡염의 장애,

② 모든 경계에 혼미와 전도의 장애,

③ 장시간 게으름의 장애,

④ 인과에 집착한 장애,

⑤ 삿된 가르침과 삿된 스승에 이끌려가는 장애,

⑥ 下乘으로 달려가는 장애,

⑦ 거친 相이 앞에 나타나는 장애,

⑧ 徧趣行을 감당하지 못하는 장애,

⑨ 언어에 따라서 이해를 하는 장애,

⑩ 주체와 대상을 잊지 못하는 장애이다.

위의 차례와 같은 10구는 각각 하나의 장애를 다스리는 것이며, 맨 끝의 2구는 통달을 총체로 끝맺음이다.

經

菩薩始發廣大心에　　即能徧往十方刹하야
法門無量不可說을　　智光普照皆明了로다

보살이 처음 광대한 마음 낼 적에
시방 모든 세계 두루 찾아가
한량없는 법문 말할 수 없는 것을
지혜 광명으로 널리 비춰 밝게 다 알고 있다

大悲廣度最無比하며　　慈心普徧等虛空호되
而於衆生不分別하야　　如是淸淨遊於世로다

널리 제도한 자비의 마음, 가장 비길 데 없고
인자한 마음 허공처럼 두루 하지만
중생에게 조금도 분별심 없이
이처럼 청정하게 세계를 노닌다

◉疏◉

第二'菩薩始發'下에 有十七偈는 頌上能作佛事라 總分爲十이니 初二偈는 頌即能說法教化하야 調伏一切衆生이니 以悲智相導故니라

⑵ '菩薩始發' 이하의 17수 게송은 위에서 말한 '4) 불사를 잘 지을 수 있음'에 대해 읊은 것이다. 이는 모두 10부분으로 나뉜다.

첫 2수 게송은 설법과 교화로 일체중생의 조복을 읊은 것이다. 이는 大悲와 大智로 서로 이끌어주기 때문이다.

經

十方衆生悉慰安하며 一切所作皆眞實이라
恒以淨心不異語로 常爲諸佛共加護로다

시방세계 중생을 모두 위안하고
일체 하는 일마다 모두 진실하다
언제나 청정한 마음 다른 말 없어
항상 부처님의 가피를 받는다

◉ 疏 ◉

二有一偈는 頌諸佛讚歎이니 歎必加護니라

제2의 1수 게송은 모든 부처님의 찬탄을 읊은 것이다. 찬탄하면 반드시 가호가 있다.

經

過去所有皆憶念하고 **未來一切悉分別**하야
十方世界普入中하니 **爲度衆生令出離**로다

과거 세계 있었던 일 모두 기억하고
미래 세계 모든 것 모두 분별하여
시방세계 널리 들어가
중생을 제도하여 해탈해주기 위함이라네

◉ 疏 ◉

三有一偈는 頌卽能振動一切世界니 動入互擧니라

제3의 1수 게송은 일체 세계를 진동함에 대해 읊은 것으로, 동함과 들어감을 모두 들어 말하였다.

經

菩薩具足妙智光하야 **善了因緣無有疑**라
一切迷惑皆除斷하고 **如是而遊於法界**로다

보살이 미묘한 지혜 광명 잘 갖추고

인연법을 잘 알아 의심 없는 터
모든 미혹 모두 끊고서
이와 같이 법계를 노닐었다

魔王宮殿悉摧破하고 衆生翳膜咸除滅하며
離諸分別心不動하야 善了如來之境界로다

마왕의 궁전 모두 부숴버리고
중생의 어두운 무명 모두 없애주고
분별심 여의었기에 마음에 동요 없어
여래의 미묘한 경계 잘도 알았다

三世疑網悉已除하고 於如來所起淨信하야
以信得成不動智하니 智淸淨故解眞實이로다

삼세의 의심그물 이미 없애고
여래 계신 곳 청정한 신심 내어
신심으로 흔들리지 않는 지혜 성취하니
지혜가 청정한 까닭에 이해도 진실하다

爲令衆生得出離하야 盡於後際普饒益호되
長時勤苦心無厭하며 乃至地獄亦安受로다

중생을 생사에서 벗어나도록 하기 위해
이후 세계 끝까지 널리 이롭게 하되

오랜 세월 애를 써도 싫은 마음 없이
지옥 중생까지도 편안함을 누리도록 했다

福智無量皆具足하고 **衆生根欲悉了知**하며
及諸業行無不見하야 **如其所樂爲說法**이로다

한량없는 복덕과 지혜 모두 갖추고
중생의 근기 욕망 모두 다 알며
모든 업과 행동 죄다 보고서
그들이 좋아하는 바를 따라 설법해주었다

了知一切空無我하고 **慈念衆生恒不捨**하야
以一大悲微妙音으로 **普入世間而演說**이로다

일체가 공이라 '나' 없음을 알고
중생 위한 사랑의 마음 언제나 버리지 않고
하나의 대자비와 미묘한 음성으로
널리 세간에 들어가 연설하노라

◉ **疏** ◉

四'菩薩具足'下 六偈는 頌卽能息滅一切諸惡道苦니 於中具悲智之德이라 故能拔因果之苦而無我人이니라

제4 '菩薩具足' 이하의 6수 게송은 곧바로 일체 모든 악도의 고통을 없애줌에 대해 읊은 것이다. 여기에는 자비와 지혜의 공덕을

갖춘 까닭에 인과의 고통을 없애주되 나와 남이 없다.

經

放大光明種種色하야 普照衆生除黑闇하니
光中菩薩坐蓮華하야 爲衆闡揚淸淨法이로다

가지가지 큰 광명의 빛깔 쏟아내어
중생을 두루 비춰 어둠 세상 없애주니
광명 속에 보살이 연꽃 위에 앉아
대중 위해 청정한 법 밝혀주었네

◉ 疏 ◉

五有一偈는 頌卽能光照一切世界니 照世는 意在照生이라

제5의 1수 게송은 광명으로 일체 세계를 비춰줌에 대해 읊은 것이다. 세계를 비춘다는 뜻은 중생을 비춰줌에 있다.

經

於一毛端現衆刹하야 諸大菩薩皆充滿하니
衆會智慧各不同이어늘 悉能明了衆生心이로다

하나의 털끝에 나타난 수많은 세계
수많은 큰 보살, 모든 나라에 가득하니
법회대중 지혜가 각각 다름에도
중생의 마음 모두 분명히 알았다

◉ 疏 ◉

六一偈는 卽能嚴淨一切國土니 毛孔現刹은 卽神通嚴也니라

제6의 1수 게송은 일체 국토를 장엄, 청정케 함에 대해 읊은 것이다. 모공에 세계가 나타난 것은 곧 신통으로 장엄함이다.

經

十方世界不可說에 一念周行無不盡하야
利益衆生供養佛하고 於諸佛所問深義로다

말할 수 없는 시방세계를
한 생각에 아니 간 곳 없이 두루 찾아가
중생에 이익 주고 부처님 공양하고
부처님 계신 곳마다 심오한 진리 여쭈었다

於諸如來作父想하야 爲利衆生修覺行하며

모든 여래, 아버지로 생각하고
중생의 이익 위해 보리행 닦고

◉ 疏 ◉

七有一偈半은 頌上卽令一切衆生歡喜니 供佛問法은 但爲益物故니라

제7의 1수 반 게송은 일체중생을 기쁘게 해줌에 대해 읊은 것이다. 부처님께 공양 올리고 법을 물음은 단 중생의 이익을 위함이다.

經

智慧善巧通法藏하야　　入深智處無所著이로다

지혜가 뛰어나 법장 통달하여

깊은 지혜에 들어가되 집착이 없다

隨順思惟說法界를　　經無量劫不可盡하며

智雖善入無處所나　　無有疲厭無所著이로다

중생의 생각 따라 법계 도리 말해주되

한량없는 겁 지나도록 다함이 없고

깊은 지혜로 처소 없는 자리에 잘도 들어갔으나

고달픈 마음도 없고 집착도 없다

◉ 疏 ◉

八一偈半은 頌上卽能入一切法界性이니 初半은 聞而通達이오 次半은 思而兼說이오 後半은 修而無著이라

제8의 1수 반 게송은 일체 법계의 성품에 들어감에 대해 읊은 것이다.

첫 2구(智慧善巧~無所著)는 듣고서 통달함이며,

다음 구절(隨順思惟~不可盡)은 생각하고 겸하여 설법함이며,

뒤의 구절(智雖善入~無所著)은 수행하되 집착이 없다.

經

三世諸佛家中生하야 **證得如來妙法身**하고

삼세 부처님 집안에 태어나

여래의 미묘한 법신 증득하였고

◉ **疏** ◉

九有半偈는 依修而證이니 頌卽能持一切佛種性也니라

제9의 반 게송은 수행에 의해 증득함이니, 일체 부처님의 종성을 지님에 대해 읊은 것이다.

經

普爲群生現衆色이 **譬如幻師無不作**이라

중생 위해 널리 여러 몸을 나타냄이

못 만드는 게 없는 요술쟁이와도 같다

或現始修殊勝行하고 **或現初生及出家**하며

或現樹下成菩提하고 **或爲衆生示涅槃**이로다

혹은 처음 닦는 수승한 행 나타내고

혹은 태어나고 출가하는 일도 보여주고

혹은 보리수 아래 성도한 모습 보여주고

혹은 중생 위해 열반상을 보여주었다

◉ 疏 ◉

十有一偈半은 頌卽能示現成佛이라

제10의 1수 반 게송은 성불을 보여줌에 대해 읊은 것이다.

經

菩薩所住希有法은 唯佛境界非二乘이라
身語意想皆已除하고 種種隨宜悉能現이로다

보살이 머무는 희유한 법은
오직 부처님 경계일 뿐, 이승이 아니다
몸, 언어, 의식, 생각 모두 없애고
방편 따라 가지가지 몸 모두 보여주었다

菩薩所得諸佛法은 衆生思惟發狂亂이라
智入實際心無礙하야 普現如來自在力이로다

보살이 얻은 바 부처님의 법이란
중생이 생각하면 발광이 난다
실상에 든 지혜, 걸림 없는 마음으로
여래의 자재한 힘 널리 보여주었다

此於世間無與等이어든 何況復增殊勝行가
雖未具足一切智나 已獲如來自在力하며

이런 경계만으로도 세간에 짝할 이 없거늘

하물며 더욱 수승한 행 더한다면…

부처님 일체 지혜야 구족하지 못하지만

그래도 여래의 자재한 힘 이미 얻었다

已住究竟一乘道하야　　深入微妙最上法이로다

이미 구경의 일승도에 머물러

미묘하고 최상의 불법에 깊이 들어가

◉ 疏 ◉

第三菩薩所住下 十八偈는 頌得佛平等이라

於中分四니 初三偈半은 頌佛境界平等이니 初偈는 分齊境이오 次偈는 兼所證所緣境이오 後一偈半은 擧況顯勝이라

⑶ '菩薩所住' 이하의 18수 게송은 '3) 부처님의 평등 도리를 얻음'에 대해 읊은 것이다.

18수 게송은 4부분으로 나뉜다.

첫째 3수 반의 게송은 부처님 경계의 평등함을 읊었다. 이의 첫 게송은 부처님 경계의 범주를, 다음 게송은 증득할 대상으로서의 부처님과 반연의 대상이 되는 중생 경계를 겸해서 말하였고, 뒤의 1수 반 게송은 비유를 들어 수승함을 밝힌 것이다.

經

善知衆生時非時하야　　爲利益故現神通호되

중생의 근기 성숙 시기와 아님을 잘 알고서
이익 주기 위해 신통을 나타내되

分身徧滿一切刹하야 放淨光明除世暗이로다
譬如龍王起大雲하야 普雨妙雨悉充給이라

분신이 모든 세계 두루 가득하여
청정한 광명 놓아 어둠 없애주었다
마치 용왕이 큰 구름 일으켜
단비 흠뻑 내려줌과 같아라

觀察衆生如幻夢하야 以業力故常流轉이로다
大悲哀愍咸救拔하야 爲說無爲淨法性하니

중생이 허망한 허깨비와 꿈과도 같은
업력 때문에 길이 삼계에 헤맴을 보고서
대자비로 슬피 여겨 모두 구제하고자
하염없는 청정 법성을 설법해주었다

佛力無量此亦然이라 譬如虛空無有邊이로다
爲令衆生得解脫하야 億劫勤修而不倦하며

부처님 역량 한량없듯 보살 또한 그와 같다
끝없는 허공과도 같다
중생의 해탈을 얻게 하기 위하여

억겁 부지런히 수행하여 게으르지 않았다

種種思惟妙功德하야　　**善修無上第一業**하며
於諸勝行恒不捨하야　　**專念生成一切智**로다

가지가지로 미묘한 공덕 생각하여
가장 높고 으뜸가는 선업 잘 닦아서
여러 가지 훌륭한 행, 버리지 않고
일체지 이루고자 오롯한 생각뿐이다

◉ 疏 ◉

二'善知'下 四偈半은 頌功德平等이라

제2 '善知' 이하의 4수 반 게송은 부처님 공덕이 평등함을 읊은 것이다.

經

一身示現無量身하야　　**一切世界悉周徧**호되
其心淸淨無分別하니　　**一念難思力如是**로다

한 몸으로 한량없는 몸을 보여주어
일체 세계에 모두 두루 찾아가되
그 마음 청정하여 분별심 없다
한 생각 불가사의한 힘이 이와 같다

◉ 疏 ◉

三有一偈는 頌前文得如來一身無量身平等이라

제3의 1수 게송은 앞의 경문에서 말한 “부처님의 한 몸과 한량없는 몸이 평등함”에 대해 읊은 것이다.

經

於諸世間不分別하며 於一切法無妄想하야
雖觀諸法而不取라 恒救衆生無所度로다

수많은 세간 분별하지 않고
일체 법에 있어서도 망상 없어
모든 법을 보면서도 집착하지 않고
언제나 중생을 구원하되 제도한 바 없다

一切世間唯是想이라 於中種種各差別하니
知想境界險且深하야 爲現神通而救脫이로다

일체 세간은 오직 망상이라
그 세간 따라 갖가지 다른 망상이 있다
망상 경계 험하고 깊은 줄 알고서
신통력 나타내어 해탈을 주었어라

譬如幻師自在力하야 菩薩神變亦如是라
身徧法界及虛空하야 隨衆生心靡不見이로다

요술쟁이 자재한 힘처럼
보살의 신통변화 또한 그와 같다
법계와 허공계에 가득한 몸
중생의 마음 따라 모두 보여주었다

能所分別二俱離하며 **雜染淸淨無所取**하며
若縛若解智悉忘하고 **但願普與衆生樂**이로다

분별의 주체와 대상, 이 두 가지 모두 여의고
물들고 청정함을 취하지 않으며
속박과 해탈 그리고 지혜마저 잊고서
중생에게 널리 안락 주기만을 원할 뿐이다

◉ **疏** ◉

四於諸下 九偈는 頌眞實智慧니 於中有四니 初四는 頌發離一切妄想廣大心이라

제4 '於諸' 이하의 9수 게송은 진실한 지혜를 읊은 것이다.

9수 게송은 4부분으로 나뉜다.

첫 4수 게송은 일체 망상을 여읜 광대한 마음을 일으킴에 대해 읊은 것이다.

經

一切世間唯想力이라 **以智而入心無畏**하며

思惟諸法亦復然하야　　三世推求不可得이로다

일체 세간은 오직 망상으로 이뤄진 것
보살이 지혜로 들어가 두려운 마음 없고
모든 법 생각함 또한 그와 같아서
삼세에 구하여도 얻을 수 없다

能入過去畢前際하고　　能入未來畢後際하며
能入現在一切處하야　　常勤觀察無所有로다

과거 세계 끝까지 잘 들어가고
끝없는 미래까지 잘 들어가며
현재의 모든 곳에 잘 들어가
있는 바가 없는 도리를 언제나 부지런히 살펴보았다

◉ 疏 ◉

二有二頌은 發窮三際廣大心이라

9수 게송 가운데, 둘째 2수 게송은 삼세를 다한 광대한 마음을 일으킴에 대해 읊은 것이다.

經

隨順涅槃寂滅法하야　　住於無諍無所依하며
心如實際無與等하야　　專向菩提永不退로다

열반의 적멸법을 따라

다툼 없고 의지 없는 곳에 머물고
마음이 실상이라 이런 경계 짝할 이 없어
오롯이 보리지혜 향하여 길이 물러서지 않는다

修諸勝行無退怯하고 安住菩提不動搖하야
佛及菩薩與世間과 盡於法界皆明了로다

훌륭한 행을 닦아 물러서거나 겁내지 않고
보리에 머물러 흔들리지 않고서
부처님과 보살, 그리고 세간
모든 법계의 도리까지 분명히 알고 있다

◉ 疏 ◉

三有二頌은 發順涅槃菩提廣大心이라

9수 게송 가운데, 셋째 2수 게송은 열반과 보리를 따르는 광대한 마음을 일으킴에 대해 읊은 것이다.

經

欲得最勝第一道하야 爲一切智解脫王인댄
應當速發菩提心하야 永盡諸漏利群生이어다

가장 좋고 으뜸가는 도를 얻어
일체 지혜 해탈왕이 되고자 한다면
서둘러 보리심 빨리 내어

모든 번뇌 다 끊고 중생에게 이익을 주어야 한다

◉ 疏◉

四一偈는 結勸이니 可知니라

9수 게송 가운데, 넷째 1수 게송은 끝맺으면서 권면함이다. 이는 설명하지 않아도 알 수 있다.

經

趣向菩提心清淨하며 **功德廣大不可說**이라
爲利衆生故稱述하노니 **汝等諸賢應善聽**이어다

보리 향하여 닦아가는 마음 청정하고
크고 넓은 공덕, 말할 수 없다
중생의 이익 위해 이처럼 말한 것이니
어진 그대들은 잘 듣도록 한다

◉ 疏◉

第四'趣向菩提'下 六偈半은 頌大智現前이니 於中에 初一은 結前生後니라

(4) '趣向菩提' 이하의 6수 반 게송은 큰 '5) 지혜가 앞에 나타남'을 읊은 것이다.

6수 반의 게송 가운데, 첫 게송은 앞의 게송을 끝맺으면서 뒤의 게송을 일으키고 있다.

經

無量世界盡爲塵하야　一一塵中無量刹이어든
其中諸佛皆無量을　悉能明見無所取로다

한량없는 세계를 모두 티끌로 만들어
하나하나 티끌 속에 한량없는 세계가 있다
그 가운데 계신 부처님 모두 한량없는데
모두 분명히 보고서도 집착한 바 없다

善知衆生無生想하며　善知言語無語想하고
於諸世界心無礙하야　悉善了知無所著이로다

중생의 마음 잘 알면서도 중생에 집착하는 생각 없고
말할 줄 잘 알면서도 말에 집착하는 생각 없으며
모든 세계에 마음이 장애 없어
모두 잘 알면서도 집착한 바 없다

其心廣大如虛空하야　於三世事悉明達하고
一切疑惑皆除滅하야　正觀佛法無所取로다

그 마음 허공처럼 드넓고 커서
삼세 모든 일 모두 통달하고
일체 의혹 모두 없애어
불법을 바로 보아 집착한 바 없다

十方無量諸國土에　　一念往詣心無著하야
了達世間衆苦法이　　悉住無生眞實際로다

시방세계 한량없는 모든 국토를
한 생각에 찾아가되 집착의 마음 없어
세간의 온갖 괴로운 법 분명히 통달하여
언제나 생멸 없는 진실한 자리에 머물고 있다

無量難思諸佛所에　　悉往彼會而覲謁하고
常爲上首問如來　　菩薩所修諸願行이로다

한량없고 불가사의한 부처님 계신 곳이면
그 회상에 모두 나아가 모두 뵈옵고
상수제자가 되어 항상 여래에게
보살의 닦아야 할 모든 행을 여쭈었다

心常憶念十方佛호되　　而無所依無所取로다

마음에 항상 시방세계 여래 생각하되
의지함도 취함도 없었다

◉ 疏 ◉

餘는 正頌大智現前이라 初偈는 於佛無著이오 次偈는 卽若衆生若衆生法이오 次偈는 卽若佛若佛法이오 次偈는 若世間若世間法이오 次偈는 若菩薩若菩薩法이니 二乘文畧이라 後半偈는 頌上結文이니 念十方

佛은 卽求一切智오 無依無取는 卽於諸法界에 心無所著이라

6수 반의 게송 가운데, 나머지 게송들은 바로 큰 지혜가 앞에 나타남에 대해 읊었다.

여기에서의 첫 게송(無量世界~無所取)은 부처님의 집착이 없음에 대해서,

다음 게송(善知衆生~無所著)은 중생과 중생의 법에 대해서,

다음 게송(其心廣大~無所取)은 부처님과 부처님의 법에 대해서,

다음 게송(十方無量~眞實際)은 세간과 세간의 법에 대해서,

다음 게송(無量難思~諸願行)은 보살과 보살의 법에 대해서 읊은 것이다. 이승에 관한 부분은 생략되었다.

뒤의 절반 게송(心常憶念~無所取)은 위의 끝맺은 부분을 읊은 것이다. 시방 제불을 생각하는 것은 곧 부처님의 일체지를 구함이며, 의지함과 취함이 없다는 것은 모든 법계에 마음이 집착하는 바가 없음을 말한다.

經

恒勸衆生種善根하야 **莊嚴國土令淸淨**하며

항상 중생에게 선근을 심어

국토를 장엄하여 청정케 하도록 권면하였고

一切趣生三有處에 **以無礙眼咸觀察**이로다

所有習性諸根解의 **無量無邊悉明見**하며

모든 길에 중생과 삼계 세계를
걸림 없는 눈으로 모두 살펴
그들의 습성이며 모든 근기와 지혜의
한량없이 다른 것을 모두 밝게 보았고

衆生心樂悉了知하야　　**如是隨宜爲說法**이로다
於諸染淨皆通達하야　　**令彼修治入於道**하며

중생이 좋아하는 마음 모두 알고서
이와 같이 방편 따라 설법하였다
물들고 청정함을 모두 통달하여
그들이 행을 닦아 도에 들도록 하였으며

無量無數諸三昧에　　**菩薩一念皆能入**이로다
於中想智及所緣을　　**悉善了知得自在**로다

한량없고 수없는 모든 삼매에
보살이 한 생각 찰나에 모두 들어갔다
삼매 중에서 그들의 망상과 반연의 대상을
분명히 잘 알고서 자재하도록 해주었다

◉ **疏** ◉

第五有二十三偈半은 頌前妙果當成이니 於中有九니 初 三偈半은 頌常爲一切諸佛護念이니 以具德故니라

⑸ 23수 반의 게송은 앞의 '2) 미묘한 불과를 당연히 성취해야 함'을 읊었다.

23수 반의 게송은 9부분으로 나뉜다.

이의 첫 3수 반 게송은 언제나 일체 모든 부처님의 보호와 염려를 얻게 됨에 대해 읊은 것이다. 이는 덕을 갖추었기 때문이다.

經

菩薩獲此廣大智하야 **疾向菩提無所礙**하며

보살이 이처럼 드넓고 큰 지혜 얻어

빨리 보리에 나아가되 걸리는 바 없으며

◉ **疏** ◉

二半偈는 頌當得無上菩提라

23수 반의 게송 가운데, 둘째 절반의 게송은 마땅히 위없는 보리지혜를 얻어야 함에 대해 읊은 것이다.

經

爲欲利益諸群生하야 **處處宣揚大人法**이로다

많은 중생의 이익을 위해서

모든 곳에서 대인의 법을 널리 전하리라

◉ **疏** ◉

三半偈는 頌與其妙法이니 大人法者는 八大人覺也라【鈔_'八大人覺'者는 遺教全明이니 一 少欲이오 二 知足이오 三 寂靜이오 四 精進이오 五 正念이오 六 正定이오 七 正慧오 八 無戲論이어늘 涅槃二十七에 加二爲十이니 云'善男子여 菩薩成就十法이면 雖見佛法이나 不得明了'라' 하니 前七은 同上이오 八은 卽解脫이오 九는 讚歎解脫이오 十은 以涅槃教化衆生이니 十地抄中에 更當廣釋호리라】

23수 반의 게송 가운데, 셋째 절반의 게송은 그 미묘한 법을 건네줌에 대해 읊은 것이다.

大人法이란 대인의 8가지 깨달음이다.【초_"대인의 8가지 깨달음"이란 遺教經(涅槃經)에서 전체로 밝히고 있다.

"① 욕심이 적어야 하고, ② 만족할 줄 알아야 하고, ③ 고요해야 하고, ④ 정진이며, ⑤ 바른 생각이며, ⑥ 바른 선정이며, ⑦ 바른 지혜이며, ⑧ 쓸모없는 말을 말아야 한다."

열반경 27에서는 다시 여기에 2가지를 더하여 10가지의 깨달음을 말하였다.

"선남자여, 보살이 10가지의 법을 성취해야 한다. 그렇지 않으면 아무리 불법을 보아도 분명하게 알 수 없다."

앞의 7가지는 위에서 말한 바와 똑같다. ⑧은 해탈이며, ⑨는 해탈을 찬탄함이며, ⑩은 열반으로써 중생을 교화함이다. 이는 十地 부분의 抄에서 다시 자세히 해석할 것이다.】

經

善知世間長短劫과 一月半月及晝夜와
國土各別性平等하야 常勤觀察不放逸이로다

세간의 영겁과 짧은 겁
한 달, 반 달, 밤낮을
국토는 각기 다르지만 성품이 평등함을 잘 알고서
항상 부지런히 관찰하여 방일하지 않는다

◉ 疏 ◉

四有一偈는 頌佛體平等이니 時處平等이 卽佛體故니라

23수 반의 게송 가운데, 넷째 1수 게송은 부처님의 체성이 평등함에 대해 읊은 것이다.

시간과 공간의 평등함이 곧 부처님의 체성이기 때문이다.

經

普詣十方諸世界호되 而於方處無所取하며
嚴淨國土悉無餘호되 亦不曾生淨分別이로다

시방 모든 세계 두루 나아가되
어느 한 지방에 집착하지 않으며
국토를 남김없이 모두 장엄하지만
청정하다는 분별심 또한 내지 않는다

◉ 疏 ◉

五有一偈는 頌已修三世諸佛助道之法이라

23수 반의 게송 가운데, 다섯째 1수 게송은 이미 삼세 부처님이 도를 닦는 데에 도움을 주는 법에 대해 읊은 것이다.

經

衆生是處若非處와　　及以諸業感報別이여
隨順思惟入佛力하야　　於此一切悉了知로다

중생의 옳은 곳과 그른 곳
모든 업보가 각기 다른 것을
중생의 생각 따라 부처님 힘에 들어가
이 일체중생에 대할 법을 모두 알고 있다

一切世間種種性과　　種種所行住三有와
利根及與中下根이여　　如是一切咸觀察이로다

일체 세계 가지가지의 성품과
가지가지 행에 따라 머무는 삼계와
근성의 상품, 중품, 하품
이처럼 그 모든 것을 다 살펴본다

淨與不淨種種解와　　勝劣及中悉明見하며
一切衆生至處行과　　三有相續皆能說이로다

청정하고 부정한 모든 이해와
수승과 용렬, 중간 근기 분명히 보고서
일체중생 행업으로 이르러 가는 곳
삼계의 생사윤회 모두 말해준다

禪定解脫諸三昧와　　染淨因起各不同과
及以先世苦樂殊를　　淨修佛力咸能見이로다

선정과 해탈 모든 삼매와
물들고 청정한 원인 각기 다름과
전생의 고락이 같지 않음을
부처님 힘을 청정히 닦아 모두 보았다

衆生業惑續諸趣와　　斷此諸趣得寂滅과
種種漏法永不生과　　并其習種悉了知로다

중생의 혹업으로 육취에 윤회함과
육취윤회 끊고서 적멸을 얻음과
가지가지 번뇌, 길이 일어나지 않음과
습기번뇌, 종자번뇌까지 모두 알고 있다

如來煩惱皆除盡하사　　大智光明照於世하시니
菩薩於佛十力中에　　雖未證得亦無疑로다

여래는 모든 번뇌 다 없애고서

지혜 광명, 세상 밝게 비추니
보살이 부처님의 열 가지 힘을
증득하지 못했지만 의심이 없다

◉ 疏 ◉

六有六偈는 頌成就三世諸佛力無所畏니 廣十力之別名이오 畧無畏之都號라 於中五偈半은 別明十力이오 後半偈는 顯德分齊니라

23수 반의 게송 가운데, 여섯째 6수 게송은 삼세 부처님의 힘이 두려운 바 없음에 대해 읊은 것이다.

이는 십력의 별명에 대해서는 자세히 말하였고, 無畏의 모든 명호에 대해서는 생략하였다.

6수 게송 가운데, 5수 반의 게송은 십력을 개별로 밝혔고, 뒤의 절반 게송은 덕의 범주와 한계를 밝히고 있다.

經

菩薩於一毛孔中에 普現十方無量刹하니
或有雜染或淸淨이라 種種業作皆能了로다

보살이 하나의 모공 좁은 가운데
시방의 무량세계 널리 나타내니
어떤 세계 물들고 혹은 청정한 세계
가지가지 짓는 행업을 모두 알고 있다

一微塵中無量刹에　　無量諸佛及佛子와
諸刹各別無雜亂을　　如一一切悉明見이로다

한 티끌 속에 한량없는 세계
수많은 부처님과 여러 불자
세계 각기 달라도 뒤섞이지 않게
하나처럼 일체 티끌 모두 분명히 보았다

於一毛孔見十方의　　盡虛空界諸世間하니
無有一處空無佛이라　　如是佛刹悉清淨이로다

하나의 모공에서 시방의
온 허공에 가득한 수많은 세계 보니
부처님 안 계신 곳은 한 곳도 없다
이처럼 불국토 모두 청정하다

於毛孔中見佛刹하며　　復見一切諸衆生과
三世六趣各不同과　　晝夜月時有縛解로다

하나의 모공에서 수많은 불국토 보고
다시 일체 각기 다른 모든 중생과
삼세의 육취가 각기 다름과
밤낮으로 속박당한 자와 해탈한 자를 보았다

如是大智諸菩薩이　　專心趣向法王位하야

於佛所住順思惟하고　　　而獲無邊大歡喜로다

이처럼 큰 지혜 지닌 여러 보살이

전심으로 법왕 지위 향해 나아가

부처님 머무신 곳에서 부처님 생각 따라

그지없는 큰 기쁨을 얻었다

◉ 疏 ◉

七有五偈는 頌已莊嚴三世諸佛不共佛法이니 三世間圓融하야 不共權小故니라

23수 반의 게송 가운데, 일곱째 5수 게송은 삼세 모든 부처님의 그 누구도 함께할 수 없는 불법에 대해 읊은 것이다.

이는 삼세간이 원융하여 權敎小乘과는 똑같지 않기 때문이다.

經

菩薩分身無量億하야　　　供養一切諸如來하며

神通變現勝無比하야　　　佛所行處皆能住로다

보살의 분신이 한량없는 억이라

일체 모든 여래 공양하며

훌륭한 신통변화 비길 데 없어

부처님 행하는 곳이면 모두 찾아간다

無量佛所皆鑽仰하며　　　所有法藏悉耽味하며

見佛聞法勤修行을　　如飮甘露心歡喜로다

한량없는 부처님 계신 곳이면 모두 우러러 공부하며
부처님 소유하신 법창고 모두 맛들이고
부처님 뵙고 법문 들어 부지런히 수행하여
감로수 마신 듯이 마음이 기쁘다

已獲如來勝三昧하야　　善入諸法智增長하며
信心不動如須彌하야　　普作群生功德藏이로다

여래의 수승한 삼매 이미 얻었고
모든 법 잘 알아 지혜가 커나가고
신심은 수미산처럼 흔들리지 않아
널리 중생의 공덕장 마련해주었다

慈心廣大徧衆生하야　　悉願疾成一切智호되
而恒無著無依處하야　　離諸煩惱得自在로다

드넓고 큰 인자한 마음, 중생 두루 구제하여
모두가 일체 지혜 빨리 이루기 원하면서도
항상 집착하거나 의지함 없어
모든 번뇌 여의어 자재하였다

哀愍衆生廣大智로　　普攝一切同於己하야
知空無相無眞實호되　　而行其心不懈退로다

중생을 사랑하는 드넓고 큰 지혜
일체중생 내 몸처럼 널리 받아들여
공하여 모양 없고 진실조차 없는 줄 알지만
행하려는 그 마음 게으르지 않다

◉ 疏 ◉

八 五偈는 頌悉得諸佛說法智慧니라

23수 반의 게송 가운데, 여덟째 5수 게송은 모든 부처님의 설법지혜를 얻음에 대해 읊은 것이다.

經

菩薩發心功德量은 **億劫稱揚不可盡**이니
以出一切諸如來와 **獨覺聲聞安樂故**로다

보살이 발심한 공덕의 양은
억겁을 칭찬해도 다할 수 없다
일체 모든 여래와
독각과 성문의 안락을 내주기 때문이다

◉ 疏 ◉

九 一偈는 結德無盡이니 并屬初心이오 該前諸段이라

23수 반의 게송 가운데, 아홉째 1수 게송은 그지없는 공덕을 끝맺음이다. 아울러 이는 초심에 속하고, 앞의 모든 단락을 포괄하고 있다.

經

十方國土諸衆生에 皆悉施安無量劫하고
勸持五戒及十善과 四禪四等諸定處하며

시방 국토 모든 중생들에게
모두 안락을 영겁에 보시하고
오계 그리고 십선과
사선, 사무량심, 모든 선정을 지니도록 권하였다

復於多劫施安樂하고 令斷諸惑成羅漢하면
彼諸福聚雖無量이나 不與發心功德比로다

또다시 영겁에 안락을 보시하고
번뇌 끊어 아라한을 이루게 하면
저 복 무더기 아무리 한량없을지라도
발심한 공덕과는 비길 수 없다

又教億衆成緣覺하야 獲無諍行微妙道라도
以彼而校菩提心컨댄 算數譬喻無能及이로다

또 억만 중생 교화해서 연각 이루어
무쟁삼매의 미묘한 도 얻을지라도
그 공덕을 보리심에 비교하면

셈이나 비유로도 미칠 수 없다

一念能過塵數刹하야 如是經於無量劫이라도
此諸刹數尙可量이어니와 發心功德不可知로다

한 생각의 찰나에 미진수 세계를 지나
이와 같이 한량없는 겁을 지낼지라도
이처럼 많은 세계 수효는 오히려 헤아릴 수 있지만
초발심의 공덕을 알지 못하리라

過去未來及現在의 所有劫數無邊量이나
此諸劫數猶可知어니와 發心功德無能測이니

과거, 미래 그리고 현재 세계에
존재하는 겁의 수효 그지없지만
그래도 이런 겁의 수효는 알 수 있지만
초발심의 공덕은 헤아리지 못하리라

以菩提心徧十方하야 所有分別靡不知하며
一念三世悉明達하야 利益無量衆生故로다

보리심이 시방세계 두루 하여
각기 다른 중생을 모르는 게 없고
한 생각의 찰나에 삼세 밝게 통달하여
한량없는 중생에게 이익 주고자 한 때문이다

十方世界諸衆生의 欲解方便意所行과
及以虛空際可測이어니와 發心功德難知量이니

시방세계 모든 중생의
욕망과 이해와 방편이며 뜻하는 바와
허공의 끝은 헤아릴 수 있지만
초발심의 공덕은 헤아리지 못하리라

菩薩志願等十方하며 慈心普洽諸群生하야
悉使修成佛功德일세 是故其力無邊際로다

보살의 뜻과 서원이 시방세계처럼 커서
자비의 마음으로 모든 중생 널리 적셔주고
모두 부처님 공덕 닦아 이뤄주고자
이 때문에 그 힘은 끝이 없다

衆生欲解心所樂과 諸根方便行各別을
於一念中悉了知하야 一切智智心同等이로다

중생의 욕망, 이해, 마음에 좋아하는 것
근기, 방편, 행이 각기 다른 것들을
한 생각 사이에 모두 분명히 알고 있다
일체지와 일체종지 마음 평등하기 때문이다

一切衆生諸惑業으로 三有相續無暫斷하니

此諸邊際尙可知어니와　　發心功德難思議로다

그지없는 중생의 미혹과 행업으로
삼계에 잠시도 끊임없는 생사의 윤회
이런 윤회의 끝자락은 그래도 알 수 있지만
초발심의 공덕은 불가사의하다

發心能離業煩惱하야　　供養一切諸如來니
業惑旣離相續斷하야　　普於三世得解脫이로다

발심으로 업과 번뇌 여의고서
일체 여래에게 공양하나니
업과 번뇌 여의어 이어지지 않으면
삼세에 널리 해탈을 얻으리라

一念供養無邊佛하며　　亦供無數諸衆生호되
悉以香華及妙鬘과　　寶幢旛蓋上衣服과

한 생각 찰나에 끝없는 부처님께 공양하고
또한 수없는 중생에게 공양할 때에
모두 향과 꽃, 미묘한 꽃 타래
보배 깃대, 깃발, 일산과 좋은 의복을 올렸다

美食珍座經行處와　　種種宮殿悉嚴好와
毘盧遮那妙寶珠와　　如意摩尼發光耀로

좋은 음식, 보배 자리, 거니는 곳
가지가지 궁전이 모두 장엄하여 아름답고
비로자나 미묘한 보배 구슬과
여의주 마니주 찬란한 광명으로

念念如是持供養하야 **經無量劫不可說**하면
其人福聚雖復多나 **不及發心功德大**로다

생각생각 이처럼 공양 올려
한량없는 겁, 말할 수 없는 세월 지나오면
그 사람의 복덕이 비록 많기는 하지만
초발심의 큰 공덕에는 미치지 못하리라

◉ **疏** ◉

大文第二'十方國土'下 三十四頌은 頌前約喻校量이니 於中分二니 先 十四頌은 正頌前喻니 可知니라

대문 제2단락 '十方國土' 이하의 34수 게송은 앞서 말한 '비유를 들어 비교하여 헤아림'에 대해 읊은 것이다.

34수 게송은 2부분으로 나뉜다. 앞의 14수 게송에서는 바로 앞의 비유를 읊은 것으로, 이는 설명하지 않아도 알 수 있다.

經

所說種種衆譬喻가 **無有能及菩提心**이니

말한 바 가지가지 비유로도

보리심은 비유할 수 없다

◉ 疏 ◉

後二十偈는 通釋諸喻 不及所由니 前雖畧釋이나 今此廣辨이라 又長行中에 多隨喻別明이어니와 今此總辨이며 亦總相으로 頌前歎深難說이니 於中分三이니 初半偈는 結前生後니라

34수 게송 가운데, 뒤의 20수 게송은 여러 가지의 비유로써 미칠 수 없는 이유를 전체로 해석하였다. 앞에서는 비록 간단하게 해석했지만, 여기에서는 자세히 논변하였다.

또한 장항에서는 대부분 비유에 따라 개별로 밝혔지만 여기에서는 총체로 논변하였고, 또한 총체의 양상으로 앞서 말한 '심오하여 말로 형용할 수 없는 찬탄'을 읊은 것이다.

뒤의 20수 게송은 다시 3부분으로 나뉜다.

제1의 절반의 게송은 앞의 게송을 끝맺으면서 뒤의 게송을 일으키고 있다.

經

以諸三世人中尊이　　　**皆從發心而得生**이라

삼세 인간의 높은 이들은

모두 발심으로부터 태어났기 때문이다

發心無礙無齊限하니　　　欲求其量不可得이로다

발심은 걸림 없고 제한도 없다

그 분량을 구하려 해도 알 수 없다

◉疏◉

次十七偈半은 正釋이오 後二偈는 結德無盡이라

就正釋中에 分三이니 初偈는 標章이오 次 十二偈半은 別釋이오 三 四偈는 顯德圓滿이라

今은 初也니 謂標出生無盡과 體相無限 二章이라

제2의 17수 반 게송은 바로 해석함이며, 제3의 2수 게송은 그지없는 덕을 끝맺음이다.

바로 해석한 17수 반의 게송은 다시 3부분으로 나뉜다.

첫 1수 게송은 標章이며,

다음 12수 반의 게송은 개별로 해석함이며,

셋째 4수 게송은 덕의 원만함을 밝힘이다.

이는 첫 게송의 標章이다. 이는 '그지없는 공덕을 내는' 것과 '체상이 무한하다.'는 2가지의 글을 밝힌 것이다.

經

一切智智誓必成하며　　　所有衆生皆永度하니

일체지와 일체종지를 맹세코 성취하여

존재하는 중생을 길이 모두 제도하리라

發心廣大等虛空이요　　生諸功德同法界로다
所行普徧如無異하야　　永離衆著佛平等이라

발심의 광대함은 허공과 같고
모든 공덕 내는 것은 법계와 같다
행하는 바 이처럼 두루 차이 없지만
모든 집착 길이 여의어야 부처와 평등하다

一切法門無不入하고　　一切國土悉能往이로다
一切智境咸通達하고　　一切功德皆成就하며

일체 법문 들어가지 못한 데 없고
일체 국토 모두 찾아갔으며
일체 지혜의 경계 통달하였고
일체 공덕 모두 이루었다

一切能捨恒相續하고　　淨諸戒品無所著이로다
具足無上大福德하고　　常勤精進不退轉하며

일체를 끊임없이 항상 보시하고
계율이 청정해도 집착이 없다
위없는 큰 복덕을 구족하고도
항상 부지런히 정진하여 물러서지 않으며

入深禪定恒思惟하고　　廣大智慧共相應이로다

깊은 선정 들어서도 항상 생각하고
광대한 지혜와 상응하여라

◉ 疏 ◉

二別釋中에 初 四偈는 釋無齊限이니 或一句是一義라 後 一偈半은 六度義니 可以意得이라

다음 12수 반의 게송을 개별로 해석한 가운데, 첫 4수 게송은 범주가 없음을 해석함이니 혹은 1구가 하나의 의의이다. 뒤의 1수 반의 게송은 육바라밀에 관한 의의로, 이는 생각하면 그 뜻을 알 수 있다.

經

此是菩薩最勝地에 **出生一切普賢道**라

이는 보살의 가장 훌륭한 지위
일체 보현보살이 닦아온 도가 나오는 자리이다

三世一切諸如來가 **靡不護念初發心**이로다
悉以三昧陀羅尼와 **神通變化共莊嚴**하니

삼세의 한량없는 부처님이
처음 발심한 이들을 모두 보호해준다
삼매와 여러 가지 다라니와
신통변화로 모두 장엄하였다

十方衆生無有量이며　　世界虛空亦如是어든
發心無量過於彼일세　　是故能生一切佛이로다

시방 중생 한량없듯이
세계와 허공 또한 그러하지만
발심의 공덕 한량없기 그보다 더하다
일체 부처님을 내어준다

◉疏◉

後 八偈半은 釋出生無盡이니 於中分三이니 初 二偈半은 結前生後니 以體無限故로 出生無盡也니라

다음 12수 반의 게송을 개별로 해석한 가운데, 뒤의 8수 반 게송은 그지없는 부처님을 내어줌에 대한 해석이다.

뒤의 8수 반 게송은 다시 3부분으로 나뉜다.

첫째 2수 반의 게송은 앞을 끝맺으면서 뒤의 게송을 일으킴이다. 체성이 한량없기 때문에 그지없는 부처님을 내어주는 것이다.

經

菩提心是十力本이오　　亦爲四辯無畏本이며
十八不共亦復然하니　　莫不皆從發心得이로다

보리심은 십력의 근본이 되고
사무애변(四無礙辯), 사무소외(四無所畏)[26]의 근본이며
그 누구도 함께할 수 없는 부처님의 18가지 법 또한 그렇듯이

모두 발심으로부터 얻어지지 않은 게 없다

諸佛色相莊嚴身과 **及以平等妙法身**과
智慧無著所應供이 **悉以發心而得有**로다

부처님의 색상으로 장엄한 몸
평등한 몸, 미묘한 법신
집착 없는 지혜, 공양받을 몸[應供身]이
모두 발심으로 얻어지는 터이다

一切獨覺聲聞乘과 **色界諸禪三昧樂**과
及無色界諸三昧가 **悉以發心作其本**로다

일체의 독각승과 성문승
색계의 모든 선정 삼매의 낙과
무색계의 여러 가지 삼매까지
모두 발심이 근본이다

一切人天自在樂과 **及以諸趣種種樂**과
進定根力等衆樂이 **靡不皆由初發心**이로다

천상과 인간들의 자재한 낙과

26 四無所畏: 설법하는 데 있어서 두려움 없고 자신 있게 할 수 있는 4가지. ① 正等覺無畏, ② 一切漏盡無畏, ③ 說障法無畏, ④ 說塵苦道無畏.

여러 갈래 가지가지 즐거움과

정진, 선정, 오근(五根)[27], 오력(五力)[28] 등 모든 즐거움

초발심에서 연유하지 않은 게 없다

◉ 疏 ◉

次菩提心是下 四偈는 正顯出生爲本이니 出生이 乃一義耳라

뒤의 8수 반 게송 가운데, 다음 4수 게송은 바로 모든 것을 낳아주는 근본을 바로 밝힘이니, 낳아주는 것이 곧 하나의 의의이다.

經

以因發起廣大心하야 則能修行六種度하고
勸諸衆生行正行하야 於三界中受安樂이로다

광대한 마음 일으킴으로 인하여

육바라밀 닦아 행하고

중생에게 바른 행, 행하도록 권하여

삼계에서 안락한 삶 받게 한다

住佛無礙實義智에 所有妙業咸開闡하야
能令無量諸衆生으로 悉斷惑業向涅槃이로다

27 五根: 모든 근본이 되는 5가지. 信, 進, 念, 定, 慧.

28 五力: 모든 것의 힘이 되는 5가지. 信, 進, 念, 定, 慧.

걸림 없고 진실한 부처 지혜에
존재하는 미묘한 업, 모두 열어 보여주어
한량없는 중생으로 하여금
모두 혹업 끊고서 열반 향하게 하였다

◉疏◉

後二偈는 畧釋爲本所由니 由修六度하야 爲菩薩乘本이오 由勸正行하야 爲人天乘本이오 由闡妙業하야 通爲三乘涅槃之本이라

뒤의 8수 반 게송 가운데, 뒤의 2수 게송은 모든 것을 낳아주는 근본이 되는 연유를 간단하게 해석해주었다.

육바라밀을 닦음으로 연유하여 보살승의 근본이 되고, 바른 행을 행하도록 권함으로 연유하여 人天乘의 근본이 되고, 미묘한 업을 밝혀줌으로 연유하여 전체 삼승열반의 근본이 된다.

經

智慧光明如淨日이오 **衆行具足猶滿月**이며
功德常盈譬巨海오 **無垢無礙同虛空**이로다

지혜 광명 찬란한 햇빛과 같고
모든 행 구족함이 보름달 같고
공덕은 바다처럼 항상 가득하고
때 없고 걸림 없어 허공과 같다

普發無邊功德願하야　　悉與一切衆生樂하며
盡未來際依願行하야　　常勤修習度衆生이로다

널리 끝없는 공덕 서원 내어
모든 중생에게 즐거움 주고
미래 세상 다하도록 원을 행하여
부지런히 닦고 익혀 중생을 제도하리라

無量大願難思議라　　願令衆生悉淸淨하니
空無相願無依處를　　以願力故皆明顯이로다

한량없는 큰 원력 불가사의라
모든 중생 청정케 하고
공, 무상(無相), 무원(無願), 의지처 없는 것을
서원의 힘으로 모두 밝혀주었다

了法自性如虛空하야　　一切寂滅悉平等이며
法門無數不可說을　　爲衆生說無所著이로다

법의 자성, 허공처럼
일체가 적멸이라, 모두 평등함을 알고
무수한 법문, 말할 수 없는 것을
중생 위해 설법하되 집착한 바 없다

◉疏◉

三 四偈는 顯德圓滿中에 初偈는 總顯이오 次 二偈는 別顯願滿이오 後一偈는 別明智圓이라

제2의 17수 반 게송 가운데, 셋째 4수 게송은 덕의 원만함을 밝힌 것이다. 이의 첫 게송은 총체로 밝힘이며, 다음 2수 게송은 개별로 誓願이 원만함을, 뒤의 1수 게송은 개별로 지혜가 원만함을 밝히고 있다.

經

十方世界諸如來가 悉共讚歎初發心하시니
此心無量德所嚴으로 能到彼岸同於佛이로다

시방세계 모든 여래
모두 다 함께 초발심 공덕 찬탄하니
이런 발심 한량없는 공덕으로 장엄하여
피안에 이르러 부처님과 똑같으리

如衆生數爾許劫에 說其功德不可盡이니
以住如來廣大家하야 三界諸法無能喻로다

중생의 수효만큼 숱한 영겁에
그 공덕 말하려도 다할 수 없다
여래의 크고 넓은 집에 머물러
삼계의 법으론 그 공덕 비유하지 못한다

◉ 疏 ◉

第三 二偈는 結德無盡이니 可知니라

제3의 2수 게송은 그지없는 공덕을 끝맺음이다. 이는 설명하지 않아도 알 수 있다.

經

欲知一切諸佛法인댄 宜應速發菩提心이니

일체 부처님의 법을 알고자 한다면

서둘러 보리심을 빨리 내어야 한다

◉ 疏 ◉

大文第三欲知下는 結勸發心이니 於中三이니 初 半偈는 正勸이라

大文 제3단락 '欲知' 이하의 5수 게송은 발심을 끝맺으면서 권함이다.

이는 다시 3부분으로 나뉜다. 첫 절반의 게송은 바로 권함이다.

經

此心功德中最勝이라 必得如來無礙智니라

이런 발심, 공덕 중에 가장 수승하니

반드시 여래의 걸림 없는 지혜 얻으리라

衆生心行可數知오 國土微塵亦復然이며

虛空邊際乍可量이어니와　**發心功德無能測**이로다

중생의 마음과 행이야 손꼽아 알 수 있고

국토의 미진수 또한 셀 수 있으며

허공의 끝까지도 헤아릴 수 있겠지만

초발심의 공덕이야 헤아릴 수 없으리

出生三世一切佛하고　**成就世間一切樂**하며

增長一切勝功德하고　**永斷一切諸疑惑**이로다

삼세의 모든 부처 내어주기도 하고

세간의 모든 쾌락 이뤄주기도 하고

모든 수승한 공덕 키워주기도 하고

일체 의혹을 영원히 끊어주기도 한다

開示一切妙境界하고　**盡除一切諸障礙**하며

成就一切淸淨刹하고　**出生一切如來智**로다

일체 미묘한 경계 보여주고

일체 장애들을 말끔히 없애주고

일체 청정 세계 성취하여주고

일체 여래 지혜 낳아주었다

◉ **疏** ◉

次 三偈半은 釋讚所由니 總擧具足一切德故니라

다음 3수 반의 게송은 권면의 유래를 해석함이니 일체 공덕이 구족함을 총체로 들어 말한 때문이다.

經

欲見十方一切佛하고 **欲施無量功德藏**하며
欲滅衆生諸苦惱인댄 **宜應速發菩提心**이어다

시방세계 일체 부처님 모두 뵙길 원하고
한량없는 공덕장 베풀기를 원하고
중생의 모든 고통 없애주길 원한다면
마땅히 보리심을 빨리 내어야 한다

◉ **疏** ◉

後 一偈는 結勸速發이라

뒤의 1수 게송은 서둘러 발심할 것을 끝맺으면서 권면함이다.

◉ **論** ◉

如是校量初發心功德컨댄 設使以等虛空無限境에 以一切樂具로 總供養無限衆生하야 皆令得人天勝樂하며 又教令得四沙門果로 及辟支佛과 及三乘出世菩提라도 如是虛空境界와 及所度衆生은 雖等이나 然이나 未令所化衆生으로 得成佛일세 亦不可比於此教中初發心에 乘如來大智하야 等佛所行에 普化衆生하야 皆成佛故로 發菩提心이니 以是義故로 雖然所擧境界의 廣狹은 雖等이나 所化衆生의 成佛不

成佛이 不等일세 故로 不可爲比故라

是故로 此品下文에 云初發心菩薩이 不於三世에 少有所得이니 所謂若諸佛과 若諸佛法과 若菩薩과 若菩薩法과 若獨覺과 若獨覺法과 若聲聞과 若聲聞法과 乃至廣說如經이니 但爲唯求一切智일세 於諸法界에 心無所著하야 發菩提心이라하시니 略說菩提컨댄 其法이 有四하니 一은 聲聞菩提오 二는 緣覺菩提오 三은 權教菩薩菩提오 四는 一乘菩薩의 佛果菩提니 前三은 并是出世菩提어니와 佛果菩提는 是法身大智大悲의 眞俗萬行인 法界圓滿菩提니 無出入故라 三乘菩提는 雖觀四諦十二緣이나 而亦未知四諦十二緣之實體니 非獨二乘이 不知라 三種意生身菩薩이 位登十地라도 猶未能悉知오 唯一乘菩薩이라야 以智方知니 至十地品具明일세 但且略而總言이로라

이와 같이 초발심공덕을 비교하고 헤아려보면 설령 허공처럼 한량없는 경계에 일체 모든 쾌락의 도구로 한량없는 중생에게 모두 공양하여 그들로 하여금 人天의 훌륭한 즐거움을 얻게 하고, 또한 중생을 가르쳐 그들로 하여금 四沙門果[29] 및 벽지불 및 삼승의 出世菩提를 얻도록 마련해줄지라도, 이와 같은 허공 경계 및 제도한 중생들이야 비록 이와 같지만 교화한 중생으로 하여금 성불할 수 있도록 하지는 못하는 것이다.

또한 "이런 가르침 속에서 처음 발심하여 여래의 큰 지혜를 지니고서 부처님께서 행하셨던 것처럼 행하도록, 널리 중생을 교화

29 四沙門果: ① 須陀洹果, ② 斯多含果, ③ 阿那含果, ④ 阿羅漢果.

제도하여 그들을 모두 성불하도록 해줄 수 있기 때문에 보리심을 일으키는 데"에 비교하지 못한 것이다.

이런 의의 때문에 비록 그처럼 열거한 광대한 경계에서나 협소한 경계에서 아무리 똑같이 제도할지라도, 교화를 입은 중생은 성불을 하는 경우도 있고 못하는 경우도 있어 똑같지 않다. 이 때문에 비교하지 못하는 이유이다.

이런 이유로 이 품의 아래 경문에 다음과 같이 말한 것이다.

"처음 발심한 보살은 삼세 시방 부처님에게 조금도 얻은 바가 없다. 이른바 모든 부처님 그리고 모든 부처님이 말씀하신 법, 보살 그리고 보살이 말한 법, 독각 그리고 독각이 말한 법, 성문 그리고 성문이 말한 법, 내지 그 모든 법에 오직 모든 것을 아는 부처님의 지혜를 구할 뿐, 모든 법계 그 모든 법에 집착하는 마음이 없이 보리심을 일으키는 것이다."

보리심에 대해 간단하게 말한다면 그 법에는 4가지가 있다.

(1) 성문승의 보리,

(2) 연각승의 보리,

(3) 權敎菩薩의 보리,

(4) 일승 보살의 佛果 보리이다.

앞의 3가지는 모두 출세간의 보리이지만 佛果菩提는 법신의 대지대비, 眞俗萬行인 법계원만보리이다. 이는 출입이 없기 때문이다. 삼승의 보리는 비록 사성제와 12연기를 관하면서도 또한 사성제와 12연기의 실체를 알지 못하고 있다. 이는 유독 이승이 알지 못할 뿐 아니라, 3가지 意生身 보살이 그 지위가 十地에 오를지라도 오히려 모두 알지 못하고 오직 일승 보살만이 그 지혜로써 비로소 알 수 있다. 십지품에서 이를 구체적으로 밝히고자, 여기에서는 간단하게 요약하여 총체로 말한 것이다.

三乘中에 觀苦集滅道와 及十二緣生하며 及行六波羅蜜菩薩은 厭苦欣眞하야 但求出世오 大悲菩薩이라야 方云留惑潤生이어니와 一乘菩薩은 以智觀四諦十二緣生하야 無明이 卽智며 苦諦 卽聖諦라 於生死涅槃에 無解縛性일세 是故로 此經엔 名苦聖諦며 集聖諦니 如是十聖諦와 十十二因緣이 總是法界自性無縛無解自在之緣일세 不名無明라 不名苦諦라 如是總觀萬法일세 如是名爲一乘이니 法界緣起에 智悲自在하며 任性緣生에 一切眼耳鼻舌身이 莫不皆是法界緣起自在法門이라 一切諸佛知見神通道力이 以此而有니 但以禪定觀照諸波羅蜜로 而顯發之라 是故로 學者는 應如是修하며 如是悟入이니라

已上頌文이 四行一頌은 如文自具일세 不煩更釋이로니 有智之士는 隨文稱歎하야 令衆發心이어다 發心功德品을 竟하다

삼승의 가운데 苦集滅道 및 12연기로 생겨나는 법을 살펴보고, 육바라밀을 행하는 보살은 괴로움을 싫어하고 진리를 좋아하여 단 출세간을 구할 뿐이며, 대자비의 마음을 갖춘 보살만이 비로소 '번뇌가 남아 있어 다시 몸을 받는다[留惑潤生].'고 말하지만, 일승 보살은 지혜로 사성제와 12연기로 생겨나는 법을 살펴보기에 無明이 곧 지혜이고 苦諦가 곧 聖諦이다. 생사와 열반에 해탈과 속박의 자성이 없기 때문에 화엄경에서는 그 이름을 苦聖諦며 集聖諦라

말한다. 이와 같은 十聖諦와 10가지의 12인연이 모두 법계의 자성으로 속박도 없고 해탈도 없는 자재한 반연이기에 無明이라 말하지 못하고 苦諦라 말하지 못한다. 이와 같이 모든 법을 총체로 살펴보는 까닭에 그 이름을 一乘이라 한다.

법계의 緣起에 大智大悲가 자재하며, 성품에 맡겨 반연이 생겨남에 일체 눈·귀·코·혀·몸이 모두 법계 연기의 자재한 법문 아닌 게 없다. 일체 제불의 지견과 神通道力이 이러한 법문에 의해 존재하는 것이다. 단 禪定觀照의 모든 바라밀로 나타날 뿐이다. 따라서 학인들은 마땅히 이와 같이 닦아가고, 이와 같이 깨달아 들어가야 한다.

이상 게송은 4行으로 하나의 게송이 구성되어 있다. 경문에서 보는 바와 같이 그 나름 자세하기에 여기에서는 다시 해석하지 않는다. 지혜가 있는 이들은 경문을 따라 칭찬하고 찬탄하여 대중으로 하여금 발심하도록 주선해야 할 것이다.

발심공덕품을 끝마치다.

초발심공덕품 제17-2 初發心功德品 第十七之二

화엄경소론찬요 제35권 華嚴經疏論纂要 卷第三十五

화엄경소론찬요 제36권
華嚴經疏論纂要 卷第三十六

◉

명법품 제18
明法品 第十八

四門中에 初는 來意라

4분야(來意·釋名·宗趣·釋文) 가운데,

1. 유래한 뜻

◉ 疏 ◉

來意者는 前明當位所成之德이오 今辨趣後勝進之行이라 故次來也니라

又前明發心之勝德이오 今辨所具之行相이라 故次來也니라

유래한 뜻이란 앞 제17 초발심공덕품에서는 해당 지위에서 성취해야 할 공덕을 밝혔고, 이 품에서는 뒤로 수승하게 닦아나갈 행을 논변한 까닭에 차례로 여기에 쓴 것이다.

또한 앞의 품에서는 발심의 수승한 덕을 밝혔고, 여기에서는 갖춰야 할 行相을 논변한 까닭에 다음으로 여기에 쓴 것이다.

二 釋名

2. 품명을 해석하다

◉ 疏 ◉

釋名者는 準梵具翻인댄 應云法光明品이라

統有四義하니 一은 法慧智慧니 於能所詮에 進趣行法을 分明照了故니 即明所知法이라

二는 明是能詮이니 以能顯行故오 法은 是所詮이니 可軌則故니라 此는 則詮旨合目이니 明有法故며 法之明故니 通二釋也니라

三은 明是智用이오 法은 是理行及果니 境智合說이니 俱是所詮이라 法之明이며 明之法이니 依主名也니라

四는 所修行法이 體離無明이며 亦唯所詮이니 有明之法이며 法卽是明이니 通有財持業也니라

품명을 해석한다는 것은 범본에 준하여 구체적으로 번역한다면 당연히 '법광명품'이라고 써야 할 것이다.

여기에는 전체로 4가지의 의의가 있다.

(1) 法慧의 지혜이다. 경문에 나타난 문구와 나타낸 뜻에 의하여 닦아나갈 行法을 분명히 알기 때문이다. 곧 알아야 할 대상의 법을 밝힘이다.

(2) 明이란 그 뜻을 담고 있는 경문이다. 이는 행해야 할 도리를 밝혀주고 있기 때문이며, 法이란 밝히고자 하는 뜻으로, 軌則이 되기 때문이다. 이는 곧 경문[詮]과 그 속에 담긴 뜻[旨]을 종합하여 明法 2글자로 이름을 붙인 것이다. 밝혀주는 경문[明] 속에 내용의 법이 담겨 있기 때문이며, 법이 분명하기 때문이니, 2가지의 해석이 모두 통한다.

(3) 밝음[明]은 지혜의 작용이며, 법은 理行 및 결과이다. 경계와 지혜를 종합하여 말한 것이다. 이는 모두 밝히고자 하는 뜻[所詮]이다. 법이 분명하고 분명한 법이라는 뜻이니, 주체가 되는 낱말에 의지하여 해석하는 依主釋에 의한 품명이다.

(4) 닦아야 할 행법의 자체가 無明을 여의었고, 또한 오직 밝혀야 할 이치[所詮]이다. 밝음이 있는 법이며, 법이 곧 밝음이니, 복합어 자체가 사람을 의미하는 有財釋과 주어와 수식어를 구별하여 해석하는 持業釋에 모두 통한다.

三 宗趣

3. 종취

◉ 疏 ◉

宗趣者는 明法不同이니 畧有四種이라 謂教理行果와 尋教悟理와 觀理起行과 行成得果니 皆初宗後趣라 又此四皆宗이오 爲成後位와 及成勝德으로 爲趣니라

宗趣란 明法의 해석이 똑같지 않다. 간단하게 4가지가 있다.

(1) 가르침의 진리와 수행에 의한 결과,

(2) 가르침을 찾아 진리를 깨달음,

(3) 진리를 깨닫고 수행을 일으킴,

(4) 수행이 성취되어 결과를 얻음이다.

이는 모두 앞의 2글자(教理, 尋教, 觀理, 行成)는 宗이고, 뒤의 2글자(行果, 悟理, 起行, 得果)는 趣이다.

또한 이 4가지 모두가 宗이고, 뒤의 지위를 성취함과 수승한 공덕을 성취함으로 趣를 삼는다.

◉ 論 ◉

第一은 釋品名目者는 此品은 爲明前之升須彌頂品과 偈讚品과 十住品과 梵行品과 初發心功德品의 五品法門이 已發菩提之心하야 得廣大功德일세 此精進慧所問之法이 有二義하니 一은 令前五品之法으로 其心更明이오 二는 令後所行之法으로 轉勝明白이라 故로 云明法品이니 明升進前後法故라 是精進慧菩薩이 啓請法慧菩薩言하사대 所有大願을 悉使滿足하며 獲諸菩薩廣大之藏이라하시니 此는 明前所得法으로 使令更明하고 後之升進으로 使令明白이니 是修十行之向하야 長養本位十住之法이라

第二 釋品來意와 及名目은 如前하다

⑴ 품의 명목을 해석함에 있어 명법품이란 앞의 제13 승수미산정품, 제14 수미정상게찬품, 제15 십주품, 제16 범행품, 제17 초발심공덕품 5품의 법문에서 이미 보리심을 일으켜 광대한 공덕을 얻었기에 여기에서 정진혜보살이 물은 법에는 2가지 뜻이 있다.

① 앞 5품의 법을 통하여 그 마음이 다시 밝게 하기 위함이며,

② 뒤의 지위에서 행해야 하는 법을 전전하여 수승하고 명백하게 하고자 함이다.

이런 이유로 '명법품'이라 명명하였다. 이는 닦아나가는 전후의 법을 밝혀주고 있기 때문이다.

정진혜보살이 법혜보살에게 청하는 말에 "지니고 있는 큰 誓願을 모두 만족하도록 하며, 모든 보살의 광대한 法藏을 얻는다."고 하는 것은 앞의 품에서 얻었던 법을 다시 밝히고, 아울러 뒤의 지

위로 나아감을 명백히 하도록 함을 밝히려는 것이다. 이는 십행의 회향을 닦아서 本位 十住의 법을 길러가고자 함이다.

(2) 이 품이 유래한 뜻과 편명의 뜻은 앞서 말한 바와 같다.

第四釋文

4. 경문의 해석

文有三分이니 一은 請說分이오 二는 正說分이오 三은 結說分이라

今初는 分二니 先은 長行이오 後는 祇夜라

前中에 亦二니 初는 敘問答之人이라

경문은 3단락으로 나뉜다.

제1. 설법을 청하는 부분,

제2. 바로 설법하는 부분,

제3. 설법을 끝맺는 부분이다.

이의 제1은 다시 2부분으로 나뉜다.

앞부분은 장항 산문이며,

뒷부분은 게송(祇夜 또는 重頌)이다.

앞의 장항은 또다시 2부분으로 나뉜다.

첫째는 묻고 답하는 보살을 서술하고 있다.

經

爾時에 **精進慧菩薩**이 **白法慧菩薩言**하사대

그때 정진혜보살이 법혜보살에게 물었다.

◉ **疏** ◉

勝進趣後에 非勤不能이라 故精進慧問이니라

수승하게 뒤의 지위로 닦아 나아감에 부지런하지 않으면 나아가지 못한 까닭에 정진을 뜻하는 정진혜보살이 물은 것이다.

一

二는 正申所問이니 亦分爲二라 初는 領前自分勝德이오 後는 請說勝進之行이라

今은 初라

앞의 장항 2부분 가운데, 둘째는 바로 묻는 바를 서술하고 있는데, 이 또한 2부분으로 나뉜다.

1. 이전에 얻은 자신의 수승한 공덕을,
2. 수승하게 나아갈 수 있는 행에 대해 설법해주기를 청함이다.

이는 1. 이전에 얻은 자신의 수승한 공덕을 말하고 있다.

經

佛子여 **菩薩摩訶薩**이 **初發求一切智心**하야 **成就如是無量功德**하야 **具大莊嚴**하며 **升一切智乘**하며 **入菩薩正位**하며

捨諸世間法하고 **得佛出世法**하며 **去來現在諸佛攝受**로 **決定至於無上菩提究竟之處**하나니라

"불자여, 보살마하살이 부처님의 일체 지혜를 구하려는 마음을 처음 내고서, 이처럼 한량없는 공덕을 성취하여 큰 장엄이 구족하고 일체 지혜를 얻는 법에 올랐으며, 보살의 바른 지위에 들어갔으며, 모든 세간법을 버리고 부처님의 출세간법을 얻었으며, 과거·미래·현재 모든 부처님이 거두어주시어 반드시 위없는 보리의 구경처에 이를 것입니다.

◉ **疏** ◉

前中에 先總이오 後'具大莊嚴'下는 別이니 別有七句하니

一은 領德이니 卽領前莊嚴一切諸佛不共之法이오

二는 領乘이니 卽上已住究竟一乘道오

三은 領位니 位不退故니 卽上已住如來平等性과 三世諸佛家中生이라

此下는 晉云'離生道者'는 卽是領道니 圓教初住 離生因故니라

今四五二句는 晉經一句니 以捨世間 得出世法하야 入住正位니 卽上於諸世間不分別等이라

六은 去來現在諸佛攝受는 領得勝緣이니 卽上佛護佛讚等也니라

七은 決定至於菩提는 領其當果니 卽上云'當得三世諸佛無上菩提'니 德雖無量이나 不出於此라 故畧擧耳니 此約當住位釋이라

위 경문에 앞부분은 총체이고, 뒤의 '具大莊嚴' 이하는 개별이다.

개별에는 7구가 있다.

(1) 덕을 얻음이다. 앞서 말한 "그 누구도 함께할 수 없는, 일체 제불 不共法의 장엄"을 얻은 것이다.

(2) 乘을 얻음이다. 앞서 말한 "이미 구경의 一乘道에 머묾"을 얻은 것이다.

(3) 位를 얻음이다. 不退位이기 때문이다. 이는 앞서 말한 "이미 여래의 평등성에 머무는 것"과 "삼세제불의 집안에 태어났기" 때문이다.

이 아래의 경문은 晉經에서 "생을 여읜 도[離生道]"라 말한 것은 곧 도를 얻음이다. 圓教의 初住가 '생을 여읜[離生]' 원인이기 때문이다.

이의 (4), (5) 2구는 晉經에서는 이를 합하여 1구로 썼다. 세간을 버리고 출세간법을 얻어 正位에 머문 자리에 들어감이다. 이는 위에서 말한 "모든 세간법을 분별하지 않는다."는 등이다.

(6) "과거·미래·현재 모든 부처님이 거두어주심"은 수승한 반연을 얻은 것이다. 이는 위에서 말한 '부처님의 가호' '부처님의 찬탄' 등이다.

(7) "반드시 보리에 이른다."는 것은 그 해당 결과를 얻음이다. 이는 위에서 말한 "마땅히 삼세제불의 위없는 보리를 얻는다."고 함이다. 덕이 비록 한량없이 많지만 모두 여기에서 벗어나지 않는다. 이 때문에 간단하게 말한 것이다. 이는 해당 住位를 들어 해석한 것이다.

二請後勝進行中에 亦二니 先은 問所成行體오 後는 問行成德用이니 以破癡等으로 爲德用故니라 今은 初라

2. 수승하게 나아갈 수 있는 행에 대해 설법해주기를 청한 부분은 또다시 2부분으로 나뉜다.

1) 성취해야 할 행의 체성을 물음이며,

2) 행하여 성취한 공덕의 작용을 물음이다. 이는 어리석음 등을 타파하는 것으로 공덕의 작용을 삼기 때문이다.

이는 1) 성취해야 할 행의 체성을 물음이다.

經

彼諸菩薩이 **於佛教中**에 **云何修習**하야사 **令諸如來**로 **皆生歡喜**하며 **入諸菩薩所住之處**하며 **一切大行**이 **皆得清淨**하며 **所有大願**을 **悉使滿足**하며 **獲諸菩薩廣大之藏**하며 **隨所應化**하야 **常爲說法**호되 **而恒不捨波羅蜜行**하며 **所念衆生**을 **咸令得度**하고 **紹三寶種**하야 **使不斷絕**하며 **善根方便**이 **皆悉不虛**리잇고

佛子여 **彼諸菩薩**이 **以何方便**으로 **能令此法當得圓滿**이니잇고 **願垂哀愍**하사 **爲我宣說**하소서 **此諸大會**가 **靡不樂聞**이니이다

저 많은 보살들이 부처님의 가르침 가운데, 어떻게 닦아야만
모든 여래를 기쁘게 해드릴 수 있으며,
보살의 머무는 곳에 들어갈 수 있으며,

일체 큰 행이 모두 청정할 수 있으며,

지닌 바의 큰 서원을 모두 만족케 할 수 있으며,

보살이 이뤄놓은 광대한 공덕 창고를 얻을 수 있으며,

중생 근기에 맞추어 교화할 수 있는 바를 따라서 항상 설법할 수 있으며,

설법하면서도 언제나 바라밀다의 행을 버리지 않을 수 있으며,

염려하는 중생들을 모두 제도할 수 있으며,

삼보의 종성을 이어 끊어지지 않도록 할 수 있으며,

선근과 방편이 모두 다 헛되지 않도록 할 수 있습니까?

불자여, 저 보살들이 무슨 방편법문으로 이러한 법을 원만하게 할 수 있었습니까? 바라옵건대 가엾이 여기는 마음으로 저희를 위해 말해주십시오. 여기에 모인 대중들이 모두 듣고자 하지 않은 이들이 없습니다.

◉ 疏 ◉

文中에 先은 正問이오 後는 結請이라

前中十句 爲三이니 初五는 自利兼他니 一은 問'云何修習'이라야 順佛令喜오'는 其修習言은 亦總亦別이라 總徧諸句오 別謂策勤이니 卽下答中에 明不放逸이라 二는 問順法入位오 三은 順行이오 四는 順願이오 五는 順德이니 積德成藏故니라

次四는 利他兼自니 束爲二對니 初는 常說法而不捨自行이오 後는 下念四生이오 上弘三寶며 末後一句는 總結二利不虛라 二'佛子'下는 結

請을 可知니라

경문의 앞은 바로 물음이며, 뒤는 청법을 끝맺음이다.

앞의 물음에 대한 10구는 3부분으로 나뉜다.

⑴ 첫 5구는 自利에서 利他를 겸하였다.

① "어떻게 닦아야[修習]만 모든 여래를 기쁘게 해드릴 수 있는가?"라는 물음에서 말한 '修習'이란 총체로, 그리고 개별로 말하기도 한다. 총체로는 나머지 모든 구절에 두루 관통하고, 개별로는 警策과 근면을 말한다. 이는 아래의 대답에서 "방일해서는 안 된다[不放逸]."는 뜻으로 밝히고 있는 데에서 이를 알 수 있다.

② 법을 따라 지위에 들어감을 물음이며,

③ 행을 따라 지위에 들어감을 물음이며,

④ 서원을 따라 지위에 들어감을 물음이며,

⑤ 공덕을 따라 지위에 들어감을 물음이다. 공덕을 쌓아감이 창고[藏]를 성대하게 만들어주기 때문이다.

⑵ 다음 4구(제6~9)는 利他에서 自利를 겸하였다. 이는 둘씩 묶어 2가지의 상대를 이루고 있다. 앞의 상대는 언제나 남을 위해 설법하면서도 스스로 행해야 할 바를 버리지 않음이며, 뒤의 상대는 四生을 위해 생각하면서도 위로 삼보를 크게 받드는 것이다.

⑶ 마지막 제10구는 자리와 이타가 공허하지 않기를 총체로 끝맺음이다.

뒤의 '佛子' 이하는 請法을 끝맺음임을 설명하지 않아도 알 수 있다.

第二는 問行成德用이니 文亦分二니 初는 正問이오 後는 結請이라 前中分二니 初는 問行所成因德이오 二는 問結因成果德이라 今은 初라

2) 행하여 성취한 공덕의 작용을 물음이다.

이 경문은 또다시 2부분으로 나뉜다.

앞에서는 바로 물음이며, 뒤에서는 請法을 끝맺음이다.

앞의 바로 물음은 다시 2부분으로 나뉜다.

(1) 행하여 원인을 성취할 수 있는 공덕을 물음이며,

(2) 원인으로 성취한 결과의 공덕을 물음이다.

이는 (1) 행하여 원인을 성취할 수 있는 공덕을 물음이다.

經

復次如諸菩薩摩訶薩이 **常勤修習**하야
滅除一切無明黑暗하며
降伏魔怨하고 **制諸外道**하며
永滌一切煩惱心垢하며
悉能成就一切善根하며
永出一切惡趣諸難하며
淨治一切大智境界하며
成就一切菩薩諸地와 **諸波羅蜜**과 **總持三昧**와 **六通三明**과
四無所畏의 **清淨功德**하며
莊嚴一切諸佛國土와 **及諸相好**와 **身語心行**하야 **成就滿足**

하며

善知一切諸佛如來의 **力·無所畏**와 **不共佛法**과 **一切智·智**의 **所行境界**하며

爲欲成熟一切衆生하야 **隨其心樂**하야 **而取佛土**하고

隨根隨時하야 **如應說法**이며 **種種無量廣大佛事**하며

또 저 보살마하살들이 어떻게 항상 부지런히 닦아야

일체 무명과 암흑을 없앨 수 있으며,

마군에게서 항복 받을 수 있으며,

외도를 제어할 수 있으며,

영원히 모든 번뇌의 때를 씻을 수 있으며,

일체 선근을 모두 성취할 수 있으며,

영원히 모든 나쁜 갈래의 액난에서 벗어날 수 있으며,

일체 큰 지혜의 경계를 말끔히 다스릴 수 있으며,

일체 보살의 지위, 바라밀다, 다라니, 삼매, 여섯 가지 신통, 세 가지 지혜(宿命明, 天眼明, 漏盡明), 네 가지 두려운 바 없는 청정 공덕을 성취할 수 있으며,

일체 부처님의 국토를 장엄하고 32상, 80종호로 장엄하고 몸과 말과 마음의 청정한 행을 만족하게 성취할 수 있으며,

모든 부처님 여래의 십력(十力)과 사무소외(四無所畏)와 그 누구도 함께할 수 없는 부처님의 법과 부처님의 일체지(一切智)와 일체종지(一切種智)로 행하는 바의 경계를 알 수 있으며,

일체중생을 성숙하게 하기 위하여 그들의 좋아하는 마음을 따

라서 불국토를 취할 수 있으며,

근기와 시절의 인연에 따라 잘 맞추어 설법할 수 있으며, 가지가지 한량없이 광대한 불사를 지을 수 있겠습니까?

◉ 疏 ◉

有十二事니 初十一字는 貫下諸句라

一은 能滅無明이니 未審케라 修何行法而能滅耶아 諸句 皆爾라 意在徵因이라 無明은 有體어니와 黑暗은 爲用이니 非明無之處를 即名無明이라 故別有惑體이니 由無明故로 事理皆昧를 名爲黑暗이라

二는 問降魔오

三은 問制外오

四는 問究竟斷道니 心垢는 即是所知니 亦名習氣라

五는 善根을 以何而成고

六은 三惡八難을 云何可出고

七은 智境을 何由淨治오

八은 地等七種淨德을 云何成就오

九는 依正·三業功德을 云何莊嚴滿足가

十은 以何觀力으로 知佛功德가

十一은 一切智境을 復云何知오

十二는 何法으로 能成就衆生며 乃至作大佛事오

여기에는 12가지의 일이 있다.

첫 구절 11글자(如諸菩薩摩訶薩 常勤修習)는 아래 모든 구절을 관통

하고 있다.

① 무명을 없애주는 것이다. 알 수 없다. 무슨 행법을 닦아야 무명을 없앨 수 있을까? 모든 구절에서 말한 바가 모두 그러하다. 이처럼 물은 뜻은 그 원인을 따져 묻는 데에 있다. 무명은 본체가 있지만 암흑은 작용일 뿐이다. 밝음이 없는 곳을 곧 무명이라고 이름 붙이지는 않는다. 따라서 별개로 미혹의 본체가 있다. 그 무명으로 연유하여 모든 사리를 잘 알지 못하여 혼매한 것을 암흑이라고 말한다.

② 마군에게서 항복 받을 수 있는 방법을,

③ 외도를 제재할 수 있는 방법을,

④ 번뇌를 모조리 끊을 수 있는 방법을 물은 것이다. 心垢는 곧 所知障이자 또한 習氣라 말하기도 한다.

⑤ 선근을 어떻게 해서 성취할까?

⑥ 삼악팔난에서 어떻게 벗어날 수 있을까?

⑦ 지혜 경계를 무엇을 연유하여 말끔히 다스릴 수 있을까?

⑧ 十地 등 7가지의 청정 공덕을 어떻게 성취할까?

⑨ 依報·正報와 삼업의 공덕을 어떻게 장엄, 구족케 할까?

⑩ 무슨 觀力으로 부처님의 공덕을 알 수 있을까?

⑪ 일체지의 경계를 또한 어떻게 하면 알 수 있을까?

⑫ 무슨 법으로 중생을 성취시켜주며, 내지 대불사를 일으킬 수 있을까?

第二는 結因成果德이라

(2) 원인으로 성취한 결과의 공덕이다.

經

及餘無量諸功德法과 **諸行諸道**와 **及諸境界**를 **皆悉圓滿**하야 **疾與如來**로 **功德平等**하니라

於諸如來應正等覺이 **百千阿僧祇劫**에 **修菩薩行時**에 **所集法藏**을 **悉能守護**하야 **開示演說**하며 **諸魔外道**가 **無能沮壞**하며 **攝持正法**을 **無有窮盡**하며 **於一切世界**에 **演說法時**에 **天王·龍王·夜叉王·乾闥婆王·阿脩羅王·迦樓羅王·緊那羅王·摩睺羅伽王·人王·梵王·如來法王**이 **皆悉守護**하며 **一切世間**이 **恭敬供養**하며 **同灌其頂**하야 **常爲諸佛之所護念**하며 **一切菩薩**이 **亦皆愛敬**하며 **得善根力**하야 **增長白法**하며 **開演如來甚深法藏**하며 **攝持正法**하야 **以自莊嚴**하나니

그 밖의 한량없는 모든 공덕과 방법, 모든 행, 모든 도와 모든 경계들을 모두 다 원만하여 곧바로 부처님의 공덕과 평등할 수 있겠습니까?

모든 여래 응정등각(應正等覺)께서 백천 아승기겁 동안 보살의 행을 닦을 때에 쌓아놓은 법장을 모두 수호하고 연설하여 보이며,

여러 마군과 외도들이 방해하지 못하고,

바른 법을 거두어 지니되 다함이 없으며,

일체 세계에서 법을 연설할 때에 천왕·용왕·야차왕·건달바왕·아수라왕·가루라왕·긴나라왕·마후라가왕·인왕·범왕·여래 법왕이 모두 수호하고,

일체 세간이 공경한 마음으로 공양하며,

부처님이 다 함께 그의 정수리에 물을 부어주며,

일체 부처님이 항상 보호하고 염려해주는 바이며,

일체 보살 또한 모두 사랑하고 공경하며,

선근의 힘을 얻어 청정한 법이 증장하며,

여래의 지극히 깊은 법장을 열어 연설하며,

바른 법을 거두어 지녀 스스로 장엄하니

◉ 疏 ◉

於中二니 先은 正結平等이니 謂結所不說과 及等如來오 第二'於諸如來'下는 顯等佛之用이니 護持正法이 便等佛故니라 故偏明之니라

文有十句하니 初總餘別이니 總은 謂開示演說과 教理行果 皆有護義니라 '諸魔'下는 別이니 一은 異敵不侵이오 二는 攝持修行이오 三은 十王外助오 四는 舉世同欽이오 五는 諸佛灌頂이니 準梵本컨대 云'一切如來 共所守護로 同灌其頂이라' 故應廻文이오 六은 菩薩愛敬이오 七은 得衆善根이오 八은 能演深法이오 九는 攝德自嚴이니 若得此九면 方名護法이니라

이는 2부분으로 나뉜다.

첫째는 바로 부처님과 평등함을 끝맺음이니, 말할 수 없는 바

와 여래와 평등함을 끝맺음을 말한다.

둘째 '於諸如來' 이하는 부처님과 똑같은 작용을 밝혀줌이다. 바른 법을 보호하고 지님이 곧 부처님과 똑같기 때문이다. 따라서 이를 두루 밝힘이다.

이 경문에는 10구가 있다. 제1구는 총체이며, 나머지 9구는 개별이다.

총체는 가르침을 보여주고 법문을 연설함과 教理·行果에 모두 수호의 의의가 있음을 말한다.

'諸魔' 이하는 개별이다.

① 다른 적이 침범하지 못함이며,

② 받들어 지니면서 수행함이며,

③ 십왕이 밖에서 도움이며,

④ 온 세상 사람이 모두 공경함이며,

⑤ 많은 부처님이 정수리에 물을 부어줌이다. 범본에 준하면 "일체 여래가 다 함께 수호하면서 똑같이 그 정수리에 물을 부어주었다."고 한다. 따라서 이는 앞뒤로 모두 통하는 廻文이다.

⑥ 보살이 사랑하고 공경함이며,

⑦ 많은 선근을 얻음이며,

⑧ 심오한 법을 연설함이며,

⑨ 덕을 지녀 스스로 장엄함이다.

만일 이런 9구절을 얻으면 바야흐로 불법을 보호했다고 말할 수 있다.

二 結請

청법을 끝맺다

經

一切菩薩의 **所行次第**를 **願皆演說**하소서

일체 보살이 차례대로 행하여 왔던 바를 모두 말해주시기를 바라옵니다."

◉ **疏** ◉

可知라

이는 설명하지 않아도 알 수 있다.

後는 祇夜라

뒷부분은 게송이다.

經

爾時에 **精進慧菩薩**이 **欲重宣其義**하사 **而說頌言**하사대

그때 정진혜보살이 그 뜻을 거듭 말해주고자 게송으로 말하였다.

大名稱者善能演 **菩薩所成功德法**하시니

深入無邊廣大行하며　　　**具足淸淨無師智**로다

큰 명성 지니신 분, 말도 잘하신다

보살이 성취한 공덕의 법을…

그지없는 광대한 행에 깊이 들어가

스승 없이 아는 청정한 지혜 구족하다

◉ **疏** ◉

偈文은 分二니 初一은 讚說者라

게송은 2부분으로 나뉜다.

첫 부분의 제1게송은 설법한 이를 찬탄함이다.

經

若有菩薩初發心에　　　**成就福德智慧乘**하고

入離生位超世間하야　　　**普獲正等菩提法**인댄

어떤 보살이 처음 발심하여

복덕과 지혜의 법 모두 성취하고

생사 떠난 무생 지위에 들어가 세간을 뛰어넘어

두루 바른 보리법 모두 얻는다면

◉ **疏** ◉

餘十은 頌上文이라 於中亦二니 初一은 頌領前이라

나머지 10수 게송은 위의 게송을 읊은 것이다.

이는 또다시 2부분으로 나뉜다.

첫째 제2게송은 앞의 도리를 얻음에 대해 읊은 것이다.

經

彼復云何佛教中에 堅固勤修轉增勝하야
令諸如來悉歡喜하며 佛所住地速當入하며

그가 다시 말하였다. 어떡하면 부처님 가르침 속에서
견고히 부지런히 닦는 일 더욱 잘하여
여래의 마음 기쁘게 해드리며
부처님 머문 곳에 들어설 수 있을까

所行淸淨願皆滿하며 及得廣大智慧藏하며
常能說法度衆生호되 而心無依無所著하며

행하는 일 청정하고 서원 모두 만족하며
넓고 큰 지혜 법장 얻고
항상 설법하여 중생 제도하되
마음은 의지하거나 집착한 바도 없다

菩薩一切波羅蜜을 悉善修行無缺減하며
所念衆生咸救度하며 常持佛種使不絕하며

보살의 일체 바라밀다를
모두 잘 수행하여 모자람 없고

염려하는 중생을 모두 제도하고

부처님의 종성 끊이지 않도록 하고

所作堅固不唐捐하야 一切功成得出離니잇고

如諸勝者所修行인 彼淸淨道願宣說하소서

하는 일마다 견고하여 헛되지 않아

일체 공덕 성취하여 벗어날 수 있을까

수승한 이들이 수행해왔던

그 청정한 도리를 말씀해주소서

◉ 疏 ◉

餘는 頌請後라 於中亦二니 前四는 頌所修行體라

나머지 게송은 청법한 후에 읊은 것이다.

이는 또다시 2부분으로 나뉜다.

앞의 4수(제3~6) 게송은 닦아야 할 행의 자체를 읊은 것이다.

經

永破一切無明暗하며 降伏衆魔及外道하며

所有垢穢悉滌除하며 得近如來大智慧하며

일체 암흑의 무명, 영원히 타파하고

마군과 외도를 항복받으며

때 묻고 더러운 것 모두 말끔히 씻어 없애고

여래의 큰 지혜에 근사한 것을 얻으며

永離惡趣諸險難하며　　　淨治大智殊勝境하며
獲妙道力隣上尊하야　　　一切功德皆成就하며

아수라 등 온갖 험악한 길 영원히 여의고
큰 지혜 좋은 경계 청정하게 다스리며
미묘한 도력 얻어 높은 이 이웃하여
일체 공덕 모두 성취하고

證得如來最勝智하고　　　住於無量諸國土하야
隨衆生心而說法하며　　　及作廣大諸佛事하나니

여래의 가장 수승한 지혜 증득하고
한량없는 국토에 머물면서
중생의 마음 따라 설법하며
광대한 모든 불사 지을 수 있을까

◉ 疏 ◉

後五는 頌行所成德이라 於中亦二니 前三은 頌行所成因德이라

뒤의 5수(제7~11) 게송은 행하여 성취한 공덕을 읊은 것이다.

이는 또다시 2부분으로 나뉜다.

앞의 3수(제7~9) 게송은 행하여 성취한 바의 원인이 되는 공덕을 읊은 것이다.

經

云何而得諸妙道하야 **開演如來正法藏**하며
常能受持諸佛法하야 **無能超勝無與等**이니잇고

어찌하면 미묘한 도 얻어
여래의 바른 법을 말해줄 수 있고
언제나 부처님 법 받들어
더 나을 이도, 같을 이도 없게 할 수 있을까

云何無畏如師子하고 **所行淸淨如滿月**하며
云何修習佛功德호되 **猶如蓮華不著水**니잇고

어찌하면 사자처럼 두려움 없고
행하는 일, 보름달처럼 청정하고
어찌하면 부처님 공덕 닦아
물 묻지 않는 연꽃처럼 할 수 있을까

◉ **疏** ◉

後二는 頌結因成果德이라

뒤의 2수(제10~11) 게송은 원인으로 성취한 결과의 공덕을 읊은 것이다.

大文 第二는 正說分中에 分二니 先은 長行이오 後는 偈頌이라

前中亦二니 先은 讚問許說이라

대문 제2. 바로 설법한 부분

이는 2부분으로 나뉘는데, 앞부분은 장항이며, 뒷부분은 게송이다.

앞의 장항은 또다시 2부분으로 나뉜다.

첫째는 물음을 찬탄하면서 설법을 허락함이다.

經

爾時에 **法慧菩薩**이 **告精進慧菩薩言**하사대

善哉라 **佛子**여 **汝今爲欲多所饒益**과 **多所安樂**과 **多所惠利**로 **哀愍世間諸天及人**하야 **問於如是菩薩所修淸淨之行**하나니 **佛子**여 **汝住實法**하야 **發大精進**하고 **增長不退**하야 **已得解脫**하며 **能作是問**하야 **同於如來**하니

諦聽諦聽하야 **善思念之**하라 **我今承佛威神之力**하야 **爲汝於中**에 **說其少分**호리라

그때 법혜보살이 정진혜보살에게 말하였다.

"착하고 착하다. 불자여, 그대는 지금 중생에게 많은 이익이 되는 바와 많은 안락이 되는 바와 많은 은혜가 되는 바를 베풀기 위한 마음으로 세간의 하늘과 사람들을 가엾이 여겨, 이처럼 보살이 닦아야 할 청정한 행을 묻는구려.

불자여, 그대가 실상의 법에 머물러 크게 정진하려는 마음을 일으키고, 이런 마음을 너욱 키워나가면서 물러나지 않아서 이미

해탈을 얻었으며, 이렇게 묻는 것이 여래와 같다.

자세히 듣고 자세히 들으면서 잘 생각하도록 하라. 내 이제 부처님의 불가사의한 위신력을 받들어 그대에게 조금 말해주리라.

◉ **疏** ◉

文中三이니 初는 讚所問利益也오 二'佛子'下는 讚能問具德이오 三'諦聽'下는 戒聽許說이라

경문은 3부분으로 나뉜다.

(1) 물은 일들이 이익 되는 바를 찬탄함이며,

(2) '佛子' 이하는 이를 묻는 주체가 공덕을 갖추고 있음을 찬탄함이며,

(3) '諦聽' 이하는 귀담아듣도록 경계하고 설법을 허락함이다.

第二 正答中二니 先은 答所成行體오 後는 答行成德用이라

前中에 答前十問은 即爲十段이니 今初段中에 有五十句하니 前二十句는 答前修習이오 後三十句는 答令佛歡喜라

前'修習'言은 亦總亦別이니 今不放逸도 亦通總別이니 總은 則徧下十段이니 皆由不放逸成이오 別은 則屬於修習이라 在文分二니 先牒前標後니라

둘째, 장항의 뒷부분은 바로 물은 바를 답함이다.

이는 2부분으로 나뉜다.

1. 성취해야 할 행의 체성에 대한 물음에 답함이며,

2. 행하여 성취한 공덕의 작용에 대한 물음에 답함이다.

1. 성취해야 할 행의 체성에 대한 부분에서 10가지의 물음을 답한 것은 곧 10단락이다.

이의 제1단락에는 50구가 있다.

1) 앞의 20구는 앞서 말한 '修習'에 대한 답이며,

2) 뒤의 30구는 '부처님의 마음을 기쁘게 해드리는' 데에 대한 답이다.

앞서 말한 '修習' 또한 총체가 있기도 하고, 또한 개별이 있기도 하다. 따라서 여기에서 말한 '방일하지 않는다.'는 것 또한 총체와 개별에 모두 통한다. 총체로 말하면 아래의 10단락에 두루 관통하고 있다. 이는 모두 '방일하지 않는' 데에서 이뤄지기 때문이다. 개별로는 '닦고 익히는' 修習에만 속한다.

경문은 2부분으로 나뉜다. 먼저 앞의 경문을 이어 쓰면서 뒤 문장을 내세웠다.

經

佛子여 **菩薩摩訶薩**이 **已發一切智心**인댄 **應離癡暗**하고 **精勤守護**하야 **無令放逸**이니라

불자여, 보살마하살이 이미 일체 지혜의 마음을 일으켰다면 당연히 어리석음을 여의고 부지런히 수호하여 방일하는 일이 없어야 할 것이다.

◉ 疏 ◉

勤智守心하야 不犯塵境을 名不放逸이니 是修習相이오 不守根門을 是名放逸이라 涅槃云'不放逸根이 深固難拔이라'하니 因不放逸하야 一切善根이 皆得增長이라 故首明之니라 卽精進三根이 於所斷修에 防非爲性이오 對治放逸하야 成滿一切世出世間善事로 爲業이라【鈔_ '卽精進三根'下는 第三에 出其體業이니 卽唯識第六에 釋曰謂依精進과 及無貪等 三種善根이니 此之四法이 於所斷惡에 防令不起하고 於所修善에 隨令增長하나니 體는 是四法이오 約別功能而假建立을 名不放逸이니 非別有體라'하니라】

근면과 지혜로 마음을 지켜 육근 경계를 범하지 않음을 '방일하지 않음'이라고 말한다. 이것이 '닦고 익히는 모습'이며, 육근의 문을 지키지 않음을 '방일'이라고 말한다. 열반경에 이르기를 "방일하지 않는 육근이 깊고 견고하여 뽑기 어렵다."고 하니 방일하지 않음으로 인하여 일체 선근이 모두 커나가게 된다. 이 때문에 이를 맨 처음 밝힌 것이다.

곧 정진과 3가지 선근이 나쁜 것은 끊고 선한 것을 닦아가는 바에 그릇된 일을 막음으로써 자성이 되고, 방일을 다스려서 일체 세간·출세간의 선한 일들을 원만하게 성취하는 것으로 업을 삼는다.【초_ "곧 정진과 3가지 선근" 이하는 제3에서 그 체성과 업을 말한 것이다. 곧 유식론 제6에서 이를 다음과 같이 해석하였다.

"정진 및 탐욕을 없게 하는 등의 3가지 선근을 의지함을 말한다. 이와 같은 4가지 법이 끊어야 할 악을 막아 다시는 악이 일어나지 못하도록 하고, 닦아야 할 선을 따라 더욱 커나가도록 만드는 것이다. 體는 4가지의 법이며, 또 다른 작용을 들어 임시로 '방일하지 않음'이라고 명명할 뿐이지, 별개의 체가 있는 게 아니다."】

二는 辨別中에 有二十句하니 前十은 始修오 後十은 終成이니 今은 初라

다음은 변별에 20구가 있다.
앞의 10구는 처음 닦음이며,
뒤의 10구는 마침내 성취함이다.
이는 앞의 10구이다.

經

佛子여 **菩薩摩訶薩**이 **住十種法**을 **名不放逸**이니
何者가 **爲十**고
一者는 **護持衆戒**오
二者는 **遠離愚癡**하야 **淨菩提心**이오
三者는 **心樂質直**하야 **離諸諂誑**이오
四者는 **勤修善根**하야 **無有退轉**이오
五者는 **恒善思惟自所發心**이오
六者는 **不樂親近在家出家一切凡夫**오
七者는 **修諸善業**호되 **而不願求世間果報**오
八者는 **永離二乘**하고 **行菩薩道**오

九者는 **樂修衆善**하야 **令不斷絕**이오
十者는 **恒善觀察自相續力**이라
佛子여 **若諸菩薩**이 **行此十法**하면 **是則名爲住不放逸**이니라

불자여, 보살마하살이 열 가지의 법에 머무는 것을 '방일하지 않음'이라고 말한다.

무엇이 열 가지의 법인가?

첫째, 많은 계율을 보호하여 지님이며,

둘째, 멀리 어리석음을 여의고 보리심을 청정히 함이며,

셋째, 마음에 질박하고 정직함을 좋아하여 아첨과 속임을 여읨이며,

넷째, 부지런히 선근을 닦아 물러서지 않음이며,

다섯째, 스스로 발심할 바를 항상 생각함이며,

여섯째, 집에 있거나 출가한 일체 범부와 가까이함을 좋아하지 않음이며,

일곱째, 선한 업을 닦으면서도 세간의 과보를 구하지 않음이며,

여덟째, 이승을 길이 여의고 보살의 도를 행함이며,

아홉째, 모든 선을 기꺼이 닦아 끊어지지 않도록 함이며,

열째, 항상 스스로 계속하는 힘을 잘 관찰함이다.

불자여, 보살이 만일 이 열 가지 법을 행하면 이를 방일하지 않는 데 머문다고 말한다.

◉ 疏 ◉

文四니 一은 總標오 二는 徵數오 三은 別列이오 四는 總結이니 他皆倣此니라

列中에 一은 對治破戒放逸이니 三聚非一이라 故名爲衆이니 卽三德三身之因일세 故首明也니라 寧捨身命이언정 不犯小罪라 故名護持니라 二는 離癡智顯이라 故菩提心淨이오 三·四는 可知오 五는 恐負自心이라 故思本發이오 六은 遠離惡緣이오 七은 修善無住오 八은 離小行大니 寧起疥癩野干之心이언정 不起二乘之心이니 難反復故오 九는 積善無替오 十은 亦愛亦策하야 不令過分하야 使不相續이니 若不續者는 當令相續이라 故須觀察이니라【鈔_ '寧起疥癩'下는 卽薩遮尼犍子經이오 '難反復故'는 卽淨名文이니 彼第二經에 云'凡夫는 於佛法에 有反復이로되 而聲聞은 無也'라하니라】

경문은 4부분으로 나뉜다.

(1) 총체로 내세움이며,

(2) 수효를 물음이며,

(3) 개별로 나열함이며,

(4) 총체로 끝맺음이다.

아래의 나머지는 모두 이와 같다.

개별로 나열한 바는 아래와 같다.

(1) 파계와 방일을 다스림이다. 三聚(正定聚·邪定聚·不定聚)는 하나가 아니기 때문에 衆[護持衆戒]이라고 말한다. 이는 곧 삼덕(법신·반야·해탈)과 삼신의 원인이 되기에 이를 맨 먼저 밝힌 것이다.

차라리 목숨을 버릴지언정 작은 죄악이라도 범하지 않는 까닭에 이를 '보호하여 지닌다[護持].'고 말한다.

(2) 어리석음을 여의어 지혜가 나타난 까닭에 보리심이 청정하다.

(3), (4)는 설명하지 않아도 알 수 있다.

(5) 자신의 마음을 저버릴까 두려운 까닭에 근본발심을 생각한다.

(6) 악연을 멀리 여읜다.

(7) 선을 닦되 집착이 없다.

(8) 작은 것을 여의고 큰 것을 행한다. 차라리 비루먹은 여우의 마음을 일으킬지언정 이승의 마음을 일으키지 않는 것은 다시 돌이키기 어려운 까닭이다.

(9) 선을 쌓아가는 데에 그만둠이 없다.

(10) 또한 사랑하고 또한 경책하여 하여금 과분하게 하여 서로 이어지지 못하는 일이 없도록 함이다. 만일 이어지지 못하면 당연히 이어지도록 해야 하기 때문에 반드시 잘 살펴야 한다.【초_ "차라리 비루먹은 여우의 마음을 일으킬지언정" 이하는 곧 薩遮尼犍子經에서 인용한 부분이다. "다시 돌이키기 어려운 까닭"이라는 것은 곧 유마경에서 인용한 문장이다. 유마경 제2에 이르기를 "범부는 불법으로 되돌아올 수 있지만 성문은 도저히 되돌아올 수 없다."고 하였다.】

二 終成

뒤의 10구는 마침내 성취함이다.

經

佛子여 菩薩摩訶薩이 住不放逸에 得十種清淨하나니

何者가 爲十고

一者는 如說而行이오

二者는 念智成就오

三者는 住於深定하야 不沈不擧오

四者는 樂求佛法하야 無有懈息이오

五者는 隨所聞法如理觀察하야 具足出生巧妙智慧오

六者는 入深禪定하야 得佛神通이오

七者는 其心平等하야 無有高下오

八者는 於諸衆生上中下類에 心無障礙이 猶如大地하야 等作利益이오

九者는 若見衆生이 乃至一發菩提之心이라도 尊重承事를 猶如和尙이오

十者는 於授戒和尙과 及阿闍梨와 一切菩薩諸善知識法師之所에 常生尊重하야 承事供養이라

佛子여 是名菩薩의 住不放逸十種清淨이니라

불자여, 보살마하살이 방일하지 않는 데 머물면 열 가지의 청정함을 얻을 수 있다.

무엇이 열 가지의 청정함인가?

첫째, 말씀하신 대로 행함이며,

둘째, 생각과 지혜가 성취함이며,

셋째, 깊은 선정에 머물러 마음이 혼침하거나 들뜨지 않음이며,

넷째, 불법을 기꺼이 구하여 게을리하지 않음이며,

다섯째, 들은 법문을 따라 진리대로 관찰하여 뛰어난 지혜를 구족하게 냄이며,

여섯째, 깊은 선정에 들어가 부처님의 신통을 얻음이며,

일곱째, 그 마음이 평등하여 높낮이가 없음이며,

여덟째, 중생들의 상, 중, 하에 대하여 마음에 장애가 없음이 대지처럼 평등하게 이익을 줌이며,

아홉째, 중생 내지 한 번 보리심을 낸 이를 보더라도 존중하여 스님처럼 섬김이며,

열째, 계를 내려준 스님이나 아사리나 모든 보살이나 선지식이나 법사가 있는 곳이면 항상 존중하여 섬기고 공양함이다.

불자여, 이를 이름하여 보살이 방일하지 않는 데 머무른 열 가지의 청정이라고 말한다.

◉ 疏 ◉

終成十中에 一은 行淸淨이니 由不放逸하야 得無違教失이라 故名淸淨이니라

二는 念智淸淨이니 念則明記오 智則決斷이니 念有智故로 念卽無念이오 智有念故로 常得現前이니 此二相資라 故名成就니라

三은 等持清淨이니 不沈不掉이라 故名爲等이라 然此沈掉는 乃含多意니 如始學者 不昏沈과 不惡作도 亦名爲等이나 未是深定이어니와 今稱性寂然이라 故能不掉오 智照不昧라 所以不沈이니 如此深定은 非深非淺이니라

四는 勤聞清淨이오

五는 思修清淨이오

六은 等引清淨이오

七은 妙慧清淨이니 稱理平等故

八은 攝受清淨이니 等利益故니라 如大地者는 勝鬘云'譬如大地에 負四重擔이니 一者는 大海오 二者는 諸山이오 三者는 草木이오 四者는 衆生이라'하니 菩薩大地 荷負四種重任者는 謂離善知識하야 無聞非法衆生을 以人天善根而成熟之며 及三乘人을 隨機徧攝이 名等作利益이라

九는 同行清淨이니 謂如彌伽 讚敬善財니라

十은 承事清淨이니 離輕心故니라【鈔_ '謂離善知識'下는 合上四種重任이라 此는 合大海最深이니 重難持故오 '諸山'은 喻菩薩十地니 十地如十山故오 '草木'은 喻緣覺·獨善이니 不從師故오 '衆生'은 喻聲聞이니 有師屬故니라】

마침내 성취한 10가지는 아래와 같다.

(1) 행이 청정함이다. 방일하지 않음으로 연유하여 가르침을 어기는 잘못이 없기에 그 이름을 청정이라 한다.

(2) 생각과 지혜가 청정함이다. 念이란 분명하게 기억함이며, 智는 곧 결단이다. 생각에 지혜가 있기 때문에 생각이 곧 無念이

며, 지혜에 생각이 있기에 언제나 앞에 나타나는 것이다. 생각과 지혜 2가지가 서로 힘입기 때문에 그 이름을 '성취'라 한다.

(3) 선정[等持]이 청정함이다. 昏沈하거나 들뜨지 않기에 그 이름을 '等'이라 한다. 그러나 혼침과 掉擧에는 많은 의의를 함유하고 있다. 처음 배우는 이가 혼침하지 않고 나쁜 짓을 하지 않는 것 또한 '等'이라 말하지만, 그것은 깊이 있는 선정이 아니다. 그러나 여기에서는 성품에 하나가 되어 고요하기에 들뜨지 않고, 지혜의 관조가 혼매하지 않기에 혼침하지도 않는다. 이처럼 깊이 있는 선정은 깊은 것도 아니요, 얕은 것도 아니다.

(4) 부지런히 들음이 청정함이다.

(5) 생각하고 닦음이 청정함이다.

(6) 삼매로 공덕을 이끌어옴[等引]이 청정함이다.

(7) 미묘한 지혜가 청정함이다. 진리에 하나가 되어 평등하기 때문이다.

(8) 받아들임이 청정함이다. 평등한 이익을 주기 때문이다. 大地와 같다는 것은 승만경에 이르기를 "비유하면 대지가 4가지의 무거운 짐을 지고 있음과 같다. 첫째는 큰 바다이며, 둘째는 수많은 산이며, 셋째는 초목이며, 넷째는 중생이다."고 한다. 보살의 대지가 4가지의 무거운 짐을 지고 있는 것은 선지식을 멀리 떠나 들은 바 없고 不法을 자행한 중생을 人天善根으로 성숙시켜주는 것이며, 더불어 삼승인의 근기에 따라 두루 받아들이는 것을 '평등하게 지어주는 이익'이라고 말한다.

⑼ 함께 행함이 청정함이다. 彌伽가 선재를 찬탄하고 공경함과 같은 일이다.

⑽ 받들어 섬김이 청정함이다. 경박한 마음을 여읜 때문이다. 【초_ "선지식을 멀리 떠나 들은 바 없다." 이하는 위에서 말한 4가지의 무거운 짐을 종합하여 말한 것이다. 이는 가장 깊은 큰 바다와도 같다. 이는 너무 무거워서 부지하기 어렵기 때문이다. 수많은 산이란 보살의 十地를 비유함이다. 십지는 10개의 산과 같기 때문이다. 초목은 緣覺과 독각을 비유함이다. 그들은 스승을 따르지 않기 때문이다. 중생은 성문을 비유함이다. 그들은 스승 등이 있기 때문이다.】

次는 答合佛喜 有三十句하니 初十은 結前生後오 次十은 正成行相이오 後十은 純熟究竟이니 今은 初라

2) 부처님의 기쁜 마음에 부합하는 부분에 대한 대답에 30구가 있다.

처음 10구는 앞 문장을 끝맺으면서 뒤 문장을 일으킴이며,
다음의 10구는 바로 行相을 이룸이며,
뒤의 10구는 순숙한 究竟이다.
이는 처음 10구이다.

經

佛子여 **菩薩摩訶薩**이 **住不放逸**하야 **發大精進**하며 **起於正念**하며 **生勝欲樂**하며 **所行不息**하며 **於一切法**에 **心無依處**하며 **於甚深法**에 **能勤修習**하며 **入無諍門**하며 **增廣大心**하며 **佛法無邊**을 **能順了知**일세 **令諸如來**로 **皆悉歡喜**니라

불자여, 보살마하살이 방일하지 않는 데 머물면서
큰 정진을 분발하며,
바른 생각을 일으키며,
좋은 욕락을 내며,
행하는 바가 쉼이 없으며,
모든 법에 대하여 마음이 의지한 곳 없으며,
지극히 깊은 법을 부지런히 닦으며,
다툼이 없는 법문에 들어가며,
광대한 마음을 더하며,
그지없는 불법을 따라서 알아
모든 여래의 마음을 모두 기쁘게 해드리는 것이다.

◉ 疏 ◉

此卽牒前十種淸淨이니 如次配屬이라 前八은 可知오 九는 攝二句니 以菩提心과 佛法無邊誓願知故니라 旣敬此心과 及事於師라 故能順了니라

上九는 結前이오 第十은 生後라 故令佛喜니라

이는 곧 앞의 10가지 청정을 이어 쓴 것으로, 차례와 같이 배속한다.

앞의 8구는 말하지 않아도 알 수 있고, 제9구는 2구를 함께하고 있다. 보리의 마음과 그지없는 불법을 맹세코 알고자 한 때문이다. 이미 이런 마음을 공경하고 스승을 섬긴 까닭에 이처럼 불법을 따라서 알아가는 것이다.

위의 9구는 앞의 문장을 끝맺고, 제10구는 뒤의 문장을 일으키는 까닭에 부처님의 마음을 기쁘게 해드리는 것이다.

次十은 正成行相이라

다음 10구는 바로 행하는 양상을 이룬다.

經

佛子여 **菩薩摩訶薩**이 **復有十法**하야 **能令一切諸佛歡喜**하나니

何等이 **爲十**고

一者는 **精進不退**오

二者는 **不惜身命**이오

三者는 **於諸利養**에 **無所希求**오

四者는 **知一切法**이 **皆如虛空**이오

五者는 **善能觀察**하야 **普入法界**오

六者는 知諸法印하야 心無倚著이오
七者는 常發大願이오
八者는 成就淸淨忍智光明이오
九者는 觀自善法에 心無增減이오
十者는 依無作門하야 修諸淨行이라
佛子여 是爲菩薩이 住十種法하야 能令一切如來歡喜니라

불자여, 보살마하살이 또한 열 가지의 법이 있어 모든 부처님의 마음을 기쁘게 해드리는 것이다.

무엇이 열 가지의 법인가?

첫째, 정진하여 물러서지 않으며,

둘째, 몸과 목숨을 아끼지 않으며,

셋째, 모든 편안한 생활을 바라지 않으며,

넷째, 일체 법이 허공과 같음을 알며,

다섯째, 잘 관찰하여 널리 법계에 들어가며,

여섯째, 모든 법인(法印)을 알아 마음에 집착이 없으며,

일곱째, 항상 큰 서원을 내며,

여덟째, 청정한 법인(法忍)과 지혜의 광명을 성취하며,

아홉째, 스스로의 선한 법을 관찰하여 증감하는 마음이 없으며,

열째, 조작이 없는 법문에 의지하여 청정한 행을 닦는 것이다.

불자여, 이를 보살이 열 가지의 법에 머물러 모든 여래의 마음을 기쁘게 해드리는 것이라고 한다.

◉ 疏 ◉

正成行相者는 前明卽前修習이라 故令佛喜이오 今更別明이라 於中에 一은 勤而不退니 成上精進이오 二는 內不惜身이니 正念方成이오 三은 外絕異求라 故唯有勝進이오 四는 加行觀空이라야 方能不息이오 五는 正證入理라 故無所依오 六은 窮得法印이라야 方順深法이라

法印多種이니 或五或四오 或三或一이니 但廣畧之異耳라

言五印者는 卽五非常觀이니 謂無常·苦·空·無我·寂靜이오

言四印者는 合空入於無我니 空卽我所故이라 或名優陀那니 菩薩藏經第二中에 名法鄔陀南이라하니 鄔陀南者는 此名標相이니 涅槃寂靜이 是無爲法標相이라 印은 卽決定義니 如說有爲 決定無常이니 善戒第七과 地持第八과 瑜伽四十六에 廣有分別이라

言三印者는 四中合苦하야 入無常이며 或除涅槃寂靜 有爲印故니라

今以諸印으로 印於一切에 亦無能印이라 故云不著이니 則入唯一實相印矣니라【鈔_ '善戒第七'者는 經云'智有三種하니 一者는 能捨外物이오 二者는 能捨內物이오 三者는 捨內外已오 兼化衆生이라 云何教化오 見貧窮者어든 先當語言호되 汝能歸依於三寶不아 受齋戒不아 若言能者는 先授三歸와 及於齋戒하고 後則施物하며 若言不能이어든 復應語言호되 若不能者어든 汝能隨我說 一切法無常이오 無我오 寂滅涅槃不아 若言能者어든 復當教之하고 教已便施라하고 乃至云若能如是先教後施면 是名大施라'하니라】

'바로 행하는 양상을 이룬다.'는 것은 앞부분에서는 즉전의 '修習'을 밝힌 까닭에 부처님의 마음을 기쁘게 만든 것이며, 여기에서

는 개별로 이를 밝힌 것이다.

⑴ 부지런히 행하여 물러서지 않음이니 위에서 말한 精進을 성취함이며,

⑵ 안으로 몸을 아끼지 않음이니 위에서 말한 正念을 바야흐로 성취함이며,

⑶ 밖으로 다른 것을 추구하는 마음이 끊어진 까닭에 오직 수승하게 닦아나감이 있을 뿐이며,

⑷ 加行으로 空을 보아야 바야흐로 쉬지 않으며,

⑸ 바른 증득으로 진리에 들어간 까닭에 의지한 바가 없음이며,

⑹ 法印을 궁구하여 얻어야만 비로소 심오한 법을 따를 수 있다.

法印은 여러 가지가 있다. 혹은 5개의 법인, 혹은 4개의 법인, 혹은 3개의 법인, 혹은 1개의 법인이 있다고 한다. 단 많고 적은 차이가 있을 뿐이다.

5개의 법인이라 말한 것은 곧 五非常觀이다. 이는 無常, 苦, 空, 無我, 寂靜을 말한다.

4개의 법인이라 말한 것은 空을 無我에 넣어 합한 것이다. 이는 空이 곧 我所이기 때문이다. 혹은 '優陀那'라 말하기도 한다. 보살장경 제2에서는 이를 '法鄔陀南'이라 말하였다. 鄔陀南이란 중국말로 풀이하면 標相이라는 뜻이다. 涅槃寂靜이 無爲法의 표상임을 말한다. 도장[印]이란 곧 '결정'의 의미이다. 有爲는 결정코 無常하다는 말과 같다. 이에 대해 善戒論 제7, 地持論 제8, 瑜伽論 46에서 자세히 논변하고 있다.

3개의 법인이라 말한 것은 4개의 법인 가운데 苦를 無常에 넣어 합한 것이며, 혹은 열반적정의 有爲의 印을 뺐기 때문이다.

여기에서 모든 도장으로써 모두 결정하여 도장을 찍음에 있어서 또한 도장을 찍는 주체자도 없기 때문에 '집착이 없다.'고 말한 것이다. 이는 곧 유일한 實相印에 들어감이다.【초_ '善戒論 제7'이란 해당 경문에서 다음과 같이 말하였다.

"지혜에는 3가지의 종류가 있다.

첫째는 바깥 사물을 모두 버리는 것이며,

둘째는 내면의 존재를 모두 버리는 것이며,

셋째는 바깥 사물과 내면 존재를 모두 버리고 겸하여 중생을 교화함이다.

어떻게 교화하는가?

가난한 이를 보면 먼저 이렇게 말해야 한다.

'그대는 삼보께 귀의하겠는가? 계를 받겠는가?'

만일 그렇게 하겠다는 이에게는 먼저 삼귀의례 및 계를 주고서, 그 뒤에 재물을 보시해주는 것이다.

만일 그렇게 하지 못하겠다는 이에게는 다시 이처럼 말해야 한다.

'정 그렇게 하지 못하겠다면 그대가 나를 따라서, 일체 법은 無常이요, 無我요, 적멸열반이라고 말할 수 있겠는가?'

만일 그렇게 하겠다는 이에게는 다시 가르치고, 이처럼 가르친 뒤에 재물을 보시해주는 것이다. … 만일 이처럼 먼저 가르치고 뒤에 보시하면 이를 '큰 보시'라고 말한다."】

後四는 依理起行이니 七은 願護小心일세 故增廣大오 八은 智護凡見이라야 方順佛法이오 九는 自無法愛오 十은 無作而修라 故入無諍門矣니라

뒤의 4구는 진리를 따라 行을 일으키는 것이다.

(7) 여느 사람들은 작은 마음 가지기를 원한 까닭에 광대한 誓願을 더하도록 함이며,

(8) 지혜로 凡見을 보호해야 비로소 불법에 따를 수 있으며,

(9) 스스로 법에 대한 애착이 없음이며,

(10) 조작 없이 닦기에 다툼이 없는 법문에 들어감이다.

後十은 純熟究竟이라

뒤의 10구는 순숙한 구경이다.

經

佛子여 **復有十法**하야 **能令一切諸佛歡喜**하나니
何者가 **爲十**고
所謂安住不放逸과
安住無生忍과
安住大慈와
安住大悲와
安住滿足諸波羅蜜과
安住諸行과

安住大願과
安住巧方便과
安住勇猛力과
安住智慧하야 **觀一切法**이 **皆無所住**가 **猶如虛空**이라
佛子여 **若諸菩薩**이 **住此十法**하면 **能令一切諸佛歡喜**니라

불자여, 또한 열 가지의 법이 있어 모든 부처님의 마음을 기쁘게 해드리는 것이다.

무엇이 열 가지의 법인가?

이른바 방일하지 않는 데에 편안히 머물고,

무생법인에 머물고,

대자(大慈)에 편안히 머물고,

대비(大悲)에 편안히 머물고,

만족한 모든 바라밀다에 편안히 머물고,

모든 행에 편안히 머물고,

큰 서원에 편안히 머물고,

뛰어난 방편에 편안히 머물고,

용맹한 힘에 편안히 머물고,

지혜에 편안히 머물러 모든 법이 머문 데 없음이 마치 허공과 같음을 살펴보는 것이다.

불자여, 보살이 이 열 가지의 법에 머물면 모든 여래의 마음을 기쁘게 해드릴 수 있다.

◉ 疏 ◉

純熟究竟中에 行修成熟이라 故云安住니라 初二는 入理行이니 一은 加行離逸이오 二는 正證捨相이며 次二는 救生行이오 次二는 隨緣行이니 十度別修하고 諸行總攝이며 後四는 願智行이니 卽十度後四也라

亦可前十이 如次成此十種이로되 但生熟之異耳니 思之어다

순숙한 구경 속에서 행상과 수습이 성숙한 까닭에 이를 安住라 말한다. 앞의 2구는 진리에 들어가는 行이니, 제1구는 加行으로 방일을 여읨이며, 제2구는 바른 증득으로 相을 버림이다. 다음 2구는 중생을 구제하는 행이며, 다음 2구는 반연을 따른 행이다. 십바라밀을 개별로 닦고, 모든 행을 총체로 섭수함이다. 뒤의 4구는 서원과 지혜의 행이니, 곧 십바라밀의 뒷부분 4가지이다.

또한 앞의 10구에서 차례와 같이 이 10가지를 이뤘지만, 단 生熟의 차이가 있을 뿐이다. 이 점을 생각해야 한다.

第二는 答入菩薩所住處問이라

文分爲三이니 初有十法은 起入地行이오 次는 住地觀修오 後는 明地要勝이라 今은 初라

제2단락, 보살이 머물 곳에 들어감을 물음에 답하였다.

이 경문은 3부분으로 나뉜다.

1) 10가지 법은 지위에 들어갈 수 있는 행을 일으킴이며,

2) 지위에 머물면서 수행을 살펴봄이며,

3) 지위의 중요함과 수승함을 밝힘이다.

이는 1) 지위에 들어갈 수 있는 행을 일으킴이다.

經

佛子여 有十種法하야 令諸菩薩로 速入諸地하나니

何等이 爲十고

一者는 善巧圓滿福智二行이오

二者는 能大莊嚴波羅蜜道오

三者는 智慧明達하야 不隨他語오

四者는 承事善友하야 恒不捨離오

五者는 常行精進하야 無有懈怠오

六者는 善能安住如來神力이오

七者는 修諸善根호되 不生疲倦이오

八者는 深心利智가 以大乘法으로 而自莊嚴이오

九者는 於地地法門에 心無所住오

十者는 與三世佛善根方便으로 同一體性이라

佛子여 此十種法이 令諸菩薩로 速入諸地니라

불자여, 열 가지의 법이 있어 모든 보살로 하여금 빨리 모든 지위에 들어가게 한다.

무엇이 열 가지의 법인가?

첫째, 복덕과 지혜 두 가지 행을 잘 원만히 함이며,

둘째, 바라밀다의 도를 크게 장엄함이며,

셋째, 지혜가 통달하여 다른 이의 말을 따르지 않음이며,

넷째, 선지식을 항상 섬겨 여의지 않음이며,

다섯째, 항상 정진하여 게으르지 않음이며,

여섯째, 여래의 신통한 힘에 잘 머무름이며,

일곱째, 선근을 닦되 피로해하거나 게으르지 않음이며,

여덟째, 깊은 마음, 밝은 지혜가 대승법으로 장엄함이며,

아홉째, 지위마다의 법문에 마음이 집착하지 않음이며,

열째, 삼세 부처님의 선근과 방편으로 자체 성품이 똑같음이다.

불자여, 이 열 가지의 법이 모든 보살로 하여금 빨리 모든 지위에 들어가게 만들어주는 것이다.

◉ 疏 ◉

列中初三은 自分行이니 一은 具資糧이오 二는 成加行이니 一度具十을 名大莊嚴이오 三은 智契實相이라 故不隨他니라

後七은 起勝進行이니 謂四는 外近良緣이오 五는 內須自策이오 六은 能安果用이오 七은 不厭修因이오 八은 雙游定慧니 深心契寂이오 利智貫達이라 以斯二法으로 嚴於法身이라 故法華云佛自住大乘하사 如其所得法인 定慧力으로 莊嚴하고 以此로 度衆生也오 九는 不住法門이라 住有二失하니 一은 不契地智오 二는 不能進趣니 不住는 反此니라 十은 善窮地體니 謂依一佛智하야 方便多門이라 更無異體니라

나열한 가운데 앞의 3구는 자신이 갖춰야 할 행이다.

(1) 資糧을 갖춤이며,

⑵ 加行을 성취함이다. 하나의 바라밀에 10가지 바라밀을 갖춤을 '대장엄'이라 한다.

⑶ 지혜가 실상에 하나가 된 까닭에 다른 이의 말을 따르지 않는다.

뒤의 7구는 수승하게 닦아나가는 행을 일으킴이다.

⑷ 밖으로 좋은 반연을 가까이함이며,

⑸ 안으로 스스로의 경책을 구함이며,

⑹ 佛果의 작용에 안주함이며,

⑺ 수행의 원인을 싫어하지 않음이며,

⑻ 선정과 지혜에 모두 노니는 것이다. 깊은 마음은 적멸에 하나 되고, 뛰어난 지혜로 관통함이다. 이 2가지의 법으로 법신을 장엄하는 것이다. 따라서 법화경에서 이르기를 "부처님이 스스로 대승에 머물면서 그 얻은 바의 법과 같이 定慧의 힘으로 장엄하고 이로써 중생을 제도한다."고 하였다.

⑼ 법문에 집착하지 않음이다. 집착하면 2가지의 잘못이 있다. 첫째는 지위의 지혜에 하나가 되지 못하고, 둘째는 앞으로 닦아나가지 못한다. 집착하지 않음은 이와 상반되는 것이다.

⑽ 지위 자체의 성품을 잘 궁구함이다. 하나의 부처님 지혜를 의지하여 방편으로 많은 법문이 있을 뿐, 그 자체가 다른 것은 아니다.

◉ **論** ◉

第五는 佛子已下로 至令諸菩薩速人諸地히 有八行經은 明行此十

法에 速入諸地分이라 經云有十種法하야 令諸菩薩로 速入諸地者는 明雖於初發心住位라도 而偏知諸住諸行諸迴向諸地法門이니 爲一卽一切故오 一切卽一故며 卽因卽果故라 卽如善財童子 見彌勒菩薩已에 彌勒이 還令却見文殊師利는 明因果 不異不離故니 此亦如是하야 從初發心位로 佛果地位를 一念齊進호되 而亦不出一念中코 修成正覺佛因果와 及菩薩行하야 悉圓滿故라 如善財一生과 龍女의 不出一刹那際코 一㈢生成佛이 總相似故니 云一生成佛者는 明今生이 是父母分段身이니 是信心及見道修行에 生捨分段身하고 入變易生이 名爲一生이오 亦不出刹那際는 無古今性하며 無分段性하며 無變易性하야 萬相이 如幻故며 如化故며 非生滅故며 無三世故니 以此初住에 偏修諸位諸地故로 貫通諸法하야 總一時一法이라 多少延促이 自在無礙하야 不出一刹那際故며 法如是故니 去情하야 以智觀之하면 可見이라 經에 云與三世諸佛로 同一體性者는 爲法身智慧 同也니 三世廣大劫이 一念同일세 三世諸佛普賢으로 共行大智大悲圓滿이 同故니라

제5 '佛子' 이하로 '令諸菩薩速入諸地'에 이르기까지 8항의 경문은 이 10가지의 법을 행하면 빨리 모든 지위에 들어가게 됨을 밝힌 부분이다.

경문에서 "열 가지의 법이 모든 보살로 하여금 빨리 모든 지위에 들어가게 한다."는 것은 비록 初發心이 십주의 첫 지위라 할지라도 모든 십주, 모든 십행, 모든 십회향, 모든 십지의 법문을 두루 앎을 밝힌 것이다. 이는 하나가 곧 일체이기 때문이며, 일체가 곧

하나이기 때문이며, 因과 하나가 되고 果와 하나가 되기 때문이다. 그것은 곧 마치 선재동자가 미륵보살을 친견한 후에 미륵보살이 다시 선재동자에게 문수사리보살을 친견하도록 한 것은 인과가 다르지 않고 인과를 여의지 않았음을 밝히기 위함이다.

이 또한 이와 같아 초발심 지위로부터 佛果의 지위를 한 생각의 찰나에 모두 한꺼번에 나아가되 또한 한 생각의 찰나에서 벗어나지 않고, 正覺을 성취한 뒤에 인과를 모두 떨쳐버리는 것과 보살행을 닦아서 모두 원만하기 때문이다.

선재동자의 일생과 용녀의 한 찰나의 사이에서 벗어나지 않고, 三生을 통해 성불함이 모두 이와 같기 때문이다. 여기에서 "삼생을 통해 성불한다."고 말한 것은, 今生의 몸은 부모가 낳아준 分段身이니, 이런 신심 및 見道修行으로 살아서 분단신을 버리고 南方無后世界로 가서 변신하여 성불한 몸을 바꾸어 난 것과 (전생을 합하여) 三生이 됨을 밝힌 것이다. 또한 "한 찰나의 사이에서 벗어나지 않는다."는 것은 고금의 자체가 없고 분단신의 자체가 없으며 변신하는 자체가 없어 모든 相이 허깨비와 같기 때문이며, 변화와 같기 때문이며, 생멸이 없기 때문이며, 삼세가 없기 때문이다.

이 때문에 초발심의 初住에서 두루 모든 지위를 닦기 때문에 모든 법을 관통하여 총체가 모두 하나의 시간이요, 하나의 법이다. 많고 적음과 길고 짧은 데에 자재로 걸림이 없어 한 찰나의 사이에서 벗어나지 않기 때문이며, 법이 이와 같기 때문이다. 情識을 버리고 지혜로 살펴보면 이를 볼 수 있다. 경문에 이르기를 "삼세 모든 부처님과 그 자체의 성품이 똑같다."고 말한 것은 법신과 지혜가 똑같기 때문이다. 삼세의 광대한 세월이 한 생각의 찰나와 같기 때문에 삼세제불과 보현보살이 똑같이 大智大悲를 행하여 원만함이 똑같기 때문이다.

二는 住地觀修라

2) 지위에 머물면서 수행을 살펴보다

經

復次佛子여 **諸菩薩**이 **初住地時**에 **應善觀察**호되 **隨其所有一切法門**하며 **隨其所有甚深智慧**하며 **隨所修因**하며 **隨所得果**하며 **隨其境界**하며 **隨其力用**하며 **隨其示現**하며 **隨其分別**하며 **隨其所得**하야 **悉善觀察**하야 **知一切法**이 **皆是自心**하야 **而無所著**이니 **如是知已**에 **入菩薩地**하야 **能善安住**니라

또 불자여, 모든 보살이 처음 십지에 머물 때에는 마땅히 잘 살펴보되,

부처님이 마련한 일체 법문을 따르며,

부처님이 지니신 깊은 지혜를 따르며,

부처님이 닦아왔던 원인을 따르며,

부처님이 얻었던 과보를 따르며,

부처님이 얻었던 경계를 따르며,

부처님이 얻었던 힘의 작용을 따르며,

부처님이 몸을 나타내어 보여주심을 따르며,

부처님이 분별한 바를 따르며,

부처님이 증득한 바를 따라서 모두 잘 관찰하여 일체 모든 법이 모두 나의 마음임을 알면서도 집착이 없어야 한다. 이처럼 알고서 보살의 지위에 들어가 편안히 머무는 것이다.

◉ **疏** ◉

有十一句하니 初一은 是總이니 一切法門이 是成地之法이오 次九는 爲別이니 二는 諸地證智오 三은 修加行因이오 四는 攝報等果오 五는 所知分齊와 及所化境이오 六은 進德修業에 斷障力用이오 七은 示百身等이오 八은 分別諸願·十善等法이오 九는 所證法界니 皆言'隨其'者는 諸地非一故오 十'悉善'下는 辨成觀相이니 皆'自心'者는 智與心相應故로 因由心學이며 果是心成이며 境由心現이며 力用은 是心分位며 神通은 是心現起며 分別은 是心決擇이며 所得은 是心造詣니라 竝心外無得이어니 何所著耶아 十一'如是'下는 結觀成益이라

이는 11구이다.

⑴ 제1구는 총체로서 일체 법문이 지위를 성취해주는 법이며, 다음 9구는 개별이다.

⑵ 모든 지위에서 증득한 지혜이며,

⑶ 加行의 因을 닦음이며,

⑷ 업보 등의 결과를 받아들임이며,

⑸ 알아야 할 대상의 범주 및 교화할 대상의 경계이며,

⑹ 덕을 닦아가고 업을 닦아가는 데에 장애를 끊는 힘의 작용이며,

⑺ 수많은 몸을 나타내어 보여주는 등이며,

⑻ 모든 서원과 十善 등의 법을 분별함이며,

⑼ 증득할 대상의 법계이다. 이에 모두 '隨其'라 말한 것은 모든 지위가 하나가 아니기 때문이다.

⑽ '悉善' 이하는 觀을 성취한 相을 분별함이다. 모두 '나의 마음[自心]'이라고 말한 것은 지혜가 마음과 상응하기 때문이며, 因은 마음을 말미암아 배우기 때문이며, 果는 이런 마음에 의한 성취이며, 경계는 마음으로 말미암아 나타난 것이며, 힘의 작용[力用]은 마음의 分位이며, 신통은 마음이 나타나 일어남이며, 분별은 마음으로 결정하고 선택함이며, 얻은 바[所得]는 마음의 조예이다. 이 모두가 마음 밖에서 얻을 게 없는데, 그 무엇에 집착할 바가 있겠는가.

⑾ '如是' 이하는 觀을 성취한 이익을 끝맺음이다.

三은 顯地要勝이라

3) 지위의 중요함과 수승함을 밝히다

經

佛子여 **彼諸菩薩**이 **作是思惟**호되 **我等**이 **宜應速入諸地**니 **何以故**오 **我等**이 **若於地地中住**하면 **成就如是廣大功德**이니 **具功德已**에 **漸入佛地**하며 **住佛地已**에 **能作無邊廣大佛事**라 **是故**로 **宜應常勤修習**하야 **無有休息**하고 **無有疲厭**하야 **以大功德**으로 **而自莊嚴**하야 **入菩薩地**니라

불자여, 모든 보살이 이렇게 생각들 한다.

우리가 서둘러 모든 지위에 들어가야 한다고….

무슨 까닭인가? 우리가 만일 십지의 해당 지위에 머물면 이처럼 크고도 드넓은 공덕을 성취할 수 있다. 공덕을 구족하면 차츰차츰 부처님 지위에 들어갈 수 있으며, 부처님 지위에 머물면 끝이 없는 광대한 불사를 지을 수 있다. 이 때문에 마땅히 언제나 부지런히 닦아 쉬지 않고 싫어하거나 피곤해하지 않고서 큰 공덕으로 스스로 장엄하여 보살의 지위에 들어가야 한다.

◉ **疏** ◉

標·徵·釋·結은 文竝可知니라

표장과 물음과 해석과 끝맺음의 문장은 모두 말하지 않아도 알 수 있다.

—

第三은 答大行淸淨問이라

有二十句하니 初十은 是因이오 後十은 是果니 今은 初라

제3단락, 大行淸淨의 질문에 답하였다.

20구가 있다.

앞의 10구는 因이고,

뒤의 10구는 果이다.

이는 앞의 10구이다.

經

佛子여 有十種法하야 令諸菩薩로 所行淸淨하나니
何等이 爲十고 一者는 悉捨資財하야 滿衆生意오
二者는 持戒淸淨하야 無所毁犯이오
三者는 柔和忍辱하야 無有窮盡이오
四者는 勤修諸行하야 永不退轉이오
五者는 以正念力으로 心無迷亂이오
六者는 分別了知無量諸法이오
七者는 修一切行호되 而無所著이오
八者는 其心不動이 猶如山王이오
九者는 廣度衆生을 猶如橋梁이오
十者는 知一切衆生이 與諸如來로 同一體性이라
佛子여 是爲十法이니 令諸菩薩로 所行淸淨이니라

불자여, 열 가지의 법이 보살로 하여금 행하는 일을 청정하게 만들어준다.

무엇이 열 가지의 법인가?

첫째, 재물을 모두 희사하여 중생의 마음을 만족케 해주며,

둘째, 계법을 청정하게 지니어 계를 범하지 않으며,

셋째, 유화와 인욕으로 다함이 없으며,

넷째, 부지런히 모든 법을 닦아 영원히 물러서지 않으며,

다섯째, 바른 생각의 힘으로 마음에 미혹과 산란이 없으며,

여섯째, 한량없는 여러 가지 법을 분별하여 알며,

일곱째, 일체의 행을 닦되 집착함이 없으며,

여덟째, 마음이 흔들리지 않음이 큰 산과 같으며,

아홉째, 중생을 널리 제도함이 다리와 같으며,

열째, 일체중생이 모든 여래와 성품이 똑같음을 아는 것이다.

불자여, 이것이 열 가지의 법이다.

이는 보살들의 행을 청정하게 만들어주는 것이다.

◉ 疏 ◉

行成出障이라 故云淸淨이니 雖數名小異나 大同十行이라 亦通十度니 十行所行이 卽是十度니 欲勝進彼라 故此前修니라

前七은 可知오

八은 於惡衆生에 修菩薩行하야 心不傾動이 是難得中義니 本願誓化故오

九는 善法行中에 與衆生으로 爲淸涼法池니 大悲堅固하야 普攝衆生 爲舍爲歸가 是廣度衆生을 如橋梁義니 有力能故니라

十은 眞實行中文에 云此菩薩이 入三世諸佛體性하야 與三世諸佛善根同等이라하니 智決體同故니라

행이 성취되어 장애에서 벗어남이다. 이 때문에 이를 '청정'하다고 말한다. 비록 수효와 명제는 조금 다르지만 크게는 十行과 같다. 또한 십바라밀과도 통한다. 십행의 행하는 바가 곧 십바라밀이다. 그곳의 자리에 한 걸음 더 나가기 위해서 이를 앞서 닦아가는 것이다.

앞의 7가지는 말하지 않아도 알 수 있다.

⑻ 악한 중생에게 보살행을 닦아 마음이 기울거나 흔들리지 않도록 하는 것은 이뤄지기 어려운 일 가운데 하나라는 의의이다. 본원으로 모든 일체중생의 교화를 맹세하였기 때문이다.

⑼ 善法의 행 속에서 중생들과 청량한 법의 터전을 마련한 것이다. 이 터전의 위에서 大悲의 마음이 견고하여 중생을 널리 받아들여 집을 마련하고 귀의처를 삼는 것이 바로 널리 중생을 제도하는 다리와도 같다는 의의이다. 이는 힘으로 가능한 일이기 때문이다.

⑽ 진실한 행에 대한 경문에 이르기를 "이 보살이 삼세제불의 그 자체 성품에 들어가 삼세제불과 선근이 똑같다."고 하니 지혜로 결단하고 몸이 같기 때문이다.

◉ **論** ◉

第七은 佛子有十種法已下로 至所行淸淨히 有八行經은 明淨行分이라 經에 云知一切衆生이 與諸如來로 同一體性者는 三乘菩薩은 知一

切衆生이 同有如來佛性理性이어이와 此經엔 知一切衆生이 同有如來一切種智之性이니 如經下文에 有經卷이 如三千大千世界하야 內在小衆生身中이어든 有人이 成佛에 破此微塵하야 出此經卷은 言微塵許大衆生이 皆有佛一切種智故로 菩薩이 成佛化之에 總得如來一切種智故니 達理之智 名一切智오 差別智 名一切種智니라

제7 '佛子有十種法' 이하로부터 '所行淸淨'까지의 8항 경문은 청정한 행을 밝힌 부분이다. 경문에 이르기를 "일체중생이 모든 여래와 성품이 똑같음을 안다."는 것은 삼승 보살이란 일체중생이 여래의 불성인 理性(素法身)이 똑같이 있는 줄을 알지만, 이 화엄경에서는 일체중생이 여래의 一切種智(辨事智)의 성품이 똑같이 있는 줄을 안다는 것이다. 그 아래 경문에 의하면, "경전이 삼천대천세계처럼 많은데 작은 중생의 몸속에 넣어두었다가 어떤 사람이 성불하면 이 미세한 티끌을 타파하고서 넣어두었던 경전을 끄집어낸다."고 한다. 이는 미세한 티끌만큼 작은 중생의 몸속에 부처님의 일체종지가 있기 때문에, 보살이 성불하여 중생의 몸이 바뀌면 모두 여래의 일체종지를 얻을 수 있음을 말해주기 때문이다. 진리를 통달한 지혜를 一切智라 말하고, 差別智를 一切種智라고 말한다.

第二는 明果라

뒤의 10구는 과보를 밝혔다.

經

菩薩이 既得行淸淨已에 復獲十種增勝法하나니
何等이 爲十고
一者는 他方諸佛이 皆悉護念이오
二者는 善根增勝하야 超諸等列이오
三者는 善能領受佛加持力이오
四者는 常得善人하야 爲所依怙오
五者는 安住精進하야 恒不放逸이오
六者는 知一切法이 平等無異오
七者는 心恒安住無上大悲오
八者는 如實觀法하야 出生妙慧오
九者는 能善修行巧妙方便이오
十者는 能知如來方便之力이라
佛子여 是爲菩薩의 十種增勝法이니라

보살이 이미 행이 청정한 뒤에는 다시 열 가지의 더욱 좋은 법을 얻게 된다.

무엇이 열 가지의 법인가?

첫째, 다른 세계의 부처님들이 모두 보호하고 생각해주고,

둘째, 선근이 더욱 뛰어나 다른 이들보다 뛰어나고,

셋째, 부처님 가피의 힘을 잘 받아들이고,

넷째, 항상 좋은 사람을 의지하게 되고,

다섯째, 편안히 정진하여 항상 방일하지 않고,

여섯째, 일체 법이 평등하여 차별이 없음을 알고,

일곱째, 마음이 항상 가장 큰 자비에 머물고,

여덟째, 실상과 같이 법을 관찰하여 미묘한 지혜를 내고,

아홉째, 뛰어난 방편을 잘 수행하고,

열째, 여래의 방편력을 잘 아는 것이다.

불자여, 이것을 보살의 열 가지의 더욱 좋은 법이라고 말한다.

◉ 疏 ◉

由行淨因하야 得勝法果니 一은 他力勝이오 二는 自善勝이오 三은 深定勝이오 四는 同行勝이오 五는 助道勝이오 六은 眞智勝이오 七은 意樂勝이오 八은 觀慧勝이오 九는 修行勝이오 十은 增進勝이라

행이 청정한 원인으로 말미암아 수승한 법의 결과를 얻은 것이다.

(1) 남의 힘이 훌륭함이며,

(2) 자신의 선이 훌륭함이며,

(3) 심오한 선정이 훌륭함이며,

(4) 함께 행함이 훌륭함이며,

(5) 도를 도움이 훌륭함이며,

(6) 진실한 지혜가 훌륭함이며,

(7) 마음의 좋아하는 바가 훌륭함이며,

(8) 觀의 지혜가 훌륭함이며,

(9) 수행이 훌륭함이며,

(10) 더욱 한 걸음 나아감이 훌륭함이다.

第四는 答大願問이라

有二十句하니 初十은 起勝淨願이오 後十은 勵志令滿이니 今은 初라

제4단락, 큰 서원의 물음에 답하였다.

20구가 있다.

앞의 10구는 수승하고 청정한 서원을 일으킴이며,

뒤의 10구는 뜻을 격려하여 하여금 원만하도록 함이다.

이는 앞의 10구이다.

經

佛子여 **菩薩**이 **有十種淸淨願**하니

何等이 **爲十**고

一은 **願成熟衆生**호되 **無有疲倦**이오

二는 **願具行衆善**하야 **淨諸世界**오

三은 **願承事如來**하야 **常生尊重**이오

四는 **願護持正法**하야 **不惜軀命**이오

五는 **願以智觀察**하야 **入諸佛土**오

六은 **願與諸菩薩**로 **同一體性**이오

七은 **願入如來門**하야 **了一切法**이오

八은 **願見者生信**하야 **無不獲益**이오

九는 **願神力住世**하야 **盡未來劫**이오

十은 **願具普賢行**하야 **淨治一切種智之門**이라

佛子여 **是爲菩薩**의 **十種淸淨願**이니라

불자여, 보살에게 열 가지의 청정한 서원이 있다.

무엇이 열 가지의 법인가?

첫째, 중생을 성숙시키는 데 게으름이 없기를 원하고,

둘째, 수많은 선한 일을 갖추어 행하여 모든 세계를 청정하게 하기를 원하고,

셋째, 여래를 받들며 항상 존중하는 마음 내기를 원하고,

넷째, 바른 법을 보호하고 지니는 데에 목숨을 아끼지 않기를 원하고,

다섯째, 지혜로 관찰하여 여러 부처님 국토에 들어가기를 원하고,

여섯째, 보살들과 성품이 똑같기를 원하고,

일곱째, 여래의 문에 들어가 일체 법을 통달하기를 원하고,

여덟째, 보는 이마다 신심을 내어 모두 이익 얻기를 원하고,

아홉째, 신통력으로 세상에 머물러 미래 세월 다하기를 원하고,

열째, 보현보살의 행을 갖추고서 일체종지의 법문을 청정하게 다스리기를 원하는 것이다.

불자여, 이를 보살의 열 가지 청정한 서원이라고 말한다.

◉ **疏** ◉

全同初地十願이니 一은 成熟衆生願이오 二는 淨佛國土願이오 三은 供養이오 四는 護法이오 五는 承事오 六은 同善根이오 七은 攝法上首니 法

通至佛이 名如來門이오 八은 三業不空이오 九는 具修諸行이오 十은 現成正覺이라 但彼文廣이라 依彼次者인댄 五七一二 六八三九 四十이 爲今之次니라【鈔_ '依彼次'者는 五七一二等은 如次將今之十하야 以對彼十이니 此中第一이 卽彼第五 是成熟衆生等이라】

이는 모두 初地의 十願과 같다.

(1) 중생을 성숙시키기 원함이며,

(2) 불국토를 청정하게 하기를 원함이며,

(3) 공양하기를 원함이며,

(4) 호법하기를 원함이며,

(5) 받들어 섬기기를 원함이며,

(6) 선근을 함께하기를 원함이며,

(7) 법을 지님이 으뜸이기를 원함이다. 법이 통하여 부처의 경지에 다다름을 '여래문'이라고 말한다.

(8) 삼업이 공허하지 않기를 원함이며,

(9) 모든 행을 모두 닦기를 원함이며,

(10) 현재 바른 깨달음을 성취하고자 원함이다. 단 그 경문에서는 자세히 말했을 뿐이다.

그 차례를 따른다면 (5), (7), (1), (2), (6), (8), (3), (9), (4), (10) 순으로 이의 차례가 된다.【초_ "그 차례를 따른다."는 것은, (5), (7), (1), (2) 등은 다음 차례와 같이 지금의 10의 순서로 저 10에 상대하는 것이다. 이 가운데 제1이 곧 그 경문의 제5 成熟衆生 등이다.】

二는 令願成滿이라

뒤의 10구는 서원한 바를 원만하게 성취하도록 함이다.

經

佛子여 **菩薩**이 **住十種法**하야 **令諸大願**으로 **皆得圓滿**하나니

何等이 **爲十**고

一者는 **心無疲厭**이오

二者는 **具大莊嚴**이오

三者는 **念諸菩薩殊勝願力**이오

四者는 **聞諸佛土**하고 **悉願往生**이오

五者는 **深心長久**하야 **盡未來劫**이오

六者는 **願悉成就一切衆生**이오

七者는 **住一切劫**호되 **不以爲勞**오

八者는 **受一切苦**호되 **不生厭離**오

九者는 **於一切樂**에 **心無貪著**이오

十者는 **常勤守護無上法門**이니라

불자여, 보살이 열 가지의 법에 머무르면서 모든 큰 서원을 모두 원만하게 만들어야 한다.

무엇이 열 가지의 법인가?

첫째, 마음에 피곤하거나 싫어함이 없음이며,

둘째, 큰 장엄을 갖춤이며,

셋째, 보살의 수승한 원력을 생각함이며,

넷째, 모든 부처님의 국토를 듣고 모두 왕생하기를 원함이며,

다섯째, 깊은 마음이 장구하여 미래겁을 다함이며,

여섯째, 일체중생이 모두 성취하기를 원함이며,

일곱째, 일체 겁에 머무르면서도 피로해하지 않음이며,

여덟째, 온갖 고통을 받을지라도 싫은 생각을 내지 않음이며,

아홉째, 온갖 즐거운 일에 탐착하지 않음이며,

열째, 위없는 법문을 항상 부지런히 수호함이다.

◉ 疏 ◉

令願成滿者는 由斯十句하야 能滿前十과 及餘多願이라

於中에 五 深心은 則可久오 六 悉成은 則可大니 可久則菩薩之德이오 可大則菩薩之業이라 餘竝可知니라

"서원한 바를 원만하게 성취하도록 한다."는 것은 이 10구로 말미암아 앞의 10구 및 나머지 수많은 서원을 원만하게 함이다.

그중에서도 다섯째의 '深心'은 곧 장구할 수 있고, 여섯째의 '悉成'은 곧 크게 함이다. 장구함은 곧 보살의 덕이요, 크게 함은 곧 보살의 업이다. 나머지는 모두 설명하지 않아도 알 수 있다.

第五는 答獲菩薩藏問이라

제5단락, 보살장 법문을 얻을 수 있는 물음에 답하였다.

經

佛子여 菩薩이 滿足如是願時에 卽得十種無盡藏하나니

何等이 爲十고

所謂普見諸佛無盡藏과

總持不忘無盡藏과

決了諸法無盡藏과

大悲救護無盡藏과

種種三昧無盡藏과

滿衆生心廣大福德無盡藏과

演一切法甚深智慧無盡藏과

報得神通無盡藏과

住無量劫無盡藏과

入無邊世界無盡藏이라

佛子여 是爲菩薩의 十無盡藏이니라

불자여, 보살이 이러한 서원을 만족할 때에 곧 열 가지의 무진장함을 얻게 된다.

무엇이 열 가지의 법인가?

이른바 모든 부처님을 두루 뵈옵는 무진장이며,

다라니[總持]를 잊지 않는 무진장이며,

모든 법을 결단하는 무진장이며,

크게 어여삐 여기는 마음으로 구호하는 무진장이며,

가지가지 삼매의 무진장이며,

중생의 마음을 만족시켜주는 광대한 복덕의 무진장이며,

일체 법을 연설하는 깊은 지혜의 무진장이며,

신통의 과보를 얻는 무진장이며,

무량한 겁에 머무는 무진장이며,

그지없는 세계에 들어가는 무진장이다.

불자여, 이를 보살의 열 가지 무진장이라고 말한다.

◉ **疏** ◉

文亦有四니 初는 是結前生後니 謂以前行願으로 蘊積成藏이라 故唯十句 更無成熟等異라

文有五對니 竝顯可知니라【鈔_ '文有五對 竝顯可知'者는 一은 見佛持法對오 二는 智深悲廣對오 三은 多定廣福對오 四는 辨深通勝對오 五는 豎末橫該對니라】

경문 또한 4부분이다. 첫 부분은 앞의 문장을 끝맺으면서 뒤의 문장을 일으킴이다. 이는 앞의 行願을 쌓아 창고[藏]를 이룬 까닭에 오직 10구에는 또한 '성숙' 등의 차이가 없다.

경문에는 5가지의 상대가 있다. 이는 모두 그 뜻이 뚜렷하여 설명하지 않아도 알 수 있다.【초_ "경문에는 5가지의 상대가 있다. 이는 모두 그 뜻이 뚜렷하여 설명하지 않아도 알 수 있다."는 것은 ① 부처님의 친견과 總持의 법이 상대이다. ② 지혜가 깊음과 자비의 광대가 상대이다. ③ 많은 선정과 광대한 복덕이 상대이다. ④ 논변이 깊음과 신통이 수승함이 상대이다. ⑤ 시간의 영원과 공

간의 전체가 상대이다.】

第六은 答隨所應化하야 常爲說法問이라 三이니 初는 結前生後라

제6단락, 상응하는 교화를 따라서 항상 설법할 수 있는 물음에 답하였다.

경문은 3부분으로 나뉜다.

첫 부분은 앞의 문장을 끝맺으면서 뒤의 문장을 일으킴이다.

經

菩薩이 **得是十種藏已**에 **福德具足**하고 **智慧淸淨**하야 **於諸衆生**에 **隨其所應**하야 **而爲說法**이니라

보살이 열 가지의 무진장을 얻으면 복덕이 구족하고 지혜가 청정하여 모든 중생에게 그 상응하는 바를 따라서 설법할 수 있다.

◉ **疏** ◉

謂蘊積福智하야 用以攝生이라

복덕과 지혜를 쌓아 이로써 중생을 받아들임을 말한 것이다.

二는 徵以標起라

제2부분, 물음으로써 표장을 일으킴이다.

經

佛子여 菩薩이 云何於諸衆生에 隨其所應하야 而爲說法고

불자여, 보살이 어떻게 하면 모든 중생에게 그 상응하는 바를 따라서 설법할 수 있을까?

三은 正解其義라 於中分二니 前은 知器授法이오 二는 具德成益이니 今은 初라

제3부분, 바로 그 의의를 해석하였다.

이는 다시 2부분으로 나뉜다.

1) 근기를 알고서 법을 전해주고,

2) 덕을 갖춰 이익을 성취함이다.

이는 1) 근기를 알고서 법을 전해줌이다.

經

所謂知其所作하며 知其因緣하며 知其心行하며 知其欲樂하야

貪欲多者란 爲說不淨하고

瞋恚多者란 爲說大慈하고

愚癡多者란 敎勤觀察하고

三毒等者란 爲說成就勝智法門하고

樂生死者란 爲說三苦하고

若著處所어든 **說處空寂**하고
心懈怠者는 **說大精進**하고
懷我慢者는 **說法平等**하고
多諂誑者는 **爲說菩薩**의 **其心質直**하고
樂寂靜者는 **廣爲說法**하야 **令其成就**니
菩薩이 **如是隨其所應**하야 **而爲說法**이니라

이는 중생이 짓는 업을 알고, 중생의 인연을 알고, 중생의 마음 씀씀이를 알고, 중생의 욕망과 쾌락을 알고서

탐욕이 많은 자는 부정함을 말해주고,

성내는 마음이 많은 자는 대자(大慈)를 말해주고,

어리석음이 많은 자는 부지런히 관찰함을 가르쳐주고,

삼독이 똑같이 많은 자는 수승한 지혜를 성취할 법문을 말해주고,

생사를 좋아하는 자는 세 가지 괴로움을 말해주고,

처소에 집착하는 자는 처소가 공적함을 말해주고,

마음이 게으른 자는 크게 정진함을 말해주고,

아만의 마음을 가진 자는 법이 평등함을 말해주고,

아첨하고 거짓이 많은 자는 보살의 마음이 소박하고 정직함을 말해주고,

고요함을 좋아하는 자는 널리 법을 말하여 성취하도록 하는 것이다.

보살이 이와 같이 중생에게 상응하는 바를 따라서 설법해주는 것이다.

◉ 疏 ◉

初中에 先은 知器有四니 一은 識習氣所作이니 如金師之子 應教數息等이오 二는 知種性因緣이니 聞法·發心으로 爲因이니 隨因成性이오 遇師聞法으로 爲緣이니 隨緣成種이라 三은 知心行之病이니 謂多貪等이오 四는 知希望差別이라【鈔_ '如金師之子等'者는 涅槃經說이니 乃是身子差機라 十地當引이어니와 今且引莊嚴論說호리라 目連이 教二弟子호되 金師之子는 教不淨觀하고 浣衣之子는 教數息觀이러니 久無所證이어늘 舍利弗이 問目連호되 汝以何法而教之乎아 答以二觀이러니 又問호되 二人이 從何來오 答호되 一浣衣오 一鍛金이니라 身子云'鍛金之子는 應教數息하고 浣衣之子는 令修不淨하라' 於是에 目連이 如法教之러니 卽得羅漢이어늘 卽說五頌하야 歎身子云'第二轉法輪에 佛法之大將이라 於諸聲聞中에 得於最上智라'하고 又云'行自境界中에 獲得所應得이어니와 行他境界中에 如魚墮陸地라 我常在河邊하야 習浣衣自淨할새 安心於白骨에 相類易開解라 不大加功力코 速疾入我意로다 金師常吹囊하니 出入息是風이라 以其相類故로 易樂入安般이로다 衆生所翫習이 各自有勝劣이라'하니 釋曰'上皆隨宜之意'니라】

처음 가운데 첫째는 중생의 근기를 아는 것이다.

여기에는 4가지가 있다.

(1) 습기로 지은 업을 아는 것이다. 마치 대장장이의 아들에게는 數息으로 가르치는 등이다.

(2) 種性의 인연을 아는 것이다. 법을 듣고 마음을 내는 것으로 因을 삼으니 因을 따라 자성을 이루고, 스승을 만나 법을 들음이

반연이 되니 반연을 따라 種을 이루는 것이다.

⑶ 마음 씀씀이의 병을 아는 것이다. 탐욕이 많은 이 등을 말한다.

⑷ 바라는 것이 각기 다름을 아는 것이다. 【초_ "마치 대장장이의 아들에게는" 등이란 열반경에서 인용한 말이다. 이는 사람에 따라 자식의 근기가 다르다는 점이다. 十地에서 이를 인용하겠지만, 여기에서는 또한 장엄론의 말을 인용하여 말하고자 한다.

목련존자가 두 제자를 가르치면서 대장장이의 아들에게는 不淨觀을 가르쳤고, 빨래하는 집안의 아들에게는 數息觀을 가르쳤는데, 오랜 세월이 흘러도 그들은 증득한 바가 없었다.

사리불존자가 목련존자에게 물었다.

"그대가 무슨 법으로 가르쳤습니까?"

"2가지 관으로 가르쳤습니다."

"그 두 제자는 어느 집안에서 왔습니까?"

"한 사람은 빨래하는 집안이고, 한 사람은 대장장이입니다."

사리불존자가 목련존자에게 말하였다.

"대장장이의 아들에게는 수식관을 가르치고 빨래하는 집안의 아들에게는 부정관을 닦도록 해야 할 것입니다."

이에 목련존자는 사리불존자가 일러준 법대로 가르치자 곧바로 나한과를 얻었다.

목련존자는 곧 5수 게송으로 사리불존자의 가르침을 찬탄하였다.

제1게송: 제2의 轉法輪에 불법의 대장이시다. 모든 성문 중에서 최상의 지혜를 얻었도다.

제2게송: 자신의 경계 속에서 행하면 당연히 얻을 바를 얻겠지만 남의 경계 속에서 행하는 것은 마치 물고기가 육지에 떨어짐과 같다.

제3게송: 나는 항상 하천가에서 빨래하면서 깨끗이 닦아온 터라 白骨의 不淨觀을 편히 받아들임은 해왔던 일과 수행이 서로 유사하여 이해하기 쉬웠기 때문이다.

제4게송: 큰 공력을 더하지 않고 빠르게 그의 마음에 받아들였다. 대장장이 아들은 항상 풀무질을 해온 터라 들고 나는 호흡이 바로 바람이었다.

제5게송: 그가 해왔던 일과 수행이 서로 유사한 까닭에 기꺼이 安般(出入息, 즉 삼매)에 들기 쉬웠다. 중생의 익혀온 습기에 각기 그 나름 우열이 있다.

이에 대한 해석은 "위의 게송은 모두 적절한 방편을 따른다."는 뜻을 말해주는 것이다.】

二'貪欲'下는 知授法이라 文有十句하니 初二는 可知오 三은 癡有二種하니 一은 迷於事理에 教觀法相하고 二는 惡邪推求하야 不信業因에 令其觀察十二因緣하야 能離邪執自性等計니 上三은 唯對治니라 四'等分'者는 等謂相似니 三觀不可竝施라 若等重者는 教觀勝義니 謂婬欲卽道等이오 若等輕者는 可以生善爲人化之니 釋此四分은 具如雜集十三이라 五는 求人天樂이 爲樂生死니 說三苦者는 乃至非想히 行苦所隨故니라 十 樂事寂者는 令成理寂이니 若沈空寂이면 令成事用이라 '菩薩'已下는 總結隨宜니라

둘째 '貪欲多者' 이하는 중생에 따라 법을 전수할 줄 아는 것이다.

경문은 10구이다.

첫 2구절은 말하지 않아도 알 것이며,

제3구는 어리석음을 가르치는 데에는 2가지가 있다.

(1) 사리에 밝지 못하면 法相을 보도록 가르쳐야 한다.

(2) 사악한 것을 추구하고자 業因을 믿지 않으면 그들에게 12인연을 관찰하도록 하여 삿된 집착의 자성 따위의 헛된 계교를 여의도록 가르쳐야 한다.

위의 3가지는 오직 그 병폐를 다스리는 방법이다.

제4구에서 말한 等分에서 等은 서로 유사함을 말한다. 三觀(空·假·中觀)을 한꺼번에 베풀 수는 없다. 만일 똑같이 무거운 자에게는 勝義를 보도록 가르치니 음욕이 곧 道라는 등을 말하고, 만일 똑같이 가벼운 자에게는 선을 내어 사람을 위하라는 것으로 교화하는 것이다. 이처럼 4가지로 구분지어 해석한 것은 雜集 13에서 구체적으로 말한 바와 같다.

제5구는 人天의 즐거움을 추구함이 생을 좋아하고 죽음을 싫어하는 것이다. 3가지 괴로움[苦苦·壞苦·行苦]을 말한다는 것은 非想天에 이르기까지 行苦가 따르는 바이기 때문이다.

제10구는 현상의 일이 고요함을 좋아하는 이에게는 그로 하여금 근본 진리의 고요함을 이루도록 가르치고, 만일 空寂에 빠지면 그로 하여금 현상 일의 작용을 성취하도록 하는 것이다.

'菩薩' 이하는 적절함을 따르는 바를 총체로 끝맺음이다.

二는 明具德成益이라

2) 덕을 갖춰 이익을 성취하다

經

爲說法時에 文相連屬하고 義無舛謬하며
觀法先後하야 以智分別하며
是非審定하야 不違法印하며
次第建立無邊行門하야 令諸衆生으로 斷一切疑하며
善知諸根하야 入如來敎하며
證眞實際하야 知法平等하며
斷諸法愛하야 除一切執하며
常念諸佛하야 心無暫捨하고 了知音聲의 體性平等하며
於諸言說에 心無所著호되 巧說譬喩하야 無相違反하며
悉令得悟一切諸佛의 隨應普現平等智身하나니라

설법할 때에 문장이 서로 이어지고 의미에 잘못이 없도록 하며,

법의 앞과 뒤를 관찰하여 지혜로 분별하도록 하며,

옳고 그름을 살펴서 법인(法印)에 어긋남이 없도록 하며,

끝없는 수행의 문을 차례차례 세워서 중생으로 하여금 모든 의심을 끊도록 하며,

모든 근성을 잘 알아서 여래의 가르침에 들어오도록 하며,

진실한 경계를 증득하여 법의 평등함을 알도록 하며,

모든 법의 애착을 끊어 모든 집착을 없애도록 하며,

항상 부처님을 생각하여 마음에 잠깐도 버림이 없고 음성의 체성이 평등함을 알도록 하며,

모든 말에 대하여 마음에 집착이 없되 비유의 말을 잘하여 서로 어긋남이 없도록 하며,

모든 부처님이 중생의 근기에 상응하게 나타내는 평등한 지혜의 몸을 모두 깨닫도록 해야 한다.

◉ 疏 ◉

有十句十對니 一은 文連義正이오 二는 法智無差니 卽依法不依人이오 依智不依識이며 三은 審定無違니 卽依了義經이오 不依不了義經이며 四는 立法義故로 能徧斷疑오 五는 了物根故로 入於佛教오 六은 寂契眞際하야 照法性源이오 七은 斷眞法愛하야 除人法執이오 八은 念佛了音이오 九는 亡言巧說이니 雖無說無示나 善順宗因이오 十은 令悟隨宜하야 終歸平等이니 卽說之益이니라【鈔_ '七斷眞法愛'者는 謂眞實觀智는 理事無違니 心生愛著이면 便不證實이라 故諸聖人이 少有所念이면 不得聖果니라】

10구에 10가지의 상대가 있다.

(1) 문장의 연결과 의미의 올바름이다.

(2) 법과 지혜가 서로 어긋남이 없음이다. 곧 법을 의지할 뿐, 사람을 의지하지 않으며, 지혜를 의지할 뿐, 앎을 의지하지 않는다.

(3) 옳고 그름을 살피는 데에 어긋남이 없음이다. 了義經을 의

지할 뿐, 不了義經을 의지하지 않는다.

(4) 법에 대한 의의를 내세운 까닭에 두루 의심을 끊음이다.

(5) 중생의 근성을 알기 때문에 부처님의 가르침으로 들어가도록 함이다.

(6) 진리의 자리에 고요히 하나가 되어 法性의 근원을 관조함이다.

(7) 眞法에 대한 애착을 끊고서 사람과 만법에 대한 집착을 없애는 것이다.

(8) 부처님을 생각하고 음성을 깨달음이다.

(9) 말없이 잘 설법함이다. 비록 말함도 없고 보임도 없으나 宗因을 잘 따르는 것이다.

(10) 적절함을 따름을 깨달아 마침내 평등에 돌아가도록 함이니, 곧 설법의 이익이다. 【**초**_ "(7) 眞法에 대한 애착을 끊는다."고 함은, 진실한 觀智는 근본의 진리와 현상의 일에 어긋남이 없으니 마음에 애착을 가지면 곧 실상을 증명하지 못하기 때문에 모든 성인이 조금이라도 생각하는 바가 있으면 佛果를 얻지 못함을 말한다.】

第七은 答恒不捨離諸波羅蜜問이라

於中二니 先은 結前生後라

제7단락, "항상 모든 바라밀을 버리지 않을 수 있을까?" 물음에 답하였다.

이는 2부분으로 나뉜다.

1) 앞의 문장을 끝맺으면서 뒤의 문장을 일으킴이다.

經

菩薩이 **如是爲諸衆生**하야 **而演說法**하고 **則自修習**하야 **增長義利**호되 **不捨諸度**하야 **具足莊嚴波羅蜜道**니라

보살이 이처럼 중생을 위하여 법을 연설하면 스스로 닦아서 이치를 더욱 키워가면서도 모든 바라밀다를 버리지 아니하여 바라밀다의 도를 구족하게 장엄할 수 있다.

◉ **疏** ◉

正說法時에 便具十度하야 設自修此라도 亦爲利他며 一向大悲나 了平等故니 通至佛果일세 故皆名道니라

바로 설법할 때에 곧 십바라밀을 갖춰서 설령 스스로 이를 닦을지라도 또한 남에게 이익을 주며, 언제나 한결같이 大悲의 마음을 지니고 있으나 평등한 도리를 알고 있기 때문이다. 이는 모두 佛果에 이를 수 있기에 이를 모두 道라고 말한 것이다.

二는 正示不捨度相이라

十度는 卽爲十段이라

初檀

2) 바로 바라밀을 버리지 않는 양상을 보여주었다.

십바라밀은 10단락이다.

제1 보시바라밀

經

是時에 **菩薩**이 **爲令衆生**으로 **心滿足故**로 **內外悉捨**호되 **而無所著**하나니 **是則能淨檀波羅蜜**이니라

이때 보살이 중생의 마음을 만족시켜주기 위하여 안팎의 재물을 모두 버리면서도 집착하지 않아야 한다.

이런 수행이 청정한 보시바라밀다를 성취시켜주는 것이다.

◉ **疏** ◉

皆先辨相이오 後'是則'下는 結名이라 前四辨相中에 先辨施等相이오 後無著等은 辨波羅蜜相이라

모두 앞에서는 그 양상을 논변하고, 뒤의 '是則' 이하에서는 바라밀의 명제를 끝맺음이다. 앞의 양상을 논변한 4가지 가운데, 앞에서는 보시 등의 양상을 논변하였고, 뒤에서 집착이 없어야 한다 등은 바라밀의 양상을 논변하였다.

二 戒

제2 지계바라밀

經

具持衆戒호되 **而無所著**하야 **永離我慢**하나니 **是則能淨尸波羅蜜**이니라

여러 가지 계율을 갖추어 지니면서도 집착한 바 없어 영원히 아만을 여의어야 한다.

이런 수행이 청정한 지계바라밀다를 성취시켜주는 것이다.

◉ **疏** ◉

可知라

이는 말하지 않아도 알 수 있다.

三忍

제3 인욕바라밀

經

悉能忍受一切諸惡호되 **於諸衆生**에 **其心平等**하야 **無有動搖**가 **譬如大地**가 **能持一切**하나니 **是則能淨忍波羅蜜**이니라

일체 모든 나쁜 것을 모두 참으면서 많은 중생에게 그 마음이 평등하여 흔들림이 없기를 땅이 모든 것을 실어주는 것처럼 해야 한다.

이런 수행이 청정한 인욕바라밀다를 성취시켜주는 것이다.

◉ 疏 ◉

忍中諸惡은 通於內外라 '其心'下는 契理平等일세 成波羅蜜이라

'제3 인욕바라밀'에서 말한 모든 나쁜 것이란 내외로 모두 통한다. '其心' 이하는 진리에 하나가 되어 평등하기에 바라밀을 성취한 것이다.

四 精進

제4 정진바라밀

經

普發衆業하야 **常修靡懈**하며 **諸有所作**에 **恒不退轉**하며 **勇猛勢力**을 **無能制伏**하며 **於諸功德**에 **不取不捨**하야 **而能滿足一切智門**하나니 **是則能淨精進波羅蜜**이니라

많은 업을 널리 일으켜 항상 닦되 게으르지 않으며, 영원히 모든 일에 물러서지 않으며, 용맹스러운 힘을 그 어떤 것도 제어하거나 굴복시킬 수 없으며, 모든 공덕을 취하지도 않고 버리지도 않으면서 일체 지혜의 법문을 만족하게 해야 한다.

이런 수행이 청정한 정진바라밀다를 성취시켜주는 것이다.

◉ 疏 ◉

精進中에 普發衆業은 是無餘修며 亦利樂勤이라 常修靡懈는 是長時

修오 恒不退轉은 是無間修니 上卽加行勤也라 勇猛莫制는 是勇捍修며 亦被甲勤이라 '於諸已下는 是顯度相이라【鈔_ '四精進中等'者는 此中攝於四修와 及三精進이라 故疏雙配니 細尋可知니라】

'제4 정진바라밀' 가운데 "많은 업을 널리 일으킴"은 남김없이 닦음이자 또한 利樂의 근면이다. "항상 닦되 게으르지 않음"은 장기간의 수행이며, "영원히 모든 일에 물러서지 않음"은 간단없는 수행이며, 그 위는 곧 加行의 근면이다. "용맹스러운 힘을 그 어떤 것도 제어하거나 굴복시킬 수 없다."는 것은 용맹스럽고 모진 수행이며, 또한 갑옷을 입은[被甲] 근면이다. "모든 공덕을 취하지도 않고[於諸功德]" 이하는 바라밀의 양상을 밝힌 것이다.【초_ "제4 정진바라밀 가운데" 등이란 여기에는 4가지의 수행과 3가지의 정진을 지니고 있기에 청량소에서 이를 쌍으로 짝하여 말한 것이다. 자세히 살펴보면 말하지 않아도 알 수 있다.】

五. 禪定

제5 선정바라밀

經

於五欲境에 **無所貪著**하며 **諸次第定**을 **悉能成就**하며 **常正思惟**하야 **不住不出**하며 **而能銷滅一切煩惱**하며 **出生無量諸三昧門**하며 **成就無邊大神通力**하며 **逆順次第**로 **入諸三**

昧하며 **於一三昧門**에 **入無邊三昧門**하며 **悉知一切三昧境界**하며 **與一切三昧**와 **三摩鉢底智印**으로 **不相違背**하며 **能速入於一切智地**하나니 **是則能淨禪波羅蜜**이니라

다섯 욕심의 경계에 탐착하는 바 없으며,

차례로 닦아가는 모든 선정을 모두 성취하며,

항상 바르게 생각하여 머물지도 않고 나오지도 아니하며,

모든 번뇌를 소멸하며,

한량없는 삼매문을 내며,

끝없는 큰 신통력을 성취하며,

역순의 차례로 모든 삼매에 들어가며,

하나의 삼매문에서 그지없는 삼매문에 들어가며,

일체 삼매의 경계를 모두 알며,

일체 삼매, 삼마발저, 지혜의 도장[智印]과 더불어 서로 어긋나지 아니하며,

일체 지혜의 지위에 빨리 들어가야 한다.

이런 수행이 청정한 선정바라밀다를 성취시켜주는 것이다.

◉ **疏** ◉

禪定中에 文有十一句하니 一은 訶五欲이니 所以訶者는 夫禪定虛凝하야 湛猶停海니 高攀聖境이라도 尚曰妄情이어늘 馳想五塵이 豈當爲道리오 云何訶之오 色如熱金丸이라 執之則燒오 聲如毒塗鼓라 聞之必死오 香如毉龍氣라 齅之則病이오 味如沸熱蜜이라 舐則爛傷이오 觸

如臥師子라 近之則嚙이니 此五欲者는 得之無厭이 如火益薪이라 亡國敗家하야 世世爲害 過於寃賊이라 故不應著이온 況菩薩은 體此卽如어니와 復何所著가【鈔_ '一訶五欲'者는 卽天台止觀이라 依智論諸經컨대 修正道前에 立二十五方便이니 謂一 具五緣이오 二 訶五欲이오 三 棄五蓋오 四 調五事오 五 行五法이오 五五二十五어늘 今此但明訶五欲耳니라

'況菩薩'下는 三 無訶相이오 直順經文無貪著義라 餘之方便은 疏文不要일세 畧示其名이라

言具五緣者는 一 持戒淸淨이오 二 衣食具足이오 三 閑居靜處오 四 息諸緣務오 五 近善知識이라

言棄五蓋는 前已有竟이라

調五事者는 一 調食이니 令不饑不飽오 二 調眠이니 不節不恣오 三 調身이니 令不寬不急이오 四 調息이니 令不澁不滑이오 五 調心이니 令不沈不擧니라

行五法者는 一 欲이오 二 精進이오 三 念이오 四 巧慧오 五 一心이라 竝類前後니 其相可知니라】

'제5 선정바라밀'에 관한 경문은 11구이다.

(1) 다섯 욕심의 경계를 꾸짖음이다. 꾸짖은 바는 선정이란 텅 비고 응집되어 담담함이 고요한 바다와도 같다. 높이 성인의 경계를 반연할지라도 그것을 오히려 妄情이라고 말하는데, 다섯 욕심의 경계에 치달리는 것을 어떻게 도라고 말할 수 있겠는가.

어떻게 꾸짖어야 할까?

색깔은 붉게 달구어진 쇠구슬과도 같다. 쇠구슬을 잡으면 곧장 불타는 것이다.

소리는 독을 발라놓은 북[毒塗鼓]과 같다. 그 북소리를 들으면 반드시 목숨을 잃는다.

냄새는 용이 죽어 썩는 악취[斃龍氣]와 같다. 그 악취를 맡으면 병을 앓는다.

맛은 펄펄 끓는 꿀물[沸熱蜜]과 같다. 입을 대면 곧 헌다.

감촉은 잠자는 사자와 같다. 다가서면 물리게 된다.

다섯 욕심의 경계란 아무리 얻은 게 많아도 만족할 줄 모르는 것이 불더미에 섶을 더하는 것과 같다. 나라를 잃고 집안이 망하여 대대로 해가 되어 원수와 적보다도 더 무섭다. 이 때문에 집착해서는 안 되는 것이다. 더욱이 보살은 이것이 곧 진여인 줄 체득하고 통달한 분인데 또한 어찌 집착한 바가 있겠는가. 【초_ "(1) 다섯 욕심의 경계를 꾸짖음이다."는 것은 곧 天台止觀이다. 지도론과 모든 경을 따라 본다면, 바른 도를 닦기 전에 25가지 방편을 세웠는데, 다음과 같다.

첫째는 5가지 반연을 갖춤이며, 둘째는 5가지 욕심을 꾸짖음이며, 셋째는 5가지 덮개[五蓋]를 버림이며, 넷째는 5가지 일을 균평히 함이며, 다섯째는 5가지 법을 행하는 것이다.

이처럼 5×5=25인데, 여기에서는 단 '둘째, 5가지 욕심을 꾸짖음'만을 밝힌 것이다.

'況菩薩' 이하는 '셋째, 5가지 덮개'에 대한 꾸짖음의 양상은 없고 곧바로 경문의 '탐착이 없어야 한다.'는 뜻을 따른 것이다. 나머지 방편은 청량소에서는 중요하지 않기에 그 명제를 간단하게 제시한 것이다.

'5가지 반연을 갖춤'이란 ① 계율을 지녀 청정함이며, ② 의식이 넉넉함이며, ③ 고요한 곳에 한가히 거처함이며, ④ 모든 반연의 일을 쉼이며, ⑤ 선지식을 가까이함이다.

'5가지 덮개를 버린다.'는 것은 앞부분에서 이미 모두 말한 바 있다.

'5가지 일을 균평히 함'이란 ① 調食, 배고프지도 배부르지도 않으며, ② 調眠, 절제하지도 방자하지도 않으며, ③ 調身, 느슨하지도 서둘지도 않으며, ④ 調息, 껄끄럽지도 매끄럽지도 않으며, ⑤ 調心, 혼침하지도 들뜨지도 않는다.

'5가지 법을 행함'이란 ① 의욕, ② 정진, ③ 생각, ④ 뛰어난 지혜, ⑤ 한결같은 마음이다. 아울러 전후와 같으니, 그 양상은 말하지 않아도 알 수 있다.】

二는 入次第定이니 謂四禪四空과 及滅受想이 爲九次第定이라 下十地離世間品具明이니 卽一切門禪이라【鈔_ '卽一切門禪'者는 瑜伽三十三에 說호되 '六度四等이 各有九門이니 謂一 自性이오 二 一切오 三 難行이오 四 一切門이오 五 善士오 六 一切種이오 七 遂求오 八 此世他世樂이오 九는 淸淨이라' 故彼頌에 云'自性一切難과 一切門善士와 一切種遂求와 二世樂淸淨이라'하니라】

(2) 차례로 선정에 들어감이다. 이는 四禪·四空 및 受와 想이

끊어진[滅受想] 것이 9가지의 차례로 선정에 들어감을 말한다. 아래의 십지품·이세간품에서 구체적으로 밝힐 것이니, 곧 一切門 선정이다. 【초_ "곧 一切門 선정"이란 유가론 33에서 다음과 같이 말하였다.

"六度와 四等에는 각각 9門이 있다. ① 自性, ② 一切, ③ 難行, ④ 一切門, ⑤ 善士, ⑥ 一切種, ⑦ 遂求, ⑧ 此世他世樂, ⑨ 淸淨이다. 이 때문에 게송에서 自性·一切·難과 一切門·善士와 一切種·遂求와 二世樂·淸淨이라 말하였다."】

三은 安住理定하야 寂愛味住하고 智契不出이 名正思惟니 以見心性故며 亦善士相이라

上二는 定體니 卽定自性이오 餘六은 定用이라

⑶ 진리의 선정에 안주하여 고요한 사랑의 의미에 머물고 지혜가 벗어나지 않은 데에 계합한 것을 바른 생각이라고 말한다. 이는 마음의 성품을 보았기 때문이며, 또한 착한 사람의 모습이다.

위 2가지는 선정의 체성이니 곧 선정의 자성이다. 나머지 6가지는 선정의 작용이다.

四 消滅煩惱는 通愛見慢等이라 故云一切니 卽淸淨相이라

⑷ 번뇌를 없앤다는 것은 愛·見·慢 등을 전체로 들어 말한 까닭에 '일체'라 말한다. 이는 곧 淸淨相이다.

五는 出生諸定이니 如起信云'得此眞如三昧하야 能生無量諸三昧門'과 上文云'一三昧生塵等定'이 是也니 卽難行相이라

⑸ 모든 선정이 나오는 것이다. 기신론에 이르기를 "이런 진여

삼매를 얻어 한량없는 모든 삼매 법문을 낸다."는 것과, 위의 경문에서 "1. 삼매가 塵 등의 선정을 낸다."는 말이 바로 이를 말하니 곧 難行相이다.

六은 引發神通이니 謂精義入神하야 以致用也며 亦遂求相이라

(6) 신통력을 이끌어냄이다. 이는 이치를 정밀하게 알아서 정신에 들어가 작용을 다함이며, 또한 遂求相이다.

七은 逆順自在며 亦難行相이니 從滅定出하야 入非非想과 乃至初禪이 是名爲逆이며 從初禪出하야 入第二禪과 乃至滅定이 是名爲順이라 此中逆順은 應各有超間이니 謂超一超二로 乃至全超니라 文無者는 畧이니 此亦名爲師子游步三昧라하니라【鈔_ '名爲師子等'者는 騰躍跳躑故니 卽智論百八三昧中에 第三名也라 菩薩得是三昧하야 於一切三昧中에 入出遲速이 皆得自在니 譬如衆獸遊戲之時에 若見師子면 率皆怖懼어늘 師子戲時에 於諸羣獸에 強者則殺이오 伏者則放인달하야 菩薩亦如是라 得是三昧하야 於諸外道에 強者破之하고 信者度之라 故名師子遊步三昧第一이라】

(7) 역순의 차례에 자재함이며, 또한 難行相이다. 滅定으로부터 생겨나 非非想天 내지 初禪天으로 들어가는 것을 逆의 차례라 하고, 초선천으로부터 제2禪天 내지 滅定에 들어가는 것을 順의 차례라 한다. 이 가운데 역순의 차례는 당연히 각각 단계를 뛰어넘은 바가 있다. 1단계를 뛰어넘고 2단계를 뛰어넘고 내지 전체 단계를 뛰어넘는 것을 말한다. 경문이 없는 부분은 생략한 것이다. 이를 또한 師子游步三昧라고도 말한다.【초_ "師子游步三昧라고도

말한다."는 것은 날뛰고 잘 달리기 때문이다. 이는 지도론 百八三昧 가운데 제3의 명칭이다. 보살이 이 삼매를 얻어 일체 삼매에 들어가고 나오고 늦추고 빨리하는 데에 모두 자재함을 얻은 것이다. 이를 비유하면 수많은 동물들이 잘 놀다가 느닷없이 사자를 보면 모두 깜짝 놀란다. 사자가 거닐 때에 모든 동물 가운데 강한 동물은 곧바로 죽이는가 하면, 항복하는 동물은 곧 놓아주는 것과 같다. 보살 또한 이와 같다. 사자와도 같은 삼매를 얻어 많은 외도 가운데 강한 자는 타파하고, 믿고 따르는 자는 제도해주기 때문에 그 이름을 師子遊步三昧 第一이라고 말한다.】

八은 一多自在하야 攝一切定이라 應有四句하니 謂在一入一과 在一入一切와 在一切入一과 在一切入一切니 得其源故니라

(8) 하나와 많음이 자재하여 일체 선정을 받아들임이다.

여기에는 4구가 있다.

하나의 선정이 하나의 선정에 들어감이며,

하나의 선정이 일체의 선정에 들어감이며,

일체의 선정이 하나의 선정에 들어감이며,

일체의 선정이 일체의 선정에 들어감이다.

그 근원을 얻었기 때문이다.

九는 悉知定境이라 定境有三이니 一은 諸定所緣이오 二는 諸定分齊오 三은 諸定境用이니 皆能知之니라

(9) 선정의 경계를 모두 앎이다.

선정의 경계에는 3가지가 있다.

① 모든 선정의 반연 대상이며,

② 모든 선정의 범주이며,

③ 모든 선정 경계의 작용이다.

이를 모두 잘 아는 것이다.

十者는 總結體用無違라 言三昧者는 此云等持니 唯局有心이나 而通散心이오 三摩鉢底는 此云等至니 通於有心及與無心이오 唯諸位定體와 此二功德을 名爲等引이니 上二句 定體는 通於此三이오 六句 定用은 卽是所引이라 言'智印'者는 卽一實相이라 故로 智論 釋百八三昧中에 第二 名寶印三昧니 謂與實相般若相應故니라 上二는 是定이오 此一은 是智니 合卽雙運이라 今菩薩 隨在一定하야 卽與一切三昧와 此三無違니라

⑽ 선정의 본체와 작용에 어긋남이 없음을 총체로 끝맺음이다. 삼매라 말한 것은 중국에서는 이를 等持라 한다. 오직 有心에 국한하지만 散心에도 통한다. 三摩鉢底는 중국에서는 이를 等至라 한다. 有心 및 無心에 모두 통한다. 오직 모든 지위의 선정 본체와 이 2가지의 공덕을 等引이라고 말한다. 위의 2구에서 말한 선정의 본체는 이 3가지에 통하고, 6구에서 말한 선정의 작용은 곧 等引의 대상이다.

智印이라 말한 것은 곧 하나의 實相이다. 따라서 지도론의 백팔삼매를 해석한 가운데 제2의 명칭이 寶印三昧이다. 실상반야와 상응하기 때문이다. 위 2가지는 선정이요, 이의 한 가지는 지혜이니, 이를 합하면 곧 모두 2가지를 운용함이다. 여기에서 보살이 하

나의 선정에 따라서 곧 일체 삼매와 이 3가지로 더불어 어긋남이 없다.

十一은 速入智地며 亦卽定果니 以菩薩之定이 事窮無邊하고 理極無際라 故能速至一切智地니 亦難行相이며 亦二世樂相이라

又上二三四는 卽現法樂住禪이오 次五는 引生功德禪이오 五는 亦饒益有情禪이니 後二는 通三이라【鈔_ '又上二三'下는 上按文釋이어니와 今以三禪收之니 以諸經論 多用三故니라 如初會說이어니와 今當重釋호리라 瑜伽四十三에 云'云何菩薩一切靜慮오 謂此靜慮에 畧有二種하니 一者는 世間이오 二者는 出世間이라 復有三種하니 一者는 現法樂住等이라' 論釋에 云若諸菩薩 所有靜慮가 遠離一切分別하고 皆生身心輕安하야 最極寂靜하야 遠離掉擧하고 離諸愛味하고 泯一切相이면 當知하라 是名現法樂住오 若諸菩薩 所有靜慮가 能引能住種種殊勝不可思議不可度量 十方種性의 所攝等持하며 乃至若諸菩薩所有靜慮가 能引能住一切菩薩解脫勝處와 徧處無碍解無諍願等 不共功德인댄 名能引等持功德靜慮오 若諸菩薩所有靜慮가 於諸有情에 能引義利彼彼事業하야 與作助伴하며 下取意引이라 息苦除怖救護호되 讚三寶德하야 調伏有情이면 爲第三靜慮니라】

⑾ 빠르게 지혜의 지위에 들어감이며, 또한 선정의 결과이다. 보살의 선정은 현상의 일로는 그지없음을 다하고, 근본진리의 자리에서는 끝이 없는 데까지 다한 까닭에 빠르게 一切智의 지위에 이르게 된 것이다. 이 또한 難行相이며, 또한 二世樂相이다.

또한 위의 제2·3·4구는 곧 현재의 법에 기쁘게 안주하는 선[現

法樂住禪]이며,

다음 5구(제5~9)는 생을 이끌어주는 공덕의 선[引生功德禪]이며, 5구는 또한 유정에게 도움을 주는 선[饒益有情禪]이다.

뒤의 2구(제10~11)는 모두 3가지 선(現法樂住禪·引生功德禪·饒益有情禪)에 통한다. 【초_ "또한 위의 제2·3·4구" 이하는 위에서는 경문을 따라 해석하였지만 여기에서는 3가지의 禪으로 이를 수습하고 있다. 많은 경론에서 대부분 3가지의 선을 쓰기 때문이다. 이는 첫 법회에서 말한 바와 같지만, 여기에서 다시 해석하겠다.

유가경 43에 이르기를 "어떤 것이 보살의 일체 靜慮인가? 이 정려에는 간단하게 2가지가 있다. 첫째는 세간의 정려이며, 둘째는 출세간 정려이다. 여기에 또한 3가지가 있다. '첫째는 현재의 법에 기꺼이 안주하는 선' 등이다."고 하였다.

이에 대한 論의 해석은 아래와 같다.

만일 모든 보살이 지닌 靜慮가 일체 분별을 멀리 버리고, 모두 몸과 마음이 편안함을 얻어 가장 지극히 고요하여 들뜬 마음을 멀리 여의고 모든 애정을 여의며 모든 相을 없애면, 이것이 곧 현재의 법에 기꺼이 안주한 선정임을 알아야 한다.

만일 모든 보살이 지닌 靜慮가 가지가지 수승한 불가사의하고 헤아릴 수 없는, 시방세계 種性으로 지닌 等持를 잘 이끌어오고 잘 안주하며, 내지 만일 모든 보살이 지닌 정려가 모든 보살의 해탈에 있어 수승한 곳, 두루 한 곳, 그리고 걸림이 없는 이해, 다툼이 없는 誓願 등과 그 누구도 함께할 수 없는 부처님의 공덕을 잘 이끌어오고 잘 안주하면, 이를 '等持의 공덕을 잘 이끌어준 靜慮'라 한다.

만일 모든 보살이 지닌 정려가 모든 중생에게 의리와 그들의 하는 일을 이끌어주면서 그들을 돕는 반연이 된다.

아랫부분은 그 뜻만을 취하여 인용한 것이다. 괴로움과 두려움을 없애주어 그들을 구제하고 보호하되 삼보의 공덕을 찬탄하여 중생을 조복하면, 이를 제3靜慮라 한다.】

六般若

제6 반야바라밀

經

於諸佛所에 **聞法受持**하며 **近善知識**하야 **承事不倦**하며 **常樂聞法**하야 **心無厭足**하며 **隨所聽受**하야 **如理思惟**하며 **入眞三昧**하야 **離諸僻見**하며 **善觀諸法**하야 **得實相印**하며 **了知如來**의 **無功用道**하며 **乘普門慧**하고 **入於一切智智之門**하야 **永得休息**하나니 **是則能淨般若波羅蜜**이니라

여러 부처님께 법을 듣고 받아 지니며,

선지식을 가까이하여 받들어 섬기는 데 게으르지 아니하며,

항상 법문 듣기를 좋아하여 마음에 싫어함이 없고,

들은 바를 따라 이치답게 생각하며,

참된 삼매에 들어 모든 사특한 견해를 여의며,

모든 법을 잘 관찰하여 실상의 도장[印]을 얻으며,

여래의 작위[功用] 없는 도를 알며,

보문의 지혜를 타고서

일체 지혜의 문에 들어가

영원히 휴식함을 얻어야 한다.

이런 수행이 청정한 반야바라밀다를 성취시켜주는 것이다.

◉ 疏 ◉

般若中에 句亦有十이니 前之三句는 聞法·近友는 卽聞所成慧니 初句는 正明이오 二 近友不倦은 是聞慧緣이오 三 樂聞無厭은 是聞慧因이니 暫聞則已면 慧不生故오 四는 卽思慧니 學而後思라 故云隨所聽也오 內正作意일세 故云如理오 五는 亦思擇慧며 又於無煩惱中에 善決擇故며 捨煩惱故오 六'善觀'下는 皆是修慧니 此句는 悟入於如오 七은 宿習思量故로 了無功用道오 八은 周備悟入이니 一中一切等을 名爲普門이오 九는 入二智門이오 十은 總結已圓이라 故云休息이니 後三은 連環이라【鈔_ '後三連環'者는 以經云'一은 乘普門慧오 二는 入於一切智智之門이오 三은 永得休息이라'하니 此三은 乃似一句耳라 故云連環이오 而義則別이라 故爲三句니라】

'제6 반야바라밀' 또한 10구이다. 앞의 3구에 법을 듣고 착한 벗을 가까이함은 곧 들어서 성취한 지혜이다.

제1구, 바로 주된 뜻을 밝힘이다.

제2구, 착한 벗을 가까이하여 받들어 섬기는 데 게으르지 않음은 '들어서 성취할 수 있는 지혜'의 반연이다.

제3구, 법문 듣기를 좋아하여 마음에 싫어함이 없음은 '들어서 성취할 수 있는 지혜'의 원인이다. 잠시 듣고 곧 그만두면 지혜가 생겨나지 않기 때문이다.

제4구, 곧 생각하여 성취한 지혜이다. 배우고서 생각한 까닭에 "들은 바를 따라…"라고 말함이며, 안으로 바르게 생각을 한 까닭에 "이치답게 생각한다."고 말한 것이다.

제5구, 또한 생각하여 선택한 지혜이며, 또한 번뇌가 없는 가운데 잘 결정하고 선택하기 때문이며, 번뇌를 버리기 때문이다.

제6구, '善觀' 이하는 모두 닦아서 얻은 지혜이다. 이 구절은 진여를 깨달음이다.

제7구, 전생에 익혀온 생각이 있었기 때문에 더 이상의 공부가 필요 없는 도를 안 것이다.

제8구, 두루 갖추어 깨달음이다. 하나의 가운데 일체 등이 갖춰져 있기에 그 이름을 普門이라 한다.

제9구, 一切智와 一切種智의 문에 들어감이다.

제10구, 이미 원만함을 총체로 끝맺은 까닭에 '영원한 휴식'이라고 말한다. 뒤의 3구(제8~10)는 서로 연결되어 있다. 【초_ "뒤의 3구는 서로 연결되어 있다."는 것은 경문에서 첫째 제8구에서는 普門의 지혜를 타야 함을, 둘째 제9구에서는 一切智와 一切種智의 문에 들어감을, 셋째 제10구에서는 영원한 휴식을 말하였다. 이 3

구절은 하나의 구절처럼 보인다. 이 때문에 "서로 연결되어 있다." 고 말한 것이다. 그러나 그 의미는 별개이다. 이 때문에 3구로 나눈 것이다.】

其中에 雖定慧互有나 互相嚴故로 而爲門不同이어니와 若全인댄 雙運이라 故起信論에 合於六度하야 以爲五門이니라【鈔_ '其中雖定慧'下는 二에 揀濫이니 以互有故니라 於中有六하니 一은 對前定門揀이니 如前中云知三昧境과 不違智印와 入於智地는 是定中慧니 慧資定也오 今此中에 有入眞三昧는 是定資慧也라 '若全'下는 引證成前이니 旣合定慧인댄 明必相資니라】

그 가운데 비록 선정과 지혜가 모두 따로 있으나 서로가 서로를 장엄한 까닭에 그 법문이야 똑같지 않지만, 만일 전체로 본다면 2가지가 함께 운용되는 까닭에 기신론에서는 6바라밀을 합하여 5바라밀로 말한 것이다.【초_ "그 가운데 비록 선정과 지혜" 이하는 2가지가 뒤섞이는 것을 구별하는 것이다. 이는 서로서로 함유하고 있기 때문이다. 여기에는 6가지가 있는데, 첫째는 앞서 말한 선정의 법문을 상대로 구별한 것이다. 앞의 경문에서 "삼매의 경계를 안다." "지혜의 도장에 어긋남이 없다." "지혜의 지위에 들어간다."는 것은 선정 가운데 지혜이다. 지혜가 선정에 힘입음을 말한다. 그러나 이 경문에서 말한 "참된 삼매에 들어간다."는 것은 선정이 지혜에 힘입은 것이다.

"만일 전체로 본다면" 이하는 인용, 증명하여 앞의 경문을 끝맺음이다. 이미 선정과 지혜가 합해진 존재라면 그것은 반드시 서

로 힘입게 됨이 분명하다.】

後之方便도 義亦準此니 涉有 不迷於空이면 則名方便이오 不厭有而觀空이면 便稱般若어니 豈令般若不能知有耶아 方便 若不觀空이면 何名方便이리오 非唯此三이라 萬行皆爾온 況般若能成萬行이어니 何法而不用之리오 寂照 盡於理極이라 不得一行無此君耳라 所以로 開則萬行森然이오 泯則一不爲一이니 得意則無所不通耳니라【鈔_ '言不得一行無此君'者는 借外典語니 晉書中說호되 王獻之好竹하야 到處 卽皆樹之한대 人問其故어늘 答云'人生不得一日無此君耳'라하니 意在虛心貞節이 歲寒不移이라 今明萬行不得暫時而無般若니라】

뒤의 '제7 방편바라밀'에 관한 의의 또한 이에 준한다. 有에 관련하면서도 空 도리에 혼미하지 않으면 곧 '방편'이라 이름하고, 有를 싫어하지 않으면서 空을 보면 곧 이를 '반야'라고 말하는데, 어떻게 반야로 하여금 有를 알지 못하도록 할 수 있겠는가. 방편이 空을 보지 못하면 어떻게 방편이라 말할 수 있겠는가. 오직 이 3가지만이 그러한 것이 아니라, 모든 행이 모두 그러하다. 하물며 반야는 모든 행을 이뤄주는 것인데, 그 무슨 법인들 반야를 따르지 않을 수 있겠는가. 寂靜과 觀照가 진리의 극치에 다한 터라 그 어떤 행도 이런 반야[此君]가 없지 않다. 이 때문에 이를 나누어 내면 수많은 행이 수없이 널려 있지만, 이를 없애면 하나라는 그 자체가 하나라고 말할 수도 없다. 이러한 뜻을 얻으면 통하지 않은 바가 없다.【초_ '不得一行無此君'이라는 '此君'은 外典의 용어를 빌려 쓴 것이다. 晉書에 이르기를 "왕희지의 아들인 王獻之가 대나무를 좋아한 나머지 가는 곳마다 모두 대나무를 심었다. 어떤 사람이 그 까닭을 묻자, '사람이 살면서 어느 하루도 이 사람[此君]이 없어서는 안 된다.'고 답하였다."고 한다. 왕헌지가 말한 뜻은 虛心의 군은 절개로 혼란한 세상에도 절개를 잃어서는 안 된다는 것을 말한다. 그러나 여기에서는 모든 행이 잠시도 반야가 없어서는 안 된다는 점을 밝힌 것이다.】

七 方便

제7 방편바라밀

經

示現一切世間作業하며
教化衆生호되 而不厭倦하며
隨其心樂하야 而爲現身하며
一切所行에 皆無染著하며
或現凡夫하고 或現聖人의 所行之行하며
或現生死하고 或現涅槃하며
善能觀察一切所作하며
示現一切諸莊嚴事호되 而不貪著하며
徧入諸趣하며
度脫衆生하나니

是則能淨方便波羅蜜이니라

일체 세간에서 하는 업을 보여주며,

중생을 교화하되 게으르지 아니하며,

중생이 좋아하는 바를 따라 몸을 나타내며,

일체 행하는 일에 모두 물들지 아니하며,

혹은 범부의 몸으로, 혹은 성인의 몸으로 행해야 하는 행을 나타내며,

혹은 생사를, 혹은 열반을 나타내며,

일체 해야 할 일들을 잘 살피며,

일체 장엄하는 일을 나타내면서도 탐착하지 않으며,

모든 길에 두루 들어가며,

중생을 제도하여야 한다.

이런 수행이 청정한 방편바라밀다를 성취시켜주는 것이다.

◉ 疏 ◉

方便中에 亦有十種하니 一은 巧智現世로 爲方便이오 二는 悲非愛見이라 故化而無厭이니 即悲智相導로 爲方便이오 三은 依體起用이오 四는 非捨非受라 故一切無染이오 五는 凡聖雙行이니 由雙非故오 六은 行無住道오 七은 觀察進趣오 八은 現相不著이오 九 徧入諸趣는 即無生現生이오 十 度脫衆生은 是無化現化라 初·九는 拔濟오 餘皆迴向이라

'제7 방편바라밀'에는 또한 10가지가 있다.

(1) 뛰어난 지혜로 세간에 현신한 것으로 방편을 삼았다.

⑵ 大悲는 愛見의 집착이 아니기 때문에 중생을 교화하되 게으름이 없다. 이는 곧 大悲와 大智로 서로 이끌어가는 방편으로 삼았다.

⑶ 본체를 의지하여 작용을 일으킴이다.

⑷ 버린 것도 아니며 받아들인 것도 아닌 까닭에 모두 물이 들지 않는다.

⑸ 범부와 성인의 행을 모두 행함이니 凡·聖 그 모두가 잘못이기 때문이다.

⑹ 생사와 열반 그 어디에도 머물지 않는 도를 행함이다.

⑺ 해나가야 할 일들을 살피는 것이다.

⑻ 모습을 나타내면서도 드러내지 않음이다.

⑼ 모든 길에 두루 들어감은 곧 無生의 生을 나타냄이다.

⑽ 중생을 제도함은 교화가 없는 교화를 나타냄이다.

⑴과 ⑼는 중생을 구제함이며, 나머지는 모두 자신의 회향이다.

八願

제8 원바라밀

經

盡成就一切衆生하며

盡莊嚴一切世界하며

盡供養一切諸佛하며
盡通達無障礙法하며
盡修行徧法界行하며
身恒住盡未來劫하며
智盡知一切心念하며
盡覺悟流轉還滅하며
盡示現一切國土하며
盡證得如來智慧하나니
是則能淨願波羅蜜이니라

모조리 일체중생을 성취하며,
모조리 일체 세계를 장엄하며,
모조리 일체 부처님을 공양하며,
모조리 장애 없는 법을 통달하며,
모조리 법계에 가득한 행을 수행하며,
몸은 미래 세월이 다하도록 항상 머물며,
지혜는 일체중생의 마음을 모조리 알며,
생사의 윤회로 다시 사라짐을 모조리 깨달으며,
일체 국토를 모조리 보여주며,
여래의 지혜를 모조리 증득하여야 한다.
이런 수행이 청정한 원바라밀다를 성취시켜주는 것이다.

◉ **疏** ◉

願中에 亦有十願하니 前五·後三은 盡字爲初니라 六은 身恒住盡劫海오 七은 智盡心海오 八은 盡窮有支오 九는 盡現國土오 十은 窮佛果智니 此求菩提오 前九는 利樂이라

若依三願인댄 二三四五는 爲自行願이오 六七은 爲神通이오 初及八九는 爲外化願이오 十은 通二利이라 皆云'盡者는 窮彼源故일세니라

'제8 원바라밀'에도 또한 10가지의 誓願이 있다. 앞의 5가지 서원과 뒤의 3가지 서원에서는 '盡' 자를 구절의 첫머리로 삼았다.

(6) 몸은 영겁이 다하도록 항상 머물며,

(7) 지혜는 일체중생의 마음바다를 다함이며,

(8) 12인연[十二有支]을 모두 다함이며,

(9) 일체 제불의 국토를 모조리 보여줌이며,

(10) 佛果의 지혜를 모두 다함이니 이는 보리를 구함이다.

앞의 9구는 이익과 즐거움이다.

만일 3가지 소원[三願]에 의해 말한다면 (2)·(3)·(4)·(5)는 自利行의 소원이며, (6)·(7)은 신통력의 소원이며, (1)과 (8)·(9)는 밖으로 중생을 교화하는 소원[外化願]이며, (10)은 자리와 이타에 모두 통한다.

모두 '盡'이라 말한 것은 그 근원을 다한 때문이다.

九 力

經

具深心力하야 無有雜染故며
具深信力하야 無能摧伏故며
具大悲力하야 不生疲厭故며
具大慈力하야 所行平等故며
具總持力하야 能以方便으로 持一切義故며
具辯才力하야 令一切衆生으로 歡喜滿足故며
具波羅蜜力하야 莊嚴大乘故며
具大願力하야 永不斷絕故며
具神通力하야 出生無量故며
具加持力하야 令信解領受故니
是則能淨力波羅蜜이니라

깊은 마음의 힘을 갖추고서 잡되게 물듦이 없도록 하기 위함이며,

깊이 믿는 힘을 갖추고서 꺾을 이가 없도록 하기 위함이며,

대비(大悲)의 힘을 갖추고서 싫어하는 마음을 내지 않도록 하기 위함이며,

대자(大慈)의 힘을 갖추고서 평등하게 행하도록 하기 위함이며,

모든 걸 지닌 힘[總持力]을 갖추고서 방편으로 일체 뜻을 지니도록 하기 위함이며,

변재의 힘을 갖추고서 일체중생으로 하여금 기쁨이 가득하도

록 하기 위함이며,

바라밀다의 힘을 갖추고서 대승을 장엄하도록 하기 위함이며,

큰 서원의 힘을 갖추고서 길이 끊어지지 않도록 하기 위함이며,

신통의 힘을 갖추고서 한량없이 내도록 하기 위함이며,

가피의 힘을 갖추고서 믿고 이해하고 받아들이도록 하기 위함이다.

이런 수행이 청정한 역바라밀다를 성취시켜주는 것이다.

◉ 疏 ◉

力中十句는 各二니 謂標名·釋義라 一은 契理深心이니 是思擇力이라 染則無力이어니와 翻此故有라 餘可準知니 皆修習力이라

'제9 역바라밀' 가운데 10구는 각각 2가지이다. 명제의 표식과 의의의 해석을 말한다. 첫 구절은 진리에 계합한 깊은 마음이니 이는 생각하고 선택하는 힘이다. 물들면 힘이 없지만 이를 뒤집은 까닭에 힘이 있는 것이다. 나머지는 이에 준하면 알 수 있다. 모두가 닦고 익히는 힘이다.

十智

제10 지바라밀

經

知貪欲行者하며
知瞋恚行者하며
知愚癡行者하며
知等分行者하며
知修學地行者하며
一念中에 知無邊衆生行하며
知無邊衆生心하며
知一切法眞實하며
知一切如來力하며
普覺悟法界門하나니
是則能淨智波羅蜜이니라

탐욕의 행이 있는 이를 알며,
성냄의 행이 있는 이를 알며,
어리석음의 행이 있는 이를 알며,
탐진치 삼독을 똑같이 행한 이를 알며,
배우는 지위에서 수행하는 이를 알며,
한 생각의 찰나에 그지없는 중생의 행을 알며,
그지없는 중생의 마음을 알며,
일체 법의 진실을 알며,
일체 여래의 힘을 알며,
법계의 문을 널리 깨달아야 한다.

이런 수행이 청정한 지혜바라밀다를 성취시켜주는 것이다.

◉ 疏 ◉

智度中에 識病知根하고 順理授法을 名爲智度라 亦有十句하니 初四는 知病輕重이오 次三은 知根欲樂이니 一 位, 二 行, 三 心이오 後三은 知法藥이니 一 知理法이오 二 知果法이오 三 普覺法界라 前七은 成就有情이오 後三은 現法樂住니라

'제10 지바라밀' 가운데 병을 알고 근기를 알고서 이치를 따라 법을 전수해줌을 '지바라밀'이라 한다.

또한 10구가 있다.

앞의 4구(제1~4)는 병의 경중을 앎이며,

다음 3구(제5~7)는 근기의 욕구와 좋아하는 바를 앎이다. 첫째 제5구는 지위이며, 둘째 제6구는 行이며, 셋째 제7구는 마음이다.

뒤의 3구(제8~10)는 法藥을 앎이다. 첫째 제8구는 理法을 앎이며, 둘째 제9구는 果法을 앎이며, 셋째 제10구는 法界를 두루 깨달음이다.

앞의 7구는 중생을 성취하도록 함이며, 뒤의 3구는 현재의 법에 기꺼이 머무는 것이다.

第八은 答前所念衆生 咸令得度問이라 於中分三이니 初는 結前起後오 二는 正明化度오 三은 結如本誓니 今은 初라

제8단락, 앞에서 말한 "염려하는 중생을 모두 제도할 수 있음"에 대한 질문에 답하였다.

이는 3부분으로 나뉜다.

1) 앞의 문장을 끝맺으면서 뒤의 문장을 일으킴이며,

2) 바로 교화하고 제도함을 밝힘이며,

3) 본래 서원과 같음을 끝맺음이다.

이는 1) 앞의 문장을 끝맺으면서 뒤의 문장을 일으킴이다.

經

佛子여 **菩薩**이 **如是清淨諸波羅蜜時**와 **圓滿諸波羅蜜時**와 **不捨諸波羅蜜時**에 **住大莊嚴菩薩乘中**하고 **隨其所念一切衆生**하야 **皆爲說法**하야 **令增淨業**하야 **而得度脫**호되

불자여, 보살이 이와 같이 청정한 모든 바라밀다를 성취할 때와 모든 바라밀다를 원만하게 할 때와 모든 바라밀다를 버리지 아니할 때에, 크게 장엄한 보살승 가운데 머물고, 그 염려했던 일체중생을 따라서 모두 설법하여 중생으로 하여금 청정한 업을 증장하여 해탈을 얻도록 하되,

◉ **疏** ◉

初는 結前이니 淸淨은 約離障이오 圓滿은 具事理오 不捨는 謂常相應이라 住大莊嚴者는 總結十度爲嚴이니 是大乘體오 後隨其所念下는 生後니 由具前故니라

첫 부분은 앞 문장을 끝맺음이다. 청정은 장애를 여읨으로 말하였고, 원만은 事理를 갖춤으로 말하였고, 不捨는 항상 상응함으로 말하였다. 대장엄에 머문다는 것은 십바라밀로 장엄함을 총체로 끝맺음이니, 이는 대승의 본체이다. 뒤의 '隨其所念' 이하는 뒤의 문장을 일으킨 것으로 앞서 갖추어왔기 때문이다.

二 正明化度

2) 바로 교화하고 제도함을 밝히다

經

墮惡道者를 敎使發心하며
在難中者를 令勤精進하며
多貪衆生에 示無貪法하며
多瞋衆生에 令行平等하며
著見衆生에 爲說緣起하며
欲界衆生에 敎離欲恚惡不善法하며
色界衆生에 爲其宣說毘鉢舍那하며
無色界衆生에 爲其宣說微妙智慧하며
二乘之人에 敎寂靜行하며
樂大乘者에 爲說十力廣大莊嚴이니라

삼악도에 떨어진 이는 가르쳐 발심케 하고,

재난 속에 있는 이는 부지런히 정진케 하고,

탐욕이 많은 중생에게는 탐욕이 없는 법을 보여주고,

성을 잘 내는 중생에게는 평등함을 행하게 하고,

삿된 소견에 집착한 중생에게는 인연이 일어나는 법을 말해주고,

욕계의 중생에게는 탐욕과 성냄과 악하고 선하지 않은 법을 여의도록 가르치고,

색계의 중생에게는 위빠사나(Vipassana)를 말해주고,

무색계의 중생에게는 미묘한 지혜를 말해주고,

이승의 사람에게는 고요한 법을 가르치고,

대승을 좋아하는 이에게는 열 가지의 힘과 광대한 장엄을 말해주어야 한다.

◉ 疏 ◉

文有十句니 約爲四類라

初一은 令離惡果니 三塗除無間코 皆容發心이니 如慈童女니라

二는 令勤修니 則脫八難코 値佛聞法이라

次三은 令離惡因이니 貪有二種이니 上은 偏語色貪일세 教修不淨이로되 今通語貪財名等이라 故但云'示無貪法'이라 無貪法者는 謂不淨·觀空과 少欲·知足이라 二는 瞋亦二種이니 上偏語能爲違害라 故令修慈어니와 今通瞋情非情이라 故觀同體하야 不應自瞋이라 三은 癡亦二種이니 已如上明이어니와 此約邪癡하야 令觀緣起니라

次三은 令離流轉이니 三界循環을 皆可厭故니 初欲恚害等은 義見三

地라 二 色界는 雖定慧似均이나 然是定地라 恐其滯寂故로 爲說觀이며 又無生正觀으로 令得無漏니라 三 無色은 定多라 故爲說妙慧하고 又示諦觀하야 方得永出이라

後二는 示以三乘하야 隨機爲說이며 又引權歸實하야 令知本寂이라

【鈔_ '如慈童女'者는 智度論說호되 '慈行童女 入海採寶할세 辭白其母한대 母不從志어늘 相別에 誤傷母一莖髮하고 便墮火盆地獄하야 自省無罪한대 獄主具示罪相할세 便發大心하야 見諸罪人이 知同此罪하고 便請火盆하야 普爲戴之하니 獄主 瞋恚하야 以鐵叉擊頭하니 尋便命終에 生於天上이라'하니라

'貪有二種'等者는 畧有此二라 然準瑜伽二十六中컨대 總有五種이라 論云'貪有五種하니 一은 於內身欲欲이니 欲貪이오 二는 於外身婬欲이니 婬貪이오 三은 境欲이니 境貪이오 四는 色欲이니 色貪이오 五는 薩迦耶欲이니 薩迦耶貪이라'하니 釋曰'慈恩解初에 貪有二하니 一云於自內身에 初起欲界微少之欲이라 故名欲欲이오 次起重貪이라 故名欲貪이라하고 二云內身은 是自所欲之法이라'하니라 所以言於內身欲은 於內身欲上起欲故로 卽能欲心이니 此名欲貪인댄 則初一欲字는 是所欲이오 第二는 是能欲이오 第三 欲字는 是結名이라하니 釋曰後解爲勝이라】

이 경문에는 10구가 있다. 간단하게 말하면 4가지 부분이다.

제1구는 그들로 하여금 惡果를 여의도록 함이다. 삼악도에서 무간지옥을 제외하곤 모두 발심을 용납하니 慈行童女와 같다.

제2구는 그들로 하여금 부지런히 닦도록 함이다. 곧 八難에서 벗어나 부처님을 만나 법을 들은 것이다.

다음 3구(제3~5)는 그들로 하여금 惡因을 여의도록 함이다. 첫째 제3구에서 말한 탐욕에는 2가지가 있다. 위에서는 色貪에 치우쳐 말한 까닭에 不淨만을 닦도록 했지만, 여기에서는 재물과 명예에 탐욕 등을 말한 까닭에 단 "탐욕이 없는 법을 보여주었다[示無貪法]."고 말한 것이다. 탐욕이 없는 법이란 不淨과 觀空과 少欲과 知足을 말한다. 둘째 제4구에서 말한 성냄에도 또한 2가지가 있다. 위에서는 違害에 치우쳐 말한 까닭에 '慈'만을 닦도록 말했지만, 여기에서는 유정·무정에 모두 성냄을 말한다. 따라서 그 모두가 하나의 똑같은 몸으로 보아 스스로 성내지 않도록 함이다. 셋째 제5구에서 말한 어리석음에도 또한 2가지가 있다. 이미 위에서 밝힌 바와 같지만, 여기에서는 삿된 견해의 어리석음으로 말한 까닭에 가지가지 인연이 일어나게 되는 것을 보도록 하였다.

다음 3구(제6~8)는 그들로 하여금 생사의 윤회에서 벗어나도록 함이다. 삼계의 생사윤회를 모두 싫어하기 때문이다. 첫째 제6구에서 말한 '탐욕과 성냄과 해' 등의 뜻은 三地에 나타나 있다. 둘째 제7구에서 말한 色界는 비록 선정과 지혜가 고루 똑같지만, 이는 선정의 지위이기에 寂靜에 빠질까를 두려워한 까닭에 이를 위하여 관조를 말한 것이며, 또 無生의 正觀으로 하여금 無漏를 얻도록 함이다. 셋째 제8구에서 말한 無色界는 선정이 많기 때문에 이를 위하여 미묘한 지혜를 말하였고, 또한 자세히 살펴보아야만 비로소 영원히 벗어날 수 있다.

뒤의 2구(제9~10)는 삼승에게 보여준 것으로 근기에 따라서 그에 알맞게 설법함이며, 또한 權敎를 인용하여 實敎에 귀의하여 本寂을 알도록 함이다. 【초_ '자행동녀'란 지도론에서 다음과 같이 말하였다.

"자행동녀가 바다에 들어가 진주를 캐려고 그 어머니에게 사실을 말하자, 그 모친은 그녀의 뜻을 따라주지 않았다. 모친과 이별하고 떠날 때에 어쩌다 모친의 머리카락 한 올을 잘못 뽑아 상처를 내는 바람에 곧장 머리에 불동이를 이고 온몸에 불꽃이 이글이글 타는 火盆地獄에 떨어졌다. 그녀는 아무런 죄가 없다고 스스로 밝히자, 지옥의 대왕이 그의 죄상을 낱낱이 갖춰 보여주었다. 그녀는 곧 큰마음을 일으켜 모든 죄인을 살펴보니 자신의 죄와 똑같음을 알고서 곧바로 불동이를 달라 청하여 널리 모든 죄인을 대신하여 머리에 불동이를 이려고 하자, 지옥의 대왕이 성을 내어 무쇠꼬챙이로 그녀의 머리를 쳤다. 이에 그녀의 목숨이 다하고 다시 천상에 태어났다."

"탐욕에는 2가지가 있다." 등은 간단하게 말하면 2가지가 있다. 그러나 유가론 26에 준해보면 모두 5가지가 있다. 유가론에 이르기를 "탐욕에는 5가지가 있다. ① 몸의 내면 욕망에 의한 욕심이니 욕망의 탐욕[欲貪]이며, ② 몸의 외적 婬欲이니 음란의 탐욕[婬貪]이며, ③ 경계의 욕심이니 경계에 대한 탐욕[境貪]이며, ④ 색욕이니 色貪이며, ⑤ 薩迦耶[30]欲이니 살가야 탐욕이다."고 한다.

30 薩迦耶: 범어 Sattva-k ya의 음사어로서 虛僞身으로 의역된다. 종자는 因緣生法이면서

이에 대한 해석은 다음과 같다.

“慈恩解 첫 부분을 따르면 탐욕에는 2가지가 있다. 제1설은 자신의 내면에 처음 일어나는, 欲界의 미세한 욕심이다. 이 때문에 ‘욕망에 의한 욕심[欲欲]’이라 말한다. 다음으로는 더 무거운 욕심이 일어나게 된다. 이 때문에 ‘욕망의 탐욕[欲貪]’이라 말한다. 제2설은 내면의 몸이란 자신이 원하는 법이다.”고 하였다.

‘자신의 내면에 일어나는 욕심’이라 말한 것은 자신의 내면 욕구 상에서 일어나는 욕심이기에 이는 욕심의 주체이다. 이를 ‘욕망의 탐욕[欲貪]’이라 말한다면 처음 말한 첫째의 ‘欲’ 자는 욕심의 대상이며, 둘째로 말한 ‘欲’ 자는 욕심의 주체이며, 셋째로 말한 ‘欲’ 자는 욕심의 명칭을 끝맺은 것이라고 한다. 이에 대한 해석은 후자의 말이 보다 더 낫다고 한다.】

三 結如本誓

3) 본래 서원과 같음을 끝맺다

經

如其往昔初發心時에 **見無量衆生**이 **墮諸惡道**하고 **大師子吼**로 **作如是言**호되 **我當以種種法門**으로 **隨其所應**하야 **而**

도 자성이 없기 때문에 존재할지라도 幻과 같이 假有로 있는 것이기에 파괴되는 허위를 의미한다.

度脫之라하니 **菩薩**이 **具足如是智慧**하야 **廣能度脫一切衆生**이니라

저 지난 옛적, 처음 발심할 때에 한량없는 중생이 여러 악도에 떨어진 것을 보고서 큰 사자후로 이렇게 말하였다.

'내 마땅히 가지가지 법문으로 그들에게 상응한 바를 따라 제도하리라.'

보살이 이러한 지혜를 구족하게 갖추고서 일체중생을 널리 제도하여야 한다.

◉ **疏** ◉

結如本誓라 故能眞度오 師子吼者는 決定度故니라

본래 서원과 같음을 끝맺은 까닭에 참으로 제도함이다. 師子吼란 반드시 제도하고자 한 때문이다.

第九는 答前紹三寶種使不斷絕問이라

제9단락, "삼보의 종성을 이어 끊어지지 않도록" 하는 질문에 답하였다.

經

佛子여 **菩薩**이 **具足如是智慧**하야 **令三寶種**으로 **永不斷絕**하나니

所以者何오

菩薩摩訶薩이 敎諸衆生하야 發菩提心일세 是故로 能令佛種不斷이며

常爲衆生하야 開闡法藏일세 是故로 能令法種不斷이며

善持敎法하야 無所乖違일세 是故로 能令僧種不斷이니라

復次悉能稱讚一切大願일세 是故로 能令佛種不斷이며

分別演說因緣之門일세 是故로 能令法種不斷이며

常勤修習六和敬法일세 是故로 能令僧種不斷이니라

復次於衆生田中에 下佛種子일세 是故로 能令佛種不斷이며

護持正法호되 不惜身命일세 是故로 能令法種不斷이며

統理大衆호되 無有疲倦일세 是故로 能令僧種不斷이니라

復次於去來今佛의 所說之法과 所制之戒를 皆悉奉持하야 心不捨離일세 是故로 能令佛法僧種으로 永不斷絕이니라

불자여, 보살이 이런 지혜를 구족하게 갖춰 삼보의 종성이 영원히 끊어지지 않도록 해야 한다.

무엇 때문인가?

보살마하살이 중생을 교화하여 보리심을 내도록 하였기에 부처님의 종성이 끊어지지 않도록 하였고,

중생을 위하여 항상 법장을 열어 보여주었기에 법보의 종성이 끊어지지 않도록 하였고,

교법을 잘 지녀서 어기는 바가 없었기에 승보의 종성이 끊어지지 않도록 하였다.

또한 모든 큰 서원을 모두 칭찬하였기에 부처님의 종성이 끊어지지 않도록 하였고,

인연의 문을 분별하여 연설하였기에 법보의 종성이 끊어지지 않도록 하였고,

여섯 가지의 화합하는 법을 항상 부지런히 닦았기에 승보의 종성이 끊어지지 않도록 하였다.

또한 중생의 밭에 부처님 종자를 뿌렸기에 부처님의 종성이 끊어지지 않도록 하였고,

바른 법을 수호하여 지니되 목숨을 아끼지 않았기에 법보의 종성이 끊어지지 않도록 하였고,

대중을 거느리되 고달픈 줄 몰랐기에 승보의 종성이 끊어지지 않도록 하였다.

또한 과거·미래·현재의 부처님이 말씀한 법과 제정한 계율을 모두 받들어 지녀 마음에 버리지 않았기에 불보·법보·승보의 종성이 영원히 끊어지지 않도록 하였다.

◉ **疏** ◉

文分爲二니 初仍前總標오 二所以下는 徵釋所由니 由化衆生하야 入三寶海일세 故能紹前하야 令不斷也니라 文有四番하야 爲成十句하니 前九는 別明이오 後一은 總結이라

就初三番하야 釋通總別이나 然皆後後는 轉深前前이니 通者는 通在諸位오 別者는 初在十信오 次居三賢이오 後約登地라

三番佛種은 差別云何오

初教發心하야 令具因性이니 未發唯有本住性故니라

次讚大願하야 令成因行이니 令所發心 不退轉故니라 言'大願'者는 謂求菩提願과 利樂有情願이오 又防惡願이니 如戒經說인댄 有進善願하니 如常所明이라

三은 下佛種子하야 令成佛智니 謂證眞如하야 成無漏故니 上約別顯이라 通者는 發菩提心이니 總有三心하니 謂卽大悲·大願·大智니라 初番爲總이니 已含大悲오 次番是願이오 後番是智니 謂示妙理하야 令暫見心性하야 成金剛種이니라【鈔_ '又防惡願'等者는 梵網經에 云'發十願已에 持佛禁戒하야 作是願言호되 寧以此身으로 投熾然猛火大坑과 及上刀山이언정 終不以毁犯三世諸佛經律하고 與一切女人으로 作不淨行이라'하니 有十二願이오 兼結云'願一切衆生이 皆得成佛이라'하니 爲十三願이라】

이 경문은 2부분으로 나뉜다.

(1) 앞의 문장을 이어서 총체로 나타냄이며,

(2) '所以者何' 이하는 유래한 바를 묻고 해석함이다.

중생을 교화하여 삼보의 바다에 들어가도록 한 까닭에 앞을 이어서 끊어지지 않도록 한 것이다.

경문은 4차례(① 菩薩摩訶薩教諸衆生, ② 復次悉能稱讚, ③ 復次於衆生田中, ④ 復次於去來今佛)로 10구를 이루고 있다. 앞의 9구는 개별로 밝힘이며, 뒤의 제10구는 총체로 끝맺음이다.

처음 3차례(① 菩薩摩訶薩教諸衆生, ② 復次悉能稱讚, ③ 復次於衆生田中)

는 총체와 개별로 통합하여 모두 해석하고 있다. 그러나 이는 모두 뒤의 뒤로 갈수록 앞의 앞보다 더욱 전전하여 심오하다. '通[釋通總別]'이란 모든 지위에 통함이며, 別이란 첫째는 10信에 있고, 다음은 三賢에 있고, 맨 뒤는 登地로 말한 것이다.

3차례 말한 佛種에는 어떤 차별이 있는가?

첫째는 발심을 가르쳐 중생으로 하여금 因性을 갖추도록 함이다. 마음을 일으키기 이전에는 오직 本住性만이 있기 때문이다.

둘째는 큰 서원을 찬탄하여 그로 하여금 因行을 이루도록 함이다. 발심한 바를 다시는 물러서지 않도록 하기 때문이다. '큰 서원[大願]'이라 말한 것은 '자신의 보리를 구하려는 서원'과 '중생에게 이익과 즐거움을 주려는 서원'을 말하며, 또한 악을 막고자 하는 서원이다. 戒經에서 말한 바와 같이 '선으로 나아가려는 서원'이 있다. 이는 일상으로 밝힌 바와 같다.

셋째는 부처님의 종자를 뿌려서 부처님의 지혜를 이루도록 함이다. 이는 진여를 증득하여 無漏를 성취한 때문이다.

위는 개별로 밝힌 것을 말한다. '모든 지위에 통한다.'는 것은 보리심을 낸 것으로, 모두 3가지의 마음이 있다. 그것은 곧 大悲·大願·大智를 말한다. 첫째는 총체이니 이미 大悲를 포괄함이며, 다음은 서원이며, 마지막은 지혜이다. 이는 미묘한 이치를 보여주어 잠시 마음의 성품을 보고서 금강 종자를 이루게 함이다. 【초_ "또한 악을 막고자 하는 서원" 등이란 범망경에 이르기를 "10가지 서원을 내고서 부처님의 계율을 지니고 이런 서원을 말하였다. '차라리 이 몸을 매서운 불구덩이에 던지거나 칼이 삐죽삐죽 솟은 지옥의 산에 오를지언정 끝까지 삼세제불의 經律을 훼손하거나 범하지 않으며, 일체 여인들과 부정한 일을 범하지 않겠다.'"고 하였다. 이와 같이 12가지의 서원이 있고, 겸하여 끝맺기를 "모든 중생이 모두 성불하기를 원한다."고 하니, 13가지의 서원이 된다.】

三番法種差別相者는 初開法藏하야 令教不斷이오 次說因緣하야 令義不斷이오 後具四種護하야 令教理行證하야 皆悉不斷이니라 復次初雖領教나 未發眞解오 次具解行이나 未能證故니라

3차례 말한 法種에는 어떤 차이의 모습이 있는가?

첫째는 法藏을 열어 보여주어 가르침이 끊이지 않도록 하였고,

다음은 인연을 말하여 의미를 끊어지지 않도록 하였고,

뒤에서는 4가지의 수호를 갖춰 教·理·行·證으로 하여금 모두 단절되지 않도록 하였다.

또한 처음에는 아무리 가르침을 받을지라도 진실한 이해를 얻지 못하고, 다음에는 진실한 이해와 行을 갖추었을지라도 증득하지 못하기 때문이다.

三番僧種은 有何差別고 初受法無乖하야 始墮僧數오 次修六和敬하야 僧行已成이오 後統理大衆하야 令僧淸淨이라 復次初雖奉教나 解行未具라 未是眞和오 次雖具解行이나 未離衆怖라 不能控御니라

言六和者는 三業爲三과 及戒見利니 謂身和同集과 口和無諍과 意和無違와 見和同解와 戒和同奉과 利和同均이라 又約菩薩인댄 三業同慈며 六皆同體 眞實和也니 一切恭敬하야 令僧久住니라【鈔

'言六和者'下는 別釋六和敬이라 先依律釋이니 正在小乘이오 義通大小니라

'又約菩薩'下는 後約菩薩明이니 則外同他善을 謂之爲和라하고 內自謙卑를 名之爲敬이라

言'三業同慈'者는 大小異故니라 又三은 名行和오 無有利和니라

一은 同戒和敬이니 菩薩이 通達實相하야 知罪不可得이나 爲欲安立衆生하야 於實相理에 以戒方便으로 巧同一切하야 持諸戒品하야 無有乖諍이오 亦知衆生 同此戒善하야 不斷不常하야 未來에 必得菩提大果라 是以로 敬之如佛이라 故說同戒하야 以爲和敬이니라

二는 同見和敬이니 菩薩이 通達實相하야 不得諸法하고 不知不見이나 爲欲安立衆生하야 於實相正見에 方便巧同하야 一切種種知見으로 無有乖諍하고 亦知衆生이 因此知見分別하야 增進開解하야 必得種智圓明이라 是以로 敬之如佛이라 故說同見하야 以爲和敬이니라

三은 同行和敬이니 菩薩이 通達實相하야 無念無行이나 爲欲安立衆生하야 於實相正行에 方便巧同一切하야 修種種行하야 無有乖諍하고 亦知衆生이 因此諸行하야 漸積功德하야 皆當成佛일세 是以敬之如佛이라 故說同行하야 爲和敬이니라

四는 身慈和敬이니 菩薩이 住於無緣大慈하야 以修其身하야 慈善根力으로 能不起滅定하고 現諸威儀하야 與一切樂이라 故身與九道和同하고 亦知前所得樂衆生이 悉有佛性하야 未來에 必定當得金剛之身이라 是以로 敬之如佛이라 故說身慈하야 以爲和敬이니라

五는 口慈和敬이니 菩薩이 以無緣平等大慈로 以修其口하야 慈善根

力으로 能不起滅定하고 普出一切音聲言辭하야 與一切樂이라 故口與九道和同하고 亦知前所得樂衆生이 悉有佛性하야 未來에 必定當得無上口業이라 是以敬之如佛이라 故說口慈하야 爲和敬이니라

六은 意慈和敬이니 菩薩之心이 常在無緣大慈三昧하야 以修於意하야 慈善根力으로 能不起滅定하고 現諸心意하야 與衆生樂이라 故意與九道同和하고 亦知前所得樂衆生이 悉有佛性如來藏理라 未來에 必定當得心如佛心일세 是以로 敬之如佛이라 故說意慈하야 爲和敬也니라】

3차례 말한 僧種에는 어떤 차이가 있는가?

첫째는 전수받은 법이 어긋남이 없어 비로소 승려의 수에 낌이며,

둘째는 6가지의 和敬을 닦아 승려로서의 行이 이미 성취됨이며,

셋째는 대중을 거느리어 승려로 하여금 청정하도록 만든 것이다.

또한 첫째는 아무리 가르침을 받을지라도 이해와 行을 갖추지 못한다. 진실한 和敬이 아니며,

둘째는 아무리 이해와 행을 갖추었을지라도 대중의 두려움을 여의지 못한 터라 대중을 거느리지 못한다.

六和라 말한 것은 삼업이 3가지이며, 戒·見·利 3가지를 합하여 말한 것이다. 이는 몸이란 함께 모인 대중과 어울림이며, 입이란 다툼이 없이 어울림이며, 뜻은 어긋남이 없이 어울림이며, 견해는 함께 이해하여 어울림이며, 계율은 함께 받들어 어울림이며, 이익은 함께 고루 어울림을 말한다.

또한 보살로 말하면, 삼업이 모두 사랑이며, 6가지가 모두 일

체임이 진실한 和이다. 모두를 공경하여 스님들로 하여금 오래 머물도록 하는 것이다. 【초_ “六和라 말한 것” 이하는 6가지의 和敬을 개별로 해석함이다. 앞에서는 계율에 따라 해석하였다. 바로 소승에 초점을 맞춰 말했지만 그 의미는 대승과 소승에 모두 통한다.

“또한 보살로 말하면” 이하는 뒤에서는 보살을 들어 밝힌 것이다. 곧 밖으로는 남들의 잘한 점을 함께하는 것을 ‘和’라 하고, 안으로는 스스로 겸손하게 몸을 낮추는 것을 ‘敬’이라 말한다.

“삼업이 모두 사랑”이라 말한 것은 대승과 소승이 다르기 때문이다. 또한 삼업이란 자신이 행해야 할 和를 말한 것이지, 利他의 和는 없다.

① 同戒和敬이다. 보살이 실상을 통달하여 죄를 얻지 않을 줄 알지만 중생을 편안히 세워주기 위하여 실상의 진리에 戒의 방편으로 모든 이들과 잘 함께하여 모든 戒品을 가지고 다툼이 없고, 또한 중생이 이처럼 계를 지키는 선근을 함께하면서 斷見이나 常見을 가지지 않고서 미래에 반드시 보리의 큰 佛果를 얻을 것임을 알고 있다. 이 때문에 그들을 부처님과 똑같이 공경하는 것이다. 이 때문에 ‘계율을 함께하면서 이로써 和敬을 삼는다.’고 말하였다.

② 同見和敬이다. 보살이 實相을 통달하여 많은 법을 얻지도 않고 알려고 하지도 않고 보려고 하지도 않으나 중생을 편안히 세워주기 위하여 실상의 바른 견해에 의한 방편으로 잘 함께하여 일체 가지가지 지견으로 다툼이 없고, 또한 중생이 이런 지견분별로 인하여 이해를 증진하여 반드시 一切種智의 圓明함을 얻고자 함을

알고 있다. 이 때문에 그들을 부처님처럼 공경하는 것이다. 이 때문에 '견해가 같음으로써 화경을 삼는다.'고 말하였다.

③ 同行和敬이다. 보살이 실상을 통달하여 생각이 없고 망상이 없으나 중생을 편안히 세워주기 위하여 실상의 바른 행에 의한 방편으로 잘 함께하여 일체 가지가지 行을 닦아 다툼이 없고, 또한 중생이 이러한 행으로 인하여 공덕을 점점 쌓아 모두 성불할 것임을 알고 있다. 이 때문에 그들을 부처님처럼 공경하는 것이다. 이 때문에 '行을 함께하는 것으로써 화경을 삼는다.'고 말하였다.

④ 身慈和敬이다. 보살이 조건 없이 베푸는 사랑[無緣大慈]에 머물면서 그 몸을 닦아 사랑을 베푸는 선근의 힘으로 滅定을 일으키지 않고 모든 위의를 나타내어 모든 즐거움을 주는 것이다. 따라서 몸은 九道(三乘道·六趣道)와 함께 어울리고, 또한 앞서 즐거움을 얻은 중생이 모두 불성이 있어 미래에 반드시 金剛의 몸을 얻을 것임을 알고 있다. 이 때문에 그들을 부처님처럼 공경하는 것이다. 이 때문에 '身慈를 말하여 이로써 和敬을 삼는다.'고 말하였다.

⑤ 口慈和敬이다. 보살이 조건 없이 베푸는 평등한 사랑[無緣平等大慈]으로써 그 입을 닦아 사랑을 베푸는 선근의 힘으로 滅定을 일으키지 않고 널리 일체 음성과 언어를 내어서 모든 즐거움을 주는 것이다. 따라서 입은 三乘道·六趣道의 아홉 길에 함께 어울리고, 또한 앞서 즐거움을 얻은 중생이 모두 불성이 있어 미래에 반드시 위없는 口業을 얻을 것임을 알고 있다. 이 때문에 그들을 부처님처럼 공경하는 것이다. 이 때문에 '口慈를 말하여 이로써 和敬

을 삼는다.'고 말하였다.

⑥ 意慈和敬이다. 보살의 마음이 언제나 조건 없이 베푸는 사랑의 삼매[無緣大慈三昧]에 있으면서 뜻을 닦아 사랑을 베푸는 선근의 힘으로 滅定을 일으키지 않고 모든 마음과 뜻을 나타내어 중생에게 즐거움을 준다. 따라서 뜻은 삼승도·육취도의 아홉 길에 함께 어울리고, 또한 앞서 즐거움을 얻은 중생이 모두 불성의 如來藏 진리가 있어 미래에 반드시 부처님의 마음과 같은 마음을 얻을 것임을 알고 있다. 이 때문에 그들을 부처님처럼 공경하는 것이다. 이 때문에 '意慈를 말하여 이로써 和敬을 삼는다.'고 말하였다.】

後總句者는 弘法奉戒하야 三學兼修니 則不斷三寶하고 化化不絕이라

"뒤의 제10구는 총체로 끝맺음"이라는 것은 법을 넓히고 계를 받들어 계·정·혜 三學을 모두 닦음이니, 곧 삼보의 종성이 끊이지 않고 변화하고 변화하여 끊이지 않는다.

第十은 答前善根方便皆悉不空問이니 先略後廣이라

제10단락, 앞에서 말한 "선근방편이 모두 공하지 않다."는 질문에 답하였다.

앞에서는 간단하게, 뒤에서는 자세히 말하였다.

經

菩薩이 **如是紹隆三寶**일세 **一切所行**이 **無有過失**하며 **隨有**

所作하야 **皆以廻向一切智門**일세 **是故三業**이 **皆無瑕玷**이니 **無瑕玷故**로 **所作衆善**과 **所行諸行**으로 **教化衆生**하야 **隨應說法**호되 **乃至一念**도 **無有錯謬**하고 **皆與方便智慧相應**하야 **悉以向於一切智智**하야 **無空過者**니라

보살이 이와 같이 삼보를 이어 융성케 함에 따라 일체 행하는 일에 허물이 없으며, 짓는 바에 따라서 일체 지혜의 문으로 회향한 까닭에 세 가지 업에 모두 하자가 없으며, 하자가 없기 때문에 짓는 수많은 선근과 행하는 모든 행으로 중생을 교화하여 근기에 상응하는 법을 연설하되 한 생각의 찰나에도 착오가 없으며, 모두 방편 지혜와 상응하여 모두 일체지(一切智)와 일체종지(一切種智)로 회향하여 속절없이 지내는 일이 없을 것이다.

◉ **疏** ◉

畧中分三이니 初結前生後니 謂由能紹三寶라 故所行無失이오 二'隨有'下는 由不空故로 三業無瑕니 謂所作廻向이 是不空業이오 三'無瑕玷故'下는 由無瑕故로 不空所作이니 反覆相成이라 玉之內病曰瑕니 瑕는 謂體破오 外病曰玷이니 玷은 謂色汙니 以顯三業內外無失이라 故白圭之玷은 尚可磨也어니와 三業之玷은 不可爲也니라

初句는 牒前이오 次'所作'下는 示無瑕相이오 後'皆與'下는 顯不空相이니 方便有慧면 方便不空이오 慧有方便이면 慧亦不空이니 此辨所行不空이오 廻向智智는 辨趣果不空이라【鈔_ 方便不空者는 卽側用淨名有慧方便解句라 下句는 卽有方便慧解니 卽涉有不迷於空은 是方

便有慧오 觀空不迷於事는 卽慧有方便也니라】

1) 앞의 간단하게 말한 부분은 다시 3부분으로 나뉜다.

⑴ 앞의 문장을 끝맺으면서 뒤의 문장을 일으킴이다. 이는 삼보를 잘 이어옴으로써 행하는 바에 잘못이 없음을 말한다.

⑵ '隨有' 이하는 不空에 의하여 삼업에 하자가 없다. 이는 회향한 일들이 不空業임을 말한다.

⑶ '無瑕玷故' 이하는 하자가 없음으로 말미암아 짓는 바가 不空이니 반복하여 서로 이뤄주는 것이다. 옥의 이면에 있는 점을 '瑕'라 말한다. 瑕는 옥의 본체가 부서진 것이다. 옥의 표면에 있는 티를 '玷'이라 한다. 玷은 옥의 색깔이 아름답지 못함을 말한다. 삼업이 안팎으로 잘못이 없음을 밝힌 것이다. 따라서 하얀 옥의 표면에 있는 티는 그래도 갈아낼 수 있지만 삼업의 티는 갈아낼 수가 없다.

첫 구절(菩薩如是紹隆三寶~無瑕玷故)은 앞의 문장을 이어 쓴 것이며, 다음 '所作' 이하는 하자가 없는 모습을 보여줌이며, 뒤의 '皆與' 이하는 不空의 모습을 밝혀준 것이다. 방편에 지혜가 있으면 방편이 不空이며, 지혜에 방편이 있으면 지혜 또한 不空이다. 이는 행하는 바가 不空임을 분별함이며, 일체지와 일체종지에 회향함은 佛果로 나아감이 不空임을 분별한 것이다. 【초_ '方便不空'이란 곧 유마경에서 말한 '有慧方便解' 구절을 덧붙여 인용한 것이다. 아래 구절은 곧 '有方便慧解'이다. 이는 有에 함께하면서도 空 도리에 혼미하지 않음은 방편에 지혜가 있음이며, 空을 관하되 현상의 일에

혼미하지 않음은 곧 지혜에 방편이 있는 것이다.】

第二는 廣明이니 有二라 初는 明自業不空이오 後는 辨利他不空이니 今은 初라

2) '菩薩如是' 이하는 자세히 밝혔다.

이는 다시 2부분으로 나뉜다.

⑴ 앞에서는 自業의 不空을 밝혔고,

⑵ 뒤에서는 利他의 不空을 논변하였다.

이는 ⑴ 자업의 불공을 밝힘이다.

經

菩薩이 **如是修習善法**하야 **念念具足十種莊嚴**하나니

何者가 **爲十**고

所謂身莊嚴이니 **隨諸衆生**의 **所應調伏**하야 **而爲示現故**며

語莊嚴이니 **斷一切疑**하야 **皆令歡喜故**며

心莊嚴이니 **於一念中**에 **入諸三昧故**며

佛刹莊嚴이니 **一切淸淨**하야 **離諸煩惱故**며

光明莊嚴이니 **放無邊光**하야 **普照衆生故**며

衆會莊嚴이니 **普攝衆會**하야 **皆令歡喜故**며

神通莊嚴이니 **隨衆生心**하야 **自在示現故**며

正敎莊嚴이니 **能攝一切聰慧人故**며

涅槃地莊嚴이니 **於一處成道**에 **周徧十方**하야 **悉無餘故**며 **巧說莊嚴**이니 **隨處隨時**하며 **隨其根器**하야 **爲說法故**라 **菩薩**이 **成就如是莊嚴**하야 **於念念中**에 **身語意業**이 **皆無空過**하야 **悉以迴向一切智門**이니라

보살이 이와 같이 선한 법을 닦아서 한 생각 한 생각마다 열 가지의 장엄을 구족케 해야 한다.

무엇이 열 가지의 장엄인가?

이른바 몸의 장엄이다. 많은 중생의 기연(機緣)에 상응하여 조복할 만한 바를 따라 몸을 나타내어 보여주기 위함이며,

말의 장엄이다. 중생의 모든 의심을 끊어주고서 모두 그들의 마음을 기쁘게 해주기 위함이며,

마음의 장엄이다. 한 생각의 찰나에 모든 삼매에 들어가기 위함이며,

불국토의 장엄이다. 일체 불국토가 청정하여 모든 번뇌를 여의어주기 위함이며,

광명의 장엄이다. 그지없는 광명을 놓아 중생에게 널리 비춰주기 위함이며,

대중법회의 장엄이다. 널리 법회에 모인 대중을 받아들여 모두 기쁨을 얻도록 하기 위함이며,

신통의 장엄이다. 중생의 마음을 따라 자재하게 몸을 나타내 보이기 위함이며,

바른 교법의 장엄이다. 모든 총명한 사람을 거두어들이기 위

함이며,

열반한 곳의 장엄이다. 한 곳에서 성도함에 시방에 두루 모두 남김없이 성도해주기 위함이며,

잘 연설하는 장엄이다. 장소에 따라서, 시간에 따라서, 중생의 근기에 따라 설법하기 위함이다.

보살이 이와 같은 장엄을 성취하여 한 생각 한 생각 속에 몸과 말과 뜻으로 짓는 업이 모두 헛되이 지내지 않고서 모두 일체지(一切智)의 법문으로 회향하는 것이다.

◉ 疏 ◉

初中에 雖明不空이나 義兼無失이니 以一切淸淨하야 離煩惱故며 又此無失이 卽自業不空이니 順止寂故니라

文有標·徵·釋·結이니 釋中에 皆先標後釋이라 初四는 依正莊嚴이오 次六은 攝化莊嚴이라

言'涅槃地'者는 以涅槃嚴地也니 謂隨有成道·入涅槃處하야 當知하라 其地는 卽是金剛이니 今於一切處成이면 則無非金剛也니라

標云'涅槃'코 釋云'成道'는 文影畧耳라

앞에서는 비록 자업의 불공을 밝혔으나 그 의의는 잘못이 없다는 것까지 겸하고 있다. 이는 일체가 청정하여 번뇌를 여읜 때문이다. 또한 잘못이 없다는 것이 곧 자업의 불공이다. 이는 고요한 마음을 따랐기 때문이다.

경문은 표장·물음·해석·끝맺음으로 쓰여 있다. 해석함에 있

어 모두 앞에서는 표장을, 뒤에서는 해석을 하였다.

앞의 4구는 依報와 正報의 장엄이며, 다음 6구는 중생 교화의 장엄이다.

'涅槃地'라 말한 것은 열반으로 그 땅을 장엄함이다. 이는 부처님이 성도하고 열반에 드는 곳을 따라 그 땅이 곧 금강임을 알아야 한다. 여기에서는 모든 곳에서 성도를 하였음을 말한 것으로 보면 금강 아닌 게 없다.

표장에서는 '열반'이라 말했는데, 해석 부분에서 '成道'라 말한 것은 경문을 쓰면서 한 부분을 생략하여 그 나머지 부분을 나타내는 수사기법이다.

二 利他不空

(2) 이타의 불공

經

若有衆生이 **見此菩薩**하면 **當知亦復無空過者**니 **以必當成阿耨多羅三藐三菩提故**며 **若聞名**이어나 **若供養**이어나 **若同住**어나 **若憶念**이어나 **若隨出家**어나 **若聞說法**이어나 **若隨喜善根**이어나 **若遙生欽敬**이어나 **乃至稱揚讚歎名字**인댄 **皆當得阿耨多羅三藐三菩提**니라

佛子여 **譬如有藥**하니 **名爲善見**이라 **衆生見者**가 **衆毒悉除**

인달하야 **菩薩**도 **如是**하야 **成就此法**일세 **衆生**이 **若見**에 **諸煩惱毒**이 **皆得除滅**하고 **善法增長**이니라

어떤 중생이나 이런 보살을 만나면 그 또한 헛되이 보내지 않는 자임을 알아야 한다. 그는 반드시 아뇩다라삼먁삼보리를 성취할 수 있기 때문이다.

만일 그 보살의 이름을 듣거나 공양을 하거나 함께 있거나 생각하거나 따라 출가하거나 설법을 듣거나 선근을 따라 기뻐하거나 멀리에서 공경의 마음을 내거나 내지 그 보살의 명호만이라도 찬양하면 모두가 아뇩다라삼먁삼보리를 얻을 것이다.

불자여, 비유하면 하나의 약과 같다. 그 약의 이름을 선견(善見)이라 한다. 이 약을 본 중생은 모든 독이 다 없어지는 것처럼 보살도 이와 같아서 이러한 법을 성취하게 될 것이다. 중생이 보기만 하여도 모든 번뇌의 독이 모두 사라지고 선한 법이 더욱 커나갈 것이다.

◉ **疏** ◉

於中에 有法·喻·合하니 文則可知니라 佛與菩薩이 俱益不空호되 今不見者는 不宜見故오 見不益者는 無行力故며 亦遠益故니라

上來에 竝答所成行體를 竟하다

이 경문에는 법·비유·결합으로 구성되어 있다. 경문은 설명하지 않아도 알 수 있다.

부처와 보살이 모두 이익이 있어 헛되지 않겠지만, 지금 이런

보살을 보지 못한 것은 잘 보지 못하였기 때문이며, 이런 보살을 보고서도 이익이 되지 못한 것은 행하는 힘이 없었기 때문이며, 또한 이익을 멀리했기 때문이다.

위에서 성취해야 할 행의 체성에 관한 질문을 대답한 부분은 여기에서 끝마치다.

大科 第二는 答行成德用이라
前文有二라 今亦二段이니
第一은 答以行成因德이오
二는 答以因成果德이라
今은 初라

대과 2. 행하여 성취한 공덕의 작용에 대한 물음에 답하다
앞의 경문은 2부분으로 나뉘며, 이의 문장 또한 2단락이다.
제1단락, 행으로써 원인을 성취한 공덕을 답함이며,
제2단락, 원인으로써 결과를 성취한 공덕을 답함이다.
이는 제1단락이다.

經

佛子여 **菩薩摩訶薩**이 **住此法中**하야 **勤加修習**하야
以智慧明으로 **滅諸癡暗**하며
以慈悲力으로 **摧伏魔軍**하며

以大智慧와 及福德力으로 制諸外道하며
以金剛定으로 滅除一切心垢煩惱하며
以精進力으로 集諸善根하며
以淨佛土諸善根力으로 遠離一切惡道諸難하며
以無所著力으로 淨智境界하며
以方便智慧力으로 出生一切菩薩의 諸地諸波羅蜜과 及諸三昧와 六通三明과 四無所畏하야 悉令清淨하며
以一切善法力으로 成滿一切諸佛淨土와 無邊相好와 身語及心하야 具足莊嚴하며
以智自在觀察力으로 知一切如來의 力無所畏와 不共佛法이 悉皆平等하며
以廣大智慧力으로 了知一切智智境界하며
以往昔誓願力으로 隨所應化하야 現佛國土하고 轉大法輪하야 度脫無量無邊衆生이니라

불자여, 보살마하살이 이런 법에 머물러 부지런히 닦아서

밝은 지혜로 많은 어리석음을 없애고,

자비한 힘으로 마군을 꺾어 굴복하고,

큰 지혜와 복덕의 힘으로 모든 외도들을 제어하고,

금강의 선정으로 마음의 일체 번뇌를 없애고,

정진하는 힘으로 모든 선근을 모으고,

부처 세계를 청정케 하는 모든 선근의 힘으로 일체 악도의 수많은 고난을 멀리 여의고,

집착이 없는 힘으로 지혜의 경계를 청정하게 하고,

방편과 지혜의 힘으로 일체 보살의 지위, 바라밀다, 모든 삼매, 여섯 가지 신통력[天眼, 天耳, 他心, 宿命, 神足, 漏盡通], 세 가지 밝음[天眼, 宿命, 漏盡明], 네 가지 두려움 없음[正等覺, 一切漏盡, 說障法, 說塵苦道無畏]을 내어 모두 청정하게 하고,

일체 선한 법의 힘으로 일체 부처님의 정토와 그지없이 잘생긴 용모와 몸과 말과 마음을 원만하게 성취하여 구족하게 장엄하고,

지혜로 자재하게 관찰하는 힘으로 모든 여래의 힘과 두려움 없는 바와 그 누구도 함께할 수 없는 부처님의 법이 모두 평등함을 알며,

광대한 지혜의 힘으로 일체지와 일체종지의 경계를 분명하게 알며,

옛날에 서원한 힘으로써 마땅히 교화할 바를 따라 불국토를 나타내고 큰 법륜을 굴려 한량없고 그지없는 중생을 제도해주어야 한다.

◉ 疏 ◉

具答十二問이니 各有二句라 上句는 答下句니 上云修何滅癡오 今答以智라하니 他皆倣此니라

二는 用慈降魔니 夫欲害人인댄 反招自害오 苟欲安人이면 則物我俱安이라 故柔勝剛하고 弱勝強이라 以慈安一切면 惡魔 無以施害니 慈善根力 其功叵量이니라

三福則怖之以威오 智則屈之以辨이라

次四·後四는 文竝可知니라

八은 以方便智慧出生은 是答이오 '一切菩薩'已下는 卽是所問이라

準上文中컨대 此有七事니 今'波羅蜜'下는 欠總持句라 然方便有二니 若加行方便인댄 出生地度어니와 若善巧方便인댄 亦生諸度와 及餘五法이라

智亦有二니 若根本智인댄 卽成內證이어니와 若後得智인댄 卽成業用이니 是故로 此二 出生此七이라

言'淸淨'者는 治彼障故니라

12가지 질문을 구체적으로 대답한 것으로, 각각 2구절씩 있다. 위 구절은 아래 구절을 대답함이다. 위의 문장에서 "무엇을 닦아야 어리석음을 없앨 수 있을까?"를 물어왔기에 이 경문에서 지혜로써 대답[以智慧明 滅諸癡闇]한 것이다. 다른 부분은 이와 같다.

제2답은 자비로 마군에게서 항복 받음이다. 대체로 남을 해치고자 하면 도리어 스스로 해를 불러들이고, 남을 편안하게 해주고자 하면 나와 남이 모두 편안하다. 이 때문에 부드러움이 굳셈을 이기고, 나약함은 강함을 이긴다. 자비의 마음으로 일체 모두를 편안하게 해주면 흉악한 마군이 해를 끼칠 수 없다. 자비 선근의 힘은 그 공덕을 헤아릴 수 없다.

제3답은 복덕은 위엄으로써 두렵게 하고, 지혜는 논변으로 굴복시키는 것이다.

다음 4답(제4~7답)과 뒤의 4답(제9~12답)의 경문은 모두 설명하

지 않아도 알 수 있다.

제8답의 방편 지혜로 낳는다는 것은 대답이며, '일체 보살' 이하는 곧 물음의 대상이다. 위의 경문에 준하면 여기에는 7가지의 일이 있다. 이의 '波羅蜜' 이하는 總持 구절이 빠졌다.

그러나 방편에는 2가지가 있다. 만일 加行方便으로 말하면 지위와 바라밀을 내어주지만, 善巧方便으로 말하면 또한 모든 바라밀 및 나머지 5가지 법을 내주는 것이다.

지혜 또한 2가지가 있다. 根本智로 말하면 內證을 이루지만 後得智로 말하면 業用을 성취하는 것이다. 이런 이유로 이 2가지가 7가지를 만들어내는 것이다.

청정이라 말한 것은 그 장애를 다스리기 때문이다.

二'佛子'下는 答'以因成果'德이라

제2단락, '佛子' 이하는 원인으로써 결과를 성취한 공덕을 답하였다.

經

佛子여 **菩薩摩訶薩**이 **勤修此法**하면 **次第成就諸菩薩行**하며 **乃至得與諸佛平等**하야

불자여, 보살마하살이 이 법을 부지런히 닦으면 보살의 행을 차례차례 성취하며, 내지 모든 부처님과 평등하여

◉疏◉

於中亦二니 先은 結因成果니 謂但勤修上來諸行이면 則能次第從因得果니라

이 경문 또한 2부분이다.

앞에서는 원인으로 성취한 결과를 끝맺음이다. 이는 단 위에서 말한 모든 행을 부지런히 닦으면 곧 차례차례로 원인을 따라 결과를 얻게 됨을 말한다.

經

於無邊世界中에 **爲大法師**하야 **護持正法**하며

한량없는 세계에 큰 법사가 되어 바른 법을 보호하고 지니며,

◉疏◉

二는 答所成之德이니 謂護持正法이니 但當勤修上來以行成因之德이면 自當成後護持法等諸德이라 故乘前結因成德明之하야 答上十句라

文分九段이니 第一은 答初總句에 如來法藏을 守護開演이라

다음은 성취한 바의 공덕을 대답함이다. 이는 바른 법을 보호하고 지님을 말한다. 다만 위의 경문에서 말한 행으로써 원인을 성취한 공덕을 부지런히 닦으면 스스로 뒤의 경문에서 말한 "바른 법을 보호하고 지니며" 등의 모든 공덕을 성취할 수 있다. 이 때문에 앞의 '원인으로 성취한 공덕을 끝맺은 부분'의 위에서 이를 밝혀 위

의 10구를 대답한 것이다.

경문은 9단락으로 나뉜다. 첫째는 첫 총체로 말한 구절에 여래 법장을 수호하고 연설함에 대한 대답이다.

經

一切諸佛之所護念이며

모든 부처님의 보호하고 염려하신 바가 될 것이며,

◉ **疏** ◉

二'佛所護念故'는 則答衆魔外道 無能沮壞이니 以佛護故니라

둘째, '부처님이 보호하고 염려해주기 때문'이라 함은 수많은 마군과 외도가 저지하거나 무너뜨리지 못함에 대한 대답이다. 이는 부처님의 가호 때문이다.

經

守護受持廣大法藏하야 **獲無礙辯**하야 **深入法門**하며

광대한 법장을 수호하고 지녀 걸림 없는 변재를 얻어 법문에 깊이 들어가며,

◉ **疏** ◉

三은 答攝持正法 無有窮盡이라

셋째는 '바른 법을 거두어 지니되 다함이 없음'에 대한 대답이다.

經

於無邊世界大衆之中에 **隨類不同**하야 **普現其身**호되 **色相具足**하야 **最勝無比**하며 **以無礙辯**으로 **巧說深法**호되 **其音圓滿**하야 **善巧分布故**로 **能令聞者**로 **入於無盡智慧之門**하니라

끝없는 세계 대중의 가운데, 똑같지 않은 인류를 따라서 그 몸을 널리 나타내되 색상이 구족하고 가장 훌륭하기 짝할 이 없으며, 걸림이 없는 변재로 심오한 법을 잘 말하되 그 음성이 원만하여 잘 펼쳐지기 때문에 듣는 이들로 하여금 그지없는 지혜의 법문에 들어가도록 마련해주는 것이다.

◉ **疏** ◉

四는 答於一切世界中演說法時에 十王敬護니 謂身勝音巧하야 令聞者入智故니라

넷째는 '일체 세계 가운데서 법을 연설할 때에 十王의 공경과 수호'에 대한 대답이다. 이는 몸이 수승하고 음성이 뛰어나 듣는 이들로 하여금 지혜에 들어가게 마련해주기 때문이다.

經

知諸衆生의 **心行煩惱**하야 **而爲說法**에 **所出言音**이 **具足淸淨故**로 **一音演暢**하야 **能令一切**로 **皆生歡喜**하며

모든 중생의 마음과 행동과 번뇌를 알고서 법을 말할 때에 울

려 나오는 음성이 구족하고 청정한 까닭에 하나의 음성으로 연설하여 모든 이들이 다 기뻐하는 마음을 내도록 하며,

◉ **疏** ◉

五는 答擧世同欽이니 稱機令喜故니라

다섯째는 '온 세상 사람들이 모두 공경함'에 대한 대답이다. 기연에 맞추어 기쁨을 주기 때문이다.

經

其身이 **端正**하야 **有大威力故**로 **處於衆會**에 **無能過者**하니라

그 몸은 단정하고 큰 위엄과 신통력이 있기 때문에 대중법회 있을 적에 그 누구도 그보다 더 나을 이가 없다.

◉ **疏** ◉

六은 答菩薩愛敬이니 端正有德故라

其佛灌頂은 在前第二佛護之中이라

여섯째는 '보살이 사랑하고 공경함'에 대한 대답이다. 단정한 공덕이 있기 때문이다.

그 부처님이 灌頂해줌은 앞의 둘째, 부처님의 가호 부분에서 말하였다.

經

善知衆心故로 能普現身하며

善巧說法故로 音聲無礙하며

得心自在故로 巧說大法에 無能沮壞하며

得無所畏故로 心無怯弱하며

於法自在故로 無能過者하며

於智自在故로 無能勝者하며

般若波羅蜜이 自在故로 所說法相이 不相違背하며

辯才自在故로 隨樂說法에 相續不斷하며

陀羅尼自在故로 決定開示諸法實相하며

辯才自在故로 隨所演說하야 能開種種譬喩之門하며

大悲自在故로 勤誨衆生에 心無懈息하며

大慈自在故로 放光明網하야 悅可衆心하나니라

많은 사람의 마음을 잘 알기 때문에 몸은 두루 나타내며,

잘 설법하기 때문에 음성에 걸림이 없으며,

마음이 자재하기 때문에 큰 법을 잘 연설하는 데 방해할 이가 없으며,

두려움 없기 때문에 겁약한 마음이 없으며,

법에 자재하기 때문에 더 나을 이가 없으며,

지혜에 자재하기 때문에 이길 이가 없으며,

반야바라밀다에 자재하기 때문에 설법하는 모양이 서로 어긋나지 않으며,

변재가 자재하기 때문에 그들이 좋아하는 대로 법을 말하여 계속하여 끊어지지 않으며,

다라니에 자재하기 때문에 모든 법의 실상을 결정하여 보여주며,

변재가 자재하기 때문에 연설할 대상에 따라 가지가지 비유의 법문을 열어 보여주며,

대비가 자재하기 때문에 부지런히 중생을 가르침에 게으른 마음이 없으며,

대자가 자재하기 때문에 광명 그물을 놓아 대중의 마음을 기쁘게 해주는 것이다.

◉疏◉

七은 答得善根力하야 增長白法이라

於中에 先은 總明三業이오 後'得心'下는 別顯十種自在니 皆是善根이오 其十自在之能은 竝是增長白法이라

일곱째는 '선근의 힘을 얻어 청정한 법이 더욱 커나감'에 대한 대답이다.

이의 경문에 앞에서는 삼업을 총체로 밝혔고, 뒤의 '得心' 이하에서는 10가지의 자재를 개별로 밝힌 것이다. 이는 모두 선근이며, 그 10가지 자재의 능력은 모두 청정한 법을 더욱 키워주는 것이다.

經

菩薩이 **如是處於高廣師子之座**하야 **演說大法**에 **唯除如**

來와 及勝願智諸大菩薩하고 其餘衆生은 無能勝者하며 無見頂者하며 無暎奪者라 欲以難問으로 令其退屈이 無有是處니라

보살이 이처럼 높고 넓은 사자좌에 앉아서 큰 법을 연설할 때에 오직 여래와 수승한 서원과 지혜를 지닌 큰 보살들을 제외하고, 그 밖의 다른 중생은 그 누구도 나을 이가 없으며, 그보다 더 높을 이가 없으며, 그보다 더 빛날 이가 없다. 아무리 어려운 질문으로 그를 굴복시키고자 해도 그처럼 할 수 없다.

◉ 疏 ◉

八은 答開演如來甚深法藏이라

여덟째는 '여래의 지극히 깊은 법장을 열어 연설해줌'에 대한 대답이다.

經

佛子여 菩薩摩訶薩이 得如是自在力已에 假使有不可說世界無量廣大道場에 滿中衆生하야 一一衆生의 威德色相이 皆如三千大千世界主라도 菩薩이 於此에 纔現其身에 悉能暎蔽如是大衆하야 以大慈悲로 安其怯弱하며 以深智慧로 察其欲樂하며 以無畏辯으로 爲其說法하야 能令一切로 皆生歡喜하나니

불자여, 보살마하살이 이렇게 자재한 힘을 얻은 뒤에는 가령

말할 수 없는 세계만큼 드넓고 큰 도량에 가득한 중생들의 하나하나 그 위덕과 몸매가 모두 삼천대천세계의 임금과 같을지라도, 보살이 여기에 그 몸을 나타내자마자 이런 대중의 위세를 모두 가려버리고, 큰 자비의 마음으로 그들의 겁약한 마음을 위안하고, 깊은 지혜로 그들의 욕망을 살피고, 두려움 없는 변재로 그들에게 설법하여 일체중생으로 하여금 모두 환희의 마음을 내도록 하였다.

◉ 疏 ◉

九는 答攝持正法以自莊嚴이니 於中에 初明自嚴이라

아홉째는 '바른 법을 거두어 지녀 스스로 장엄함'을 대답함이다. 이 경문 첫 부분은 자신의 장엄을 밝힘이다.

經

何以故오 **佛子**여 **菩薩摩訶薩**이
成就無量智慧輪故며
成就無量巧分別故며
成就廣大正念力故며
成就無盡善巧慧故며
成就決了諸法實相陀羅尼故며
成就無邊際菩提心故며
成就無錯謬妙辯才故며
成就得一切佛加持深信解故며

成就普入三世諸佛衆會道場智慧力故며
成就知三世諸佛同一體性淸淨心故며
成就三世一切如來智와 **一切菩薩大願智**로 **能作大法師**하야 **開闡諸佛正法藏**하며 **及護持故**니라

무엇 때문인가? 불자여, 보살마하살이
한량없는 지혜 법륜을 성취한 때문이며,
한량없이 뛰어난 분별을 성취한 때문이며,
광대한 바른 생각의 힘을 성취한 때문이며,
그지없이 뛰어난 지혜를 성취한 때문이며,
모든 법의 실상을 결정하는 다라니를 성취한 때문이며,
끝없는 보리심을 성취한 때문이며,
잘못이 없는 미묘한 변재를 성취한 때문이며,
일체 부처님의 가피를 얻어 깊이 믿고 이해함을 성취한 때문이며,

삼세 부처님의 대중법회의 도량에 두루 들어가는 지혜의 힘을 성취한 때문이며,

삼세 부처님의 성품이 같은 줄을 아는 청정한 마음을 성취한 때문이며,

삼세 일체 부처님의 지혜와 일체 보살의 큰 서원과 지혜를 성취하고 큰 법사가 되어서 부처님의 바른 법장을 열어 보이고 수호하여 유지하기 때문이다."

◉ 疏 ◉

次徵後釋이니 以攝正法故니라 有十句德이며 亦卽是前所成之德이니 可思準之니라

다음은 묻고 뒤이어 해석함이니 바른 법을 지녔기 때문이다.

10구의 공덕이 있으며, 또한 이전의 성취한 공덕이다. 이는 이에 준하여 생각해야 한다.

第二 重頌分

뒤의 게송 부분

經

爾時에 **法慧菩薩**이 **欲重宣其義**하사 **承佛神力**하고 **而說頌言**하사대

그때 법혜보살이 그 뜻을 거듭 펴고자 부처님의 불가사의한 위신력을 받들어 게송으로 말하였다.

心住菩提集衆福하며 **常不放逸植堅慧**하며
正念其意恒不忘일세 **十方諸佛皆歡喜**로다

마음은 보리에 머물러 여러 가지 복 모으며
항상 방일하지 않고서 견고한 지혜 세우며
그 뜻을 바르게 생각하여 잊지 않기에

시방세계 모든 부처님 기뻐하여라

念欲堅固自勤勵하며　　　**於世無依無退怯**하며
以無諍行入深法일세　　　**十方諸佛皆歡喜**로다

마음과 의욕은 견고하여 스스로 근면하고

세계에 의지함도 물러섬도 없고

다툼이 없는 행으로 깊은 불법에 드니

시방세계 모든 부처님 기뻐하여라

◉ **疏** ◉

十頌分二니 初六偈는 頌前十種所成行體오 後四偈는 頌行所成德이라

前中初二偈는 頌佛喜니 於中初半은 頌不放逸이오 餘는 頌佛喜니라

10수 게송은 2부분으로 나뉜다.

앞의 6수 게송은 앞에서 말한 10가지의 성취해야 할 行의 본체를 읊은 것이며, 뒤의 4수 게송은 행으로 성취해야 할 공덕을 읊은 것이다.

앞의 6수 게송 가운데, 앞의 2수 게송은 부처님의 기쁨을 읊은 것이다.

앞의 2수 게송 가운데, 첫 게송의 절반은 방일하지 않음을 읊은 것이며, 나머지는 부처님의 기쁨을 읊은 것이다.

經

佛歡喜已堅精進하야 **修行福智助道法**하야
入於諸地淨衆行하며 **滿足如來所說願**이로다

부처님 기뻐하심에 견고히 정진하여

복덕지혜의 수행은 도를 돕는 법이라

모든 지위 청정한 모든 행에 들어가

여래가 말한 서원을 만족케 한다

◉ **疏** ◉

二有一頌은 頌入地와 及大行大願이라

앞의 6수 게송 가운데, 둘째 제3게송은 지위에 들어감과 大行·大願을 읊은 것이다.

經

如是而修獲妙法하고 **旣得法已施群生**호되
隨其心樂及根性하야 **悉順其宜爲開演**이로다

이처럼 닦아 미묘한 법 얻고

미묘한 법 얻고 나선 중생을 위하되

그들이 좋아하는 마음과 근성을 따라

모두 적절함을 따라 설법해준다

◉ 疏 ◉

三 一頌은 頌菩薩藏과 及所應化而爲說法이라

앞의 6수 게송 가운데, 셋째 제4게송은 보살장 및 상응하게 교화해야 할 바에 따라 설법함을 읊은 것이다.

經

菩薩爲他演說法호되　　不捨自己諸度行하며
波羅蜜道旣已成에　　常於有海濟群生이로다

보살이 남을 위해 법을 말하지만
자기의 모든 바라밀행 버리지 않고
바라밀 가는 길 이미 이루고서
항상 삼계 바다에서 고통받는 중생 제도한다

◉ 疏 ◉

四 一頌은 頌不捨自行諸度와 及所念衆生으로 皆令得度니라

앞의 6수 게송 가운데, 넷째 제5게송은 스스로 행한 모든 바라밀을 버리지 않음과 염려했던 중생으로 하여금 모두 득도하게 함을 읊은 것이다.

經

晝夜勤修無懈倦하야　　令三寶種不斷絕하며

밤낮으로 부지런히 닦아 게으르지 않고서

삼보의 종성을 끊이지 않도록 하며

◉ 疏 ◉

五 半頌은 頌不斷三寶라

앞의 6수 게송 가운데, 다섯째 제6게송의 앞 2구는 삼보의 종성이 끊이지 않음을 읊은 것이다.

經

所行一切白淨法으로　　悉以迴向如來地로다

닦아 행한 바, 일체 청정한 법으로

모두 여래의 국토에 회향하도다

◉ 疏 ◉

六 半頌은 頌善根方便이 皆悉不空이라

앞의 6수 게송 가운데, 여섯째 제6게송의 뒤 2구는 선근방편이 모두 不空임을 읊은 것이다.

經

菩薩所修衆善行이　　普爲成就諸群生하야

令其破暗滅煩惱하며　　降伏魔軍成正覺이로다

보살이 닦아 익힌 모든 선행이

널리 중생을 성취하기 위하여

그들의 어두운 번뇌 없애주고

마군에게서 항복 받아 정각 이루게 하였다

◉ 疏 ◉

二菩薩所修下는 頌行所成德이니 初一은 頌初行所成因果니라

뒤의 '菩薩所修' 이하는 행으로 성취해야 할 공덕을 읊은 것이다.

4수 게송 가운데, 첫째 제7게송은 처음 행으로 성취해야 할 원인의 공덕을 읊은 것이다.

經

如是修行得佛智하야　　深入如來正法藏하야

爲大法師演妙法하니　　譬如甘露悉霑灑로다

이처럼 수행하여 부처님 지혜 얻어

여래의 바른 법장 깊이 들어가

대법사 되어 미묘한 법 연설하니

감로수 고루 뿌려주는 듯하다

慈悲哀愍徧一切하며　　衆生心行靡不知하야

如其所樂爲開闡　　無量無邊諸佛法이로다

자비로 일체 두루 불쌍히 여겨주며

중생의 마음과 행동 모르는 게 없어

그들이 좋아하는 바로 열어주니

한량없고 그지없는 불법이어라

◉ 疏 ◉

後有三偈는 頌以因成果德이니 於中에 初二頌은 通頌前之八段이라

뒤의 3수 게송은 원인으로써 佛果를 성취한 공덕을 읊은 것이다.

3수 게송 가운데, 앞의 2수 게송은 앞의 8단락을 모두 읊은 것이다.

經

進止安徐如象王하며 **勇猛無畏猶師子**하며
不動如山智如海하며 **亦如大雨除衆熱**이로다

나아가고 멈추는 발걸음은 코끼리처럼 편안하고
용맹스러워 두려움이 없음은 사자 같으며
흔들리지 않음은 태산 같고 지혜는 바다 같으며
또한 소낙비 내려 뜨거운 날씨 식혀주는 듯하다

◉ 疏 ◉

後一頌은 別頌第九答攝持正法以自莊嚴이니 以喩而顯이라

一은 身儀安諦니 頌前現身이오 次는 辨德威猛이니 頌前以無畏辨이오 三은 心定不動이니 頌安其怯弱이오 四는 智深如海니 頌以深智慧오 五는 法雨滅障이니 頌前而爲說法이라

3수 게송 가운데, 뒤의 1수 게송은 아홉째의 '바른 법을 거두어 지녀 스스로 장엄함'을 대답함에 대해 읊은 것으로, 비유로써 밝히고 있다.

⑴ 몸의 거동이 편안하고 자세히 살핌이니 앞서 말한 現身을 읊음이며,

⑵ 덕의 위엄을 논변함이니 앞서 말한 두려움이 없는 논변을 읊음이며,

⑶ 마음이 안정되어 흔들림이 없음이니 그 겁약한 이들을 편안하게 함을 읊음이며,

⑷ 지혜는 바다처럼 깊음이니 깊은 지혜를 읊음이며,

⑸ 法雨로 장애를 없앰이니 앞서 설법함을 읊은 것이다.

第三 明結說分

제3. 설법을 끝맺는 부분을 밝히다

經

時에 **法慧菩薩**이 **說此頌已**에 **如來**가 **歡喜**하시며 **大衆**이 **奉行**하니라

그때 법혜보살이 이 게송을 말한 후에 여래께서 기뻐하시고 대중은 받들어 행하였다.

◉ 疏 ◉

謂契理合機라 故佛喜衆奉也니라

第三會 竟하다

진리에 계합하고 機緣에 부합한 때문에 부처님이 기뻐하고 중생이 받들어 행한 것이다.

제3법회 부분을 끝마치다.

명법품 제18 明法品 第十八

화엄경소론찬요 제36권 華嚴經疏論纂要 卷第三十六

화엄경소론찬요 ⑦
華嚴經疏論纂要

2019년 2월 19일 초판 1쇄 발행

편저자 혜거
발행인 박상근(至弘) • 편집인 류지호 • 상무 이영철
책임편집 양동민 • 편집 김선경, 이상근, 주성원, 김재호, 김소영 • 디자인 쿠담디자인
제작 김명환 • 마케팅 허성국, 김대현, 최창호, 양민호 • 관리 윤정안
펴낸 곳 불광출판사 03150 서울시 종로구 우정국로 45-13, 3층
대표전화 02) 420-3200 편집부 02) 420-3300 팩시밀리 02) 420-3400
출판등록 1979. 10. 10 (제300-2009-130호)

ISBN 978-89-7479-498-9 04220
ISBN 978-89-7479-318-0 04220 (세트)

이 도서의 국립중앙도서관 출판예정도서목록(CIP)은
서지정보유통지원시스템 홈페이지(http://seoji.nl.go.kr)와
국가자료공동목록시스템(http://www.nl.go.kr/kolisnet)에서 이용하실 수 있습니다.
(CIP제어번호: 2019002051)

잘못된 책은 구입하신 서점에서 바꾸어 드립니다.
독자의 의견을 기다립니다. www.bulkwang.co.kr
불광출판사는 (주)불광미디어의 단행본 브랜드입니다.